벽을 등에 댄 채 '생크 갓 레지'를 건너가는 것은 대단히 무섭다. 보통, 레지를 건너가는 것은
실제 등반에 비하면 아무것도 아니지만, 여기서는 정말 대단한 경험이었다.

스미스 록에서 가장 멋진 크랙 중 하나,
재미있었고 느긋했다는 점만 빼면 이 루트에 대해 기억나는 것은 거의 없다.

어머니의 생신 축하등반을 마친 후
툴럼 메도우스Tuolumne Meadows의
테나야 피크Tenaya Peak 정상에서.
내 배가 불룩하게 보이는 것은
오후의 상승기류가
티셔츠 안쪽으로 들어왔기 때문이다

「서퍼페스트 1」 촬영 중
마운트 휘트니 정상에서
누나 스테이시아와 함께.
내가 킬러 니들Keeler Needle을
프리솔로로 등반하는 동안
누나는 마운티니어스 루트
Mountaineers Route로 올라가,
우리는 정상에서 만났다.

남자 둘이 집에서 사진을 찍게 내버려두면,
곧 이렇게 힘자랑을 하는
반나체 사진을 찍는 결과가 나온다.

수납장이 생기기 전의 나의 밴!
즐거운 나의 집이다.

7

하프돔 상단에서 레귤러 노스웨스트 페이스 프리솔로 등반을 재현하는 모습.

9

밴에서 휴식을 취하는 동안
예전의 등반 기록을 살펴보고 있다.

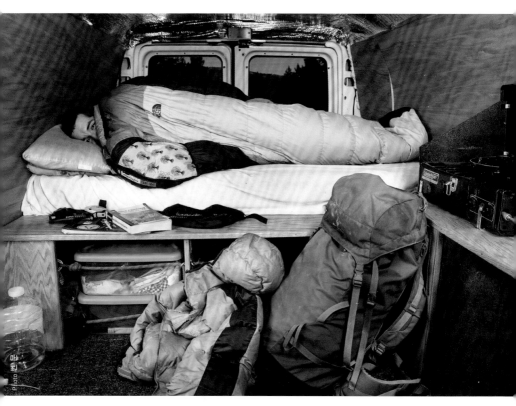

2010년 밴에서 생활할 때의 모습. 이때는 2세대 인테리어로, 지금보다 훨씬 더 소박
해 보인다.

크랙 등반은 즐겁다.

나의 첫 프리솔로 등반 루트인 로스트럼.

나는 로프를 사용한 파티를 추월해 등반했는데, 후에 버스에서 만나 사진을 얻게 됐다.

다 떨어진 바지와 헌 티셔츠가 눈에 띄는데, 이때는 후원을 받기 전이었다.

보르네오의 마운트 키나발루에서 새로운 루트를 프리등반으로 시도하던 중
크랙 사이를 다이노 동작으로 돌파하고 있다. 아래쪽에 보이는 안개는 시시때때로 몰려와
벽을 에워싸고 모든 것을 적셔 등반을 어렵게 만들기 때문에 지속적인 위협이 되었다.

마크 시노트와 제임스 피어슨이 이 아치의 반대쪽에서 등반하고 있을 때
기다리다 지친 나는 이쪽 기둥으로 그들보다 먼저 정상에 올라가려 했다.
그러나 암질이 불량해 나는 몸이 한 번 휘청한 뒤 도로 내려와야 했다.

차드의 에네디사막에 있는 아주 부드러운 사암의 상단을 등반하는 모습.
환상적인 모험 등반이었다.

보통, 등반 사진은 로프에 매달려 위에서 아래로 촬영한다.
앤드류 버는 내가 로프를 가지고 정상에 올라갈 때까지 기다려야 했는데,
그는 내가 프리솔로 등반을 하는 동안 이런 예술사진을 찍으며 시간을 보냈다.
스쿼미시Squamish에는 커다란 양치식물이 자란다!

오만Oman의 깊은 호수 위에서 프리솔로로 등반하는 모습.

우리는 재미있어 보이는 곳이면 어디든 멈춰서 새로운 루트를 개척했다.

최고의 탐험 등반이었고, 스노클링은 등반보다 훨씬 더 재미있었다.

알래스카 러스 고지로의 첫 번째 여행 때 마운트 디키 아래의 베이스캠프 모습.
빙하가 원근감을 무디게 해서 벽의 크기를 짐작하기가 쉽지 않지만,
이 벽은 요세미티에서 가장 큰 벽보다 거의 두 배이다.

피츠 트래버스에서는 대부분 동시등반을 했기 때문에
서로의 사진을 찍기가 어려웠다.
하지만 피츠 로이 북쪽 필라에서는 내가 한 구간의 선등을 끝내고 나서
토미가 다음 구간을 이어받았기 때문에
우리는 나란히 위치하게 됐다.

피츠 트래버스 중 아구아 메르모의 정상을
조금 지난 곳에서 첫 비박을 하고 있다.
토미와 나는 이 등반이 인생에서 가장 멋진 경치를 즐긴
캠핑 여행이었다고 느꼈다.
우리는 매트리스도 없이 침낭 하나를 함께 썼기 때문에
텐트가 있어 정말 편안했다.

Photo 레넌 어즈터크

알파인 등반을 향한 나의 첫 시도. 프레디와 레넌과 비교해보면 정말 어색하고 불편
해 보인다. 눈이 덮인 산은 무섭다!

Photo 타즈오 리래

알래스카의 마운트 디키 정상 근처에서.
자정이 거의 다된 시간이었다.

세퍼레이트 리얼리티Separate Reality(5.11d)를
프리솔로로 등반하는 모습.
그렇게 어렵지는 않지만, 이곳은 고전적이고 역사적인 루트이다.
나는 이곳을 나보다 먼저 끝낸 선구자들을 존경하는 마음으로
이 루트를 프리솔로로 등반했다.

Photo 지미 친

열두 피치 정도의 '블러드 온 더 트랙스Blood on the Tracks'를 등반하고 나서,
토미가 아구아 라파엘의 정상에서 하강하는 모습.
모든 것이 어렵게 느껴졌다.

등반은 사람을 남자답게 만들거나, 아니면 피곤해 보이게 만들거나 둘 중 하나이다.

하이 시에라에서의 어리석은 행동으로 아무것도 배우지 못한 채 시다와 나는 남서쪽
사암에서 「서퍼페스트 2」 촬영에 착수했다.

엘 센데로 루미노소의 상단 피치 중 한 곳을 프리솔로로 등반하는 모습.
기술적인 5.12a 난이도의 페이스 등반. 나에게는 즐거운 시간이었다!

2010년 숀 '스탠리' 리어리Scean "Stanley" Leary와 내가
엘캡을 하루에 세 번 등반할 때 엘캡으로 다시 돌아가는 모습.
숀은 어느 누구보다 가장 적극적으로 의욕을 보인 거벽 속도등반 파트너였다.
쉬운 구간에서는 말 그대로 오르막을 달리듯 올라갔다. 그는 정말 놀라웠다.

스미스 록에서 등반 중 휴식을 취하고 있다.

프리솔로
FREE SOLO

알렉스 호놀드 & 데이비드 로버츠 공저

조승빈 옮김

하루재클럽

남다른 길을 가는 나를

언제나 응원해준

나의 가족을 위해

차 례

일러두기

• 이 책은 알렉스 호놀드Alex Honnold와 데이비드 로버츠David Roberts의 공저
「얼론 온 더 월Alone on the Wall」의 2018년도 확장판을 우리말로 옮긴 것입니다.

• 본문에서 ┃ 로 시작하는 검정 글씨 부분은 알렉스 호놀드의 글입니다.

• 본문에서 ──로 시작하는 색 글씨 부분은 데이비드 로버츠의 글입니다.

• 주요한 인명이나 개념 등은 외래어 표기 용례에 따라 원어명을 병기하되,
표기가 굳어진 명칭이 있는 경우 그에 따랐습니다.

1장

문라이트
버트레스

1

새벽어스름이 밝아오자 나는 등반을 시작했다. 지난 2~3년 동안 이 루트의 아래쪽 피치들을 등반해본 적이 없어서 출발지점을 제대로 찾았는지 확신이 서지 않았다. 루트는 램프ramp와 트래버스traverse, 오른쪽으로 뻗은 크랙crack으로 되어 있어, 조금 애매모호하고 지저분했다. 그러나 벽의 상단만큼 어렵지는 않았다.

여전히, 신경이 곤두선 나는 약간 어지럽기까지 했다. 전날 꽤 많은 빗방울이 쉴 새 없이 떨어져내려, 표면이 반질반질한 바위는 생각보다 미끄러우면서도 축축했다. 하루를 더 기다려야 했나? 하지만 나는 자신이 있었다. 지난 48시간 동안 나를 어지럽힌 번민들을 반복하면서 하루 더 밴에 앉아 있어야 한다는 생각을 하니 견딜 수가 없었다. 쇠는 달궈졌을 때 두드려야 한다.

360미터의 문라이트 버트레스Moonlight Buttress는 유타의 시온국립공원Zion National Park에 있는 수직의 사암 절벽이다. 이것은 시온에 있는 수많은 루트 중 가장 멋진, 그리고 가장 순수하고 전형적인 루트이다. 또한 아주 어려운 크랙이 연속적으로 이어지는 루트로서는 세계에서 최고이다. 문라이트 버트레스는 미국 산악계의 전설인 제프 로우Jeff Lowe*와 마이크 바이스Mike Weis가 1971년 10월에 초등했다. 벽의 중간에 있는 레지ledge에서 밤새 추위에 떤 그들은 하루 반 만에 등반을 끝냈다. 그들은 확장볼트expansion bolt와 피톤piton을 잡거나 매달리며 인공등반을 해야 했다.

그로부터 거의 21년이 지난 1992년 4월, 피터 크로프트Peter Croft와 조니 우드워드Jonny Woodward는 장비에 의존하지 않고, 등반이 가능한 동작을 하나하나 찾아가며 처음으로 프리등반에 성공했다. 그들은 등반을 아홉 피치로 끝낸 다음, 난이도를 확고한 5.13a(후에 5.12d로 낮춰짐)로 매겼다. 1992년 당시에는 이 난이도가 프리등반의 한계였기 때문에 그들의 업적은 대단한 것이었다.

피터 크로프트는 1980년대와 1990년대에 로프나 장비를 전혀 사용하지 않는 프리등반을 전에 없던 한계까지 밀어붙인 나의 영웅이었다. 당시 그가 프리솔로free solo로 등반한 많은 루트들은 그 후 수십 년 동안 같은 스타일로 반복되지 않았다.

그러나 내가 아는 한, 문라이트 버트레스의 프리솔로 등반을 생각한 사람은 아무도 없었다. 내가 이곳에 도전장을 내민 것은 2008년 4월 1일이었다.

나는 '로커 블로커Rocker Blocker'라는 곳에 대한 걱정으로 마음 한편이 심란했다. 세 번째 피치 끝에 있는 이곳은 크기가 퀸 사이즈 침대 절반 정도 되며 흔들리는 레지이다. 누군가가 볼트를 두 개 박아서 이 불안한 바

---

* 제프 로우는 1991년 겨울에 높이가 1,800미터에 달하는 아이거 북벽에서 '메타노이아Metanoia'라는 디레티시마direttissima 루트를 9일 만에 솔로등반으로 초등했다. 2017년 황금피켈상 평생공로상을 받은 그는 18년간 싸워온 원인불명의 신경퇴행성 질환을 이기지 못하고 2018년 세상을 떠났다.

윗덩어리를 쇠사슬로 묶어놓았지만, 사실 바닥에서 120미터 위에 있는 이곳은 상당히 양호한 스탠스를 제공한다.

　나를 불안하게 만든 것은 레지 자체가 아니었다. 로커 블로커 끝에서 발끝으로 서면 그 위에 있는 결정적인 홀드를 잡을 수 있다. 문제는 그곳을 벗어나자마자 5.12c의 볼더링 동작을 해야 한다는 것이다. 이곳을 넘어서기 위해 점프까지는 필요 없지만, 조그만 에지 홀드edge hold를 잡기 위해서는 뛰어오르듯 위로 올라붙어야 한다. 밑에 있는 쉬운 피치들을 등반할 때 이 동작이 자꾸만 떠올랐다. 만약 실패하더라도 레지 위로 살짝 뛰어내릴 자신이 있었지만, 그런 장면은 상상하기조차 싫었다.

　전날 빗속의 밴에 앉아 나는 등반 중 일어날 수 있는 모든 경우의 수를 머릿속으로 그려보았다. 홀드가 부서진다든지, 아니면 홀드를 놓쳐 추락하는 것과 같은… 그러자 레지에 팅겨, 바닥까지 추락한 내가 온몸의 뼈가 바스러진 채 봉제인형처럼 산 밑으로 구르는 모습이 눈에 선했다. 그러면 나는 바닥에서 피투성이가 되어 죽겠지….

　전날 잠을 제대로 자지 못한 나는 햇빛이 벽에 닿기 전 서늘한 상태에서 등반하기 위해 아침 일찍 일어났다. 문라이트 버트레스 밑으로 가려면 버진강Virgin River을 헤쳐 건너야 하는데, 4월 초여서 엉덩이가 찌릿할 정도로 물이 차가웠다. 나는 빠르게 흐르는 물살이 무릎 위까지 올라오는 그곳을 맨발로 건넜다. 그러자 곧 발에 감각이 없어지면서 온몸이 부르르 떨렸다. 나는 미끄러운 자갈 사이로 발을 조심스럽게 디디기 위해 몸의 균형을 잡는 데도 신경을 곤두세워야 했다.

　문라이트 버트레스의 출발지점에 트레킹화와 배낭을 놓아두었다. 나는 루트 끝까지 아무것도 가져가지 않을 작정이었다. 먹을 것이나 마실 것은 물론이고 여벌의 옷조차도. 나는 초크백을 허리에 차고 암벽화의 끈을 단단히 묶었다. 발은 여전히 시렸지만 감각이 전혀 없지는 않았다. 발가락은 괜찮은 것 같았다. 나는 반바지에 티셔츠 차림이었다. 출발하기 직전 아이팟iPod을 켜고 이어폰을 귀에 꽂았다. 그리고 내가 좋아하는 스물다섯 곡(대부분 펑크와 모던 록)을 무작위로 재생시켰다.

설득력이 없어 보일지 모르지만, 나는 시계가 없어도 문라이트 버트레스의 등반속도를 측정할 자신이 있었다. 나는 아이팟을 이용할 작정이었다. 음악은 정신을 집중하는 데 도움이 된다. 그러나 요즈음에는 조금 거추장스럽게 생각해, 아이팟 없이 등반하는 것을 좋아한다.

나에게 거벽 프리솔로 등반은 준비가 전부이다. 실제로 나는 문라이트 버트레스를 연습 등반하는 동안, 동작 하나하나를 철저하게 익혔다. 따라서 일단 루트에 붙으면 그냥 실행을 해나가기만 하면 된다.

나는 빌 램지Bill Ramsey라는 철학교수와 전에 이 루트를 등반한 적이 있었다. 40대 중반인 나이에도 실력이 여전한 그는 문라이트 버트레스를 프리로 오르기 위해 노력하고 있었다. 빌은 자신의 프리등반에 내가 함께하기를 원했다. 우리는 결국 루트 전체를 번갈아 선등하며 올랐다. 그날 우리는 둘 다 추락 없이 루트를 끝내 기분이 아주 좋았다.

하지만 그것도 벌써 이삼 년 전 일이었다. 나는 프리솔로를 시도하기 전에 루트 위쪽 250미터를 집중적으로 연습했다. 문라이트 버트레스 정상까지 가는 길은 포장까지 되어 있어 트레킹에는 그만이다. 그래서 나는 로프 180미터를 가지고 뒤로 걸어 올라가, 로프를 타고 내려오며 톱로핑toproping 방식으로 연습했다. 나는 자기 확보를 위해 미니 트랙션Mini

Traxion을 썼다. 이것은 아래로 힘을 받으면 로프에 걸리고 위로 올라가면 로프를 따라 부드럽게 작동하는 장비이다. 내가 추락하거나 로프에 매달려 쉬면 미니 트랙션은 나를 단단히 잡아줄 것이다.

나는 톱로핑 방식으로 문라이트 버트레스 위쪽 180미터를 두 번 연습했다. 루트 전체 중 크럭스crux(등반의 성패를 좌우하는 가장 어려운 곳)는 길이가 55미터 되는 놀랍도록 깨끗한 안쪽 코너inside corner이다. 총 아홉 피치의 루트 중 네 번째인 이곳은 난이도 5.12d에 힘을 계속 쓰며 밀어붙여야 해서, 이 피치를 끝낼 때쯤에는 팔에 펌핑pumping이 심하게 온다.

나는 두 번 다 1시간 만에 위쪽 180미터 연습을 끝냈다. 그러자 확고한 자신감이 생겼다. 나는 추락하지도 헤매지도 않았다. 그러나 내가 가져간 180미터 로프는 오른쪽으로 트래버스 하는 세 번째 피치의 중요한 5.11c 구간까지 닿지 않았다. 그래서 나는 다음 날 240미터 로프를 가지고 다시 정상으로 걸어 올라가 로프 하강을 한 다음, 완벽하다고 느낄 때까지 트래버스 동작을 연습했다.

나는 연습 도중 몇 명의 클라이머들과 마주쳤다. 심지어는 인공등반으로 선등하며 어떻게 해야 하는지 전혀 몰라 오도가도 못 하는 젊은 여성을 구해주기도 했다. 나는 그녀가 자신의 덫에서 벗어날 수 있도록 내 고정로프 끝을 던져주며 "아가씨, 이 로프 잡아요!"라고 소리쳤다. 그녀는 매우 고마워했다. 이런 루트에서 누군가가 갑자기 하늘에서 나타나 로프를 내려주는 것이 흔한 일은 아니니까.

그러고 나서 이틀 동안 비가 왔다. 나는 스프링데일Springdale의 극장 주차장에 밴을 세워놓고, 그 안에 앉아 차창 밖을 내다보며 이런저런 생각에 잠겼다.

시간을 보내기 위해 영화를 보러 갈 수도 있었지만, 그날 저녁이 다

되도록 그리고 다음 날도 나는 대부분을 밴에서 지냈다. 사실 딱히 해야 할 일도 없었다. 등반에 대한 생각 말고는….

나는 몇 시간이고 눌러앉아 깊은 생각에 잠겼다. 그러면서 동작 하나하나와 일어날 가능성이 있는 모든 상황을 머릿속으로 그려보았다. 나는 도전을 앞두고 이렇게 마음을 가다듬는다.

이것이 내가 말한 준비였다. 만약 준비가 제대로 되었다면, 머릿속으로 그려본 것, 즉 벽 끝까지 이어지는 긴 루트의 홀드와 스탠스를 자신 있게 잡고 디디며 오르면 될 터였다.

———

2008년 3월 말, 알렉스 호놀드Alex Honnold는 또래의 작은 집단 외에는 거의 알려져 있지 않았다. 하지만 그로부터 7년 후 서른이 되었을 때 그는 세계에서 가장 유명한 클라이머가 되었다. 그렇다고 해서 그가 세계 최고라는 말은 아니다. 사실 '최고의 클라이머'는 있을 수 없다. 왜냐하면 이 스포츠는 히말라야의 고산등반에서부터 실내암장의 볼더링까지 너무나 많은 분야로 세분되어 있기 때문이다.

알렉스가 유명해진 이유는 사람들이 생각하는 한계를 훌쩍 뛰어넘는 가장 극단적이고 위험한 등반 스타일을 밀어붙이기 때문이다. 프리솔로 등반은 안전도구인 로프나 파트너 또는 어떤 장비(피톤, 너트, 캠 등)도 없이 맨몸으로 기어오르는 행위이다. 사람들은 이 극명한 단순함 속에 순수성이 있다는 것을 이해할 수 있을 것이다. 위험 가능성은 최고이다. 다시 말하면 추락은 곧 죽음이다.

알렉스는 그 이전의 사람들이 가능하다고 생각한 것보다 더 길고 훨씬 더 어려운 루트들을 프리솔로로 등반해왔다. 그와 친한 친구들은 그가 죽을지 모른다고 걱정했지만, 그는 이제까지 잘해왔다.

프리솔로 등반은 스턴트와는 격이 다르다. 이것은 등반을 가장 원초적인 도전 행위로 되돌린다. 즉 발에 암벽화만 신고 마찰력을 높이기 위해 손가락 끝에 초크만 묻힌 채 벽에 대항하는 행위이다. 따라서 프리솔로는 등반의 가장 순수한 형태이다.

그러나 알렉스가 프리솔로 등반만 하는 것은 아니다. 그의 연결등반 linkup(로프나 확보물에 최소한으로 의지하면서 두세 개의 거벽을 이어서 등반하는 것)은 요세미티의 속도기록을 경신해왔다. 그리고 2013년부터는 알파인 등반으로까지 지평을 넓혀 아무도 해내지 못한 것을 해왔다.

간단히 말하면, 알렉스 호놀드는 한 세대에 한 명이나 나올까 말까 한 등반의 천재이다. 그는 또한 총명하고 재미있고 놀라울 정도로 이타적일 뿐더러, 자신보다 재능이 없거나 특혜를 받지 못한 사람들을 위해 세상을 더 나은 곳으로 만들고 싶어 하기도 한다. 사람들은 알렉스를 알거나 보기만 해도 그를 좋아한다. 존 크라카우어John Krakauer는 이렇게 말한다. "그는 정말 진지해서 헛소리 따위는 하지 않는다."

그가 대중 앞에서 이야기를 할 때마다 어린 아이부터 수염이 희끗희끗한 노인까지 반복해서 묻는 질문이 둘 있다. 사실, 이런 것은 그가 바위에서 하는 행위에 대한 근본적인 질문이다.

"죽음이 두렵지 않습니까?

"왜 그런 짓을 하죠?"

어떻게 보면, 이런 질문에 대해서는 딱히 할 말이 없다. 아마도 그것은 조지 리 맬러리Geroge Leigh Mallory가 귀찮다는 듯 내뱉은 대답의 영역 안에 있을지도 모른다. 1923년 그는 왜 에베레스트에 가려고 하냐면서 자꾸만 달라붙는 신문기자에게 이렇게 말했다. "산이 거기 있으니까." (진 저리나는 질문에 짜증이 난 맬러리가 한 방 먹이려는 의도로 한 말이지만, 그의 재치 있는 응수는 등반역사에서 가장 유명한 인용구가 되었다)

알렉스는 피할 수 없는 이런 질문에 자신만의 재치로 응수한다. 그는 추락해서 죽는 것에 대해서는 "제 인생 최악의 4초가 되겠죠?"라며 이렇게 덧붙인다. "아마 반쯤은 '그는 최소한 자기가 좋아하는 것을 하다 죽었어.'라고 말할 것이고, 나머지는 '멍청하기 짝이 없는 놈!'이라고 말할 겁니다."

알렉스는 분명 투지 넘치고 경쟁심이 강한 친구이다. 그러나 내성적인 성향에 바탕을 둔 겸손은 절제 — 위에서 말한 바와 같이 — 를 보이며, 자기 업적을 지나치게 평가 절하하는 형태로 나타난다. 친한 친구들 사이에서 그의 별명은 "알렉스 '무덤덤한' 호놀드"이다.

지난 40년 동안 극소수의 클라이머들만이 프리솔로 등반을 가장 위험한 수준까지 밀어붙였다. 그중 절반은 죽었고, 일부만 심연 위에서 춤을 추는 자신의 시대에서 살아남았다. 피터 크로프트와 헨리 바버Henry Barber는 1970년대에 웨일스에서부터 호주의 암장까지 지구를 동분서주하며 아주 어려운 루트를 플래싱flashing*으로 올라 로컬들을 놀라게 했다.

단 한 번의 실수로 죽음에 이른 사람들도 있다. 그중 영국에서 미국으로 이주한 데릭 허시Derek Hersey는 1993년 요세미티의 스텍-살라테Steck Salathé 루트를 등반하던 중 추락사했다. 폭풍우로 인해 아마도 홀드가 미끄러웠을 가능성이 높다. 댄 오스만Dan Osman, 찰리 파울러Charlie Fowler, 마이클 리어든Michael Reardon 역시 절벽과 산에서 극한의 위업을

---

* 추락하지 않고 단 한 번의 시도로 성공하는 것. 다른 사람이 등반하는 모습을 볼 수 있다는 점에서 온사이트와 다르다.

추구하던 중 사망했다. 그러나 가장 큰 충격을 준 사건은 피터 크로프트와 함께 1980년대와 1990년대에 프리솔로 등반의 쌍두마차였던 존 바차John Bachar의 죽음이었다. 35년간 많은 루트를 로프 없이 등반한 그는 캘리포니아 매머드 호수에 있는 집 근처에서 짧고 익숙한 루트를 등반하던 중 추락하여 사망했다.

알렉스는 그들 중 어느 누구도 한계를 뛰어넘는 프리솔로 등반을 추구하다 사망한 것이 아니라는 사실을 지적한다. 허시와 바차는 자신들의 능력으로 등반이 충분히 가능한 루트에서 추락했다.(바차가 치명적인 추락을 한 이유는 그 얼마 전에 당한 교통사고로 척추가 손상되어 갑자기 왼쪽 팔과 어깨에 문제가 생겼을 것이라는 추측이 있었다) 리어든은 아일랜드의 해벽에서 프리솔로로 클라이밍 다운을 하고 나서 거대한 파도에 휩쓸렸다. 파울러는 중국 서부에서 미등의 산을 시도하던 중 눈사태로 사망했다. 오스만은 실제로 자신이 착안해낸 새로운 극한 스포츠인 로프 점핑(로프에 잡히거나, 자신이 설치한 로프에 걸리도록 일부러 뛰어내리는 것)을 시도하던 중 최후를 맞이했다. 그는 새로운 기록을 세우기 위해 요세미티의 리닝 타워Leaning Tower 300미터 위에서 뛰어내렸는데, 그만 로프가 끊어지고 말았다.

그러나 이런 극한의 세계를 추구하던 다섯 명의 정신은 그들이 최후를 맞이한 모험의 최전선에 생생하게 살아있다. 오스만은 사실상 자신의 목숨을 건 실험으로 로프 점핑의 한계를 발견했다. 예순둘의 나이에도 여전히 건강한 헨리 바버는 1980년대에 미국 TV쇼를 위해 영국의 해벽을 프리솔로로 등반하는 장면을 촬영하던 중 추락해 거의 죽을 뻔했다. 가까이에 있던 카메라맨의 갑작스러운 움직임에 집중력이 흐트러진 그가 균형을 잃은 것이다. 그는 훗날 그 순간을 이렇게 묘사했다.

> 그로 인해 나는 실수를 범하고 말았다. … 나는 손으로 홈통groove의 양쪽을 밀면서 스테밍stemming* 동작을 취하고 있었는데, 손으로 약간 세게 밀다 어깨를 벽에 부딪쳐 추락했다. 그 순간 아드레날린이 발끝부터 머리끝까지 솟구쳤다. 그러나 그 지점까지 이어진 균형과 일련의 동작들이 추락을 하면서도 그대로 유지돼 나는 바위에서 팅겨나가지 않았다.

날카로운 지성을 가진 알렉스는 인생을 대단히 이성적으로 받아들인다. 그는 실제로 "나는 위험을 무릅쓰는 것을 좋아하지 않습니다. 중앙선을 침범하거나 주사위를 던지고 싶지도 않습니다."라고 주장한다. 그는 결과와 위험을 구분할 줄 안다. 만약 프리솔로 등반 중 추락을 한다면 그것은 분명 최악의 순간이 될 것이다. 그렇다고 해서 그가 궁극적인 위험을 받아들인다는 의미는 아니다. 그는 이렇게 말한다. "과정에 따라 결과가 달라집니다. 그래서 난 프리솔로 등반에서 위험을 줄이고자 노력합니다. 다시 말하면, 나의 행위가 대단히 위험하긴 하지만 난 추락을 전제하지 않습니다."

그는 이성적이다. 하지만 그의 친한 친구들은 그가 감수하는 위험을 걱정한다. 알렉스보다 7년 선배인 토미 콜드웰Tommy Caldwell은 마라톤 같은 연결등반과 원정등반에서 알렉스의 파트너이다. 알렉스가 가장 존경하는 롤 모델이면서 세계 최고의 암벽 등반가인 콜드웰은 2011년 이렇게 말했다. "난 정말 대단한 루트를 프리솔로로 등반해본 적이 없습니다. 난 비교적 쉬운 곳에서도 홀드가 부서지거나 암벽화 밑창이 떨어져 순간

---

* 다리를 벌려 발로 양쪽 바위를 밀어주면서 균형을 유지해 오르는 기술

적으로 추락한 경우가 많습니다. 아마 열 몇 번 정도는 되는 것 같은데, 만약 내가 프리솔로 등반을 했다면 난 이미 죽었을 겁니다. 난 알렉스를 정말 좋아하기 때문에 그가 죽는 걸 원하지 않습니다."

이제 알렉스의 팬들은 하드코어 클라이머들의 범주를 훌쩍 뛰어넘었다. 예를 들면, 그는 「60분60 Minutes」에서 라라 로건Lara Logan이 인터뷰한 사람이나, 『내셔널지오그래픽National Geographic』의 표지에 실린 멋진 사진의 주인공으로 알려져 있다. 그러나 등반을 하지 않는 사람들이 알렉스가 하는 행위를 온전히 이해하기 위해서는 기본적인 기술이나 장비 또는 난이도를 이해할 필요가 있다.

일반적인 암벽등반에서는 클라이머 두 명이 보통 60미터 되는 나일론 로프를 이용해 바위를 기어오른다. 한 사람이 다른 사람을 확보하는 시스템인데, 선등자는 추락의 길이를 줄이기 위해 올라가면서 확보물을 설치한다.

암벽등반의 역사를 살펴보면, 선등자는 바위 표면에 생긴 자연적인 크랙에 피톤(다양한 형태의 쇠못을 총체적으로 이르는 말)을 해머로 때려서 박아가며 등반했다. 즉, 피톤을 단단히 박고 그 구멍에 카라비너(용수철 개폐기가 있는 타원형 고리)를 건 다음, 다시 카라비너에 로프를 통과시킨다. 이렇게 하면 선등자가 피톤 2미터 위에서 추락하는 경우 4미터 조금 넘게 추락한다는 계산이 나온다. 나일론 로프의 신축성에 의해 추락거리가 조금 늘어나는 셈인데, 이것이 오히려 완충작용을 한다.

그러나 반복되는 해머질로 인해 바위에 핀 자국같이 흉한 상처를 남긴 피톤은 1980년대에 들어서서 구시대의 유물로 전락했다. 대신 클라이머들은 크랙에 끼워 넣고 아래로 잡아당기면 쐐기작용에 의해 단단히 물리는 너트를 사용하기 시작했다. 보통은 너트가 피톤보다 불안하다. 1970년대 말 레이 자딘Ray Jardine이 '프렌드friend(현재는 일반적으로 캠이라 불림)'라는 기발한 장비를 개발했다. 이것은 반원의 금속판 뒤쪽에 스프링이 달려 있다. 따라서 손잡이를 잡아당겨 금속판을 오므린 다음 크랙에 집어넣고 손잡이를 놓으면 스프링 작용에 의해 금속판이 벌어지면서 크랙에 걸리는 원리인데, 잘 설치된 캠은 수백 킬로그램까지도 견딜 수 있다. 말할 필요도 없이 캠은 암벽등반에 일대 혁신을 일으켰다.

초창기 시절부터, 등반이 불가능한 지형에 맞닥뜨린 클라이머들은 확보물을 인위적인 홀드로 이용했다. 이것은 '직접적인 인공등반' 또는 단순히 '인공등반'이라 불린다. 인공등반은 모든 피치에서 에트리에étrier 또는 에이더aider(서너 개의 발판이 달린 나일론 사다리)가 사용된다. 인공등반 클라이머들은 피톤이나 너트 혹은 캠에 에이더를 걸고 매달린다. 따라서 그들은 바위를 직접적으로 오른다기보다는 나일론 사다리를 오르는 셈이다.

결국, 확장볼트는 기술적 무기라는 영역을 확장시켰다. 크랙이 전혀 없는 반반한 바위에서 클라이머들은 해머와 공구를 이용해 구멍을 뚫은 다음 그 안에 스테인리스스틸로 된 원통형 볼트를 박았다. 볼트의 대가리에는 피톤처럼 구멍이 뚫려 있다. 클라이머는 이 구멍에 카라비너를 걸고 로프를 통과시킨다. 잘 박힌 볼트는 최상의 피톤보다도 더 강하다.

프리등반은 — 프리솔로 등반과는 다르게 — 클라이머가 확보물을 추락 대비용으로만 사용한다는 의미이다. 따라서 클라이머는 너트나 캠을 설치해도 그것에 의존해 위로 올라가지 않는다. 이 경우 클라이머는 자신의 손과 발만으로 오르지만, 만약 추락하더라도 확보물이 빠지지 않으면 큰 부상으로 이어지지는 않는다.

미국에서는 프리등반의 등급체계로 범위를 5.1부터 5.15까지 세분화한 요세미티 난이도시스템Yosemite Decimal System(YDS)이 사용되고 있다. 미국에서 이런 이상한 번호가 매겨진 이유는 전문가들이 5.9보다 더 어려운 등반은 오랫동안 불가능할 것이라고 믿었기 때문이다. 그러나 1960년대 말 이런 한계가 돌파되자, 난이도를 분류하는 사람들은 어쩔 수 없이 5.10을 도입하게 되었다. 이런 시스템은 본질적으로 보수적이어서, 예를 들어 5.13의 경우 다시 4개의 하위등급으로 세분되어 5.13a부터 5.13d까지 나뉘게 되었다. 일급 클라이머들은 5.13b와 5.13c의 간극이 5.8과 5.9만큼 크다는 것을 안다.

현재 전 세계에서 가장 어려운 루트 — 몇 개 되지 않는데 — 의 난이도는 5.15c*이다.

지난 20년 동안 확장볼트는 클라이머가 확보용으로 설치와 회수를 반복하는 '전통등반'과 다르게 '스포츠클라이밍'의 신드롬을 가져왔다. 스포츠클라이밍 루트에는 영구적인 볼트가 2~3미터마다 설치된다. 그리고 클라이머들은 때에 따라서 루트를 시도하기 전에 로프 하강을 하며 볼트를 박기도 한다. 이제 캠이나 너트가 필요 없어진 클라이머들은 폭탄이 터져도 끄떡없을 정도로 안전한 볼트를 믿고 아주 어려운 프리등반을 시도한다. 선등자는 차례대로 볼트에 카라비너를 걸고 로프를 통과시키며 등반하기만 하면 된다. 보통은 확보자가 선등자의 추락을 잡아준다.

스포츠클라이밍은 최근 폭발적인 인기를 얻고 있다. 이제는 5.14의 스포츠클라이밍 루트를 등반하는 잘나가는 10대들이 있지만, 그들은 전통등반을 한 번도 해보지 않았거나 어떻게 하는지도 모른다. 5.1~5.15의

* 스페인의 라 듀라듀라La Dura Dura가 전 세계 클라이머들이 인정하는 5.15c이다.

YDS는 단순히 가장 어려운 동작을 기준으로 하기 때문에 세계 최고 수준의 루트들은 주로 접근이 쉬운 암장에 있다. 난이도 5.15의 루트를 개척하기 위해서는 크리스 샤마Chris Sharma나 아담 온드라Adam Ondra 같은 고수들이 최종적으로 단 한 번의 추락도 없이 루트 전체를 끝내기 전에 몇 주나 심지어는 몇 달 동안 안전한 추락을 수없이 해가며 일련의 동작을 '연습'해야 한다. 이런 종류의 등반은 아주 특별해서 온드라 같은 세계적인 클라이머는 거의 예술가 수준으로 연습에 매진한다.

역설적이게도, 전통등반이 스포츠클라이밍보다도 더 스포츠화 되어 더 과감해지고 더 위험해졌다.

하지만 프리솔로 등반은 차원이 다르다. 알렉스 호놀드는 긴 루트를 프리솔로로 등반할 때 다양한 종류의 확보물(볼트, 피톤, 너트, 캠)을 인위적인 홀드나 추락에 대비한 보호 장비로 사용하지도 않을 뿐더러 로프와 파트너도 없이 혼자서 해낸다. 난이도 5.11이나 5.12에서도 추락할 확률이 상당히 높기 때문에 5.11이 넘는 수준을 프리솔로로 과감히 밀어붙이는 실행자는 극소수에 불과하다. 따라서 보통은 짧은 루트에서, 그리고 모든 홀드와 일련의 동작을 익히기 위해 파트너와 함께 로프를 사용해 수없이 '연습'한 다음 도전에 나선다. (이런 점에서 본다면 로프 없이 등반하는 클라이머는 5.4 루트에서도 만약 홀드나 스탠스가 부서지면 추락해 사망에 이를 수 있다)

프리솔로 등반은 지금까지 창안된 암벽등반 형태 중 가장 스포츠적이고 순수하다. 바위에서 행해지는 이 궁극의 모험은 아주 작은 실수가 치명적인 결과를 초래한다.

1

사람들은 항상 내가 어떻게 프리솔로 등반을 시작하게 되었는지 묻는다. 하지만 내가 솔직히 말하면 과연 그들이 믿을까? 사실, 자연암장에 가서 등반을 시작할 무렵 나는 너무나 소심해서 낯선 사람에게 다가가 로프를 함께 묶자는 말을 하지 못했다.

나는 내 고향 캘리포니아의 새크라멘토에 있는 실내암장에서 열 살 때부터 등반을 시작했다. 그러나 열아홉 살 때까지는 자연암장에 거의 나가지 않았다. 나는 사교성도 없는 데다 예민한 성격이어서 사실 낯선 사람에게 말을 잘 걸지 못한다. 5.13이라는 난이도를 넘어섰을 때조차도 타호 호수 인근에 있는 러버스 리프Lover's Leap 같은 암장에서 나는 다른 사람에게 다가가 로프를 함께 묶지 않겠느냐고 물을 용기를 내지 못했다.

그래서 나는 결국 프리솔로 등반을 하게 되었다. 나의 첫 프리솔로 등반 루트는 러버스 리프의 냅색 크랙Knapsack Crack으로, 그곳은 경사가 세지 않은 5.5의 슬랩이었다. 그런 다음 나는 경사가 훨씬 더 센 5.7의 세 피치짜리 루트 코러게이션 코너Corrugation Corner에 도전했다. 정말 두렵기도 하고 등반 실력도 형편없어서 나는 홀드를 아주 세게 움켜잡았다.

그러나 내 실력은 빠르게 향상되었다. 나는 쉬지 않는 연습벌레였다. 처음 시작할 때부터 나는 스프링 노트에 나의 모든 등반을 간략히 기록했다. 내가 '등반 경전'이라 부르는 이것이야말로 나의 가장 소중한 자산이다. 2005년과 2006년, 나는 LA 동쪽 사막에 있는 조슈아 트리Joshua Tree의 화강암 볼더boulder와 피너클pinnacle에서 수많은 루트를 등반했다. 그러자 프리솔로 등반에 대한 강렬한 열망이 생겼다. 보통 하루에 쉰 피치까지 등반했는데, 대부분이 5.10 정도 되는 짧은 루트였다. 내 경전의 한 부분을 보면 이렇게 쓰여 있다.

2005년 10월 7일
열여덟 피치: 컨디션이 안 좋은 날
5.7에서 5.10b
왼쪽의 페요테 크랙Peyote Crack은 시도조차 하지 못함. 섬뜩했음.

나는 곧 프리솔로 등반에 익숙해졌다. 만약 나에게 특별한 재능이 있다면, 그것은 심리적인 부분일 것이다. 나는 심리적으로 압박을 받는 상태에서도 평정심을 잃지 않는 능력이 있다. 2007년 나는 난이도 5.12a의 피치 몇 개를 프리솔로로 등반했다. 그러자 더 큰 도전을 해도 되겠다는 자신감이 생겼다.

그때까지 나는 프로 클라이머가 된다거나, 내가 하는 행위가 다른 사람들의 이목을 끌리라고는 꿈에도 생각하지 못했다. 2007년 9월 나는 요세미티로 갔다. 나는 전설적인 루트 두 개를 주목했는데, 하나는 난이도가 5.11c에 길이가 250미터인 아름다운 화강암 필라 로스트럼Rostrum 북벽이었고, 다른 하나는 워싱턴 칼럼Washington Column에 있으면서 난이도 5.11c에 길이 340미터인 요세미티 등반의 시금석 애스트로맨Astroman이었다.

오래전인 1987년, 피터 크로프트는 이 두 루트를 하루 만에 프리솔로로 올라 뭇사람들을 놀라게 했다. 그 후 20년이라는 세월이 흐르는 동안 이 두 루트를 프리솔로로 다시 오른 사람은 아무도 없었다. 이 두 루트 중 애스트로맨이 더 어렵고 위험하고 부담스럽고 불안하다. 애스트로맨을 프리솔로로 오른 사람이 딱 한 명 더 있었는데, 그 주인공은 2007년의 딘 포터Dean Porter였다. 마흔셋의 나이에도 여전히 등반에 매진하는 포터는 최근 BASE 점핑 윙슈트를 입고 어려운 루트를 집중적으로 시도하고 있다. 그 역시 내가 롤 모델로 존경하는 또 하나의 영향력 있는 프리솔로 클라이머이다.

9월 19일, 나는 애스트로맨과 로스트럼을 프리솔로로 등반했다. 나는 전에 파트너와 함께 로프를 사용해 그곳을 등반해본 적이 있었지만, 두 루트 중 어느 하나도 정확히 기억하지 못했다. 그날은 다행히 루트에 다른 사람이 없었다. 나는 아무에게도 내 계획을 알리지 않고 그냥 그곳으로 가서 등반했다. 등반은 아주 순조롭게 진행됐다. 나는 두 루트를 등반하는 내내 정확한 동작을 취할 수 있었다. 나는 내 경전에 이렇게 적었다.

2007년 9월 19일

애스트로맨: 5.11c 프리솔로

로스트럼: 5.11c " ^^ "

나는 로스트럼 옆에 웃는 얼굴을 그려 넣었지만, 별다른 코멘트는 달지 않았다.

그날 저녁 나는 친구(아마 크리스 바이드너Chris Weidner였던 것 같다)에게 전화를 걸어 등반 이야기를 털어놓았다. 그래서 소문이 퍼졌다. 나는 2개의 프리솔로 등반이 계곡(클라이머들은 요세미티를 이렇게 부른다)에 상당한 반향을 불러일으켰다는 것을 인정하지만, 그렇다 해도 하드코어 로컬들 사이에서뿐이었다. 내가 보기에, 피터 크로프트처럼 이 2개의 루트를 하루에 등반했다는 것이 그렇게 의미심장한 것은 아니었다. 보다 중요한 것은 그런 도전을 해보겠다는 나의 도전의식이었다. 그 성공 덕분에 나는 훨씬 더 대담한 프리솔로 등반을 상상할 수 있는 자신감을 가질 수 있었다.

그로부터 5개월이 지난 2008년 2월, 나는 유타 남부에 있는 인디언 크릭 Indian Creek으로 향했다. 그곳은 단단한 '윈게이트Wingate' 사암에 짧고 아름다운 크랙들의 메카이다. 최고의 컨디션을 유지한 나는 그곳에서 여러 사람들과 함께 등반했다. 나는 5.13b 내지 5.13c 난이도의 상당히 어려운 루트들을 온사이트onsight(첫 시도에서 추락하지 않고 등반하는 것)로 등반했다. 그러나 등반을 너무 많이 한 탓에 왼쪽 팔꿈치의 힘줄에 염증이 생기고 말았다. 처음에는 무엇이 잘못되었는지도 잘 몰랐다. 그저 이두박근을 너무 많이 사용해 통증이 생긴 줄로만 알았다. 하지만 크릭에서는 두세 피치만 등반해도 너무 아파 등반을 포기할 수밖에 없었다. 나는 하루를 등반하고 이틀을 쉬었다. 다른 활동과 등반을 적절히 섞으려고 친구 시다 라이트Cedar Wright와 산악자전거를 타기도 했다. 그러나 등반을 더 많이 할 수 없다는 사실이 나를 견딜 수 없게 만들었다.

엉뚱한 소리 같겠지만, 나는 팔꿈치의 힘줄에 생긴 염증으로 이런저런 걱정을 하게 되었는데, 결과적으로 그것은 문라이트 버트레스 등반에 도움이 되었다. 그로 인해 더 대단한 무엇을 해보자는 동기를 부여받았다. 인디언 크릭에서 나는 컨디션이 좋아 등반을 잘했지만, 더 많은 것에 대한 갈증을 느꼈다. 왜냐하면 내가 원한 것보다 등반 횟수를 훨씬 더 줄여야 했기 때문이다.

나는 문라이트 버트레스를 빌 램지와 함께 등반한 이후 그곳을 프리
솔로로 등반하고자 하는 프로젝트를 오랫동안 꿈꿔왔다. 2008년 3월 30
일과 31일, 나는 바로 그런 연유로 종일토록 비가 내리는 가운데 시온에
있는 내 밴에 앉아, 다음 날 그 멋진 루트에서 일어날 가능성이 있는 모든
상황을 머릿속으로 그려보고 있었던 것이다.

나는 몇 년간 프리솔로 등반을 하면서 준비의 중요성을 깨달았다. 하
지만 문라이트 버트레스만큼 철저히 준비한 등반은 없었다. 이틀 동안 톱
로핑으로 연습하면서 머릿속에 저장한 일련의 동작 하나하나도 결정적이
었지만, 밴에 앉아서 생각한 시간 역시 소중했다. 나는 그 거대한 루트를
따라 올라가며 손과 발의 위치를 상상하고, 일어날 수 있는 모든 상황을
머릿속으로 그려보았다. 진정한 의미로 보면, 나는 그곳을 선등으로 올라
가면서 이미 프리솔로 등반의 힘든 작업을 이행한 것이나 다름없었다. 따
라서 내가 등반에 돌입했을 때 나에게 남은 것은 그저 실행을 해나가는
것뿐이었다.

루트의 하단이 축축하고 미끄러워 나는 조금 혼란스러웠다. 더구나
처음에는 내가 제대로 들어섰는지조차 확신이 서지 않았다. 그렇다고 두
려움에 떨지는 않았다. 다만, 조금 불안해하면서 주저했다. 돌이켜보니,
이틀 동안 밴에 앉아 프로젝트 전체를 머릿속으로 그려보는 동안 느꼈던
불안이 등반을 시작할 때 투영된 것 같다. 나는 불안의 경계선을 넘나들
었는데, 드디어 순수한 흥분에 휩싸여 위로 올라갔다.

두 번째 피치는 깨끗하게 찢어진 크랙이었다. 그곳에 들어서자 루트
에 제대로 붙었다는 안도감이 들었다. 그곳부터 정상까지는 헷갈릴 일이
없기 때문이다. 더구나 두 번째 피치 위쪽은 바위가 말라 미끄럽지도 않
았다. 나는 위로 올라갈수록 자신감이 생겼다. 오른쪽으로 트래버스 하는

5.11c의 세 번째 피치도 정확하게 계획한 대로 되었다. 이제 로커 블로커 레지에서부터 '본격적인 게임'이 시작되었다. 나는 완벽하다는 느낌이 드는 동작들을 해나갔다.

까다로운 볼더링 동작을 하기 위해 로커 블로커를 출발하면서, 추락을 하면 다시 레지로 살짝 뛰어내린다는 시나리오가 내 마음 한편에 자리 잡고 있었다. 그러나 나는 효율적으로 움직였고, 발끝으로 서서 결정적인 홀드를 잡았을 때 추락하지 않을 것이라는 확신이 들었다. 그러자 더욱 자신감이 생겼다.

로커 블로커 위쪽에서, 나는 루트 전체 중 크럭스인 55미터의 5.12d 안쪽 코너에 붙었다. 난감하기 짝이 없는 이 난이도는 어느 하나의 어려운 동작에서가 아니라 처음부터 끝까지 힘을 꾸준히 써야 하는 데서 비롯된 것이다. 이곳에서 나의 준비가 빛을 발하기 시작했다. 나는 크랙의 양쪽에 있는 사암의 가는 주름 같은 곳에 암벽화 밑창의 모서리를 조심스럽게 대고, 스테밍 자세로 등반을 시작했다. 그리고 크랙의 모서리를 번갈아 잡아가며 부드럽게 올라갔다. 그 벽은 완벽한 수직이어서 모서리를 정교하게 잡아야 한다. 나는 연습을 통해 모든 동작을 기억하고 있었다. 더불어 그곳의 벽은 — 기대한 바와 같이 — 먼 위쪽에 있는 작은 루프roof가 비를 막아주어 깨끗이 말라 있었다.

나는 코너의 첫 25미터를 스테밍 자세로 올라가며 군데군데에 있는 작은 홀드에서 잠깐씩 쉴 수 있었다. 그러나 그 위쪽은 스테밍에서 레이백layback으로 자세를 바꾸어야 했다. 이제 나는 크랙의 모서리를 양손으로 잡고 몸을 왼쪽으로 기울인 다음, 암벽화 바닥을 반대편 벽의 내 손 60센티미터 밑에 위치하도록 했다. 사실 레이백 자세는 조금 부자연스럽다. 위로 올라갈 수 있는 비결은 손으로는 당기고 발로는 미는 카운터밸런스

counterbalance이다. 이런 자세는 카누에 앉아 노를 힘차게 젓는 것과 상당히 흡사하다. 이런 자세로 벽을 올라가려면 손과 발을 번갈아 움직여야 한다. 따라서 힘은 상당히 들지만, 깔끔한 레이백 자세는 안정적이고 안전하다는 느낌을 받을 수 있다. 그러나 크랙의 모서리가 날카롭지 못하거나, 바깥쪽으로 벌어져 있거나, 혹은 발을 대는 벽이 미끄러우면 레이백 동작은 상당히 무섭다. 왜냐하면 순간적으로 몸이 빠지면서 자신도 모르게 거꾸러져 허공으로 나를 것 같다는 느낌이 들기 때문이다. 그리고 보통 발이 미끄러지면 크랙을 잡은 손마저 무용지물이 된다. 따라서 어느 경우든 클라이머는 추락을 면할 수 없다.

그 코너의 마지막 30미터를 올라가는 비결은 끝까지 펌핑이 오지 않게 하는 것이다. 팔이 계속적으로 압박을 받기 때문에 레이백 동작으로만 올라갈 수는 없다. 이것이 바로 '펌핑의 문제'인데, 일단 펌핑이 나면 어떤 홀드도 잡을 수 없다. 만약 로프를 사용해 등반하거나, 하다못해 안전벨트와 장비라도 있으면, 언제든 확보물에 카라비너를 걸고 매달려 쉬면서 펌핑이 난 팔을 풀어줄 수 있다. 물론 썩 아름답지 못한 스타일이기는 하지만 추락하는 것보다는 낫다. 그러나 프리솔로 등반은 선택의 여지가 없다. 클라이머는 펌핑이 오기 전에 루트를 끝내야 한다.

이제 다시 본격적인 게임에 들어간 나는 톱로핑으로 연습했을 때처럼 등반의 속도를 높였다. 불안한 마음은 전혀 들지 않았다. 로프나 장비도 없이 그 아찔한 허공에서 내가 행사할 수 있는 유일한 권리는 두 번의 톱로핑 연습 때보다 발을 조금 더 높이 대는 것뿐이었다. 그러면 팔에 펌핑이 좀 더 빨리 오겠지만 조금 더 안전하다.

크럭스 위쪽의 세 피치는 난이도가 5.12a, 5.12a 그리고 5.12b였다. 사실 그 피치들은 완벽한 손가락 크랙으로, 상당히 어렵기는 했지만 나의 능력이면 충분했다. 그곳에서 나는 프리솔로 등반의 진정한 기쁨을 만끽했다. 손가락 한 마디를 크랙 안에 집어넣고, 완벽한 지지력을 얻기 위해 힘을 살짝 주자 상당히 안전하다는 느낌이 든 것이다. 어느 순간에, 나는 두 개의 손가락에서 마치 절반만 내 것인 양 아주 작은 부위를 크랙 안에 집어넣었고, 발가락 끝은 스탠스에 딛지도 못하고 벽에 대기만 했다. 따라서 실제로 벽에 닿는 나의 몸은 극히 일부분에 불과했다. 내 주위를 둘러싸고 있는 것은 온통 공기뿐이었다. 나는 마치 허공 속으로 걸어 들어가는 듯한 환상적인 느낌을 받았다. 추락하지 않을 것이라는 완벽한 확신이 들었다. 그리고 그런 확신 덕분에 나는 추락하지 않았다.

나는 등반하면서 뒤돌아보지 않았지만 시온의 절경이 가슴에 와 닿았다. 협곡은 온통 빨강과 초록 세상이었다. 빨간 바위와 초록의 숲! 발아래로는 멀리 버진강이 굽이쳐 흐르고 있었다. 그 높은 곳에서는 차량의 소음도 들리지 않아 오직 평화로운 정적만 흘렀다.

정상에 이르는 마지막 피치는 5.10d의 난이도로 적당한 수준이었다. 그러나 나는 아래쪽 피치들에서처럼 우아하게 등반했다. 등반을 시작할 때 가졌던 모호한 의구심도 이제 깨끗이 사라졌다.

어느덧 정상에 올라선 나는 아이팟을 꺼내 시간을 확인했다. 1시간 23분. 나는 최초의 프리솔로 등반은 물론이고 속도기록까지 세웠다.

정상에서 암벽화의 끈을 풀자 잔잔한 희열이 밀려왔다. 비록 맨발이기는 했지만(꽉 조이는 암벽화를 신고 걷는 것은 고문에 가깝다) 나는 뒤로 돌아 내려가 강을 건넌 다음 트레킹화와 배낭이 있는 곳에 도착했다. (무지개 속을 걷는 것은 결코 수월하지 않았다) 기분이 날아갈 듯했다. 1시간 23분 동안 나는 내 인생에서 그 어느 때보다도 더 노련한 등반을 해냈다.

2008년 4월 1일, 알렉스의 문라이트 버트레스 등반을 목격한 사람은 아무도 없었다. 그는 애스트로맨과 로스트럼에서처럼 크리스 바이드너에게만 언젠가 그곳을 프리솔로로 도전할 것이라고 말했을 뿐 어느 누구에게도 계획을 밝히지 않았다. 이제 등반을 끝낸 알렉스는 바이드너에게 전화를 걸어 영광스러운 그날에 대해 털어놓았다. 바이드너가 그 말을 다른 사람들에게 전하자, 소문이 순식간에 퍼졌다.

등반이 만우절에 이루어진 탓에 많은 전문가들은 처음에 그런 소문을 농담이나 장난쯤으로 여겼다. 그러나 시간이 지나자 알렉스를 지지하는 쪽으로 판도가 변했다. 슈퍼토포닷컴supertopo.com에는 그 등반의 대담성을 알아차린 클라이머들의 댓글이 달리기 시작했다. "빌어먹을!"이라고 쓴 사람이 있는가 하면 "말도 안 돼."라거나 "생각만 해도 등골이 오싹해."라는 반응을 보인 사람도 있었다. 그리고 영감을 받았다며 찬양한 클라이머들도 있었다. "알렉스, 대단한 일을 해냈어. 이 글을 읽자니 내가 지금 하는 것보다 훨씬 더 어려운 등반을 해보고 싶다는 욕망이 생기네." 그리고 알렉스의 애스트로맨과 로스트럼 프리솔로 등반도 알고 있는 사람들은 이렇게 마침표를 찍었다. "믿을 수 없어. … 불가능하다고 말하고 싶었는데, 알렉스의 이름을 보고 나서 … 제정신이 아니야." 이런 댓글도 있었다. "해치웠다니 축하해. … 계속 앞으로 나아가!"

마이크 바이스와 함께 1971년 문라이트 버트레스를 초등한 제프 로우는 4월 6일 슈퍼토포닷컴에 자신은 그 루트가 프리로 등반되리라는 것을 알고 있었고, 1992년 피터 크로프트와 조니 우드워드가 최초의 프리 등반이라는 대업을 달성하기 전에 이미 그 루트를 프리로 시도했었다며 이렇게 댓글을 달았다. "신념을 가볍게 뛰어넘는 알렉스의 도래를 예견할 만큼 (점칠 때 쓰는) 수정구슬 안을 제대로 들여다보지는 못했지만 … 대단한 일을 해냈네, 알렉스. 그럴 거라고 믿지만 항상 조심해."

미국의 선구적인 개척자로부터의 이런 찬사와 더불어, 처음으로 '센더 필름스Sender Films'의 감독을 포함한 더 큰 미디어 세계가 그의 존재를 알아차리고 주시하기 시작했다. 드디어 등반 세계에 새롭고 경이로운 인물이 등장한 것이다.

그러나 스물두 살의 알렉스 호놀드에게 그 등반은 시작에 불과했다.

2장

나만의 감옥

1

크리스 바이드너에게만 문라이트 버트레스를 이야기했을 뿐인데 소문은 의외로 빨리 퍼졌다. 그가 등반 활동이 가장 왕성하게 펼쳐지는 볼더 Boulder에 살기 때문이었을까?

그렇다 해도, 나는 그 등반이 인터넷에서 폭발적인 반응을 일으킬 것으로는 기대하지 않았다. 인터넷에 확인하러 들어간 나는 놀라움을 금치 못했다. 오! 나에 대한 기사군. 멋진데. 내가 등반하는 사진을 올려놓은 사람도 있었다. 내 사진이야! 나는 혼자서 으쓱했다.

물론 문라이트 버트레스 프리솔로 등반이 만우절 농담이 아니냐고 의심하는 사람도 있었다. 그러나 내가 우리의 집단에 항상 고마워하는 것은 지금까지 나의 수많은 등반이 영상이나 사진으로 남아 있지도 않고 목격자가 없음에도 불구하고 사람들이 내 말을 믿어준다는 사실이다. 2008년 4월, 인터넷에서는 아무도 나를 거짓말쟁이라고 비난하지 않았다. 만약 누군가가 문라이트 버트레스 프리솔로 등반을 가짜로 올린다면, 아마 그는 슈퍼토포닷컴supertopo.com을 무턱대고 믿는 사람들을 대상으로 장난이나 치고자 하는 사람일 것이다.

나는 후원을 받는 프로 클라이머가 되리라고는 꿈에도 상상하지 못

67

했다. 다만, 이런 생각은 해봤다. '만약 내가 명성을 좀 얻게 되면 장비회사들이 암벽화 한 켤레 정도는 공짜로 주지 않을까?'

왼쪽 팔꿈치의 힘줄에 생긴 염증은 좀처럼 나아지지 않았다. 문라이트 버트레스에서 동작을 하나하나 연습하고 나서 프리솔로로 등반한 것이 상태를 더 악화시킨 것 같았다.

마침내 나는 팔꿈치를 완치하기 위해 등반을 잠깐 쉬어야 한다는 사실을 깨달았다. 따라서 나는 시에라네바다Sierra Nevada에서 그해 여름을 보내며, 긴 종주도 하고 '에볼루션 트래버스Evolution Traverse'같이 큰 산을 한 바퀴 도는 트레킹도 했다. 물론 기어올라야 하는 곳도 많았지만, 운동화를 신고서 하는 그런 활동은 진정한 등반과는 거리가 멀었다. 그러자 몸이 아주 좋아졌다.

최근에 기자 한 명이 나에게 일정기간 동안 등반을 포기할 수 있는지 물어, 나는 "물론입니다."라고 대답했다.

"그러니까 한 달간도 포기할 수 있다는 말이죠?"라고 그가 재차 물었다.

"뭐라고요?" 나는 놀라서 되물었다. "한 달이라뇨? 나는 사흘을 말하는 줄 알았는데요."

나는 이렇게 등반한다. 지난 수년간 다른 것에 관심을 가져보기도 했지만 나는 등반보다 더 흥미로운 것은 찾지 못했다. 비록 이래저래 등반을 해온 지가 20여 년밖에 되지 않지만, 등반이 없는 나의 삶은 생각조차 할 수 없다.

하이 시에라High Sierra에서 보낸 그해 여름 내내 하프돔의 레귤러 노스웨스트 페이스Regular Northwest Face(RNWF)를 프리솔로로 해보면 어떨까 하는 생각이 머릿속을 떠나지 않았다. 매우 인상적인 형상을 한 하프돔은 북미를 통틀어 가장 두드러진 역단층thrust의 순수한 화강암이다. 나는 동쪽 끝에서 계곡 전체를 지배하는 듯한 그 모습을 언제나 사랑한다.

2008년, 요세미티는 세계에서 내가 가장 좋아하는 등반 지역이 됐다. 거대한 봉우리나 뾰족한 봉우리를 좋아하는 사람도 있고, 복잡한 리지ridge를 좋아하는 사람도 있다. 하지만 나는 거대하면서도 깨끗한 절벽을 좋아한다. 이런 측면에서 보면 요세미티만 한 곳이 없는데, 특히 엘 캐피탄El Capitan과 하프돔Half Dome이 그렇다. 만약 엘캡 밑에 서서 900미터의 절벽을 올려다본다면 "와!" 하는 감탄사가 절로 나올 것이다.

화강암 또한 내가 가장 좋아하는 바위인데, 요세미티는 미국의 그 어느 곳보다도 더 깎아지른, 그리고 더 깨끗한 화강암 절벽으로 이루어져 있다.

레귤러 노스웨스트 페이스 루트는 거의 수직을 이룬 절벽의 왼쪽을 따라 올라가는 아름다운 등반선이다. 그해 여름 하이 시에라 종주와 산을 한 바퀴 도는 트레킹을 하면서 나는 몸이 상당히 좋아졌다. 하프돔은 내가 능선을 걸어 다니는 동안 수시로 생각나는 동기의 근원, 즉 나의 뮤즈muse가 됐다. 그 루트를 프리솔로로 도전해보자는 생각 자체가 소름끼치기는 했지만, 동시에 뿌리치기 어려운 유혹이기도 했다. 순수한 성취로만 봐도 그것은 나에게 커다란 도약, 즉 문라이트 버트레스보다도 훨씬 더 대담한 도전이 될 터였다.

⌐

레귤러 노스웨스트 페이스 루트는 1957년 당시 미국에서 가장 뛰어난 클라이머였던 로열 로빈스Royal Robbins와 제리 갤워스Jerry Gallwas, 마이크

셰릭Mike Sherrick에 의해 개척되었다. 그러나 로열 로빈스의 한 번을 포함한 이전의 시도 두 번은 모두 600미터 벽의 절반의 절반도 못 가서 실패로 돌아갔다. 평균 경사도가 85도인 북서벽은 바라보는 것만으로도 무시무시하다. 스티브 로퍼Steve Roper는 요세미티의 초기 등반역사를 완벽하게 정리한『캠프 4Camp 4』*에서 이렇게 말했다. "계곡에서 올려다보면 너무나 압도적이다. 인간이 보통의 기술(로프와 피톤, 볼트)로 이렇게 거대한 절벽을 기어오르는 게 가능하긴 할까?"

1957년 이들 트리오가 등반을 끝내는 데는 무려 5일이 걸렸다. 이들은 인공등반을 하기 위해 새로 나온 크롬-몰리브덴강 피톤과 확장볼트를 사용하고, 반반한 화강암을 '펜듈럼pendulum'으로 넘어가 침니chimney 시스템으로 갈 수 있도록 로빈스를 15미터나 아래로 내려주고, 슬링과 사다리에 매달려 네 번이나 비박하면서 온갖 고생을 다했다. 결정적인 피치 — 갤워스가 선등을 섰는데 — 는 정상 60미터 아래에 있는 '불안할 정도로 좁은' 레지에 도달하기 위해 피톤과 볼트로 힘들게 인공등반한 곳이었다. 이곳에 있는 '생크 갓 레지Thank God Ledge'는 미국에서 가장 유명한 바위 형상이다.

5.1에서부터 5.15까지의 요세미티 난이도시스템(YDS)은 위험의 정도와 상관없이 순수하게 어려움만을 기준으로 한다. 그러나 YDS 안에 있는 또 다른 등급은 거대한 벽이나 산의 긴 루트에서 요구되는 전체적인 어려움과 위험 그리고 결정적인 감행의 정도, 다시 말하면 등반의 주요한 '심각성'을 나타낸다. 최근까지 이 등급은 I급부터 VI급까지 구분되었다. 지난 10년간 몇 개의 기념비적인 등반 — 그들 대부분이 오지의 산군에서 이루어졌는데 — 은 대략 VII급이 아니냐는 논란이 있었지만, 대체로

* 『캠프 4』(송은희 옮김)는 2020년 하루재클럽에서 발간할 예정이다.

이 등급의 정점은 VI급에 머물러 있다.

미국 최초의 VI급은 로빈스와 갤워스, 셰릭이 해낸 1957년 하프돔 레귤러 노스웨스트 페이스 등반이라는 것이 정설이다. 그 당시에는 유럽에서조차 이에 필적하는 루트가 몇 개 없었다.

로빈스 팀이 초등한 지 19년이 지난 1976년, 콜로라도 출신의 클라이머 아트 힉비Art Higbee와 짐 에릭슨Jim Erickson이 확보물을 적극적으로 사용하는 거의 모든 동작을 배제한 채 프리로 이곳을 등반했다. (에릭슨은 이 루트를 열 번 시도한 끝에 성공을 거두었다) 로프를 함께 묶은 이들은 피톤과 너트, 볼트를 확보용으로만 사용하는 극한의 등반을 이겨내면서 34시간 만에 정상 30미터 아래에 도달했다. 그러나 이들은 유감스럽게도 이곳의 마지막 장애물을 넘지 못하고 인공등반으로 바꾸어야 했다. 작은 아쉬움을 남긴 이 등반이 힉비와 에릭슨의 눈에는 '위대한 실패'로 비쳐졌지만, 이들의 성취에 감동받은 후배들은 이 등반을 최초의 프리등반으로 인정했다. 힉비와 에릭슨은 자신들의 등반 난이도를 확고한 5.12로 매겼는데, 이것은 당시 전 세계에서 기술적으로 가장 어려운 등반이었다. 자 이제, 인공등반을 해야 했던 이 단 하나의 구간이 2008년의 알렉스에게는 극적인 크럭스가 될 터였다.

2008년까지 VI급의 등반을 프리솔로로 시도한 — 성공은 고사하고 — 사람은 아무도 없었다.

그해 9월, 팔꿈치도 나아진 데다 하이 시에라를 줄기차게 돌아다닌 덕분에 나의 컨디션은 최고조에 달해 있었다. 몇 달 동안 하프돔만 생각해온 나는 이제야말로 결행을 할 때가 되었다는 자신감을 가질 수 있었다. 이 등반에 대한 생각을 너무 오랫동안 해와서 이제는 머릿속에서 비워내야 할 때가 된 것이다.

나는 서로 다른 파트너들과 함께 이 루트를 대여섯 번 등반했는데, 추락에 대비해 고정 확보물에 로프를 통과시키면서 프리등반 한 것은 두 번(그중 한 번이 프리솔로로 도전하기 이틀 전에 브래드 발라흐Brad Barlage와 한 것)뿐이었다. 이곳에는 로빈스 팀이 볼트를 박아 사다리를 걸고 인공등반으로 넘어갈 수밖에 없었던 아주 반반한 구간이 세 군데 있다. 오늘날 거의 모든 클라이머들은 이 볼트를 사다리처럼 사용한다. 물론 그러면 안전하고 비교적 쉬운 인공등반이 된다. 그러나 프리등반으로 이 구간들을 돌아가려는 노력 덕분에, 힉비와 에릭슨이 — 비록 그들은 로프와 확보물을 이용했지만 — (거의) 성공한 것처럼, 루트 전체의 프리등반이 가능해졌다.

브래드와 함께 이곳을 등반한 다음 날인 9월 5일, 나는 온종일 밴에 앉아 휴식을 취하며 이 루트에 대해 생각했다. 프리솔로로 이 루트를 오를 것인가를 놓고 나는 여전히 고민하고 있었다. 내가 정말 원하는 것일까? 나는 며칠 후 친구들과 함께 계곡에서 등반하기로 이미 약속을 한 터라 이들이 나타나기 전에 등반을 끝내야 한다는 중압감마저 있었다. 결국 나는 다음 날 하프돔 밑으로 가기로 결심했다. 마음이 내키지 않으면 그냥 걸어 내려오면 되니까…. 그런 적도 몇 번 있었고, 어떤 때는 등반을 하다 도로 내려온 적도 있었다. 2006년, 로열 아치스 테라스Royal Arches Terrace — 계곡 내에서 길기는 하지만 기술적으로는 상당히 쉬운 축에 속하는 — 에서는 한 피치 반의 슬랩 구간을 올라갔는데 마음이 내키지 않는다는 사실을 깨닫고, 클라이밍 다운을 한 다음 도로로 걸어 내려와 차를 얻어 타고 계곡을 빠져나왔다. 그것이 그 시즌의 마지막 등반이었다.

하지만 이번에 하프돔 밑으로 가면 도로 내려오지는 않을 것 같았다.

나는 여기저기 떠벌리고 싶지 않아서 내 프로젝트를 브래드 발라흐와 크리스 바이드너에게만 털어놓았다. "뭐라고?" 깜짝 놀란 브래드는 "좋아, 조심해! 끝나면 문자 보내."라고 말했다. 그는 마치 형같이 굴었다.

크리스는 나를 설득하려 했다. "야, 그건 미친 짓이야. 넌 톱로핑으로 연습도 하지 않았잖아?"

"맞아."라고 나는 말했다. "하지만 난 정정당당하게 하고 싶어."

"미쳤어?"

이렇게 주고받은 대화들을 돌이켜보면, 혹시 내가 건방지고 오만한 모습으로 비춰지지는 않았을까 하는 생각이 든다. 그러나 실상은 그렇지 않다. 나는 단지 그 시도를 대단한 일인 것처럼 떠벌리고 싶지 않았을 뿐이다. 내가 만약 하단에서 물러난다면 더욱 그렇게 해야 하지 않을까? 등반을 하기도 전에 미리 떠벌리는 것은 분명 좋은 일이 아니다. 또한 나는 좋은 친구들을 걱정하게 만들고 싶지도 않았다. 그렇게 하면, 나를 걱정하는 그들을 오히려 내가 걱정하게 될 테니까! 나는 단지 그들을 안심시키고 싶었다. 이봐, 친구들! 그 정도는 문제없어. 별일 없을 거라고.

또 다른 문제도 있었다. 비록 내가 철저한 준비의 필요성을 강조하기는 했지만, 문라이트 버트레스의 동작들을 미리 연습한 것은 결국 등반에 수반되는 도전을 약화시킨 것이 아닌가 하는 생각이 들기 시작한 것이다. 하프돔은 문라이트보다 훨씬 더 커서 모든 동작을 외우려면 평생이 걸릴지도 모른다. 나는 준비가 조금 덜 된 상태에서 등반하기로 결심했다. 그것이 바로 내가 '정정당당하게' 하고 싶다는 의미였다.

어쩌면 지나치게 '정정당당하게' 될지도 모르지만….

9월인데도 계곡은 여전히 더웠다. 그것은 벽에 클라이머들이 많지 않다는 의미로, 바로 내가 바라는 것이었다. 하지만 벽이 북서쪽으로 향하고 있어 9월에는 온종일 그늘이 지기 때문에 나는 땀을 많이 흘리거나 탈수증을 느끼지 않고 등반할 수 있을 터였다. 손에 땀이 많이 나면 초크를 아무리 많이 묻혀도 유연하게 넘어가야 하는 등반을 꽤 위태롭게 만든다. 탈수증은 힘을 약화시키는 것은 물론 판단력까지 흐려지게 만든다.

9월 6일, 나는 다시 하프돔의 루트 밑에 섰다. 이틀 전 브래드와 함께 등반했을 때보다 훨씬 더 가벼운 짐을 메고 온 덕분에 어프로치 시간도 많이 걸리지 않았다. 어프로치로 올라붙는 내내 나를 굽어보는 거대한 벽을 의식했지만, 나는 그런 심리적 압박을 애써 피했다. 그날은 완벽하고 깨끗한 아침의 파랑새 같은 날이었다. 벽 밑에서 휴식을 취하자니, 햇빛에 아련하게 빛나는 먼 아래쪽의 계곡과는 완전히 동떨어진 세상에 나 홀로 있다는 느낌이 들었다. 내가 바란 것처럼 벽에는 오직 나 혼자뿐이었다. 이제 몇 시간 동안 나는 매우 독특한 방법으로 나 자신을 고독이라는 아주 위험한 게임에 가두게 될 터였다.

프리솔로로 등반할 때 로프를 사용하는 사람들 사이로 올라가는 것은 그리 큰 문제가 되지 않는다. 전에도 그런 경험을 한 적이 있고, 앞으로도 그럴 가능성이 있다. 하지만 벽에서 만나는 다른 사람들이 나의 프리솔로 등반에 대해 믿을 수 없다는 표정을 지으면, 나는 그들의 시선을 의식하지 않을 수 없다. 그러면 거벽의 프리솔로 등반에 필요한 절대적 집중력이 흐트러질 수 있다. 나는 등반을 하기 전에 완전한 자신감으로 무장해야 한다. 그리고 일단 바닥에서 발을 떼게 되면 등반에만 온전히 몰입해야 한다. 나는 그렇게 할 것이다. 그리고 그 순간 내 인생에서 가장 중요한 것은 오직 그것뿐이었다. 이런 마음가짐은 때때로 부딪치게 될지 모르는 낯선 사람들과는 공유할 수 없다.

나는 반바지에 긴팔 티셔츠만 입고 있었다. 나는 미우라Miura 암벽화를 신고 초크백을 허리에 매달았다. 물론 안전벨트도 차지 않고, 카라비너도 전혀 가져가지 않는다. 나는 멀티피치 등반을 할 때 애용하는 클리프 키드 지바Clif Kid Zbar 몇 개를 한쪽 주머니에 넣었다. 그리고 접이식 물병에 1/3리터쯤 물을 채워 다른 쪽 주머니에 넣었다. 물론 이렇게 하면, 반바지가 조금 흘러내린다. 그러나 등반에 걸리는 시간을 예상하고 있었기 때문에 나는 위쪽의 어려운 피치에 도달했을 때 갈증에 시달리고 싶지 않았다. 배낭은 고민할 대상도 아니었다. 루트 중간에 침니가 있기 때문이기도 했지만(배낭을 메고 침니를 프리솔로로 등반하는 것은 거의 불가능에 가깝다) 그보다 더 주된 이유는 등반이 어려워 내 몸무게에 하중을 추가하고 싶지 않았기 때문이다.

이제 더 이상 할 일이 없어진 나에게 남은 것이라고는 주저함을 떨쳐버리고 등반을 하는 것뿐이었다. 나는 첫 피치를 시작했다.

요세미티의 위대한 개척자들은 오랫동안 나에게 영웅 같은 존재들이었다. 1960년대를 주름잡은 '황금시대'의 사나이들(로열 로빈스, 워런 하딩Warren Harding, 이본 쉬나드Yvon Chouinard, 톰 프로스트Tom Frost, 척 프랫Chuck Pratt 등)에 대해서는 기념비적이고 익살맞은 등반 이야기를 책으로만 접했을 뿐, 내가 감사하기에 그들은 너무나 먼 역사의 뒤안길에 있었다. 내가 진정으로 존경한 사람들은 스스로를 '스톤마스터Stonemaster'라고 부른 1970년대와 1980년대의 그다음 세대였다. 존 롱John Long, 짐 브리드웰Jim Bridwell, 빌리 웨스트베이Billy Westbay, 토빈 소렌슨Tobin Sorenson과 그의 친구들. 특히 존 바차와 피터 크로프트는 자신들의 프리솔로와 솔로등반을 가장 높은 수준까지 끌어올려서, 그리고 린 힐Lynn Hill은 남녀 클라이머를 통틀어 1993년에 엘캡의 노즈Nose를 완벽한 프리등반으로 오른 최초의 인물이어서, 나는 그들을 존경하지 않을 수 없었다. 린 힐은 그 1년 뒤 노즈를 하루 만에 프리로 올랐는데, 그녀의 이 두 등반은 계곡 내에서 이루어진 가장 위대한 업적으로 여전히 칭송받는다. 프리솔로로 등반하다 추락했지만 나뭇가지에 걸려 살아난 일, 노스 오버행North Overhang을 알몸으로 오른 일, 또는 30미터를 추락하던 중 유명한 '비명'을 질러 확보자가 로프를 잡아채는 바람에 기적적으로 살아난 일 등 야성적이고 미치광이 같은 일화를 남긴 존 '야보' 야블론스키John "Yabo" Yablonski에게도 나는 매료되었다. 야보는 상처받은 영혼임에 틀림없었는데, 그런 연유 때문이었는지 그는 1990년대 초 자살로 생을 마감했다.

그러나 스톤마스터 중 상당수는 마약에 빠져들기도 했다. 심지어 몇몇은 LSD로 두뇌의 회로가 끊긴 상태에서 요세미티의 어려운 등반을 해낸 것을 자랑스럽게 떠벌리기도 했다. 그들의 스타일은 당시의 반체제 문화운동의 일부로 치부되기도 하지만, 나는 그런 생각에 공감하지 않는다. 나는 술도 입에만 살짝 댈 뿐 취하도록 마셔본 적이 없다. 물론 마약은 전혀 관심이 없다. 나는 심지어 커피도 마시지 않는다. 한번 조그만 컵에 커피를 마셔봤는데, 마치 배터리용액을 마시는 듯한 느낌이 들었다. 또 한 번은 스카치위스키를 조금 마시고 나서 다음 날 아침 화장실을 들락거리는 고역을 치르기도 했다. 그때 나는 결국 위스키는 화장실을 청소할 때나 사용해야겠다고 생각했다. 도덕적인 이유가 아니라, 마약과 술과 카페인은 내 몸이 받아들이지 못한다.

나는 캘리포니아의 새크라멘토에서 자랐다. 부모님은 두 분 다 미국과 해외의 여러 기관에서 제2외국어(ESL)로 영어를 가르쳤다. 결국 부모님은 새크라멘토의 아메리칸리버칼리지American River College에 영구적으로 자리 잡았다. 어머니 데어드레 월로우닉Dierdre Wolownick은 대학에서 ESL 영어*는 물론이고, 스페인어와 프랑스어도 가르쳤다. 현재 어머니는 이 대학의 프랑스어 전체 커리큘럼을 담당하고 있다. 언어감각이 뛰어난 어머니는 3개 국어(프랑스어, 스페인어, 이탈리아어)에 능통하고, 독일어와 폴란드어, 일본어를 어느 정도 구사하며 영어 수화手話도 조금 할 줄 안다.

아버지 찰스 호놀드Charles Honnold는 어머니 이전에 이미 아메리칸리버칼리지에서 정규직으로 ESL을 가르쳤다. 따라서 나는 좋은 영향을 받았느냐 아니냐를 떠나 지성적이고 교육적인 환경에서 자랐다.

어머니는 내가 태어난 날을 가끔 다른 사람들에게 자랑했다. 1985년 8월 17일 태어난 나는 얼마 후 스스로 일어서서 어머니의 손가락을 붙잡았다고 한다. 어린 시절의 나에 대한 다른 이야기들처럼, 나는 어머니가 지어낸 것이거나, 아니면 최소한 상당히 과장된 것이라고 생각한다. 심지어 어머니는 기자들에게 내가 두 살이 되었을 때부터 장차 클라이머가 될 재목이라는 것을 알아봤다고 말하기까지 했다. 어머니는 내가 다섯 살 때 실내암장에 데리고 간 것을 지금의 등반과 연관 짓기도 한다. 어머니의 말에 따르면, 어머니가 관리자와 이야기를 나누느라 잠깐 한눈을 판 사이에 내가 10여 미터를 올라가서, 혹시 내가 떨어져 죽을까 봐 심장이 떨렸다고 한다.

누나 스테이시아Stasia는 두 살 위이다. 유년시절부터 어머니는 우리에게 프랑스어로만 이야기했다. 어머니의 의도는 우리를 이중언어 구사

---

* 알렉스의 어머니 데어드레 월로우닉이 쓴 책 하나는 『요리쿡 조리쿡 영어요리하기』, 이상미 옮김(아카데미영어사, 2001)으로 우리나라에 소개되었다.

자로 만드는 것이었다. 아직도 어머니는 우리가 찾아가면 프랑스어로만 이야기한다. 그러나 처음부터 반항한 누나와 나는 영어로 대답한다. 그렇기는 해도 내가 프랑스어에 능통하게 된 것은 순전히 어머니 덕분이다. 나의 프랑스어 실력은 여러 번의 프랑스 여행과 세 번의 북아프리카 여행에 큰 도움이 되었다.

내가 통제 불능의 아주 작은 괴물이라는 어머니의 생각은 맞는지도 모른다. 대여섯 살 때쯤 나는 처음으로 팔이 부러졌다. 내가 좋아하는 레스토랑 '칼스 주니어Carl's Jr.'에서 미끄럼틀을 뛰어 내려가면 재미있을 것이라고 생각한 것이다. 나는 가장자리에서 떨어졌는데, 의사는 잘 알아듣기도 힘든 '전완부골절green twig radius fracture'이라는 진단을 내렸다.

그리고 다시 일고여덟 살 때쯤 두 번째로 팔이 부러졌다. 이번에는 정말 한심한 사고였다. 사실 내가 어떻게 그런 멍청한 짓을 했는지도 잘 알지 못한다. 우리 집 뒤뜰에 있는 놀이기구에 큰 로프가 늘어져 있었다. 말하자면 그네인 셈이었는데, 나는 그것을 단단히 고정시킨 다음 해먹처럼 그 위에 누웠다. 바닥으로 떨어진 나는 팔이 부러지고 말았다.

내가 열 살 때 아버지는 나를 동네에 있는 실내암장으로 데리고 갔다. 등반은 또 다른 레크리에이션을 위해 무작위로 그냥 한 번 시도해보는 것 정도에 불과했다. 그러나 나는 첫날부터 '푹 빠지고' 말았다. 그날 이후 수년 동안 아버지는 나를 암장으로 데려가 오후 내내 나를 확보 봐주는 것으로 시간을 보냈다. 아버지는 등반에 관심이 없었지만, 훗날에는 대회가 열리는 캘리포니아 주변의 실내암장으로 나를 데려다주기까지 했다.

아버지는 말이 없는 편이었다. 따라서 몇 시간 동안 차를 함께 타고 가도 우리 사이에는 대화가 거의 없었다. 아버지는 또한 감정도 잘 드러내지 않는 편이었다. 다만 나를 끊임없이 확보 봐주고 미국 어디든 차로 데려다주는 방식으로 자신만의 사랑을 표현했다.

어렸을 때부터 집안에는 아무도 말을 꺼내지 않는 불편한 문제가 있었다. 부모님은 결혼생활이 행복하지 않았다. 부모님은 드러내놓고 싸우지는 않았다. 그러나 집안은 늘 냉랭한 침묵이 흘렀다. 부모님은 누나와 나를 위해 내가 고등학교를 졸업할 때까지 기다린 후 이혼했다. 하지만 우리는 가끔 어머니의 이메일을 읽어볼 수 있었기 때문에 두 분이 갈라설 것이라는 사실을 이미 알고 있었다. 정말 실망스럽게도, 두 분은 이혼한 후에 오히려 더 행복해졌다. 두 분은 친구로 남았다.

어린 시절에 한껏 움츠러든 것이 오늘날까지도 내가 그 시절을 잘 기억하지 못하는 하나의 원인이라고 나는 확신한다. 2011년 알렉스 로더 Alex Lowther는 『알피니스트』에 나에 대해 쓰기 위해 인터뷰하며 어린 시절에 대한 몇 가지 질문을 던졌다. 나는 그에게 기억도 잘 나지 않고 믿을 수도 없다고 고백한 다음 벤 스몰리Ben Smalley에게 물어보라고 말했다. 그와 나는 1학년 때부터 가장 친한 친구 사이였다.

로더는 알렉스의 제안에 따라, 2011년 공군 중위가 된 벤 스몰리에게 연락했다. 어린 시절과 10대의 알렉스에 대한 스몰리의 냉소적 묘사는 심지어 알렉스가 산악계의 주목을 받은 후에도 자기 자신을 정말 이상한 부적응자로 여기는 모습을 상세히 그려냈다. 스몰리는 로더에게 이렇게 말했다.

알렉스는 운동복 바지를 입고 학교에 다녔습니다. 매일같이! 회색일 때도 있었고, 파란색일 때도 있었습니다. 그가 입고 다니는 티셔츠는 두 사이즈 정도 컸는데, 그곳에는 "난 그랜드캐니언으로 트레킹을 갔지.", "옐로스톤을 방문하세요." 또는 "사슴이 다니는 길을 어떻게 알아보지?" 같은 글이 쓰여 있었습니다. 그는 깃발 뺏기 놀이를 아주 잘했습니다. 수비적으로! 그는 1812년 전쟁 이야기라면 1시간 동안 떠들기도 했습니다. 내성적인 성격은 아니었지만, 그렇다고 그냥 애쓰는 성격도 아니었습니다. 따라서 상대방이 말을 걸면 그제야 대화하는 성격이었습니다. 그는 수업시간에 후드 티셔츠를 입고 와서 언제나 모자를 뒤집어쓰고 있었습니다. 그는 선생님이 질문하면 대답을 잘했습니다. 그는 홀든 콜필드Holden Caulfield* 같은 인물로, 아마도 그런 점 때문에 그가 항상 으스대는 사람을 찾고 있었는지 모릅니다.

이 내용을 알렉스에게 큰 소리로 읽어주자 그는 당황하는 기색을 보였다. "벤이 날 우울하게 만드는군요." 알렉스는 어린 시절의 페르소나persona에 대해 일일이 확인해주었다. 그러자 그런 내용은 또 다른 기억을 불러일으켰다. "난 여전히 운동복을 좋아합니다."라고 그는 말했다. "하지만 청바지는 입지 않습니다." 그리고 이렇게 덧붙였다. "밴프Banff인가 재스퍼Jasper에서 산 곰 그림의 티셔츠가 있었는데, 그 곰은 사슴뿔을 달고 있었습니다. 그리고 나는 곰이 아닙니다.'라고 쓰여 있었습니다. 아마 곰에게 먹이를 주지 말자는 캠페인이었던 것 같습니다."

* J. D. 샐린저의 소설 『호밀밭의 파수꾼』에 나오는 주인공

"1812년 전쟁*에 대해서는, 아버지가 역사의 전환점이 된 전투라며 책을 한 권 주셨는데, 모니터함과 메리맥함The Monitor and the Merrimack, 알프스를 넘는 한니발Hannibal 같은 내용이었습니다. 난 역사를 좋아했습니다. 학교를 싫어한 건 아니었습니다. 난 단지 멋진 학생이 아니었을 뿐입니다. 난 낯선 이들에게 말을 잘 걸지 못했습니다."

알렉스의 과거에 대해 스몰리는 이렇게 이어갔다.

알렉스 부모님의 결혼생활은 그렇게 행복하지 못했습니다. 그의 아버지는 저녁시간을 대부분 소파에 앉아 잠이 들 때까지 책을 읽으며 보냈습니다. 사실, 내가 보기에는 알렉스가 고등학교 때 더 움츠러든 것 같습니다. 그는 점심시간에 수학교실에서 포켓몬Pokémon을 하는 친구들과 어울렸습니다. 2학년 때 알렉스에게 처음으로 여자친구가 생겼습니다. 이름이 엘리자베스 토마스Elizabeth Thomas여서 E.T로 불렸습니다. 그녀가 어떤 사람들과 어울렸는지 짐작이 갈 겁니다. 알렉스는 평범한 또래들과는 달랐습니다. 아마 그는 스스로를 외톨이로 생각했을 겁니다.

알렉스는 이렇게 말한다. "벤은 그녀를 좋아하지 않았지만 E.T는 멋진 친구였습니다. 아일랜드-일본 혼혈에 정말 똑똑하고 착한 아이였죠. 우린 3년 정도 사귀었습니다."

고등학교에서 알렉스는 꾸준히 높은 점수를 받아서 평균 4.8의 점수로 졸업했다. 하지만 그는 자신이 대학 진학을 진정으로 원하는지 확신하지 못했다. 마지막 순간에 알렉스는 캘리포니아대학의 데이비스와 버클

---

* 1812년 6월부터 1815년 2월까지 미국과 영국, 그리고 양국의 동맹국 사이에서 벌어진 전쟁

리 분교에만 지원서를 제출했다. 그는 두 군데 모두로부터 합격통지서를 받았지만 버클리를 선택했다.

엘리트 고등교육의 보루에서 보낸 1년은 — 알렉스가 지금 느끼기에는 — 시간 낭비였다. "난 공학을 전공해보자는 막연한 계획만 갖고 있었습니다."라고 그는 말한다. "하지만 난 버클리에서 친구를 사귀지 못했습니다. 그래서 단 한 명의 학생이나 교수도 기억하지 못합니다. 난 우리 가족의 친구가 빌려준 침대 두 개짜리 아파트에 사는 대신 기숙사를 선택했어야 했습니다. 1년을 그냥 외톨이로 보냈으니까요."

"난 보안요원으로 사회생활을 시작했습니다. 시간당 14달러를 받고 혼자서 밤새 돌아다녀야 했습니다. 나에게는 경찰 무전기가 있었고, 가끔 여학생들을 기숙사로 데려다주기도 했습니다."

"두 번째 학기에 난 수업에 들어가지 않았습니다. 대신 빵 한 덩어리와 사과 하나를 사서 인디언 록Indian Rock(버클리 힐스Berkeley Hills 교외에 있는 아주 작은 자연암장)으로 갔습니다. 그리고 여러 번 등반했습니다. 난 대학생활을 견디지 못했습니다." 그해 여름 그는 다른 신입생들처럼 어머니와 함께 집으로 돌아왔다.

마침내 알렉스의 부모는 그가 1학년이던 해 5월에 이혼했다. 그로부터 두 달 후인 7월 18일, 그의 아버지는 피닉스공항Phoenix Airport에서 빠듯한 연결 비행기에 탑승하려고 뛰어가다 심장마비로 사망했다. 멀리 트레킹을 갔던 알렉스는 집에 돌아오고 나서야 그 소식을 들었다. 그는 그 사고를 이렇게 기억하고 있었다.

문도 창문도 모두 열려 있었지만, 웬일인지 모든 것이 우울해 보였습니다. 집에는 아무도 없었습니다. 내가 이렇게 불렀던 것 같습니다. "어머니… 어머니!" 어머니는 수영장 밖에 앉아 있었습니다. 발을 물에 담근 채. 어머니는 울면서 "네 아버지가 돌아가셨어."라고 말했습니다. 정확하게 기억이 나지는 않지만 분명 그랬던 것 같습니다. 그리고 나서 어머니는 잠을 청하러 갔습니다.

　어머니의 말을 믿지 못했는지 어떤지는 기억이 나지 않습니다. 그러나 나는 아버지가 살아있을 수도 있다고 생각했습니다. 시신을 확인한 것은 아니었으니까요. 제대로 된 장례식도 치르지 못했습니다. 어느 날 작은 유골함이 도착했는데, 사람들은 그것이 나의 아버지라고 말했습니다. 나는 아버지의 사고에 대한 기사를 모두 읽었습니다. 한동안은 자전거 도로에서 사람이 보이면 아버지로 착각하기도 했습니다. 덥수룩한 수염과 모든 것이 크기만 한…. 그럼 나는 소리쳤습니다. "아버지!" 그리고는 이내 "아, 아버지가 아니구나."라고 한숨을 내쉬었습니다.

벤 스몰리는 로더에게 이렇게 말했다. "난 그 일에 대해 알렉스에게 한바탕 퍼붓기라도 해야 했습니다. '넌 화가 나지도 않니?' 아마 알렉스의 마음속 깊은 곳에는 슬픔 같은 것도 없었을 겁니다."

　"전혀 슬프지 않았나요?" 로더가 알렉스에게 물었다.

　"그러기엔 너무 어렸고 불안했습니다."라고 그는 대답했다. "난 너무나 화가 났습니다."

　알렉스는 이렇게 정리했다. "아버지가 돌아가셨다는 어머니의 말을 믿지 못한 것은 아니었습니다. 가족이 장례식도 치르지 못한 것이 문제였죠. 아버지는 피닉스에서 화장되었습니다. 추모식은 타호 호수에서 했습니다. 이런 생각이 들었습니다. '이제 아버지는 다시 못 보는구나.' 하지만 끝이 좋지 않았습니다."

찰스 호놀드는 쉰다섯에 사망했다. 그때 알렉스는 열아홉이었다. 그 일로 인해 알렉스는 버클리를 그만두어야겠다는 결심을 굳혔다. 아버지의 생명보험금 이자를 받은 그는 어머니의 미니밴을 '빌려' 캘리포니아의 암장 이곳저곳을 돌아다니며 더트백 클라이머dirtbag climber로서의 삶을 시작했다. 2007년 그는 포드사의 중고 이코노라인econoline 밴을 구입해 안락한 캠핑카로 개조했다. 그로부터 8년이 지난 지금, 명성과 기대치 않은 부에도 불구하고 알렉스는 여전히 여러 번 개조한 밴에서 지내고 있다. 등록된 그의 주소지는 1년에 몇 주씩 보내는 새크라멘토의 어머니 집이다.

아버지의 죽음을 정말 슬퍼했는지 어떤지는 몰라도, 상실의 감정은 삶을 바라보는 알렉스의 관점에 깊은 영향을 끼쳤다. 외할아버지와 외할머니가 독실한 가톨릭 신자여서, 스테이시아와 알렉스는 어렸을 때 미사에 참석했다. 그러나 알렉스는 그 영향으로 확고부동한 무신론자가 되었다. 2012년, 유튜브 영상에서 그는 냉소적으로 이렇게 말했다. "언제부터 그랬는지는 모르지만 성당에서 하는 일이 도대체 무엇인가 하는 생각이 들었습니다. 늙은 사람들이 모여 성체나 모시는 것으로밖에는 달리 보이지 않았습니다. …"

아버지의 죽음으로, 그는 지금 살고 있는 이 순간에 충실하라고 하는 카르페 디엠carpe diem에 빠져들었다. 2012년 『내셔널지오그래픽 어드벤처National Geographic Adventure』와의 질의·응답에서 알렉스는 놀라운 메타포를 구사했다. 그는 "신이나 사후세계를 믿지 않는다면 지금의 세계를 더 소중하게 받아들인다는 뜻인가요?"라는 질문을 받았다.

그러자 알렉스는 이렇게 대답했다. "그렇습니다. 하지만 무언가가 소중하다고 해서 그걸 애지중지할 필요는 없다고 봅니다. 마치 전원주택에 살면서 멋진 SUV를 새로 뽑은 사람이 차가 찌그러질까 봐 안절부절 못하는 것처럼 말이죠. 차를 몰고 다니는 것이 두렵다면 멋진 차가 무슨 소용이 있습니까? 난 내 차를 몰고 흥미진진한 곳으로 가려고 합니다. 물론 사고가 나지 않도록 조심하겠지만 일단 가지고는 나갈 겁니다."

하프돔의 레귤러 노스웨스트 페이스 루트는 그 등반 전체 중 내가 가장 좋아한 5.10c의 손가락 크랙으로 시작된다. 그리고 그다음 두 피치는 난이도가 5.9와 5.8에 불과하다. 따라서 600미터를 올라가야 하는 나에게 좋은 워밍업이 되었다.

하지만 보통은 네 번째 피치로 간주되는 곳에서 나는 첫 볼트 사다리 구간을 만났는데, 그 반반한 구간에는 프리등반을 위한 변형루트가 양쪽에 있다. 나는 로프를 이용한 프리등반으로 두 곳을 모두 등반했었다. 왼쪽은 1976년 아트 힉비가 짐 에릭슨과 함께 처음 프리등반으로 돌파한 두 피치짜리 힉비의 '히드럴Hedral'인데, 난이도는 확고한 5.12a이다. 오른쪽은 독일 클라이머 알렉스 후버Alex Huber의 이름을 딴 후버의 '히드럴'로, 꽉 찬 5.11d이다. (히드럴은 '다이히드럴dihedral'의 속어로, 수직의 안쪽 코너를 말한다. 힉비와 후버 덕분에 그들의 성을 딴 편리한 이름을 갖게 되었다!)

후버의 변형루트는 난이도가 한 단계 낮기는 하지만 조금 더 위험하다는 문제가 있다. 옆으로 횡단해야 하는데 잘 닦인 유리처럼 바위가 반질반질하기 때문이다. 나는 잠깐 그쪽으로 가면 어떨까 하는 고민을 했지만 이내 이렇게 중얼거렸다. "안 돼. 힉비의 히드럴로 가자."

5.12a의 크럭스는 넓고 편안한 레지에서 시작되는 짧은 볼더링 동작이다. 나는 그것이 프리솔로 등반에는 더 안전하다고 생각했다. 내가 연결동작에 성공하지 못할 경우 레지로 살짝 뛰어내리면 되니까. 하지만 그런 동작들이 루트 전체 중 가장 어려운 축에 속해, 나는 재미있는 크랙을 가볍게 오르는 정도에서 작은 홀드를 결정적으로 잡는 상태로 마음을 다잡았다. 암벽화 끈을 다시 꽉 조인 나는 여섯 동작의 볼더링 문제를 망설임 없이 풀어나갔다.

나머지 피치들은 아주 지저분했다. 하프돔은 계곡 내의 다른 벽들보다 고도가 높아, 마치 높은 산에 있는 느낌이 들기도 한다. 그런 산에서는 홀드가 불안정할 수 있기 때문에 반드시 미리 확인해야 한다.(프리솔로 등반에서는 단 한 개의 느슨한 홀드로 생사가 극명하게 갈릴 수 있다) 또한 등반을 하다 보면 크랙 안이 지저분하고 때에 따라서는 풀도 있다. 프리등반의 변형루트는 자주 등반되는 곳이 아니기 때문에 기존의 피치들에서처럼 풀이 제거되지 않는다. 손가락은 축축하고 더러운 곳을 더듬고, 발가락은 이끼덩어리나 비쩍 마른 작은 나무에 댄 채 적절한 곳을 찾아 등반하는 것은 무섭기 짝이 없다. 그러나 이틀 전 브래드와 함께 등반할 때 남긴 희미한 초크 자국을 따라간 나는 풀과 지저분한 곳을 대부분 피할 수 있었다. 기존 루트로 다시 돌아온 나는 편안한 마음으로 기어를 자동주행 모드로 바꾸었다. 이제 그다음의 가장 어려운 피치는 300미터 정도 위에 있었다. 나는 지치지 않도록 천천히 그러나 꾸준히 등반했다. 전력질주보다는 여유 있게 달리는 조깅처럼.

나는 등반을 하면서 헤드밴드 형태의 이어폰으로 아이팟에 저장된 음악을 들었다. 등반이 어려워지면 나는 한쪽 이어폰을 뺀다. 물론 정말 심각한 구간에서는 집중력이 흐트러지지 않도록 양쪽을 다 뺀다. 그렇게 하면 헤드밴드는 목에 걸려 달랑거린다. 그날 나는 에미넴Eminem의 노래들, 특히 「네 자신을 잃어봐Lose Yourself」를 반복해서 들었다.

하루 종일 아름다운 날이 계속되었지만, 나에게는 몸을 돌려 경치를 감상할 시간이 없었다. 그런 것은 파트너와 함께 로프를 이용하는 전통적인 등반에서나 가능하다. 비록 쉬운 피치일지라도, 프리솔로로 등반할 때 나는 오직 내 눈앞의 상황에만 집중한다. 그러면 온 우주가 나와 바위로 줄어든다. 단 하나의 홀드도 결코 소홀히 잡을 수 없다.

등반하면서 보니 아찔하게 깎아지른 북서벽의 거대한 규모가 실감났다. 문라이트 버트레스나 이곳이나 난이도가 5.12이기는 하지만, 나는 이번 프로젝트가 더 심각하다는 것을 깨달았다.

나는 어느덧 루트의 중간까지 올라서 발밑은 300미터의 허공이었다. 이곳에서 1957년의 초등 루트는 거대한 침니 시스템으로 접근하기 위해 오른쪽으로 확 꺾인다. 침니로 들어가기 전 마지막 15미터는 잡을 곳이 거의 없는 반반한 바위여서 볼트를 사다리처럼 써서 넘어가야 한다. 이전의 등반에서 나는 볼트를 확보용으로만 쓰며 5.12c의 이 구간을 돌파했었다. 하지만 이제 이곳에 들어서서 프리솔로로 등반할 생각을 하니 은근히 겁이 났다. 이곳은 정말 위험하다. 손가락으로는 끝을 한데 모아 안으로 살짝 파인 자국을 누르듯 걸쳐야 하고, 발로는 스미어링smearing*을 해야 하며, 암벽화 밑창과 바위의 표면이 마찰을 최대한 일으키도록 발목에 지속적으로 힘을 주어야 한다. 그런 다음 다시 맨틀mantle** 동작으로 살며시 내려서야 한다. 이것은 아주 까다로운 동작으로, 테이블 끝에서 손을

---

* 스탠스에 암벽화 밑창을 비벼 디뎌 그 마찰력을 이용하는 기술
** 튀어나온 바위의 가장자리를 한 손이나 두 손으로 밀면서 발을 올리는 동작

양쪽으로 벌린 다음 손바닥으로 미는 힘만 가지고 아래로 내려서는 것과 비슷하다. 이런 동작에서는 균형을 잡는 것이 가장 중요한데, 발을 디뎌야 하는 아래쪽을 내려다보면 무섭기 짝이 없다. 물론 맨틀 동작을 하기 전에 발을 디딜 화강암의 작은 돌기도 찾아야 한다.

1976년 힉비와 에릭슨이 성공한 프리등반 변형루트는 볼트 사다리 구간 한 피치 전에서 왼쪽으로 올라가, 다음 피치에서 다시 합류한다. 나는 그쪽은 해보지 않았지만 바위가 대체로 불안정하고 지저분하다는 말은 들었다. 하지만 갑자기 모험적인 5.10이 위험한 5.12c보다 재미있어 보였다. 그 변형루트는 꽤 돌아가야 한다. 5.9의 긴 걸리gully를 똑바로 올라가서, 5.10b의 구간을 이리저리 헤쳐 오른쪽으로 간 다음, 5.10 구간 30미터를 클라이밍 다운으로 내려와야 침니 시스템으로 들어갈 수 있다.

나는 어느 지점에선가 기존 루트를 벗어나 위로 올라가며 5.10의 변형루트를 찾기 시작했다. 그러나 위로 올라갈수록 헷갈렸다. 나는 풀이 난 곳을 올라가며 의구심에 빠졌다. 사람의 흔적이 전혀 없었기 때문이다. 초크 자국이나 박혀 있는 피톤도 없었고, 심지어는 피톤이 박혔다 뽑힐 때 생기는 자국조차 없었다. 등반을 완전히 망치는 것은 아닐까? 나는 말 그대로 루트를 벗어나 지상 300미터 위의 하프돔 한가운데 지저분한 곳에 매달려 있었다.

나는 혼자 중얼거렸다. "젠장, 이게 무슨 꼴이지!" 나는 도로 내려가고 싶었다. 하지만 단지 불안한 근심걱정이 들었을 뿐 진정한 패닉에 빠진 것은 아니었다. 이 변형루트를 해보았더라면 도움이 많이 되었을 텐데…. 그러나 이런 상황은 정정당당하게 도전하고 싶다고 크리스 바이드너에게 말했을 때 이미 예견된 것 아니었나?

1

공포는 극한을 추구하는 등반에서 피할 수 없는 원초적 본능이다. 아니, 사실은 어떤 종류의 모험에서든지 마찬가지이다. 심지어 등반을 하지 않는 사람일지라도 나의 프리솔로 등반 장면을 본다면 이런 사실을 인정할 것이다. 그래서 사람들은 주로 "두렵지 않습니까?"라고 질문한다.(이 문장에 '죽음'이라는 대상이 빠져 있다는 것은 누구나 다 안다)

나는 공포에 대해 많은 생각을 해왔다. 나에게 가장 중요한 문제는 어떻게 공포 없이 등반하느냐(이것은 불가능하다)가 아니라, 신경조직의 말단까지 스며드는 공포를 어떻게 다루느냐이다.

훗날 센더 필름스와 인터뷰할 때 나의 요세미티 친구인 닉 마르티노 Nick Martino는 이렇게 주장했다. "알렉스는 요세미티의 다른 클라이머들과는 차원이 다릅니다. 그는 공포나 다른 사람들이 느끼는 일반적인 감정을 아예 느끼지 못하는 거 같습니다. 그에게는 두뇌의 쓸데없는 신경회로를 차단하고 이전의 등반 기억만 살려내는 능력이 있습니다."

닉의 말이 고맙기는 하지만 이것은 사실이 아니다. 나 역시 다른 사람들처럼 공포를 느낀다. 만약 내 옆에 식인 악어가 있다면, 나는 매우 불안해할 것이다. 사실, 내가 이제껏 경험한 두 번의 끔찍한 공포 — 두 번다 겉보기에는 사소한 실수에서 비롯된 무시무시한 불운의 결과였는데 — 는 나의 프리솔로 등반에서 온 것이 아니다. 내가 만약 이 두 번의 실패에서 배운 것이 있다면, 미지의 세계에서는 사소한 일조차도 당연한 것으로 받아들여서는 안 된다는 것이다.

2004년 크리스마스 다음 날이었다. 그때 나는 열아홉이었는데, 아버지가 5개월 전에 돌아가셔서, 아버지와 함께 자주 최종 목표로 삼았던 쉬운 봉우리(타호 호수 근처에 있는 마운트 탈락Mount Tallac)를 걸어 올라가기로 결심했다. 그곳은 해발고도가 2,968미터였지만 산 밑에서부터는 1,000미터도 안 돼서 그런 대로 괜찮았다. 나는 그곳을 수도 없이 올랐지만 겨울에는 처음이었다. 사실, 아버지가 돌아가신 여름에 우리는 그 산의 정상에 재를 뿌렸다.

아버지의 벽장에는 낡은 스노슈즈 한 켤레가 있었다. 나는 스노슈즈를 신어본 적도 없었고, 눈에서 하는 활동을 해본 적도 거의 없었다. 후에 알고 보니 그 스노슈즈는 그런 종류의 야외활동에는 맞지 않는 것이었다. 크램폰crampon을 끈으로 잡아 맬 수 없었기 때문인데 나는 그런 사실을 잘 알지 못했다.

또 하나는 한 달 동안이나 눈이 내리지 않는 바람에 전에 내린 눈의 표면이 얼음처럼 딱딱하게 굳어졌다는 것이다.

나는 이리저리 오르락내리락 하는 기존의 트레일로 가고 싶지 않아서 쿨르와르couloir 중 하나를 치고 올라갔다. 천천히 올라갔지만 발밑의 눈 표면이 푹푹 꺼졌다. 더욱이 그날은 바람까지 미친 듯이 불어댔다. 쿨르와르를 거의 다 올라간 나는 혼자 중얼거렸다. "이건 아닌 것 같은데…" 그런 다음 내려가려고 돌아서는 순간 미끄러졌다.

내가 통제 불능 상태로 마구 굴러 떨어진 기억이 난다. 최소한 100미터를. '이런, 젠장! 이제 죽는구나.'라고 생각할 시간은 있었으니까.

나는 너덜바위에서 멈추었다. 얼마 동안이었는지 잘 모르지만 추운 곳에서 잠깐 의식을 잃었다. 양발이 먼저 바위에 부딪힌 후 봉제인형처럼 굴러 얼굴이 처박힌 것이다. 손이 부러진 것 같았다. 다리도 부러진 것이 아닌가 했지만, 타박상이 너무 심해 그런 느낌이 든 것뿐이었다. 코의 안쪽 뼈와 이빨 몇 개가 부러졌고, 장갑을 끼고 있었는데도 양손 엄지손가락이 찢어졌다. 내가 무의식중에 양손으로 제동을 하려 했던 것이 틀림없었다. 엄지손가락의 피부는 마치 채칼로 쓸린 생고기 같았다.

나는 크리스마스 선물로 어머니로부터 받은 휴대폰을 간신히 꺼내 어머니에게 전화했다. 무슨 말을 했는지 기억이 잘 나지 않는데 후에 어머니의 말을 들어보니, 나의 첫마디는 "내가 누구죠? 여기가 어디죠? 내가 무얼 하고 있는 거죠?"였다고 한다. 어머니는 911에 신고했다.

내가 굴러 떨어진 곳으로 보통의 구조헬기가 착륙할 수 없어, 결국 캘리포니아 고속도로순찰대 헬기가 왔다. 그러자니 시간이 걸렸고, 나는 그 사이에 정신을 차릴 수 있었다. 멀리 호수가 내려다보였다. 그러나 나는 여전히 "여기가 어디지?"라고 혼자 중얼거리고 있었다.

나는 쇼크 상태에 빠졌던 것 같다. 미끄러운 사면을 굴러 떨어지는 그 몇 초 동안 온갖 종류의 공포가 극심한 두려움과 함께 죽음이라는 확신의 형태로 나타났다. 그러나 곧 더 깊은 무서움이 몰려왔다. "얼마나 많이 다쳤지?" "살아서 여기를 빠져나갈 수 있을까?"

스노슈즈를 신고 아래쪽에서 올라오는 인디언 가족이 있었다. 스물다섯 살의 건강한 청년 둘과 그의 부모님들이었다. 그들은 내가 헬기에 올라탈 수 있도록 도와주었다. 곧 나는 리노Reno에 있는 병원의 응급실로 이송됐다. 나는 부러진 손이 낫는 동안에도 등반을 계속했기 때문에 완치가 될 때까지는 시간이 많이 걸렸다. 피부가 찢어진 나의 오른손 엄지손가락에는 아직도 상처자국이 남아 있다.

이것이 내가 경험한 가장 끔찍한 사고이다. 눈과 스노슈즈에 대한 나의 무지 탓에 내 계획은 완벽한 실패로 돌아갔다. 만일 그런 사고가 지금 일어난다면 나에게는 굴욕이 될 것이다. 그러나 나는 스스로 판단하고 나 자신의 의지로 산을 올라갔다. 물론 헬기로 구조된 것은 창피하기 짝이 없는 일이다. 나는 위험천만한 등반을 많이 해왔기 때문에 지금 내가 이 이야기를 하면, 사람들은 아마도 익살스러운 코미디 정도로 여길 것이다.

나는 그 전달부터 내 등반 기록인 경전을 쓰기 시작했다. 그날은 오른손이 부러져 왼손으로 썼는데, 그 기록은 다음과 같았다.

> 탈락
> 굴러 떨어져 손이 부러짐 … 헬기로 구조됨
> 좀 더 침착하게 했어야 했는데. 겁쟁이

등반을 하던 중 가장 위험한 상황에 처한 것은 스노슈즈로 낭패를 본 지 2년이 지난 스물한 살 때였다. 나는 두 번째로 진지하게 만나던 맨디 핑거Mandi Finger와 교제하고 있었다. 그녀는 소노라Sonora 인근의 스포츠클라이밍 암장 제일하우스 록Jailhouse Rock에서 만난 5.13급 클라이머였다. 그녀는 나보다 대여섯 살 연상이었지만 우리는 서로 잘 맞았다. 우리는 조슈아 트리와 라스베이거스 근처의 레드 록스Red Rocks에서 함께 등반했다. 우리는 심지어 유럽으로 함께 가서 등반하자는 모의까지도 했다.

어쨌든, 우리는 그 잊지 못할 날에 컨강Kern River 근처의 화강암 침봉들인 니들스Needles에 있는 세 피치짜리 5.12 루트 노틸러스Nautilus에서 함께 등반하기로 했다. 노틸러스는 중간 중간에 앵커가 박혀 있는 전통적인 루트였다. 그리고 전체적으로는 아찔한 루트로 소문이 자자한 곳이었다.

위치Witch라고 불리는 곳의 동벽에 있는 노틸러스는 다른 침봉들 사이를 지나가거나 돌아간 다음 벽 밑으로 다가가야 출발지점이 나오기 때문에 어프로치가 길고 까다롭다.

나는 모든 피치를 선등했다. 첫 피치는 전형적인 5.12b였다. 나는 속으로 '좋아!'라고 생각하며 멋지게 등반했다. 내가 가지고 있던 루트개념도에는 다음 피치가 5.11+ 그리고 마지막 피치가 5.10으로 나와 있었다. 두 번째 피치도 별 문제가 없었다. 그런데 피치가 끝나는 곳의 앵커가 내가 올라가는 크랙에서 멀리 떨어진 오른쪽의 반반한 바위에 박혀 있었다. 앵커에 카라비너를 걸고 후등자를 확보 보기 위해 그곳으로 넘어가는 것 자체만으로도 5.11의 난이도로 보였다.

그래서 나는 "치워버려!"라고 말하며 계속 올라갔다. 나는 두 번째 피치와 세 번째 피치를 한 번에 끊을 작정이었다. 70미터짜리 로프여서 충분하다고 생각한 것이다. 하지만 내가 미처 몰랐던 것은 마지막 피치가 '죽음의 블록들'이라 불리는, 냉장고만 한 크기의 흔들거리는 바위들을 레이백 자세로 넘어가야 한다는 것이었다. 날씨도 추운 데다 우리는 그늘 속에 있었다. 그리고 내가 올라오면서 설치한 확보물에 통과된 로프가 이리저리 꺾이면서 잘 빠지지 않았다. 그곳에서 나는 죽음의 블록들을 잘못 건드려 떨어뜨리지 않으려고 노력하며 힘든 레이백 자세로 올라가고 있었는데, 로프는 정말 심각할 정도로 잘 빠지지 않았다. 게다가 이미 장비를 거의 다 써버려 확보물을 설치할 수도 없었다. 남아 있는 것은 가장 작은 사이즈의 블랙 에일리언Black Alien 캠 하나와 너트 몇 개 그리고 카라비너 세 개뿐이었다.

등반은 너무 어렵게 느껴졌다. 5.10이라는 난이도는 터무니없었다. 후에 다른 루트개념도를 보니 그곳에는 난이도가 5.11+로 되어 있었다.

처음부터 끝까지, 나는 공포와 불확실함 때문에 홀드를 너무 꽉 쥐었다.

아래쪽에서 맨디는 1시간 동안이나 나를 확보 보고 있었다. 그녀는 나를 격려할 생각으로 "춥고 무서워. 우리 내려갈까?" 하고 소리쳤다.

사실, 하강할 수 있는 앵커가 있었다면 아마 내려갔을 것이다. 하지만 나는 계속 위로 올라가기 위해 힘겨운 싸움을 벌였다. 나는 마지막 15미터 정도에 확보물을 설치하지 못했다. 만약 내가 그곳에서 나가떨어졌다면, 정말 길고 끔찍한 추락을 하면서 아래쪽의 커다란 블록들을 치명적으로 건드리거나, 로프가 날카로운 바위 모서리에 걸려 끊어졌을지도 모른다. 두려움이 커지면서 나는 공포에 휩싸였다.

마지막 피치는 루트 전체를 덮어주는 모양새를 한 작은 루프 위에서 끝난다. 나는 루프 바로 아래에 도착했지만, 그곳은 이끼와 먼지로 지저분하기 짝이 없었다. 잘 빠지지 않는 로프는 끔찍했다. 이제 루프를 넘어서기 위해서는 마지막으로 맨틀 자세를 취해야 했는데, 나는 어느 쪽으로 넘어가야 할지 감을 잡지 못했다. 마침내 블랙 에일리언을 설치할 수 있는 아주 조그만 크랙을 찾은 나는 루프 위로 넘어갔다. 그것은 아주 작은 홀드를 손가락 끝으로 잡고 완벽한 아이언크로스_iron cross_* 동작으로 넘어가야 하는 정말 힘든 등반이었다.

너무나 뭣 같은 등반이었다. 맨디를 확보 보기 위해 꼭대기에 앉자 로프가 딱 1미터 남아 있었다. 두 피치를 한 번에 등반하다 보니 로프를 69미터나 써버린 것이다. 더구나 로프가 너무나 **빡빡해** 나는 힘들게 잡아당겨야 했다.

이것이 내가 그때까지 경험한 가장 겁나는 등반이었다. 그것도 프리 솔로 등반에서가 아니라 바로 로프를 사용하는 전통적인 등반에서. 이 모

* 양손과 양발을 철십자처럼 꽉 벌리고 올라가는 기술

든 것은 앵커를 그냥 지나가기로 한 충동적인 결정과 마지막 피치의 난이도를 대충 받아들인 나의 경솔함에서 비롯된 것이었다.

이제 나는 모든 것을 잘 다룬다. 그리고 장비도 더 많이 가지고 등반한다. 지금이라면 아마도 클라이밍 다운을 해서 두 번째 피치의 확보물 몇 개를 빼가지고 올라갈 것이다.

하지만 꼭대기에 앉아, 감정적으로 지친 상태에서 맨디에게 연결된 빡빡한 로프를 끌어올리며, 나는 등반을 영원히 그만둘까도 고민했다. '학교로 돌아가 대학을 끝낼까?'

물론 바로 그다음 날이 되자 상황이 달라졌다. 등반을 그만둘 생각이 전혀 들지 않은 것이다. 노틸러스의 마지막 피치에서처럼 막다른 골목에 몰리지 않도록 나는 모든 것을 확실히 하기로 했다.

말은 행동보다 쉬운 법이니까.

2008년 9월 6일, 하프돔의 레귤러 노스웨스트 페이스 300미터 위에서 풀이 난 지저분한 크랙을 올라가고 있을 때 나는 힉비-에릭슨 프리등반 변형루트를 벗어난 것 같다고 생각했다. 또 하나의 막다른 골목은 아닐까? 불안이 진정한 공포의 수준까지 이르지는 않았지만, 나는 긴장하지 않을 수 없었다. 그래서 집중력을 한껏 끌어올리고 심호흡을 한 다음 내가 선택할 수 있는 방법들을 저울질했다.

나는 죽느냐 사느냐 하는 상황은 아니라고 혼잣말을 했다. 도로 내려가는 것은 위로 올라가는 것보다 거의 언제나 더 어렵다. 그러나 나는 만약 꼭 그렇게 해야 한다면 그곳까지의 300미터를 도로 내려갈 수 있다고 자신했다. 그 문제라면 — 정말 심각한 곤경에 빠진다면 — 나는 하루든 이틀이든 다른 클라이머들이 올라올 때까지 기다린 다음, 그들과 함께 로프를 묶고 초대받지 않은 손님으로 등반을 마칠 수도 있다. 나는 이것을 '히치하이킹'이라고 부른다. 요세미티의 다른 클라이머들은 그렇게 해서 탈출하거나, 심지어는 헬기로 구조되기도 하지만, 신께 감사하게도 그런 수단에 의지해야 하는 일이 나에게는 일어나지 않았다. 마운트 탈락에서 헬기로 구조되는 수치스러운 일이 있었지만, 그것은 최소한 등반 중에 일어난 일은 아니었다. 하프돔에서의 '히치하이킹'은 정말 뭣 같은 것이 될 터였고, 헬기에 의한 구조는 더욱 나쁜 것이 될 터였다.

나중에 안 것이지만, 내가 오른쪽으로 트래버스 해야 하는 곳을 지나쳐 올라간 것이 문제였다. 내가 힉비-에릭슨 프리등반 변형루트에 또 하나의 변형루트를 추가하려 했던 것이었을까? 힉비-에릭슨 변형루트는 5.10의 손가락 크랙을 30미터 클라이밍 다운하면 끝난다. 그러나 나는 실제로 45미터를 내려가야 했다. 피톤에 달려 있는 낡은 나일론 슬링을 발견하고 나는 자신감을 되찾았다. 하지만 손가락이 두꺼워 5.10의 크랙에는 잘 들어가지 않았다. 린 힐 같은 클라이머라면 손가락이 전부 들어갈 수 있는 크랙이지만, 나는 겨우 한 마디만 집어넣을 수 있었다. 따라서 애처롭게도 클라이밍 다운은 5.10보다 훨씬 더 어렵게 느껴졌고, 시간도 많이 걸렸다. 결국 그 변형루트 구간은 생각보다 시간이 많이 걸렸다. 실제로는 15분 정도였지만, 마치 영원처럼 느껴졌고, 스트레스도 많이 받았다. 마침내 '깨끗하고 잘 닦인 도로'로 돌아온 나는 안도감을 느꼈다.

아이팟의 헤드밴드를 다시 착용하고 자동주행 모드로 기어를 바꾼 다음 나는 그다음 150미터의 침니를 등반했다. 깨끗하고 안전한 침니로 들어서니 기분이 좋았다. 전형적인 즐거운 동작, 즉 등을 대고 양발과 두 손으로 앞의 바위를 미는 동작을 반복하며 수십 미터를 올라갔다. 나는 천천히 그리고 꾸준히 올라가는 침니 등반을 즐겼다. 그러자 북서벽의 500미터 위에 있는 커다란 레지 빅 샌디Big Sandy가 나왔다.

나는 그곳까지 올라갈 동안 행동식도 먹지 않고 물도 마시지 않았다. 빅 샌디가 그 루트에서 앉아 쉴 수 있는 유일한 곳은 아니지만 친구들과 함께 바비큐를 구워먹어도 될 만큼 널찍한 레지이다.(물론 그곳까지 가져갈 수만 있다면) 나는 암벽화를 벗고 잠시 편하게 쉬었다. 시간을 보니 그곳까지 2시간 정도가 걸려, 잠시 한숨을 돌릴 필요도 있었다. 나는 그다음의 어려운 피치들에서 무게도 좀 줄일 겸 클리프 키드 지바를 먹고 물을 마셨다. 어떤 클라이머들은 빈 플라스틱 통을 던져버리기도 하지만, 나는 자기 쓰레기는 항상 도로 가지고 내려가야 한다는 생각을 가지고 있기 때문에 내 쓰레기를 주머니에 다시 쑤셔 넣었다. 곧 나는 암벽화 끈을 다시 조여매고 아이팟을 에미넴 노래가 반복되도록 맞춘 다음 등반을 시작했다.

나는 여전히 그늘 속에 있었지만 날이 점점 따뜻해졌다. 어느 순간부터 나는 티셔츠를 벗어 허리에 단단히 둘러맸다. 나의 짧은 휴식은 별로 안도감을 주지 못했다. 왜냐하면 가장 어려운 곳이 여전히 남아 있었기 때문이다. 빅 샌디에 앉아 있는 동안 마지막에 있을 만만찮은 도전이 뇌리를 떠나지 않아, 나는 이제 맞닥뜨릴 크럭스에 대한 집중력을 한껏 끌어올렸다.

휴식은 양날의 검이 될 수 있다. 프리솔로 등반을 하면 발의 통증과 피로를 느끼지 못한다. 휴식을 하면 그런 골칫거리들이 찾아온다. 따라서 그냥 기운을 내고 다시 집중하는 수밖에 없다.

빅 샌디 위의 세 피치는 '지그재그Zig Zag'라 불리는데, 짐작컨대 지그재그 크랙과 코너가 마치 하나인 것처럼 죽 이어져서 그런 것 같다.

5.11d와 5.10b 그리고 5.11c로 이어지는 그 피치들은 나에게 언제나 더 어렵게 느껴졌다. 아마 그 이유는 내 손가락이 두꺼운 반면, 크랙이 가늘고 수직인 데다 모서리가 매끈해 나에게는 5.12 이상으로 느껴졌기 때문일 것이다. 이 지그재그는 아찔한 고도감과 함께 완벽하고 깨끗한 코너로 인해 미학적으로 보면 요세미티가 제공하는 최고의 경험을 대표한다고 볼 수 있다. 하지만 나는 첫 번째 피치를 레이백 자세로 조심스럽게 올라가며 계곡의 환상적인 경치에 대한 생각 따위를 집어치웠다.

나는 거의 무의식적으로 등반했다. 나는 내가 해야 할 일을 정확히 알고 있었다. 등반에 대한 생각을 지나치게 하지 않는 것이다. 나는 그 위의 더 어려운 피치에 대해서도 생각하지 않았다. 또한 지그재그 위에 있는 5.11+ 슬랩 피치에 대해서도 생각하지 않았다. 수직에 가까운 두 개의 벽이 만나는 곳에 생긴 가는 크랙에 손가락을 번갈아 집어넣으며 나는 꾸준히 올라갔다. 지그재그에서의 첫 번째 크럭스는, 내가 일련의 동작들을 거의 다 기억하고 있어서 그런지, 이틀 전보다 훨씬 더 쉬웠다. 모든 홀드가 손가락에 착착 달라붙을 정도로 완벽해서 나는 기분이 아주 좋았다.

지그재그의 두 번째 피치는 핸드 재밍hand jamming과 멋진 레이백 자세로 눈 깜짝할 사이에 올라갔다. 등반은 내가 안심하고 즐길 수 있는 수준이었다. 크랙이 바뀔 때마다 나는 커다랗게 튀어나온 블록에 손을 집어넣고 재밍했다. 어느덧 발밑으로는 600미터에 달하는 수직의 벽이, 계곡의 바닥까지는 1,200미터나 떨어진 풍경이 펼쳐졌다. 그 피치는 위와 아래의 가는 레이백 크랙에 비하면 아주 즐거웠다.

핸드 재밍은 암벽등반에 꼭 필요한 기술 중 하나인데, 이 기술이 완성되기까지 수십 년이 걸렸다는 것은 놀라운 일이다. 수직의 크랙이 5~13 센티미터 넓이이면서 안쪽에 손가락으로 잡을 만한 돌기가 없다면 손 전체를 집어넣어 크랙에 맞게 주먹을 만들거나, 아니면 손등을 둥글게 한 채 손가락을 구부려서 마치 홀드처럼 사용해야 한다. 그러면 손이 체중 전체를 실을 수 있는 쐐기 역할을 한다. 재밍은 손가락 관절에 부담이 되는 기술이어서, 크랙 등반으로 고된 날을 보내야 하는 클라이머들은 보통 손가락에 테이핑을 해 그 부담을 최소화하기도 한다. 내 피부는 선천적으로 회복력이 좋아서 약간 찢어지거나 긁혀도 다른 클라이머들처럼 고통을 받지 않기 때문에 나는 테이핑을 하지 않는다.

나는 마지막 지그재그 구간 전에 잠깐 쉬었다. 컨디션은 좋았지만 펌핑이 오지 않도록 확실히 하고 싶었기 때문이다. 로프 등반을 한다면 파트너를 확보 보면서 피치마다 15분 정도는 쉴 수 있다. 그러나 프리솔로 등반에서는 그럴 수 없기 때문에 나는 스탠스가 나오면 잠깐씩 쉬면서 컨디션을 조절한다. 나는 2분 정도 숨을 돌린 다음, 원래는 인공등반이었던 곳을 변형루트로 만든 언더 크랙을 레이백 자세로 올라갔다.

5.12+ 정도인(해본 적은 없지만) 기존 루트에 비하면, 이 언더 크랙은 어느 정도 펌핑이 오지만 난이도로 보면 5.11c밖에 되지 않기 때문에 아주 어렵지는 않다. 이 변형루트의 진정한 크럭스는 벙어리 크랙에 눈으로 확인도 하지 못하고 확보물을 설치하는 것이다. 그러나 그럴 필요가 없는 나는 이 구간을 '쉽게' 넘어갔다.

여전히, 양발을 반질반질한 화강암에 대고 손가락을 뭉툭한 크랙에 집어넣어야 하는 불안한 레이백 구간이 하나 더 남아 있었다. 루트의 나머지로만 따져도 크럭스라고 할 수 있는 가느다란 크랙 구간이 다시 나타났다. 그러나 나는 어떻게 돌파해야 하는지 알고 있었기 때문에 이곳을 재빨리 올라갔다. 거의 600미터나 등반했기 때문에 나는 어쩔 수 없는 피로를 느꼈다. 그러자 집중력이 현저히 떨어졌다. 또 다른 나는 등반을 어서 끝내자고 나 자신을 재촉했다.

마지막 지그재그를 밑에 둔 나는 이제 '생크 갓 레지Thank God Ledge'를 걸어서 지나갔다. 정상 60미터 아래의 '바이저Visor'라는 지형 밑에 있는 그곳은 건너서 통과할 수 있는 환상적인 은색 화강암 레지이다. 정상에서 사람들이 떠드는 소리가 들렸다. 늦여름의 아침 날씨가 쾌청해 많은 사람들이 그곳에 올라온 것 같았다. 하프돔의 반대편에 있는 55도 경사의 바위는 국립공원관리사무소가 손으로 잡고 오르내릴 수 있는 두 줄의 케이블을 설치해, 계곡 내에서 가장 인기 있는 트레킹 코스였다. 날씨가 화창한 날에는, 마치 공항의 여행자들이 택시를 타기 위해 길게 줄을 서는 것처럼, 트레커들의 행렬이 케이블을 따라 끊임없이 이어진다.

정상에 있는 트레커들이 떠드는 소리가 들렸지만, 가장자리에 머리를 내밀어 아래를 내려다보는 사람은 아무도 없었다. 나를 지켜보는 사람이 없다는 것은 천만다행이었다.

나는 자존심이 걸린 문제인 것처럼 생크 갓 레지를 걸어서 건넜다. 전에는 10여 미터의 그 레지를 기어가거나 안쪽의 크랙을 손으로 잡고 건넜다. 가장 좁은 곳의 너비는 30센티미터밖에 되지 않고, 한군데는 안쪽 벽이 툭 튀어나와 있다. 하지만 나는 나의 프리솔로 등반에 오점을 남기고 싶지 않았다. 따라서 나는 그곳을 제대로 건너야 했다. (천만다행으로, 생크 갓 레지를 맨몸으로 걸어서 건너는 것은 안전벨트와 로프, 장비들과 배낭이 있을 때보다 훨씬 더 쉽다. 왜냐하면 균형을 잡는 것이 자연스럽기 때문이다) 처음 몇 발자국은 마치 하늘 높이 걸린 인도를 걷는 것처럼 너무나 편안했다. 그러나 좁은 곳에 이르자, 나는 등을 벽에 바싹 붙이고 완벽한 자세를 유지한 채 발을 끌면서 조금씩 건너갔다. 벽에서 머리를 삐죽이 내밀면 550미터 아래의 출발지점에 놓인 배낭이 보이겠지만, 그렇게 하다간 머리부터 떨어질 것이다. 레지는 몸을 대충 집어넣으면 되는 짧은 침니에서 끝나는데, 이곳을 넘어가면 정상으로 이어지는 마지막 슬랩 구간이다.

나는 30미터 슬랩이 시작되는 곳에서 잠시 멈추어 혹시 쳐다보는 사람이 없는지 위를 올려다본 다음 출발했다.(여전히 아무도 없었다) 처음 몇 동작은 어느 정도 양호한 홀드와 함께 스탠스도 좋아 쉬웠다. 문제는 더 높이 올라가면 홀드도 사라지고 스탠스도 작아진다는 것이다. 이틀 전 등반에서 나는 두 군데가 '크럭스 같은' 구간이 될 것이라고 판단했다. 첫 번째 크럭스는 미세한 돌기를 스미어링으로 넘어서야 하는 곳이고, 그보다 10미터 위에 있는 두 번째 크럭스는 손가락으로 움켜잡을 수 있는 '저그jug'에 닿기 전에 손과 발을 이상하게 써야 하는 동작을 몇 번 해야 한다. 이제 20미터 위에 있는 그곳까지만 가면 나의 어려운 등반에 종지부를 찍을 수 있을 터였다.

루트 전체를 프리로 등반하고자 한 힉비와 에릭슨의 시도를 물거품으로 만든 것이 바로 이 슬랩이었다. 그들은 정상을 지척에 두고 마지막 장애물을 돌파하기 위해 장비를 인위적으로 써야 했다. 아마도 그래서 내가 슬랩을 시작하기 전에 잠시 멈추었는지도 모른다.

나는 첫 번째 크럭스를 알지도 못할 정도로 쉽게 넘어갔다. 그곳을 수월하게 넘어간 나는 스스로 만족했다. 그런데 볼트 하나에 가는 코드슬링이 매달려 있었다. 나는 아주 잠깐 동안 그 코드슬링에 엄지손가락을 걸치기만 할까 — 무게를 싣지 않고 만일을 대비해서 — 라는 생각이 들기도 했지만, 속임수라는 의구심이 들었다.

나는 모든 것이 잘 되고 있다는 느낌으로 위쪽 크럭스에 도달했다. 그리고 잠시 멈추었다. 나는 내가 잘못해서 그랬는지 아주 절박하게 느낀 이틀 전과는 다른 종류의 홀드나 일련의 동작을 찾기를 바랐지만, 이번에도 역시 같은 홀드를 잡고 같은 동작을 취하면서 더 좋은 방법이 없다는 사실을 깨달았다. 나는 잠깐 주저했다. … 아니면, 패닉 상태에 빠진 것 같다. 어떤 심리였는지는 잘 모르겠다. 나는 그 전해에도 그곳을 두 번 프리 등반으로 올랐지만 일련의 동작이나 홀드가 전혀 기억나지 않았다.

오래된 타원형 카라비너가 빈약한 물결모양을 한 오른손 홀드 5센티미터 위 볼트에 걸려 있었다. 나는 살짝 오르내리며 오른손과 왼손에 초크를 묻히고, 종아리를 풀어주기 위해 아주 작은 스미어링 스탠스에서 발을 바꾸었다. 나는 저그를 낚아챌 수 있도록 오른발의 끔찍한 스탠스에 나 자신을 맡길 수 없었다. 마침내 루트 전체 중 가장 위태로운 자세에서 나는 교착상태에 빠지고 말았다. 카라비너를 붙잡을까도 심각하게 고민했다. 딱 한 번만 잡으면 나는 위로 올라가 위기를 벗어날 수 있을 터였다.

트레커들의 왁자지껄한 웃음소리가 바위 끝을 넘어 들려왔다. 정상에는 많은 사람들이 있었다. 하지만 나는 나만의 감옥에 갇혀 있었다.

나는 카라비너를 번 몇 건드리면서 붙잡고 싶은 충동과 싸웠다. 하지만 너무나 쉽게 나 자신을 구조할 수 있는 방법이 있는데 슬랩에서 미끄러져 거의 600미터를 튕겨나가면서 추락해 죽는다면 이 또한 얼마나 어리석은 짓일까 하는 생각도 들었다. 이제 종아리근육도 서서히 당기기 시작했다. 제자리에 있으면 지치기 때문에 나는 어떤 것이든 곧 선택을 해야 했다. 클라이밍 다운을 하자는 생각은 떠오르지 않았다. 나는 어쨌든 올라가고 있었다.(물론 얼마나 높이 올라가느냐가 문제이기는 하지만) 그때 진정한 공포가 나를 사로잡았다. 나는 다시 한 번 심호흡을 하고 내 앞의 홀드를 자세히 살펴보면서 어떻게 해야 할지를 차분하게 생각하려고 노력했다.

애초에 슬랩을 오르는 것이 썩 내키지 않았지만, 나는 나의 등반을 수

포로 돌아가지 않게 만들면서 내가 시작한 것을 끝내야 했다. 마침내 나는 타협점을 찾을 수 있었다. 손을 빈약한 물결모양 홀드에 대고 검지를 쭉 펴서 그 끝이 타원형 카라비너 아래쪽 안에 위치하도록 한 것이다. 만약 내가 미끄러지면 한 손가락으로 카라비너를 잡아 추락을 모면할 수도 있을 테니까.

나는 발로 스미어링을 하고 살짝 일어서서 저그를 붙잡았다. 아무런 문제도 없었다. 나는 아무리 못해도 5분 정도는 답답하게 서 있었던 나만의 감옥에서 자유의 세계로 탈출했다. 그리고 카라비너를 잡는 반칙도 범하지 않았다.

정상으로 이어지는 마지막 5.7 슬랩을 나는 뛰듯이 올라갔다. 20명도 넘는 트레커들이 바위 가장자리에 앉아 나의 마지막 도전을 지켜보고 있었다. 하지만 어느 누구도 말을 하지 않았다. 소리를 지르지도 사진을 찍지도 않았다. 아무것도…. 내가 길을 잃은 트레커라고 생각했을까? 아니면 그들은 내가 어디에서 왔는지 상상조차 할 수 없었거나, 그냥 무관심했을지도 모른다. 마지막 바위를 올라서 정상의 한가운데로 가니, 홍수처럼 넘쳐나는 100여 명의 사람들이 널찍하고 평편한 곳에 앉아 있었다. 내 옆의 트레커들은 점심을 먹고 있었다. 정상 등정에 성공한 그들은 멋진 경치를 배경으로 사진을 찍었다. 사방이 사람 천지였다.

이상한 기분이 들었다. 마치 베트남전쟁의 한복판에서 낙하산을 타고 도시의 번잡한 쇼핑몰에 내려앉은 것 같았다.

나는 티셔츠도 입지 않은 상태로 근육의 펌핑에 시달리며 가쁜 숨을 내쉬었다. 나는 제정신이 아니었다. 내 안에서는 서로 상충되는 감정이 부딪쳤다. 슬랩에서 심리적으로 움츠러든 것이 부끄럽기도 했지만, 몇 달간 생각해온 프로젝트를 마침내 끝냈다는 환희에 말로 표현할 수 없는 전

율이 흘렀다. 계획했던 것보다 좀 무리하게 밀어붙여서 그랬는지 나는 나 자신이 마음에 들지 않았지만, 그래도 자긍심을 느꼈다.

정상에서, 또 다른 나는 누군가가 — 아니 아무라도 — 내가 주목할 만한 위업을 달성했다는 것을 알아주기를 바랐지만, 내가 말을 걸 사람이 없었다는 것은 오히려 다행이었는지도 모른다. 몇 시간 동안 내가 겪은 심리적 극한상황을 어떻게 말로 표현할 수 있단 말인가! 스스로 알고 있는 것만으로도 충분했다.

나는 야단법석을 떨지 않고 암벽화를 벗은 다음 케이블을 따라 걸어 내려갔다. 그때 어떤 사람이 불쑥 소리쳤다. "세상에, 맨발로 산을 오르다니 정말 대단하네요!"

'전력질주'가 아니라 '여유 있게 달리는 조깅'처럼 올랐음에도, 로프를 사용하는 클라이머들에게 스물세 피치에 달하는 600미터를 알렉스는 상상을 초월할 정도로 짧은 시간인 2시간 50분 만에 끝냈다. 7년이 지난 오늘날까지도 하프돔의 레귤러 노스웨스트 페이스 프리솔로 등반은 시도는 고사하고 생각하는 사람조차도 없다.

슈퍼토포닷컴 같은 인터넷 사이트에는 의심을 하면서도 익살스러운 환영의 표시가 쏟아졌는가 하면, 알렉스의 프리솔로 등반 위업에 최고의 격려를 보내는 대선배들의 찬사도 있었다. 어린 시절 알렉스가 영웅으로 여겨졌던 초창기 스톤마스터 중 한 명인 존 롱은 이렇게 말했다. "아주 사소한 실수에도 죽음이라는 페널티를 받아야만 하고 그토록 긴 시간 동안 고도의 집중력을 유지해야 하는 일은 이 세상 어디에도 없다."

'센더 필름스'는 문라이트 버트레스와 하프돔의 프리솔로 등반을 재현하는 22분짜리 영상을 만들자고 알렉스에게 제안했다. 「얼론 온 더 월 Alone on the Wall」은 북미와 유럽의 여러 산악축제에서 상을 휩쓸었고, 알렉스를 등반 영재에서 작은 영웅으로 탈바꿈시켰다.

하지만 이런 것들은 알렉스의 머리에 들어오지 않았다. 그는 이렇게 보고했다. "하프돔 등반은 크게 만족스럽지 않았다. 등반을 망친 것 같은 기분이 들었기 때문이다. 무언가를 그럭저럭 해낸 기분이랄까. 그것을 완벽한 등반이라고 할 수는 없다."

알렉스는 자신의 '등반 경전'에 선구자적인 그 프리솔로 등반을 보통 때와 마찬가지로 간결하게 기록했다. 심지어 그는 기록을 하면서 난이도를 낮춰 적기까지 했다.

> 2008년 9월 6일
> 레귤러 노스웨스트 페이스: 5.11d? 솔로. 등반만 2:50(2시간 50분)
> 힉비의 5.10은 돌아감. 슬랩에서 겁먹었음.

알렉스는 이 기록을 슬픈 표정의 이모티콘으로 마무리하면서 자신에게 스스로 물었다. "더 잘할 수 있을까?"

3장

사랑과 공포의 무대
라스베이거스

알렉스 호놀드가 대담한 프리솔로 등반으로 조금씩 명성을 얻기 시작하자 후원사들이 생겨났다. 그의 친구 브래드 발라흐를 통해 처음으로 접근한 회사는 유타를 거점으로 스키장비와 아웃도어는 물론이고 최첨단 등반장비를 만드는 블랙다이아몬드Black Diamond였다. 그로부터 몇 년 후 알렉스는 라 스포르티바La Sportiva, 클리프 바Clif Bar, 뉴 잉글랜드 로프스 New England Ropes 그리고 규모가 큰 회사인 노스페이스The North Face로부터도 후원을 받았다. 뛰어난 암벽 등반가와 산악인들로 구성된 노스페이스의 '드림팀(공식적으로는 세계선수팀)'은 전 세계 유망주들에게 부러움의 대상이다. 손목시계 가격이 2,500달러가 넘는 볼 워치Ball Watch는 2014년 『뉴욕타임스 매거진The New York Times Magazine』에 알렉스가 하프돔의 '생크 갓 레지'에 서 있는 사진과 함께 이런 카피의 전면광고를 실었다. "맨몸이기 때문에 실수를 절대로 용납하지 않는 곳입니다. 이것이야말로 진정으로 불리한 상황에서 볼 워치처럼 믿을 수 있는 시계가 필요한 이유입니다." 알렉스는 등반할 때 손목에 어떤 시계도 차지 않지만 "믿을 수 있는 시계"라는 간결하지만 함축적인 구절로 그들의 제품을 홍보했다.

1999년 피터 모티머Peter Mortimer가 볼더에서 설립한 센더 필름스는 'DIYdo-it-yourself'를 요약해서 영상을 만드는 회사였는데, 그들은 2008년부터 알렉스를 주시하기 시작했다. 그 당시 센더는 미국에서뿐만 아니라 해외에서도 호평 받은 모험 영상을 제작하고 있었다. 모티머는 이렇게 회상했다. "우린 요세미티를 많이 헤집고 다녔는데, 알렉스의 로스트럼과 애스트로맨 프리솔로 등반이 우리의 레이더에 걸렸습니다. 우린 항상 귀를 쫑긋 세우고 차세대의 주인공이 될 젊고 열정적인 클라이머를 찾고 있었습니다. 알렉스의 문라이트 버트레스 프리솔로 등반은 단연코 우리의 관심을 끌었습니다."

모티머는 이렇게 덧붙였다. "우리 업계의 다른 사람들은 볼더링과 스포츠클라이밍에 대한 영상만 쏟아냈습니다. 난 그런 것에는 큰 관심이 없었습니다. 내가 만들고자 하는 영상은 거벽등반, 거대한 산군에서의 극한등반 그리고 물론 프리솔로와 같이 '위험한 등반'이었습니다." 「더 샤프 엔드The Sharp End」라는 제목으로 새로운 영상을 만들기 위해 모티머와 그의 파트너 닉 로젠Nick Rosen은 젊고 강인한 미국 클라이머들을 데리고 체코와 독일 국경 근처에 있는 깎아지른 사암 타워들의 산군인 아드르슈파흐Adršpach로 떠났다. 그곳은 전설적인 엘브산드스테인게비르게Elbsandsteingebirge와도 합쳐지는 곳이다. (샤프 엔드라는 말은 리더가 모든 위험을 감수하고 로프의 맨 앞에 선다는 등반용어이다)

「더 샤프 엔드」는 미국과 유럽의 모험가들이 자연에서 모험을 벌이는 진수성찬의 스뫼르고스보르드smorgasbord*이다. 스토리에는 볼더 근처의 엘도라도캐니언에 있는 전통적인 '죽음의 루트'(확보물이 거의 없는) 등반, 요세미티에서의 길고 무서운 인공등반, 인도의 샤파트 포트리스Shafat Fortress에 있는 전인미답의 침봉들에서 이루어지는 모험적인 알파인 등반, 스위

* 여러 가지 음식을 한꺼번에 차려놓고 원하는 만큼 덜어 먹는 스웨덴의 전통적인 식사 방법

스의 절벽에서 벌어지는 윙슈트 BASE 점핑 그리고 프리솔로 등반 ─ 비록 영상의 스타는 알렉스가 아니고 콜로라도 롱스 피크Long's Peak에 있는 다이아몬드Diamond의 5.10+ '퍼버티컬 생크튜어리Pervertical Sanctuary'를 등반한 스텝 데이비스Steph Davis였지만 ─ 이 포함되어 있다. 이 영상에서 알렉스의 역할은 카메오보다 조금 나은 정도였지만, 그의 등반 장면은 앞으로 도래할 스타의 반열을 극적으로 예견했다. 더구나 센더는 아주 위험해 보이는 피치를 선등하는 알렉스의 스틸 사진을 대표 이미지로 선택했다.

아드르슈파흐와 엘브산드스테인게비르게는 드레스덴 동남쪽의 엘베 강을 따라 펼쳐진 숲을 뚫고 솟아오른, 짙은 회색의 황량한 피너클pinnacle들이다. 20세기 초에 20년 동안 등반문화가 알프스 동료들의 그것과 판이하게 다른 한 무리의 강인한 사나이들이 이곳에 세계에서 가장 어려운 암벽등반 루트를 개척했다. 이렇게 함으로써 그들은 다른 곳과는 전혀 다른 '등반윤리'로 철저하게 무장한 자신들만의 스타일을 발전시켰다.

미국인들과 서유럽인들이 드레스덴의 아레나를 발견한 것은 1960년 대 말이었는데, 이 지역을 찾아 몇 군데를 시험적으로 등반한 최고 수준의 아웃사이더들은 하나같이 비슷한 인상을 받았고, 주눅이 들기까지 했다. 그로부터 40여 년이 지난 2008년에도 순수주의를 추구하는 독일 동부와 체코의 로컬들이 여전히 이곳의 암장을 지배하고 있었다. 엘브산드스테인게비르게에는 무서울 정도로 멀리 떨어진(20미터 내지는 30미터 정도) 커다란 링 볼트가 유일한 앵커나 확보물이다. 이곳에서는 등반할 때 피톤이나 너트 또는 캠을 사용하면 안 된다. 회수가 가능한 확보물 중 사용이 허락된 유일한 것은, 미국이나 프랑스, 스위스 클라이머들에게는 전혀 낯선 방식인, 나일론 슬링을 매듭지어 크랙 안에 끼워 넣는 것이다. 설상가

상으로 — 혹은 더 순수한 방식인지 모르지만 — 초크 사용조차 허락되지 않는다. 그럴듯한 암벽화도 없는 드레스덴의 클라이머들은 상당히 어려운 루트 대부분을 맨발로 개척했다.

모티머와 로젠의 팀에는 미국의 스타급 클라이머들인 시다 라이트, 레넌 오즈터크Renan Ozturk, 맷 시걸Matt Segal, 토퍼 도나휴Topher Donahue, 하이디 워츠Heidi Wirtz가 있었다. 알렉스는 촉망받는 루키로 동행했다. 영상을 촬영하기 위해 감독은 1960년대 후반부터 1970년대와 1980년대에 이르기까지 엘브산드스테인게비르게에서 잔뼈가 굵은 예순한 살의 노장 베른트 아르놀트Bernd Arnold에게 경이로운 미국 클라이머들의 가이드 역할을 맡겼다. 이 영상에서 아르놀트는 사실상 영어를 거의 하지 않지만, 대신 로프에 대한 자신의 책임을 유쾌하게 보여주었고 이상한 바위를 암벽화를 벗고 맨발로 올라갈 수 있도록 용기를 북돋아주었다. 아르놀트의 동료들은 유쾌한 농담으로 루트의 난이도를 강조했다. 그중 한 명은 억센 억양의 영어로 이렇게 말했다. "여기서 떨어지면 곧장 전설이 될 수 있습니다."

「더 샤프 엔드」 스토리의 클라이맥스는 이곳의 대표적인 루트들을 성공적으로 등반한 미국인들이 약간의 자존심을 회복하기 위해 자신들만의 흔적을 남기려고 하는 장면이다. 이들은 날카로운 수직의 아레트arête 밑에 모여드는데, 이곳은 로컬들조차 너무 위험하다고 하는 곳이다. 이들의 대화는 불길하고 걱정스럽다. 밴 스몰리가 들려준 고등학교 시절처럼 후드를 뒤집어 써 반사회적 괴짜로 보이는 알렉스는 말이 거의 없다. 하지만 그는 조용히 입을 연다. "우린 1시간 동안이나 이 루트가 얼마나 어렵고 무서운지만 얘기하고 있네요. 그냥 가서 등반이나 하지요?"

그래서 알렉스는 '샤프 엔드'를 자청한다. 그가 무시무시한 아레트를 천천히 올라가는 모습은 친구들의 즉흥적인 해설을 곁들여 멋진 영상으로 기록됐다. 시다 라이트는 이렇게 말한다. "그가 10분 동안이나 망설인 곳도 있습니다. 추락 거리가 30미터나 되는 곳인데, 잘못하면 바닥을 칠 수도 있으니까요." 영상에서는 알렉스가 짧게나마 가쁜 숨을 내쉬는 소리가 들린다. 하지만 부드럽고 우아하게 계산된 동작은 예술의 경지이다. 안전에 대한 그의 치밀한 계산은 동료들의 칭찬으로 이어진다. "알렉스의 등반은 감동적이야. 어쩜 저렇게 평정심을 잘 유지하지?"라고 한 사람이 말한다. 그러자 다른 사람이 이렇게 받는다. "알렉스는 남달라. 평정심을 유지하면서도 펌핑이 나지 않잖아? 끝까지." 알렉스가 등반을 마치자 또 다른 사람은 이렇게 말한다. "난 저 루트를 절대 선등하지 않을 거야." 그리고 시다 라이트는 "내참, 질투가 나려고 하네."라고 말한다.

알렉스는 피너클 정상에 서서 말없이 활짝 웃는다.

──────

2008년 9월 알렉스 호놀드가 하프돔을 프리솔로로 오르자, 모티머와 로젠은 이 등반 영재의 놀라운 행위를 영상에 담기로 했다. 그러나 알렉스의 문라이트 버트레스나 하프돔 등반을 목격한 사람은 아무도 없었다. 해결책은 분명했다. 즉, 알렉스에게 영상 촬영을 위해 이 루트들을 다시 등반할 의향이 있는지 묻는 것이었다.

모티머는 이렇게 기억했다. "그는 전혀 주저하지 않았습니다. 그는 준비가 되어 있었습니다. '좋아요.'라고 그는 우리에게 말했습니다. '그 벽들에서 등반하는 장면을 영상에 담고 싶다는 아이디어가 좋네요.'라고 덧붙이면서요."

하지만 그런 장면을 촬영하기 위한 실행은 만만찮은 문제였다. 2009년 봄 센더가 문라이트 버트레스 촬영 준비를 마쳤을 때 이 루트에는 장비를 많이 사용하는 전통적인 방식으로 도전하는 팀이 여럿 있었다. 다행이었던 점은 그들이 루트의 하단에서 느리게 움직이고 있었다는 것이다. 모티머와 스틸 사진가 셀린 세르보Celin Serbo는 정상에서 120미터를 하강한 다음 로프에 나란히 매달려 다른 팀들이 화면에 나오지 않도록 근접 촬영하는 방법으로 알렉스의 프리솔로 등반 장면을 영상과 사진으로 찍기로 했다. 그리고 알렉스는 그 120미터를 로프로 하강한 다음, 안전벨트를 벗고 프리솔로로 올라가기로 했다.

모티머는 자신이 알렉스에게 부탁한 일을 사뭇 걱정했다. "영상을 만든답시고 알렉스를 추락사하게 만드는 건 아닐까? 그렇다면 무슨 낯짝으로 살아가지?" 그의 촬영 동료들 역시 마찬가지로 불안했다. "촬영 전날 밤 스프링데일에 모였을 때 우린 스트레스를 정말 많이 받았습니다. 피자 가게에서 우린 알렉스가 화장실에 갈 때까지 기다렸다가 살짝 대화를 나눴습니다. '우리가 이걸 꼭 해야만 해?' 알렉스가 돌아와서 내가 입을 열었습니다. '알렉스, 괜찮겠어?' 그러자 알렉스가 소리쳤습니다. '에이, 겁쟁이들이군요. 이 영상 작업을 위해 다른 사람을 불러야 한단 말인가요?'"

알렉스는 촬영을 위해 크럭스인 55미터의 5.12 안쪽 코너 위부터 등반했는데, 그 전해 4월 그가 처음 프리솔로로 등반할 때 진정한 기쁨을 안겨준 그곳은 손가락이 한 마디만 들어가는 깨끗한 크랙이다. 모티머는 이렇게 말했다. "바람이 많이 불고 추웠습니다. 문라이트 버트레스 상단인 그곳은 정말 아찔한 수직이었습니다. 엘캡의 다른 곳들처럼 현기증이 날 정도였으니까요. 우린 알렉스로부터 조금 떨어진 곳에서 촬영하며 방해하지 않기 위해 극도로 조심했습니다. 렌즈 뚜껑이나 작은 돌멩이라도 떨어뜨리지 않기 위해서 말이죠."

그렇다 해도 모티머와 그의 카메라맨들은 알렉스의 등반에 빨려 들어갔다. 크랙에 들어간 손가락 한 마디와 반질반질한 벽에 착 달라붙은 듯한 발이 세상에서 가장 작은 지지점을 알렉스에게 만들어주었다. 그의 발밑은 대략 250미터의 허공이었다. 만약 그가 추락한다면, 바닥에 닿을 때까지는 부딪칠 곳이 전혀 없었다. 그 순간 알렉스가 카메라를 향해 말했다. "힘들어 보이도록 할까요?" 모티머에 따르면 알렉스는 사실 이렇게 생각했다고 한다. "아, 이 친구들 정말 지루하겠네." 잠시 후 알렉스는 크랙에 무릎을 집어넣고 양손을 바위에서 뗐다. 그는 "보세요, 무릎을 집어넣고 손을 뗐습니다."라고 하면서 웃었다.

그로부터 몇 달 뒤 모티머의 연출 파트너로 닉 로젠, 카메라맨으로 팀 켐플Tim Kemple이 가세한 새로운 팀이 알렉스의 하프돔 레귤러 노스웨스트 페이스 등반 장면을 찍기 위해 모였다. 그 사이에, 미국 최고의 산악인이라 할 수 있는 조니 콥Johnny Copp과 마이카 대쉬Micah Dash(둘 다 「더 샤프 엔드」를 위해 인도의 샤파트 포트리스와 프랑스의 샤모니에 있는 침봉들을 등반했다)가 카메라맨 웨이드 존슨Wade Johnson(역시 「더 샤프 엔드」를 위해 일했다)과 함께 중국 서부에 있는 마운트 에드거Mount Edgar에서 실종됐다. 볼더에 사는 이들 셋은 센더 필름스의 스태프와 친하게 지냈다. 더욱이 센더는 미등으로 남은 마운트 에드거의 거대한 남동벽 도전을 촬영하고 있었다.

구조작업은 이들 셋이 청도를 출발하는 비행기에 탑승하지 않았다는 사실이 밝혀지고 나서야 시작됐다. 닉 로젠을 비롯한 볼더와 다른 지역 출신의 최고 클라이머들이 수색을 위해 즉시 중국으로 날아갔다. 이들은 중국군의 도움을 받았다. 2009년 6월 7일 콥의 시신이 벽 아래에서, 그리고 존슨은 그다음 날에 발견됐다. 바윗덩어리와 눈과 얼음이 뒤섞인 거대한 사태가 벽에서 쓸려 내리면서 이들을 덮친 것이 분명했다. 그러나 불행하게도 대쉬의 시신은 끝내 찾지 못했다.

놀랍게도, 존슨이 찍은 영상 대부분은 베이스캠프에 온전한 상태로 있었다. 모티머와 로젠은 친구들을 추모하기 위해 그 자료를 모아 영상을 만들었다. 그리하여 「포인트 오브 노 리턴Point of No Return」은 잊을 수 없는, 그리고 잊히지 않는 작품이 되었다. 이들 세 젊은 클라이머들에게 닥칠 비극을 뻔히 아는 관객들은 이들이 공항에서 여자 친구들과 석별의 정을 나누는 장면과 베이스캠프에서 떠들썩하게 익살 떠는 장면을 점점 더 커져가는 두려움을 안고 보아야 한다. 물론 쉴 새 없이 떨어지는 바위와 얼음 세례로 벽에 제대로 붙어보기도 전에 후퇴를 결정하는 무서운 장면도 볼 수 있다.

이들의 마지막 임무가 베이스캠프 위에 며칠 전 숨겨놓은 장비를 회수하는 일뿐이라는 것은 차라리 고문에 가깝다. 관객들은 죽음으로 향하는 이들을 향해 화면에 대고 소리를 지르고 싶어 할 것이다. "그 빌어먹을 장비는 그냥 내버려두고 집으로 돌아가!"

미국 산악계를 통째로 흔든 이 재앙에 뒤이어 모티머와 로젠은 우울하기도 하고 겁나기도 하는 기분으로 알렉스와 함께 하프돔으로 갔다. 모티머는 이렇게 말했다. "우린 벼랑 끝에서 미친 짓을 할 만한 배짱이 전혀 없었습니다. 따라서 하단의 쉬운 피치로 촬영을 제한한 다음, 정상에서 하강해 알렉스가 '지그재그'를 끝내고 '생크 갓 레지'를 횡단하는 장면만 영상에 담기로 했습니다."

영상 제작자들의 두려움과 슬픔에도 불구하고 「얼론 온 더 월」은 등반을 즐거운 세레머니로 승화시켰을 뿐만 아니라, 장소에 따라서는 유쾌한 재미를 선사하기도 했다. 이 영상은 작은 걸작이다. 네다섯 번을 봐도,

수직의 벽에서 로프도 없이 춤을 추는 듯한 알렉스의 모습을 본다면 여전히 손에 땀이 날 것이다. 또한 이 영상은 등반을 하는 사람들은 물론이고 하지 않는 사람들 사이에서까지 프리솔로 등반의 도덕적 측면에 대한 뜨거운 논쟁을 불러일으켰다. (일반인들 중 차마 눈뜨고 보지 못한 사람들도 있었다)

대부분의 관객들이 자신들이 보고 있는 장면이 재현이라는 것을 모른다는 점에서 모티머와 로젠의 영상 제작 노하우가 빛났다. 대신, 이 영상은 21세기 등반역사에서 가장 큰 업적 두 가지를 다큐멘터리로 제작한 것처럼 보이고, 또 그렇게 느껴진다.

재미를 위해 이 영상에는 문라이트 버트레스와 하프돔을 등반하는 장면 사이에 알렉스가 마치 집처럼 여기는 이코노라인 밴을 소개하는 장면이 들어 있다. (해설자인 로젠이 짓궂게 장난친다. "여기 여자 많이 데려오지?" 그러자 알렉스는 큰 소리로 웃으며 이렇게 대꾸한다. "그럴 사람처럼 보이나요?") 그리고 알렉스가 유년시절을 보낸 새크라멘토의 집을 방문하는데, 어머니가 아들이 표지모델로 나온 잡지들을 내보이며 자랑하는 동안 알렉스가 쑥스럽게 민망해하는 장면도 들어 있다. 이 영상은 알렉스가 마치 도구를 사용하는 침팬지가 막대기로 개미를 캐내는 것처럼, 나이프 세트 대신 나뭇가지로 그릇에 있는 음식을 먹는 장면으로 밝게 끝맺는다. 그는 이렇게 농담한다. "이래야 인간답게 사는 거죠."

「얼론 온 더 월」의 하이라이트는 물론 알렉스가 두 거벽을 등반하는 아찔한 장면이다. 그리고 이런 장면들 사이에는 동료들의 짧은 멘트가 배치되어 있다. 가장 친한 친구인 시다 라이트는 "알렉스 호놀드를 만나면 십중팔구 이렇게 말하겠죠. '어, 이놈 봐라. 산만하고 이상하고 불편한 멍청이 같네.' 하지만 바위에 붙는 순간 그는 말 그대로 전혀 다른 사람이 됩니다. 침착하고 우아하고 치밀하고 멋진 놈으로 말이죠."라고 이야기한다. 1975년 엘캡의 노즈를 최초로 하루 만에 등반한 스톤마스터 존 롱은 알렉스의 하프돔 등반에 놀라움을 금치 못하며 이렇게 말한다. "선견지명도 필요하지만, 실제 등반은 대단한 배짱이 있어야만 합니다." 친구 닉 마르티노Nick Martino는 주저 없이 이렇게 선언한다. "젠장! 알렉스는 달을 걷고 있다니까요."

등반 장면과 함께 알렉스의 설명도 나온다. "왼쪽이냐 오른쪽이냐 하는 것처럼 자신이 해나가는 일련의 동작들을 철저히 계산해야 하는데, 실제로 등반에 몰입하면 아무것도 생각나지 않습니다." "난 간단명료한 프리솔로 등반을 사랑합니다. 프리솔로를 할 때 등반이 가장 잘 됩니다." "프리솔로 등반에서는 자신을 의심하는 것이 가장 위험합니다. 따라서 망설이는 순간 게임이 끝납니다." 그러나 알렉스조차도 자신의 행위가 얼마나 대담한지 마침내 깨달은 것 같았다. 문라이트 버트레스 정상에 선 알렉스는 기쁨에 도취된 듯 이렇게 중얼거린다. "내가 생각해도 끝내주는데!"

이 영상의 클라이맥스는 하프돔 정상에서 겨우 45미터 떨어진 곳에서 있었던 5분간의 '그만의 감옥'을 극적으로 나타낸 부분이다. 그러나 모티머와 로젠은 알렉스에게 2008년 9월 6일 600미터를 추락할 뻔했던 '생크 갓 레지' 위쪽 5.12 슬랩에서 미묘한 스미어링의 무시무시한 동작을 재현하라고 부탁하지는 않았다. 대신 영상에서는 '생크 갓 레지'가 아찔한 장소 역할을 했다. 알렉스는 벽에 등을 대고 좁은 레지를 조심스럽게 걸어가다 멈춘다. 그리고 그 순간 그의 설명이 들린다. "보통 프리솔로 등반을 할 때 난 심리적 갑옷으로 무장합니다. 말하자면 무아지경에 빠지는 거죠. 이런저런 잡념에 빠지지 않도록 내 머리를 보호해주는 셈인데, 어떤 이유였는지 모르지만" 그는 그때를 생각하며 웃는다. "하프돔에서 난 그 갑옷을 잃어버렸습니다. … 미세한 신경쇠약에 걸렸었죠."

영상에서는 보이지 않는 카메라맨 팀 켐플이 알렉스에게 궁지에 몰린 그 느낌이 싫다면 안전하게 돌아와도 좋다고 말했다. 하지만 알렉스는 자신에게는 상당히 쉬운 그곳을 아무렇지도 않게 건너갔다. 그리고 곧 그는 혼자 기뻐하면서 정상을 향해 뛰듯이 올라갔다.

겨우 6년이 지났을 뿐인데도, 영상에 등장하는 '생크 갓 레지'에서의 그 장면은 등반역사에서 가장 상징적인 이미지가 되었다. 센더 필름스는 「얼론 온 더 월」과 「포인트 오브 노 리턴」을 포함한 4개의 영상을 담고 있는 박스 세트 「초등First Ascent」의 표지에 그 장면을 대표 사진으로 사용했다. 그로부터 2년 뒤인 2011년 『내셔널지오그래픽』은 5월호에 요세미티에서 잘나가는 젊은 세대에 대한 특집기사를 내면서 지미 친Jimmy Chin이 다시 찍은 사진을 실었다.

그 사진은 잡지의 표지가 되었다. 2014년 볼 워치 광고에는 알렉스가 '생크 갓 레지'에 서 있는 또 다른 사진과 함께 "진정한 역경"에 처한 "세계의 탐험가들"이라는 캡션을 달았다.

지난 1년 반 동안 그 이미지는 '호놀드 따라잡기'라는 패러디 열풍을 일으켰다. 클라이머들이 자신들의 레지(바다와 훨씬 더 가까운 곳에 있는)에서 등을 벽에 대고 발을 모은 다음 양팔을 나란히 내리고 멍한 표정을 짓는 자세를 연출하기도 했지만, 똑같은 자세로 변기의 수조나 냉장고 또는 사다리 위에 서 있는 얼빠진 패러디도 상당히 있었다. 최근 몇 년간 그와 견줄 만한 현상은 '티보 따라잡기' 유행 정도이다. 그것은 NFL 쿼터백으로의 재탄생에 경의를 표하기 위해, 한쪽 무릎은 땅에 대고 다른 쪽 무릎에 팔꿈치를 올린 채 고개를 숙여 이마를 주먹 쥔 손으로 누르는 자세로 기도하는 장면이다. 하지만 팀 티보Tim Tebow가 ESPN으로 무대를 옮긴 뒤에 그

유행은 빠르게 사그라졌다.

　　모티머는 '생크 갓 레지'에서의 원래 사진에 대해 이렇게 말했다. "그 자세의 무언가가 프로 클라이머들이 거벽에서 하는 행위를 많은 사람들에게 적나라하게 — 전통적인 등반보다 훨씬 더 강하게 — 보여주었습니다. 그건 인간의 나약한 면까지 내보였습니다. 마치 알렉스가 그곳에 서서 정말 나약한 모습으로 신을 마주하고 있는 것처럼…."

「얼론 온 더 월」은 즉시 미국 콜로라도의 텔루라이드Telluride, 이탈리아의 트렌토Trento와 영국의 켄들Kendal 산악영화제에서 그랑프리를 휩쓸었다. 그리고 이 영상은 매년 열리는 '릴 록 투어Reel Rock Tour'에서 가장 빛나는 작품으로 선정되었을 뿐만 아니라, 센더 필름스와 뉴욕에 본사가 있는 빅업 프로덕션이 공동으로 후원해 2009년 가을 미국 전역의 많은 영화관에서 상영되었다. (그때까지 릴 록은 어느 정도의 마니아들을 확보하고 있었다) 슈퍼토포닷컴과 같은 인터넷의 떠들썩한 업적보다도, 『아웃사이드Outside』 잡지의 특집기사나 『내셔널지오그래픽』의 표지사진보다도 더 이 영상은 하드코어 등반이라는 좁은 무대를 벗어난 훨씬 더 큰 세계에 알렉스의 존재를 알렸다. (극한의 스포츠를 즐기는 젊은이가 2년 만에 철저한 무명에서 대단한 명성을 얻은 경우는 거의 없다) 2011년 10월 2일 CBS의 '60분'이라는 뉴스 프로그램에 알렉스가 출연하게 된 결정적 계기도 바로 이 영상이었다. 수많은 사람이 보는 이 프로그램에 알렉스가 출연했을 때 그의 나이 겨우 스물여섯이었다.

　　몇 년 동안 알렉스는 자신의 페이스북을 가지고 있었다. 이제 미디어 노출이라는 새로운 폭발력과 더불어 그의 페이스북은 낯선 사람들의 인사와 질문이 넘쳐났다. 2010년 알렉스는 이렇게 말했다. "관리가 되지 않아 페이스북 계정을 삭제할 수밖에 없었습니다. 하루에 20명이 친구 요청을 하니까요. 어떤 꼬마는 이런 질문도 던졌습니다. '저기요, 초크백은 어떤 걸로 사야 하나요?' 꼬마를 실망시키고 싶지는 않고…, 내가 어떻게 해야 하죠?"

알렉스가 자신의 페이스북 계정을 삭제하기 전인 2009년 9월, 스물네 살의 젊은 여성이 투손Tucson에서 열린 릴 록 투어 상영회에 참석했다. 그 지역의 병원에서 간호사로 일하던 스테이시 피어슨Stacey Pearson은 마라톤을 4번(최고기록: 3시간 25분)이나 완주한 울트라마라톤 동호인이었다.

2010년 피어슨은 그 당시를 이렇게 되돌아봤다. "알렉스 호놀드라는 이름은 들어보지도 못했습니다. 친구가 날 릴 록에 초대했는데, 사실은 가지 못할 뻔했습니다. 우린 늦게 도착했습니다. 알렉스는 영상에 나오는 많은 인물 중 하나에 불과했지만, 정말 멋있다는 생각이 들었습니다."

"집으로 돌아온 난 구글에서 그를 검색했습니다. 그리고 그의 페이스북을 찾아 메시지를 보냈습니다. '영상 투어에서 당신을 봤습니다. 당신에 대해 아는 것은 없지만 정말 멋지고 존경스럽습니다.'"

알렉스가 시베리아에서 열린 국제산악포럼에 참석해서, 피어슨은 며칠 동안 답장을 받지 못했다. 그러나 그는 곧 간단한 메시지를 보냈다. "그래서 내가 친구 요청을 해도 되는지 물었습니다."라고 피어슨은 말했다. "내 요청을 받아들인 그는 내 사진과 장래 희망이 울트라마라톤 선수라는 프로필 같은 걸 보고 이렇게 물었습니다. '정말 울트라마라톤에 빠졌나요?'"

"우린 자주 이메일을 주고받았습니다."라고 피어슨은 과거를 회상했다. "그러면서 자신에 대한 이야기들을 털어놓았습니다. 그때 알렉스는 스페인에 있었고, 그 뒤에는 페이스북이 되지 않는 중국에 있었습니다. 그래서 우리의 이메일은 점점 더 길어졌습니다. 마침내 우린 영상 채팅까지 했습니다. 정말 긴장됐습니다. 난 안절부절 못했고, 알렉스 또한 그렇다는 것을 알 수 있었습니다. 후드를 뒤집어쓴 그는 이렇게 말했습니다. '안녕! 잘 지냈어?'"

그 당시 알렉스는 케이티 브라운Katie Brown과 가졌던 잠깐의 교제를 포함해 가끔 만나는 사람은 있었지만 본격적으로 교제하는 여자 친구는 없었다. 브라운은 퀘벡에서 열린 주니어챔피언십에서 열넷의 나이로 우승을 차지해 10대의 신동으로 스포츠클라이밍계를 떠들썩하게 만든 인물이었다. 훗날 알렉스는 그녀와의 교제에 대해 이렇게 고백했다. "거친 열애에 빠진 3주 동안 난 극성맞고 점잖지 못했습니다."

"알렉스는 그해(2009년) 12월 4일 집으로 돌아올 예정이었습니다."라고 피어슨은 말했다. "그는 자신의 달리기 능력을 시험하기 위해 이틀 뒤 새크라멘토에서 열리는 캘리포니아국제마라톤대회에 참가할 예정이라고 말했습니다. 그게 우리의 만남을 위한 은근한 계책 같아서 나도 그 대회에 신청하려 했지만 불행하게도 마감되어 있었습니다. 어쨌든 난 캘리포니아에 가기로 했습니다."

"난 긴장하면서도 흥분했습니다. 한 번도 경험해본 적이 없는 일이 눈앞에서 펼쳐지고 있었으니까요. 난 오클랜드공항의 도로변에서 그를 기다렸습니다. 그는 15분 정도 늦는다고 전화했습니다. 그리고 마침내 그가 내 앞에 차를 세웠습니다. 우린 아마 포옹을 했었을 겁니다. 하지만 정말 어색했습니다. 난 얼룩말 무늬가 있는 카디건을 입고 있었는데, 몇 달이 지나고 나서 알렉스는 그날 내가 입은 옷이 자신이 생각하는 기준에서 '섹시한 여자'로 보이게 했다고 말했습니다."

"우리의 첫 만남이 알렉스의 가족 — 어머니 데어드레와 누나 스테이시아 — 과 함께 있는 자리에서 이뤄져 많은 도움이 되었습니다. 그런 분위기가 어색함을 줄여줬으니까요. 그날 밤 알렉스는 산타로사에 있는 피자가게에서 일단의 사람들에게 슬라이드를 보여줬습니다. 난 그의 친구들도 만났는데 그중 하나가 이렇게 말했습니다. '알렉스는 대단한 녀석입니다.' 그래서 내가 말했죠. '아, 그렇군요! 저는 만난 지 이제 하루밖에 안 됐는데요.'"

"난 마라톤의 중간지점에서 그를 기다렸습니다. 그는 지나가면서 배가 고프다는 표정을 지었습니다. 우린 한동안 함께 달렸습니다. 바나나를 손에 들고 달리는 어떤 남자를 추월하면서 알렉스가 그에게 바나나를 좀 달라고 하자 그는 기꺼이 건네주었습니다. 그리고 곧 식음료대를 통과했는데, 알렉스의 눈이 점점 더 커지더니 '엠앤엠스M&M'S'가 담겨 있는 그릇을 주시했습니다. 그는 그것을 한 움큼 쥐더니 입에 집어넣었습니다. 난 그의 가장 큰 약점 — 본인도 인정하는 — 을 알아챘는데, 그는 구제불능일 정도로 단 것을 좋아했습니다."

피어슨이 투손으로 돌아가고 나서 2주 후에 이번에는 알렉스가 그리로 방문했다. 그들은 데이트를 하면서 서로를 알아갔다. 그러나 크리스마스가 지나자 자신의 일에 회의를 느낀 피어슨은 댈러스에서 간호사로 일하는 또 다른 직장을 구했다. 그리하여 그녀는 여행을 하는 간호사로서 2년의 근무경력을 쌓기 시작했고, 몇 달에 한 번씩 직장을 바꾸면서 미국 내의 병원들을 순회했다.

그 사이에 알렉스는 요세미티에서 등반했다. 이들 커플은 알렉스가 댈러스로 두 번째 방문을 하기 전까지 한 달 반 동안 떨어져 있었다.

"댈러스에서 새로운 친구들을 사귀는 데는 아무 문제가 없었지만 알렉스가 보고 싶었습니다. 그가 댈러스에 왔을 때 난 그에게 박물관이라든가 근사한 레스토랑에서의 외식처럼 도시 활동을 맛볼 수 있도록 안내했습니다. 그러면서도 우린 함께 달리기도 하고 자전거도 탔습니다. 우린 댈러스에서 처음으로 사랑에 빠졌습니다. 하지만 '사랑해'라는 말이 차마 안 나와, 난 알렉스가 그 말을 할 때까지 기다렸습니다."

2015년에 스물아홉이 된 피어슨은 연갈색 머리에 매력적인 회청색 눈, 그리고 전염성이 강한 웃음을 지닌 예쁜 여성이었다. 날씬하고 건강한 몸매를 지닌 그녀는 처음엔 조용하고 상냥해 보이지만, 조금 더 알고 나면 날카로운 지성과 알렉스 못지않은 고집도 있다는 것을 알 수 있다.

2010년 초 이들 커플은 사랑에 빠졌지만 어느 정도의 갈등도 있었고 성격 차이도 드러났다. "난 그의 밴에서 자는 것이 불편했습니다."라고 피어슨은 회상했다. "적응이 쉽지 않았습니다. 난 지저분하고 역겹고 답답하다고 느꼈습니다." 이들은 생활방식을 놓고 입씨름을 벌였다. 피어슨은 술을 좀 마셨지만 알렉스는 입에 대지도 않았다. 그녀는 친구들과의 주기적인 만남을 통해 사회생활을 즐겼는데, 알렉스는 그런 상황에 쉽게 싫증을 느꼈다. 결국 알렉스는 피어슨이 아웃도어 생활을 그렇게 좋아하지 않는다고 느꼈고, 자신의 방랑자적인 생활방식이 간호에 대한 그녀의 헌신과 어울리지 않는다고 걱정했다. 그리하여 이메일에서 농담조로 주고받는 짓궂은 대화가 일상이 되었다. 역시 가장 빈번한 주제는 알렉스의 많은 친구들이 두려워하듯, 그가 프리솔로 등반을 하다 죽지는 않을까 하는 것이었다.

피어슨이 "네가 죽으면 난 유럽으로 가서 이상형의 유럽 남성을 만날 거야."라고 말하면 그는 이렇게 받았다. "네가 교통사고로 죽으면 난 아주 어린 프랑스 여성과 어울릴 거야."

그 후 5년 동안 피어슨과 알렉스는 커플로 남았다. 이들은 결혼과 출산에 대해서도 대화를 나눴지만 현실로 이어지지는 않았다. 이 과정에서 다툼도 있었고, 심지어 이제는 정말 끝장이라고 생각될 정도로 막다른 골목에 이른 경우도 많았다.

새크라멘토에서 만난 다음해인 2010년 4월 마침내 첫 번째 위기가 찾아왔다. 피어슨의 말마따나 석 달간의 '허니문 기간'이 끝나갈 때였다.

댈러스에 있는 피어슨은 간호사 계약이 일찍 종료되어 로스앤젤레스로 거주지를 옮기려 했다. 우리가 헤어진 것은 아니었지만, 나는 그녀가 댈러스에 있는 다른 녀석에게 한눈을 팔고 있다고 의심했다. 나는 요세미티에서 무언가 끝내주는 곳을 오르고 싶었다. 그러나 형편없는 날씨로 매일같이 비가 오는 바람에 모든 것이 축축했다. 반면, 라스베이거스의 날씨는 완벽했다. 그래서 나는 그 도시에서 서쪽으로 몇 킬로미터 떨어진 곳에 있는 거대한 사암절벽 레드 록스에서 나의 운을 시험해보고 싶었다.

피어슨이 댈러스에서 로스앤젤레스까지 차를 몰고 와야 해서 우리는 대충 투손에서 만나기로 했다. 따라서 투손에서의 만남을 위한 이동이기도 했지만, 우리의 관계 회복을 바라면서 나는 라스베이거스로 내려갔다.

날씨 때문에 나는 계곡에서 흥미진진한 등반을 하지 못하고 볼더링만 했다. 그런데 볼더링을 너무 많이 하면 손가락이 까져 새살이 돋기 때문에 지구력 등반에는 별로 도움이 되지 않는 물렁한 살이 된다는 문제가 있다. 그래서 나는 피어슨 문제뿐만 아니라 이런저런 걱정이 많았다.

나는 마크 트와이트Mark Twight의 산악소설 『닥터 둠Doctor Doom』

을 읽으며 자랐다. 주인공은 아픔과 슬픔 그리고 모든 고통을 한데 곱씹어, 더 많은 루트를 등반하도록 자신을 채찍질하는 것으로 유명하다. 그가 죽을 작정으로 그렇게 하는 것은 아니다. 사실 그는 등반을 '자살 방지 수단'이라고 부른다. 나를 포함한 신세대는 모두 그의 에세이 모음집 『키스 혹은 죽음 — 어느 상습 클라이머의 고백Kiss or Kill: Confessions of a Serial Climber』으로부터 영감을 받았다. (아마 내가 지금 다시 읽는다면 탄탄하게 구성된 닥터 둠의 페르소나를 볼 수 있을지도 모르겠다) 그러나 마크는 가볍고 빠르면서도 전부를 거는 등반의 새로운 스타일을 훨씬 더 잘 정의하는 선언문이나 다름없는 익스트림 알피니즘Extreme Alpinism에 대해서도 글을 남겼다.

여전히 산악문학은 클라이머들의 어두운 생각과 휘몰아치는 분위기가 극한등반, 특히 프리솔로 등반을 가능케 한다는 소재로 가득하다. 다시 말하면, 불안을 동기유발의 요인으로 사용한다. 오래전 『클라이밍 Climbing』 잡지에 실린 글, 즉 실패한 사랑이 결국은 훌륭한 프리솔로 등반을 견인한다는 긴 글이 떠올랐는데, 감정적으로 만신창이가 된 한 남성이 자신의 감정을 추스르기 위해 온갖 위험을 감수하는 긴장감 넘치는 이야기였다.

그가 자살충동을 느낀 것은 아니다. 그 이야기는 필생의 사랑을 잃은 한 남성이 위험을 무감각하게 받아들이면서, 마침내 마음 한편에 항상 응어리져 있던 어떤 것을 해낸다는 것이다.

나는 자살충동을 느껴본 적이 한 번도 없다. 하지만 그해 4월 피어슨과의 관계를 회복하려는 노력은 정말 신경이 많이 쓰였다. 따라서 내 인생에서 그때가 확실히 어둠의 덫에 걸린 시기였다.

어쨌든, 우선 레드 록스에 잠깐 들러 건조하고 따뜻한 날씨 속에 느긋하게 프리솔로 등반을 한 후, 이번 여행의 최종 목적지인 투손으로 향하자는 것이 나의 생각이었다. 그러나 나는 또한 그곳의 대표적 루트인 레인보우 월Rainbow Wall의 '오리지널 루트Original Route'도 염두에 두고 있었다. 사실 레드 록스에 있는 수많은 루트 중 그곳이 가장 아름답기도 하다. 주니퍼캐니언Junifer Canyon의 입구에 있는 그곳은 거대한 원형극장의 안쪽 벽을 올라가는 듯한 느낌을 주는데, 최고 난이도가 5.12b에 이르는 작은 홀드들이 있어 힘이 많이 드는 열다섯 피치짜리 루트이다.

1973년에 상당히 많은 장비로 초등된 그 루트는 인공등반으로 오르게 되면 난이도가 5.9 A2이다. (YDS에서 전통적인 인공등반은 A0부터 A5까지로 나뉜다) 그곳의 첫 프리등반은 1997년 리오 헨슨Leo Henson과 댄 맥퀘이드Dan McQuade가 해냈다. 나는 3~4년 전에 조시 맥코이Josh McCoy와 함께 온사이트로 등반했지만, 그때가 그 루트를 등반한 유일한 경험이었기 때문에 일련의 동작들이 전혀 기억나지 않았다. 나는 라스베이거스로 내려가면서 레인보우 월 등반을 하고 싶어 할 만한 친구들에게 전화를 걸었다. 그러나 아무도 없었다. 친구들은 모두 이런저런 일로 바빴다. 걱정스러운 마음이 들기는 했어도 나는 빠른 결정을 내렸다. 젠장! 어쨌든 혼자라도 해보는 거지, 뭐.

요세미티에서 네바다로 가는 동안 나는 피어슨에 대한 생각으로 머릿속이 복잡했다. 하지만 내가 처음 그곳을 본 이래로, 그러니까 등반을 하기 전부터도 레인보우 월은 내 머릿속에 굳건히 박혀 있었고, '오리지널 루트'의 프리솔로 등반은 내가 오랫동안 꿈꿔온 것이었다.

4월 28일, 파인 크릭Pine Creek 주차장에 도착하자 레인보우 월이 머리 위로 희미하게 모습을 드러냈다. 내 마음은 온갖 생각들로 뒤죽박죽이었다. 바람이 돌풍 수준이었는데, 비록 자신감에는 전혀 도움이 되지 않았지만 마음속의 이성 한편은 등반을 할 때 손에 땀이 흐르지 않고 벽이 시원하다는 점에 감사했다. 바로 그 절묘한 시간에 피어슨으로부터 전화가 왔다. 우리는 짧지만 즐거운 대화를 나누었다. 그녀는 머뭇머뭇 투손에서 만나기로 한 우리의 약속을 재확인했다. 그러자 갑자기 사막의 아침이 장밋빛으로 변하며 무지개가 나타나는 것 같았다.

나는 그 순간조차도 여자로 인해 느끼는 행복한 감정은 비정상적이라고 생각했다. 하지만 나는 그런 기분을 내 멋대로 해석하면서 유쾌하고 기쁜 마음으로 길을 따라 올라갔다. 캐니언에 있는 사람이 나 혼자여서 그랬는지 새소리와 바위 사이를 흐르는 시냇물소리가 유난히 크게 귓가에 들렸다. 그러자 갑자기 주위의 작은 것들이 의미 있게 느껴졌고, 그토록 아름다운 곳에서 좋은 시간을 보내는 것에 대해 감사하는 마음이 들었다.

나는 감정적으로 불안정한 상태라는 것을 알아차려야 했다. 하지만 나는 내 기쁨을 유지하고 싶었고, 가능하면 루트의 꼭대기까지 가져가고 싶었다. 나는 등반의 재미와 내가 갈망하는 도전 그리고 주위 풍경이 연출하는 아름다움에 집중했다. 그런 기쁨 뒤에는 아마도, 정말 아마도 피어슨이 나를 좋아하고, 우리 사이의 일이 잘 풀릴 것이라는 낙관적인 생각이 있었을 것이다. 그러나 양파처럼 여러 겹으로 둘러싸인 내 마음의 깊숙한 곳에는 그녀와의 관계가 끝장날지 모른다는 슬픔이 도사리고 있었다.

어느 정도 행복한 상태로 루트의 출발지점에 도착하자 내 마음이 다시 현실로 돌아왔다. 나는 마침내 기분을 가라앉히고 등반에만 온전히 집중했다. 나는 5.11+의 스테밍 코너와 5.12a의 레이백이 뒤섞인 그곳이 나에게 진정한 마음의 평화를 주는 곳임을 깨달았다. 언제나처럼 내가 리듬을 찾는 데는 몇 피치가 걸렸지만, 등반을 시작하자 마음이 평온해졌다. 나는 한 피치 한 피치 완벽한 코너를 부드럽게 올라갔다. 때때로 나타나는 놀랍도록 양호한 에지는 기쁨 그 자체였다. 벽에서의 내 동작은 내가 보기에도 아주 멋있었다.

단 한 번 로프로 등반한 루트 — 그것도 몇 년 전에 — 의 프리솔로는 그 전해에 문라이트 버트레스를 등반할 때 만반의 준비를 한 것과 비교하면 너무나 달랐다. 어떤 면에서는 내가 레인보우 월에서 무엇을 하고 있는지 나 자신도 전혀 알지 못했다. 어떤 사람들은 미친 짓이었다고 할지 모른다. 그러나 나는 좀 더 공격적이었다고 주장하고 싶다. 그렇게 하면 분명 모험의 강도가 올라간다. 그때 나는 로프 없이 온사이트로 등반을 다시 하고 있다는 느낌이 들었다. 중간의 특이한 동작들은 기억이 났지만 대부분은 처음인 것 같은 기분이 들었기 때문이다. 레인보우 월에서 내가 충동적으로 밀어붙인 그 등반이 당시 피어슨과의 관계 때문이었다는 것은 의심할 여지가 없는 사실이다.

루트 중간에 5.4에서 5.8 사이의 쉬운 피치가 연속적으로 나타나는 구간이 있는데, 그곳을 올라가다 오른쪽 램프를 통과하면 '오버 더 레인보우 레지Over the Rainbow Ledge'의 편안한 전망대에 이른다. 그곳에서 나의 마음은 내가 요세미티에서부터 달고 다닌 근심어린 현실세계로 되돌아왔지만, 운이 좋게도 '착 가라앉은' 기분이 순식간에 사라졌다. 나는 곧 열 번째 피치의 크럭스와 마주했다.

지상 230미터 위에서 나는 사암의 작은 돌기를 손바닥으로 밀고 다리를 벌려 딛는 자세로 올라갔다. 불현듯 나는 크럭스 동작이 무엇인지 깨달았다. 그것은 바로 발을 최대한 높이 끌어올린 다음 뛰어서 저그를 잡는 진정한 '다이노dyno'*였다. 물론 로프를 사용하고 가까운 곳에 잘 설

---

* 신체의 움직임을 극대화시켜 먼 거리에 있는 홀드를 풀쩍 뛰어서 잡는 동작

치된 확보물이 있다면 큰 문제가 되지는 않는다. 아마 그래서 이전의 등반이 기억나지 않았는지도 모르지만, 이제 나는 그곳에 도착해 손이 닿지 않는 곳의 저그를 바라보면서 풀쩍 뛰어오르는 상상을 하며 혼자 중얼거렸다. 죽어도 안 되겠네!

나는 '오버 더 레인보우 레지'로 클라이밍 다운을 해서 오른쪽으로 트래버스 한 후 5.10 수준인 '스웨인보우Swainbow' 변형루트로 돌아서 등반을 끝낼 수도 있었다. 하지만 그날 나는 처음 마음먹은 대로 끝내고 싶었다. 나는 네다섯 번 그 작은 돌기를 따라 올라가서 상황을 살펴보고 다시 기어 내려왔다. 풀쩍 뛰어올라 저그를 잡는 것은 불가능했다. 만약 그 홀드를 잡지 못한다면 나는 추락을 할 것이고, 결국에는 죽을 터였다.

서서히 대안이 떠올랐다. 돌기에서 닿을 수 있는 곳에 작은 디보트 divot, 즉 검은 산화철로 인해 바위에 생성된 자연스러운 작은 구멍이 있었다. 그 디보트에 왼손 검지 첫 마디의 ⅓정도를 집어넣고 그 위를 중지와 엄지손가락으로 겹쳐 누를 수 있을 것 같았다. 그것은 궁극의 크림프 홀드crimp hold*였다. 더구나 디보트를 이용한 사람은 분명 아무도 없어 보였다. 나는 내 체중을 모두 그 손가락 끝에 싣고, 코너를 반대쪽 발로 스미어링 한 다음 몸을 끌어올렸다. 그리고 디보트 안에 들어간 손가락이 잠깐 버티는 사이에 저그를 잡았다. 나는 이상하게도 그 동작을 하면서 두려움 대신 완벽한 침착함을 느꼈다.

그다음 피치는 5.12의 레이백 구간이었다. 나는 그 피치가 이전 피치보다 훨씬 더 쉬울 것으로 생각했지만, 나름대로의 어려움이 있었다. 나는 아주 잠깐 동안 '이렇게 어려우면 안 되는데…'라고 생각했다. 이제는 클라이밍 다운을 할 수도 없었다. 왜냐하면 디보트에 있는 크림프 홀드를

* 미세한 홀드

잡고 거꾸로 내려갈 방법이 없었기 때문이다. 하지만 나는 평정심을 유지하면서 레이백을 끝냈다.

마지막 두 피치는 뛰듯이 올라갔다. 어느덧 몸이 완전히 풀려 편안하게 등반할 수 있었다. 하지만 정상에 도착하고 나서 돌풍에 넘어질 뻔했다. 등반 중에는 돌풍으로부터 보호를 받았지만, 그곳에서는 돌풍의 공격에 그대로 노출됐다. 물론 프리솔로 등반을 할 때는 로프가 없기 때문에 로프 하강은 선택사항이 아니다. 나는 그리 크지 않은 구멍 속에서 몸을 웅크리고 암벽화를 벗은 다음 물과 행동식이 함께 들어 있는 작은 배낭에서 트레킹화를 꺼내 신었다.

문라이트 버트레스와 하프돔에서 내려가는 길은 수많은 트레커들이 매일같이 밟고 지나가서 맨발로도 큰 부담이 없다. 반면 레인보우 월에서 내려가는 길은 끔찍하다. 미끄러운 사암 슬랩을 통해 레드 록스의 서쪽에 있는 석회암 산을 돌아 오크크릭캐니언Oak Creek Canyon의 물길 위쪽에 이를 때까지 기술적으로 기어 내려가야 하는 길의 연속이기 때문이다. 즉 북동벽인 레인보우 월의 봉우리를 한 바퀴 빙 돌아야만 오크크릭Oak Creek을 따라 내려갈 수 있다. 그 하산 길은 전체가 다 부담스럽고 힘들다.

그러고 나서 평지의 사막을 걸어 밴으로 돌아오는 길은 물도 음식도 없는 죽음의 행진이다. 그냥 끝없이 터덜터덜 걸어야 할 뿐 달리 뾰족한 수가 없다.

나를 등반의 세계로 이끌었던 평온한 마음이 금세 사라졌다. 벽에서의 침착함 대신 신경이 날카로워지기 시작한 것이다. 나는 프리솔로 등반을 마쳐서 의기양양했지만, 갑자기 나의 '진짜' 인생이 비관적으로 변하고 말았다. 어기적어기적 하산하는 동안 나는 피어슨과 나의 관계를 회복할 수 있는지, 또한 할 수 있고 없고를 떠나 노력할 가치라도 있는지 확신하지 못했다. 내 앞의 협곡에서 태양이 나타나고 오후의 열기가 나를 심하게 압도하자, 세상이 걸어서 올라갈 때보다 훨씬 덜 아름답게 느껴졌다. 평지의 사막 구간에 도착해서 밴으로 돌아오기 시작했을 때 나는 내 등반에서 큰 의미를 찾지도 못하고 이제는 곧 싱글이 될 것이라는 확신만 들었다. 내 마음은 높이 올라간 만큼이나 깊이 가라앉았고, 그런 상황에 속수무책이라는 무기력이 엄습했다. 모든 경험이 나에게는 낯설게만 느껴졌다. 계속 윙윙거리는 바람소리와 참담한 태양의 열기, 허기와 갈증, 정신적 피로가 나를 연약하게 만들었다.

밴에 도착하자마자 나는 휴대폰을 꺼내 피어슨이 전화했는지 확인했다. 나는 우리가 나중에 다시 이야기하자고 끝을 흐렸던 것으로 얼핏 기억하고 있었다. 그녀의 메시지를 기대했지만 그런 것은 없었다. 물론 놀랍지도 않게 전화조차 없었다. 그것을 나는 그녀가 '우리의 관계'를 그렇게 진지하게 받아들이지 않는다는 의미로 해석했다.

내가 만든 샌드위치가 나의 씁쓸한 마음을 달래주었다. 나는 오후에 다른 루트를 하나 더 프리솔로로 오르기로 했다. 그렇게 함으로써 나는 레드 록스에서 하고 싶었던 등반을 하루 만에 다 마치고 최종 목적지인 투손으로 차로 이동하기로 했다.

나는 레인보우 월의 프리솔로 등반에 만족했다. 따라서 그만두어야 했을지도 모르지만 조금 더 등반하기로 결심을 굳혔다. 내 계획은 블랙 벨벳 월Black Velvet Wall의 반반하게 보이는 일곱 피치짜리 5.10 루트 '프린스 오브 다크니스Prince of Darkness'를 프리솔로로 오른 다음, 그곳 200미터 위에서 만나는 또 다른 5.10 루트 '드림 오브 와일드 터키스Dream of Wild Turkeys'를 클라이밍 다운으로 내려오는 것이었다.

주차장에서 나는 다른 사람들과 요세미티의 끔찍한 날씨에 대해 이야기를 나누고 나서, 블랙벨벳캐니언Black Velvet Canyon의 트레일이 시작되는 곳으로 차를 몰고 갔다. 하지만 그때는 이미 사라져버린 행복한 감정의 자리를 바닥이 드러난 무기력과 깊은 피로가 대신하고 있었다. 나는 '프린스 오브 다크니스'가 반반한 수직의 벽에 있는 작은 홀드를 경험하기 위한 좋은 기회가 될 것으로 항상 생각했다. 그만둔다는 것은 전혀 염두에 두지 않았지만, 나는 벽 밑으로 가면서 어떤 상황도 개의치 않을 작정이었다. 나는 끊임없이 불어대는 바람에 지쳤고, 발까지 이래저래 아팠다. 그 벽은 재미있을 것 같지 않았다.

이미 몸이 풀린 데다 프리솔로 등반 모드로 정신무장이 되어 있었기 때문에 나는 등반이 부담도 없고 힘들지도 않을 것이라고 생각했다. 그러나 실제로는 버벅거리고 느렸다. 사암의 크림프 홀드를 너무 세게 잡는 바람에 힘을 쓸데없이 낭비했고, 스탠스가 깨져나갈까 봐 걱정했다. 나는 등반을 빨리 끝내고 바람이 불지 않는 밴으로 돌아가고 싶었다.

나는 느릿느릿 계속 위로 기어 올라갔지만 전혀 편안하지 않았다. 발이 너무 아팠는데 암벽화 끈을 고쳐 맬 만큼 좋은 스탠스를 만나지도 못했다. '프린스 오브 다크니스'와 '드림 오브 와일드 터키스'가 만나는 루트의 꼭대기에 도착하니 등반이 정말 싫어졌다. 거기다 바람까지 불어, 나는 집으로 얼른 돌아가고 싶었다. 레지에서 나는 암벽화를 잠시 벗고 발가락 끝에 피가 통하도록 했다. 나는 협곡을 둘러보지도 않았고, 사막으로 길게 뻗은 그림자를 감상하지도 않았다. 다만 발가락을 쳐다보며 내려갈 시간만 기다렸다.

'드림 오브 와일드 터키스'의 클라이밍 다운은 의외로 재미있었다. 시간과 장소가 달라서 그랬을까? 거꾸로 내려가면서, 좋은 시간을 보내고 있다는 생각도 가끔씩 들었다. 그러나 바람이 갑자기 세게 불자 나의 즐거움도 잠시뿐이라는 것을 깨달았다. 나의 감정은 바람과 피로로 무뎌졌을지도 모르는 일이었다. 그렇다 해도 나는 크게 신경 쓰지 않았다. 피어슨을 포함해 내 '진짜' 인생과 관련된 모든 일들보다도 그 순간 나에게 가장 중요한 것은 쉴 수 있는 곳에 앉아 무언가를 조금 먹는 것, 그리고 잠을 자는 것이었다.

그날 저녁 라스베이거스에서 나는 몇 명의 친구들과 함께 저녁을 먹었다. 레스토랑의 화장실에서 처음으로 손을 씻으며 보니 왼쪽 둘째 손가락에 피멍이 들어 있었다. 나는 산화철 디보트에 그 손가락을 집어넣고 그 위에 중지와 엄지를 겹쳐 눌러 저그를 잡는 선구적 자세를 취했었다. 나는 테이블로 돌아와 피멍이 든 손가락의 끝, 즉 용기를 상징하는 배지를 친구들에게 보여주었다.

레드 록스에서 마치 마라톤을 뛰듯 등반한 날에 생겼던 감정의 변화는 인생의 축소판 같았다. 그러나 투손에서 나는 그녀를 기다리지 않았다. 다음 날 나는 댈러스로 비행기를 타고 가, 표면상으로는 그녀가 LA로 이주할 짐을 싸는 것을 도와주었다. 하지만 나는 진심으로 그녀의 사랑을 되찾고 싶었다. 나는 자세를 낮추어 그녀에게 다시 구애했다. 그리고… 그것은 한동안 효과가 있었다.

두 달 뒤 우리는 헤어졌고, 그것이 우리의 첫 이별이었다.

4장

세계의 방랑자

레드 록스 투어에서 알렉스는 문라이트 버트레스와 하프돔에서 구사한 자신만의 스타일로 세 개의 루트를 끝냈다. 레인보우 월과 '프린스 오브 다크니스', '드림 오브 와일드 터키스'에서 그가 프리솔로로 등반하는 모습을 지켜본 사람은 아무도 없었다. 그리고 한낮에 트레일 입구에서 함께 잡담을 나눈 친구들은 그가 특별한 도전을 하리라곤 전혀 생각하지도 못했다. 그러나 소문은 빠르게 퍼졌다. 요세미티의 클라이머 피터 한Peter Haan — 그는 1970년대 초 전통적인 루트에서 처음으로 프리등반과 로프를 이용한 솔로등반(복잡한 자기확보 시스템을 이용해)을 해서 동료들조차 놀라게 한 베테랑인데 — 은 알렉스가 그 사암 절벽들에서 강풍이라는 악마와 사투를 벌인 지 14일 뒤인 2010년 5월 12일 슈퍼토포닷컴에 레드 록스에서 이룩한 그의 위업을 알렸다.

그러자 불신과 놀라움, 축하 그리고 알렉스에게 너무 무모하게 목숨을 걸고 위험을 감수하지 말라고 충고하는 등의 댓글이 달렸다. "피터, 너 우리에게 장난쳐?" 요세미티의 또 다른 베테랑은, 문라이트 버트레스가 만우절의 거짓말로 취급당한 것처럼 불신을 나타내기도 했다. 하지만 어떤 사람은 이런 댓글을 달았다. "이 친구는 물 위를 걸으려 했던 게 틀림

없다." 그러자 다른 베테랑은 이렇게 거들었다. "세 개의 루트를 모두 올랐다니 정말 질린다."

댓글을 단 대부분의 사람들은 단순한 존경을 나타냈다. "알렉스 호놀드, 오래 살아."라고 격려하는 사람도 있었고, "정말 멋진 녀석이 이룬 또 하나의 놀라운 성과!"라며 환호하는 사람도 있었다. 「얼론 온 더 월」에서 알렉스의 특별한 재능을 목격한 스톤마스터 존 롱은 아주 짧은 댓글을 달았다. "알렉산더 대왕!"

하지만 충고에 가까운 이야기들은 마치 삼촌이 조카에게 하는 말 같았다. "정말 대단한 녀석이라서, 나는 알렉스가 항상 조심했으면 좋겠다." 댓글을 지켜보던 한 사람은 이렇게 말하면서 "그는 안전의 여백을 과감하게 잘라내 등반을 새로운 차원으로 격상시켰다. 난 크랙을 프리솔로로 등반하는 그의 모습이 (반반한 벽에서 작은 홀드를 잡고 오르는 것에 비해) 더 편안하다. 한 가지 분명한 점은 그는 믿음을 넘어서는 용기를 가지고 있다는 것이다."라고 덧붙였다.

현재까지 알렉스가 가장 큰 찬사를 받은 등반은 모두 짝수 해에 이루어졌다.* 문라이트 버트레스와 하프돔은 2008년에, 레인보우 월은 2010년에, 그리고 다른 놀라운 성과들은 2012년과 2014년에 이루어졌다. 이 패턴을 알고 있는 알렉스는 홀수 해를 '보강' 기간이라고 말한다. 그러나 어떤 면에서, 다양한 형태의 등반에 대한 알렉스의 끊임없는 기교는 이런 속설이 사실이 아님을 보여준다.

예를 들면, 알렉스는 2009년 4월 보르네오에서 가장 높은 마운트 키나발루Mount Kinabalu(4,095m)로 향하는 팀에 합류했다. 키나발루의 쉬운

---

* 이 책의 초판이 쓰인 2015년을 기준으로 한 것이다, 알렉스는 홀수 해인 2017년 엘캡의 '프리 라이더'를 프리솔로로 등반했다.

루트에는 트레커들이 북적거리지만, 사실 그 산은 빽빽한 열대 우림에 우뚝 솟아오른 거대한 화강암 돌기둥이다. 초기의 탐험가들은 산으로 가는 길을 찾으려다 정글에서 길을 잃기도 했는데, 오늘날에도 키나발루에는 미등의 벽들이 남아 있어 도전의욕을 불러일으킨다.

그 여행은 마크 시노트Mark Synnott의 아이디어였다. 당시 서른아홉 살이었던 시노트는 전 세계에서 대담한 초등 기록을 가진 베테랑 산악인이었다. 2009년까지 그는 회사(주로 노스페이스)의 후원을 받아 이루어진 잡지사의 기획기사를 완벽하게 수행해냈는데, 세계의 오지로 떠나는 이국적인 모험을 하는 그의 팀에는 미국의 스타급 산악인들이 동행했다. 그는『멘스 저널Men's Journal』의 보르네오 여행을 위해 콘래드 앵커Conrad Anker(1999년 에베레스트에서 조지 맬러리의 시신을 찾아낸 장본인), 사진가 지미 친, 영화 제작자 레넌 오즈터크와 케빈 소우Kevin Thaw를 팀원으로 초청했는데, 이들 넷은 역사적인 원정등반을 많이 한 베테랑들이었다. 노스페이스 드림팀의 리더인 앵커는 문라이트 버트레스와 하프돔의 신동에게 그 회사로부터 후원을 받을 수 있는 길을 터주었다.

앵커는 스물세 살의 알렉스를 보르네오 팀에 합류시키자고 시노트를 설득했다. 시노트는 이렇게 회상했다. "상당히 걱정했죠. 그때까지 알렉스를 만나본 적이 없습니다. 보통 난 잘 알지 못하는 사람과 함께 모험에 나서는 걸 좋아하지 않습니다. 성격적인 갈등이 잠재되어 있으니까요. 더구나 알렉스는 원정을 가본 경험이 전혀 없습니다."

그 팀의 목표는 소위 '로우 걸리Low's Gully'였는데, 그 산의 북쪽에 있는 그곳은 무시무시한 심연 위로 솟아오른, 수직에 가까운 미등의 벽이었다. 그곳은 영국군 10명이 6일간으로 예정된 훈련에 나섰다가 결국 31일 동안 처절한 생존 투쟁을 벌인 1994년의 재앙과 더불어 악명이 높았다.

그 재앙은 저널리스트 리처드 코너턴Richard Connaughton의 『혼돈 속으로 하산하다Descent into Chaos』라는 책에 생생하게 기록되어 있다.

시노트의 걱정에는 다른 이유도 있었다. 프리솔로 등반가로서 알렉스의 행위를 알고 있는 그는 이 어린 유명인사가 자신에게 '어떤 미친 짓'을 하라고 압력을 가할지 몰라 전전긍긍했다. 그러나 이들은 보르네오에서 잘 지냈다. "우린 곧바로 죽이 잘 맞았습니다. 그는 개방적인 성격을 가지고 있었습니다. 사람들과 잘 어울렸고, 가식도 거짓도 없었습니다." 라고 시노트는 기억했다.

그러나 리더와 루키 사이에 사소한 논쟁이 벌어진 '별난 일들'도 있었다. "그는 인디언 크릭(짧고 가파른 크랙 루트로 유명한 유타 남부의 암장)에서나 필요할 캠들을 장비걸이에 걸었습니다. 이건 고산등반에서 필요한 방식, 즉 카라비너를 모든 방향에서 사용할 수 있도록 뺄 수 없다는 의미여서 내가 그의 장비걸이를 다시 정리했습니다."

"뭐 하는 거예요?" 알렉스가 그에게 물었다.

"이봐, 여기선 이렇게 하면 안 돼."

시노트에 따르면, 알렉스는 어깨 슬링들을 사용하려 하지 않았다. 이 슬링은 긴 나일론 고리로, 확보물과 확보물 사이를 통과하는 로프가 지그재그가 되어 빡빡하게 끌리는 현상을 최소화하는 역할을 한다.

"로프가 끌리면 어떻게 하지?" 시노트가 그에게 물었다.

"난 확보물을 그냥 건너뛰는데요."라고 알렉스는 대답했다.(다시 말하면, 긴 추락을 감수하면서까지 보통 때보다 확보물을 훨씬 더 멀게 설치한다는 의미이다)

"알렉스는 스토퍼stopper(가장 작은 형태의 너트)의 사용을 좋아하지 않았습니다. 그는 '난 그런 거 필요 없어요.'라고 말했습니다. 그러곤 정말 가는 크랙이 나타나면 이렇게 소리쳤습니다. '젠장, 맞는 게 하나도 없네.'"

"알렉스는 고산등반을 특별히 배울 필요가 없는 시대, 즉 요세미티의 거품시대를 살아왔습니다."

그런 별난 일들에도 불구하고 시노트는 알렉스에게 감탄했다. "그는 등반을 아주 끝내주게 잘했습니다." 알렉스는 확보물을 거의 설치하지 않고 고난이도의 긴 루트를 선등했다.

시노트가 『멘스 저널』 2010년 3월호에 능숙하게 풀어낸 글을 보면 등반을 시작할 무렵 '요세미티의 거품'을 떠올리게 하는 이야기가 재미있게 펼쳐진다.

"헬멧 어디 있어?"

"어? 없는데요." 알렉스는 나를 똑바로 쳐다보며 미안하다는 표정도 없이 대답했다.

"무슨 소리야? 캠프에 두고 왔다는 거야?"

하지만 질문이 끝나기도 전에 나는 그의 대답을 알 수 있을 것 같았다.

"아뇨. 원정에 가져오지 않았다는 말입니다."

"일부러?"

"뭐, 그런 셈이죠."

벽에 매다는 평편한 판, 즉 포타레지에서 이 둘이 비박에 들어가기 전, 알렉스가 확보물을 거의 설치할 수 없는 길고 무시무시한 루트를 선등하는 대담한 모습을 시노트는 다음과 같이 묘사했다.

2시간 후, 그는 우리 45미터 위에 있는 작은 루프의 쉼터에 도착했다. 그것은 명백히 내가 목격한 최고의 선등이었다.

(콘래드) 앵커의 말이 맞았다. 나는 알렉스에게 무언가를 배우고 있었다. … 그는 이번 원정에 아무도 기대하지 않은 특별한 것을 가지고 왔다. 입이 떡 벌어지게 만드는 런지 동작, 초인적으로 밀어붙이는 등반, 심지어는 루키의 실수까지도. 그는 우리 모두에게 그 나이에 가졌던 마음의 불씨를 되살려냈다. 그리고 그것은 최소한 나에게도 그 불씨가 살아있다는 것을 보여주었다. 나중에 포타레지에서 침낭 속에 들어가 눕자 알렉스가 조용히 입을 열었다. "있잖아요. 난 조금 겁쟁이인 것 같아요."라고 그는 고백했다. "왜 그렇게 생각해?"라고 내가 물었다. "넌 내가 본 중에 최고의 등반을 했는데…" "알아요."라며 그는 이렇게 덧붙였다. "그런데 무서웠어요. 사실 그렇게 무서워하면 안 되거든요."

콘래드 앵커는 나의 첫 멘토였다. 그는 가르왈 히말라야에 있는 메루피크 Meru Peak의 샤스핀Shark's Fin같이 대단한 등반뿐만 아니라 남극에 있는 퀸모드랜드Queen Maud Land의 황량한 타워들을 알렉스 로우Alex Lowe와 함께 초등하기도 했는데, 내가 그를 존경한 이유는 인생을 살아나가는 방식 때문이었다. 콘래드는 자신을 불교신자로 불렀고, 다른 사람들에게 친절을 베풀어야 하며 지구를 위해 좋은 일을 해야 한다고 끊임없이 설득하고 실천했다. 셰르파들에게 등반기술을 가르치기 위해 그가 몇 년 전에 쿰부 계곡에 세운 학교가 콘래드의 성격을 나타내는 대표적인 예이다.

그리고 나의 등반 기회를 확실히 넓혀준 노스페이스와의 후원계약도 콘래드 덕분이었다.

그래서 비록 보르네오에 대해 아는 것이 거의 없었지만, 나는 마크 시노트의 키나발루 원정에 초청받고 마음이 들떴다.

그 여행에서 우리 여섯은 모두 잘 어울렸다. 그리고 마크와 내가 처음부터 죽이 잘 맞은 것도 사실이다. 하지만 그 여행은 2009년 4월 2일부터 5월 1일까지 한 달을 꽉 채울 정도로 길었다. 나는 아주 빠르게 일을 처리하는 것, 예를 들면 요세미티에서 거벽을 하루 만에 끝내는 것 등에 익숙해져 있었다. 그렇다 보니 가끔 느려터진 진도에 진저리가 나기도 했다. '로우 걸리'에서 5일을 보냈는데도 우리는 벽 근처에 가지도 못했다. 나는 계속 투덜댔다. "왜 이렇게 오래 걸리지?"

마크와 나 사이에 있었던 '별난 일들'은 우리의 등반 스타일이 다른 것만큼이나 나이 차이가 많이 나는 것도 일조했다. 그가 내 장비를 다시 정리했을 때 사실 나는 자존심이 많이 상했다. 나는 내가 가지고 있는 캠과 카라비너를 어떻게 다루어야 하는지 알고 있다고 생각했다.

로프가 빡빡하게 끌리는 것을 피하기 위해 확보물 설치를 건너뛴 것도 나의 스타일이었다. 나는 위험의 정도에 따라 그것을 다르게 적용한다. 그리고 마크가 말한 "그러게 내가 뭐랬어?"라는 식의 스토퍼에 대한 이야기는 내 기억과 다르다. 그 루트는 계속 오버행 화강암으로 연결되어 있었기 때문에 루트 전체에서 내가 너트를 한 개라도 썼는지 의심스럽다. 그는 내 취향과는 맞지 않는 구세대이다.

예를 들면, 전체적으로 바위도 부서지고 홀드도 흔들리는 순수한 자연바위 구간 한 피치를 마크가 선등으로 나섰다. 난이도가 5.7 정도인 그곳을 그는 인공등반으로 올라갔다. 그는 심지어 드릴로 구멍을 뚫어 볼트를 박기도 했다. 그 한 피치를 선등하는 데 그는 시간을 질질 끌었다. 나는 그에게 외쳤다. "선배님, 겨우 5.7인데 그냥 올라가면 안 돼요? 바위가 조금 부서져도 그렇게 위험하진 않아요." 하지만 그는 "야, 여기 정말 무서워!"라고 대답했다. 그가 앵커를 설치하고 나서 나는 그 루트를 톱로핑으로 3분 30초 만에 올라갔다.

후에 마크는 콘래드를 멘토로서 내가 어떻게 생각하는지 털어놓아야 하는 불편한 영상을 찍으러 나를 지미 친에게 데려갔다. 나는 머뭇거렸다. 마크는 그런 나를 팀 동료로부터 배울 생각이 없는 사람이라고 생각했다. 하지만 그때는 내가 카메라 앞에서의 연출을 어색해했는데, 콘래드를 비롯한 모두가 나를 둘러싸고 있는 상황에서는 더욱 더 그랬다. 그 상황은 "좋아, 알렉스! 이렇게 얘기해봐. 웃겨봐, 원숭이처럼."이라고 하는 것처럼 느껴졌다. 그래서 나는 웃기는 이야기를 해야 했다.

우리 사이에는 하나의 팀으로 움직이게 하는 약간 이상한 원동력이 있었다. 나는 그 여행을 하면서 그들 누구도 나만큼 등반을 잘하지 못한다는 사실을 알았다. 하지만 그들은 모두 야성이 넘치는 산악인이어서, 나는 그들로부터 배울 것이 많다고 생각했다. 그런데 어느 정도 시간이 흐르자 등반을 그렇게 하면 안 된다는 생각이 들었다.

키나발루의 가장 큰 문제는 비였다. 우리는 벽의 하단을 일주일 동안 등반하고 나서야 베이스캠프를 떠나 한 번에 밀어붙이기로 했다. 그렇게 등반을 시작한 지 이틀 후에 거대한 스콜이 북쪽에서 산을 넘어 밀어닥쳤다. 마크와 내가 포타레지에 웅크리고 앉아 비를 피하는 동안 콘래드가 사투를 벌이며 루트를 뚫었다. 마크는 『멘스 저널』에 그때의 죽기 아니면 까무러치기 드라마를 이렇게 썼는데, 이것이야말로 잡지사가 원하는 것이었다.

> 절벽이 거대한 폭포로 변하자 아래쪽 걸리가 순식간에 굉음을 냈다. 우리는 탈출하고 싶었지만 방법은 오직 하나, 위로 올라가는 것뿐이었다. 위에서 다급한 고함소리가 들리더니 엄청난 낙석이 쏟아져 내렸다. 콘래드는 혼돈 속의 위쪽 어디에선가 사투를 벌이고 있었다.

사실대로 말하자면, 키나발루 등반은 그렇게 매력적이지 못했다. 나는 우리가 필요하면 언제든지 하강해 탈출할 수 있다고 느꼈다. 2009년의 '로우 걸리'는 15년 전에 영국군을 덫으로 씌운 지옥 같은 심연이 더 이상 아니었다. 그렇다 해도 우리는 쫄딱 젖은 채 포타레지에서 24시간을 보냈다. 지미 친과 마크가 포타레지의 대부분을 차지하고 있어서 루키인 나는 앉을 자리도 제대로 없었다. 나는 포타레지 모서리에 슬링을 걸고 그 밑에 해먹을 설치했는데, 그 안에서의 자세는 불편하기 짝이 없었다. 포타레지 바닥에서 해먹의 침낭으로 물이 뚝뚝 떨어졌다. 나는 하루 종일 물웅덩이에 앉아 있는 꼴이 되고 말았다. 그나마 가만히 있어 물을 휘저어 놓지 않으면 다행이었다. 그때 내가 읽고 있던 『카라마조프 형제들』의 음울한 분위기가 정말이지 나에게 딱 들어맞았다. 나는 책을 반으로 찢어서 마크에게 건네주었다. 그 책은 음산하기 그지없었지만 나는 나의 인격 향상에 도움이 될 것으로 기대했다.

다음 날이 되자 등반을 끝낼 수 있을 정도로 날씨가 좋아졌다. 사실 마지막 피치들은 쉬웠다. 우리는 정상에서 간단한 축하를 나눈 다음, 짐을 벽으로 내려 '로우 걸리'의 반대편으로 끌어올렸다. 그것은 끔찍한 작업이었다. 우리가 그렇게 한 이유는 모든 짐을 벽 꼭대기로 끌어올리지 않았기 때문이다. 우리는 벽의 중간에 매달아놓은 짐을 한 번에 길게 바닥까지 내렸다.

선배들은 여전히 가부장적인 색채를 띠고 있었지만, 마크는『멘스 저널』에 쓴 기사에서 나를 제법 좋게 평가했다.

> 알렉스와 로프를 묶고 등반하다 보니 그 나이에 나는 어땠을까 하는 생각이 많이 들었다. 나는 그와 나를 비교하지 않을 수 없었다. 그의 재능에 비하면 나는 턱없이 부족했고 용감하지도 못했지만, 나도 그 시절에는 약간 지나치다 싶을 정도로 위험을 갈망했었다. 알렉스는 나에게 위험을 감수하지 않는 등반은 등반이 아니라는 사실을 일깨워주었다.

그는 그 기사를 정상 사진으로 마무리했다.

> 알렉스를 지켜보면서 나는 그가 일단의 늙은 선배들과 함께 어울린 후 우리가 클라이머로서 따르는 범주를 이해했는지, 그리고 평생 동안 지금처럼 극한의 등반을 하고 나서 그 이야기를 전하고 싶다면 약간의 운이 따라야 한다는 사실을 궁극적으로 받아들였는지 궁금하게 생각하지 않을 수 없었다. 요즘은 이런 원정에서 돌아가면 나를 기다리는 아이들이 있기 때문에 나에게는 분명 넘지 말아야 할 선이 있다. 문제는 그 선이 어디까지인지 알기 어렵다는 것이다. 알렉스는 내가 이제껏 만난 사람들 중 가장 밝고 재능이 넘치는 클라

이머이다. 적어도, 나는 그가 등반이 어떤 식으로든 자아를 실현하는 스포츠라는 것을 알고 있다고 생각한다.

다른 사람들이 그 루트에 필요하다고 생각한 방식에 대해 나는 구식이라며 조급하게 굴었는데, 원정이 끝난 후 마크에게 큰 빚을 졌다는 사실을 깨달았다. 나를 '요세미티의 거품'이라고 한 그의 말은 아마 맞을 것이다. 보르네오에서, 나는 외딴 곳에서 하는 등반에 하프돔이나 엘캡에서는 배울 필요가 없었던 기술들이 필요하다는 사실을 깨달았다.

마크는 정말 내 등반 경험의 지평을 넓혀주었다. 그의 모든 것 — 전세계 곳곳에서의 탐험과 여행, 이국적인 곳에서의 모험 등 — 은 나에게 새롭고 흥미진진했다.

따라서 이 모든 것들을 고려하면, 우리는 좋은 친구 관계를 구축했다고 볼 수 있다. 마크는 미디어와 회사의 후원을 받는 그의 다음 프로젝트, 즉 아프리카 차드 북동쪽에 있으면서 이상한 피너클과 아치형 바위가 가득한 전인미답의 사막으로 가는 진정한 탐험 원정등반에 나를 초청했다. 그 원정은 2010년 11월로 계획되어 있었다. 나는 조금도 망설이지 않고 계약서에 서명했다.

마크는 위성사진을 통해 에네디사막Ennedi Desert을 찾아냈다. 그는 카메룬에서 등반한 적이 있었는데, 카메룬과 북동쪽으로 국경을 맞대고 있는 차드에서도 등반이 가능한지 궁금해했다. 수단Sudan의 내전이 차드에서 난민 갈등을 유발해 서양인들이 방문하기에는 적절치 않았지만, 그는 그런 종류의 도전을 좋아했다. 차드의 북쪽 국경 근처에 있는 티베스티 Tibesi 산군에서는 원정등반이 활발하게 이루어지고 있었다. 그러나 그는 훨씬 더 외따로 떨어져 클라이머들의 발길이 거의 닿지 않는 에네디의 바위가 아주 환상적이라는 사실을 위성사진으로 밝혀냈다.

그는 자신의 팀을 3인조 둘로 구성했다. 우선 영상과 사진 촬영이 주요 임무인 소위 '미디어 팀'에는 지미 친과 레넌 오즈터크, 팀 켐플 — 셋 다 훌륭한 클라이머이기도 한데 — 이 포진했다. 그리고 '등반 팀'은 마크, 제임스 피어슨James Pearson과 나였다. 영국인인 제임스는 자국에서의 사암 등반으로 선풍적인 인기를 끌고 있었는데, 활동영역을 해외로 넓히고 있었다. 그는 내 또래였다. 나는 영국에서 그와 한두 번 등반한 적이 있었지만, 사실 그를 잘 알지는 못했다. 그러나 나는 2010년 보르네오에 함께 간 선배들보다 그의 등반에 대한 가치관이 나와 훨씬 더 잘 맞는다고 느꼈다. 나처럼 그도 2010년부터 노스페이스의 후원을 받기 시작했다.

지금은 사람이 거의 살지 않는 에네디는 한때 염소와 소, 낙타 등 가축을 몰며 반유목민 생활을 하는 목축민들의 터전이었다. 빨간색, 하얀색, 갈색, 검은색의 그림문자로 된 그 지역의 선명한 암각화는 1930년대에 처음으로 발견됐다. 사람의 형상들은 주로 활을 가지고 다니며 뛰거나 춤을 추는 궁수이다. 이제 고고학자들은 암각화를 통해 그곳의 문화가 거의 BC 5000년까지 거슬러 올라가는 것으로 추정하고 있다.

11월 중순, 우리는 차드의 수도 은자메나N'Djamena에 도착했다. 마크가 정말 잘하는 것 중 하나는 개발도상국에서 이동수단을 마련하는 것이다. 우리의 여행을 위해 그는 피에로 라바Piero Rava라는 이탈리아인을 고용했다. 예순여섯의 피에로는 에네디같이 만만찮은 장소로 외국 사진가

들을 안내하는 트레킹 회사를 운영하고 있었다. 자신도 베테랑 산악인인 그는 1970년 이탈리아 팀의 대담한 세로 토레 원정등반에 참가해 파타고니아에 간 적도 있었다. 화강암과 얼음으로 된 환상적인 타워 세로 토레는 한때 '세계에서 가장 어려운 봉우리'로 악명을 떨쳤다. 그와 같은 이탈리아인인 체사레 마에스트리Cesare Maestri는 1959년 세로 토레 정상에 올랐다고 주장했지만, 그의 파트너인 오스트리아인 토니 에거Tony Egger가 하강 도중 눈사태에 휩쓸려 사망하는 결과만 초래했다. 다른 클라이머들이 그의 등정에 의문을 제기했는데, 지금은 일반적으로 그의 주장을 완전한 거짓말로 여긴다.*

1970년의 이탈리아 팀은 정상 200미터 아래까지 진출했다. 만약 성공했다면 그들은 진정한 초등을 달성했을 것이다. 그러나 그 성공은 1970년 피에로의 동료이기도 했던 카시미로 페라리Casimiro Ferrari가 이끄는 1974년 원정대의 몫이었다. 세로 토레의 베테랑이 우리 팀을 안내하는 것은 멋진 일이었고, 피에로가 트레커들을 에네디로 데리고 간 경력이 15년이라는 사실은 훨씬 더 멋진 일이었다. 아치와 피너클의 등반선을 확인한 그는 비록 그곳을 등반한 적은 없지만 그 바위에 다른 클라이머들의 손이 닿지 않았다는 사실을 확인해주었다.

피에로는 영어는 거의 못했지만 프랑스어는 잘했다. 그래서 결국 내가 지프 안에서 다른 사람들을 위해 통역을 담당했다. 그런 과정들은 재미있었다.

보르네오는 내가 처음으로 제3세계의 모험을 경험한 여행이었지만, 차드는 그보다 훨씬 더 강렬했다. 3주 동안의 아프리카 여행은 전혀 예상

* 마에스트리의 1959년 세로 토레 초등 주장과 그 남동쪽 측면에 컴프레서로 볼트를 400개나 때려 박은 1970년의 등반, 그리고 2012년 헤드월의 볼트 제거 논란 등은 하루재클럽에서 펴낸 『더 타워』(권오용 옮김)에 상세히 나와 있다.

치 못한 방식으로 나의 삶에 결정적인 영향을 끼쳤다.

우리는 랜드로버 한 대와 토요타 랜드크루저 두 대에 나눠 타고 은자 메나를 출발했다. 에네디는 직선거리로 1,000킬로미터 떨어진 곳에 있었지만, 우리는 훨씬 더 먼 거리를 여행했다. 후에 마크는 그 여행에 대한 에세이를 쓰면서 비현실적 운치로 가득했던 우리의 차량이동을 이렇게 담아냈다.

차드의 유일한 포장도로를 달린 지 1시간도 되지 않아, 피에로가 갑자기 모래사막으로 방향을 틀었다. 나는 우리가 멈출 것이라고 생각했다. 그러나 피에로는 북동쪽을 향해 계속 달렸다. 나흘 동안이나!

가끔 우리는 모래에 깊이 파인 바퀴자국을 따라가기도 했지만, 어떤 때는 차가 한 번도 지나간 적이 없는 곳을 가기도 했다. 모래가 푹푹 빠지는 곳에서 앞으로 계속 나아갈 수 있는 유일한 방법은 제어의 한계점인 시속 90킬로미터의 속도로 불안정하게 스치듯 달리는 것이었다. 밤에 캠핑을 하기 위해 멈추면 차드의 정비공이 차를 정비하고 에어필터를 청소하고, 때로는 엔진 부품을 이것저것 수리하거나 교체했다.

우리는 4륜구동 차에서 때로는 해가 뜰 때부터 해가 질 때까지 끝없는 모래만 바라보며 길고 힘든 나날을 보냈다. 가능하면 피에로의 선두 차에서 보내는 것이 최고였다. 왜냐하면 뒤따라가는 차에서는 몸의 모든 구멍을 파고드는 모래먼지에 뒤덮여 있어야 했기 때문이다. 그때 차드는 겨울이 시작되고 있었다. 따라서 낮 기온이 32℃를 맴돌았다. 피에로의 설명에 의하면, 여름에 60℃까지 올라간 적도 있다고 한다.

다른 사람들은 이 단조롭고 끝없이 지루한 여행에서 보통 멍한 표정을 짓거나 꾸벅꾸벅 졸았지만, 나는 마냥 얼어붙어 있었다. 나는 차창에 얼굴을 박고 지평선에 변화가 생기는지 관찰하면서 지구의 텅 빈 공간을 응시했다. 사막에서의 둘째 날, 나는 우연히 작은 깨달음을 얻었다.

우리 앞에 낙타를 타고 가는 두 남자가 갑자기 나타났다. 그러자 피에로가 속도를 줄이고 그들과 조금 떨어진 곳에 멈추었다. 그가 자신의 손님들로 하여금 그런 광경을 사진 찍게 하려는 습관 때문이었을까, 아니면 트레커들이 오지에서 그러는 것처럼 예의를 갖춰 그들과 교류하기 위해 차를 멈춘 것이었을까? 어쨌든 우리는 후다닥 지프에서 뛰어내려 유목민에게 다가갔는데, 그중 하나가 낙타에서 내린 다음 큰 그릇에 낙타 우유를 부어 우리에게 주었다. 유목민들은 자신들의 식량이 부족할 때조차도 환대의 표시로 무언가를 항상 대접한다고 피에로가 설명했다. 그들의 호의를 거절한 우리는 대신 사진을 몇 장 찍었다. 피에로는 그들에게 우리의 아침 식량 중 남은 것을 주고 나서, 먹을 것도 없이 며칠씩 여행하는 것이 그들의 일상이라고 설명했다. 그들은 낙타에 올라타더니 사막 속으로 계속 갔다.

후에 나는 그런 유목민들이 사막에서 — 특히 큰 위험에 빠졌을 때 — 어떻게 길을 정확히 찾는지 물어보았다. 방향이 조금만 틀어져도 그들은 다음 오아시스를 찾지 못할 것이고, 막막한 사막의 벌판 한가운데서 탈수로 죽을 것이다. 피에로는 그들이 길을 찾기 위해 해를 이용하고, 겨울에는 일정하게 부는 바람의 방향을 이용한다고 설명했다. 내가 해와 바람에만 의지하기에는 너무 위험한 것 같다고 의문을 제기하자, 피에로는 그것을 등반에 비유했다. 때때로 클라이머들은 추락이 곧 죽음을 의미하는 곳에 있게 되는데, 오히려 그렇기 때문에 추락하지 않는다는 것이다. 나는 그의 말을 이해했다. 유목민들은 결코 실수하지 않는다.

가끔 작은 오아시스를 지날 때 우리는 흙벽돌로 된 오두막이나 초가집에 사는 작은 무리의 원주민 남녀들과 아이들을 만나기도 했다. 그들은 투부족Toubous이었다. 그들은 낯선 사람들에게 익숙하지 않았는데, 서양 백인들에게는 더욱 그랬다. 피에로는 그들에게 다가가거나 사진을 찍지 말라고 우리의 주의를 환기시켰다.

나는 반유목민 생활을 하는 사막의 원주민들에게 매료되어 계속 그들을 지켜보았다. 그리고 나는 그곳에서 다르기도 하고 오래 지속되기도 한 깨달음을 얻었다. 여행이 끝나고, 내 기억에서 지워지지 않은 것은 등반이 아니었다. 그것은 에네디까지 왕복한 사막에서의 차량이동이었다. 내 인상에 오래도록 남은 것은 물을 더 빨리 길어 올리기 위해 당나귀를 채찍질하는 아이들, 낙타를 타고 사막의 한가운데를 지나가는 사람들, 진흙으로 벽돌을 만들기 위해 온종일 일하는 사람들이었다. 나는 너무나 낯선 곳에서 전에 본 적이 없는 전혀 다른 방식의 삶을 보았다. 그런 삭막한 기후에서 살아남기 위해 차드인들에게 필요한 것이 오두막과 가축 몇 마리라는 단순한 사실은 나에게 큰 감동을 주었다.

그것은 특혜를 덜 받는 사회 속의 그들의 삶과 비교할 때 나의 삶이 얼마나 쉬운지 — 아마 처음이었던 것 같은데 — 깨닫게 해주었다. 그리고 몇 년이 지나, 그런 통찰력은 나의 목표를 등반이 아닌 다른 것으로 재설정하도록 나를 이끌어주었다. 충분히 이해하는 데 시간이 좀 걸리기는 했지만, 그것은 분명 깨달음이었다.

넷째 날이 끝나갈 무렵 멀리 바위가 나타났다. 우리는 은자메나를 출발한 이후 언덕 비슷한 것도 보지 못했었다. 기대감이 한껏 높아졌다. 우리 모두의 생각은 하나같았다. 저 바위가 좋을까? 가깝게 다가갔을 때 우리는 차에서 뛰어내려 말 그대로 가장 가까운 바위로 달려갔다.

피너클과 아치형 바위가 사암이라는 것은 피에로의 말을 듣고 알고 있었다. 하지만 과연 그것은 네바다의 레드 록스처럼 날카롭고 깨끗한 사암일까? 아니면 유타의 피셔 타워스Fisher Towers처럼 푸석푸석한 바위일까?

실망스럽게도, 우리는 에네디의 사암이 끔찍한 바위에서부터 대단히 극악무도한 바위까지 다양하다는 것을 알게 되었다. 모두 다 심각했다. 하지만 에네디는 사진가와 영화 제작자에게는 천국이었다. 덕분에 미디어 팀은 세계 어디에서도 볼 수 없는 장면과 사진을 만들어냈다.

우리의 첫 번째 주요 목표는 우리가 '시타델Citadel'이라 부른 60미터 높이의 타워였다. 마크는 이렇게 묘사했다. "마치 대형 기차의 화물칸을 세로로 세워놓은 듯해서 네 귀퉁이가 분명한 아레트를 형성했는데, 그중 한 곳에는 괜찮은 홀드가 있는 것 같았다. 그 아래쪽은 끔찍한 오버행이었지만 크랙은 등반이 가능할 것 같았다."

제임스 피어슨은 신이 나서 선등을 자청했다.(나에게는 죽음의 루트같이 보였다) 그는 미디어 팀이 넋을 놓고 지켜보는 가운데, 로프를 묶고 마크의 확보를 받으며 등반을 시작했다. 나는 그냥 앉아서 다른 사람의 등반이나 보고 싶지는 않았다. 구경이나 하려고 지구를 반 바퀴 돌아 나흘 동안 사막을 건너온 것은 아니니까. 그래서 나는 혼자 돌아다니며 근처의 타워를 프리솔로로 등반하기 시작했다.

그곳에 오기 전 팀 켐플과 지미, 레넌은 내가 기존의 단단한 바위에서 프리솔로로 등반하는 모습을 조금 본 적은 있지만, 마크와 제임스는 내가 프리솔로로 등반하는 모습을 전혀 본 적이 없었다. 그들은 나의 행위에 조금 겁을 집어먹었다.

알렉스의 성격이 잘 드러나는 절제된 표현이 있다. 시노트는 차드 여행기에 이렇게 썼다.

무슨 소리가 들려 뒤를 돌아보니, 알렉스가 한 곳의 타워에서 로프도 없이 12미터 위의 봄베이 침니bombay chimney*를 올라가는 모습이 보였다. 그는 위쪽의 오버행 크랙에 주먹을 집어넣어 재밍을 한 후 발을 침니 바깥으로 빙 돌려 빼냈다. 마치 바위를 넘어가는 능구렁이처럼 그는 오버행 끝을 맨틀 동작으로 넘어갔다. 그는 돌멩이 몇 개를 정상에 쌓아놓고 나서 오버행 벽으로 클라이밍 다운했다. 그가 내려올 때 손으로 잡은 홀드와 발로 디딘 스탠스 몇 개가 부스러졌다. 나는 그 모습을 차마 지켜볼 수 없었다. 후에 그는 클라이밍 다운이 생각보다 조금 어려웠다고 인정했다.

시노트에 따르면, 제임스가 시타델의 정상까지 훌륭하게 오르는 동안 알렉스는 아무 흔적도 없는 6개의 루트를 프리솔로로 등반했다고 한다.

차드에서 돌아온 후 가진 인터뷰에서 지미 친은 알렉스의 프리솔로 등반을 이렇게 언급했다. "차마 눈뜨고 볼 수 없었습니다. 그리고 우리가 보고 있다는 사실을 알려주고 싶지도 않았습니다. 왜냐하면 혹시 그로 인해 그가 또 다른 걸 밀어붙일까 봐 두려웠기 때문입니다."

시타델 등반 며칠 후, 알렉스는 아름다운 사암 아치를 등반했다. 그

---

* 아래쪽이 넓게 벌어져 추락 위험성이 있는 침니. 폭탄 투하를 위해 활짝 열리는 구형 폭격기의 뒤쪽 문에서 나온 말이다.

등반은 실질적으로 톱로핑이었다. 자신의 여행기에서 시노트는 그의 업적을 엉뚱한 장난으로 표현했다.

하루는 우리가 아래쪽에 크랙이 발달된 30미터 높이의 180도 무지개 형상을 한 아치 밑에 앉아 있었다. 나는 그 악랄한 크랙을 등반하는 데 관심이 전혀 없었지만, 알렉스를 보니 그는 사뭇 들떠 있었다. …

그는 3미터 위에서 농구공만 한 크기의 홀드로 런지를 했는데, 아뿔싸 그 홀드가 얼굴 가까이에서 부서져 그는 아치 건너편으로 날아가고 말았다. 그 루트에서 나가떨어진 알렉스는 "어디 누가 이기나 한번 해보자."라는 표정을 지었다.

그는 다시 벽에 붙어서 1시간도 넘게 사투를 벌인 끝에 위로 올라간 다음 아치를 가로질러 반대쪽 크랙으로 내려왔다. 그는 수평으로 건너가는 구간에서 발을 캠처럼 쓰며 거꾸로 매달려 이리저리 움직였다. "내 인생에서 가장 역겨운 루트였습니다." 먼지와 박쥐 오줌을 온통 뒤집어쓴 그가 숨을 헐떡거리며 외쳤다. 하지만 그는 활짝 웃고 있었다. 그는 그 어느 때보다도 행복해 보였다.

그런데도 4년 뒤, 시노트는 차드에서 알렉스가 한 프리솔로 등반을 우려를 넘어 못마땅하게 생각했다. 그는 이렇게 말했다. "차드에서 알렉스는 위험에 무감각했을 뿐만 아니라 자신감이 지나쳤습니다. 첫 번째 타워에서 그가 보인 행위는 솔직히 극단적이었습니다. 클라이밍 다운을 할 때 그가 잡은 4개의 홀드 중 3개가 부스러져 그는 한 손으로 매달렸습니다."

"'뭐 하는 짓이야?' 그가 바닥으로 내려왔을 때 내가 물었습니다. 그는 대답하지 않았습니다. 아마 그는 나의 힐난을 인정하고 싶지 않았을 것입니다."

"내가 보기에, 알렉스는 에네디에서 하마터면 추락할 뻔했습니다."

1

물론 나도 그들의 코멘트를 듣기는 들었다. 그러나 간접적으로만… 그들을 약간 기겁하게 만드는 것은 프리솔로 등반을 하려면 반드시 이전에 등반한 경험이 있는 루트에서 하거나, 적어도 조심스럽게 연습해야 하며, 그래서 뜻밖의 암초에 걸리지 말아야 한다는 가정이 아닐까? 내가 문라이트 버트레스에서 한 것처럼. 이전에 등반한 적이 없는 바위를, 그것도 축축하고 헐거운 바위들로 가득 찬 곳을 프리솔로 등반하는 것은 그들에게 너무나도 멀고 먼 이야기일지 모른다.

하지만 내가 차드에서 프리솔로 등반한 루트는 그렇게 어렵지 않았다. 기껏해야 5.7 정도? 그리고 첫 번째 타워를 내려올 때 홀드가 부스러진 것도 마크는 잘못 알고 있다. 그곳은 물론 오버행 벽이었다. 하지만 나는 진흙으로 된 2개의 5.5 저그 홀드에 매달려 있었다. 양발의 스탠스가 부스러졌지만 매달리는 것이 그렇게 힘들지는 않았다. 그리고 나는 분명히 한 손으로 매달리지는 않았다.

요세미티의 로열 아치스에서 5.5 피치를 프리솔로 등반할 때 커다란 홀드가 뽑힌 적이 있었다. 나는 순간적으로 몸이 뒤집혔지만, 그 홀드를 다시 잡아 제자리에 집어넣을 수 있었다. 무서웠지만 마술 같은 일이었다. 5.5에서는 마술을 부리기가 쉽다. 물론 5.11에서는 그렇게 쉽지 않을 것이다.

우리는 에네디에서 10일 동안 등반했다. 부실한 사암은 볼트나 그와 비슷한 어떤 장비도 확보에 도움이 되지 않는다는 뜻이었고, 등반을 훨씬 더 위험스럽게 만들었다. 마크나 제임스는 확보물은 물론이고 앵커까지도 빠질까 봐 정말 두려워했다. 나는 등반을 한 루트만큼이나 후퇴한 루트도 많았지만, 프리솔로 등반에서는 탈출이 훨씬 더 수월하기 때문에 크게 신경 쓰지 않았다.

앞에서 언급한 바와 같이 그 여행에서 가장 기억에 남은 것은 결국 등반이 아니었다. 그것은 완전히 낯선 풍경에서의 모험이었고, 상상조차 하지 못했던 삶의 방식을 목격한 것이었다. 차드에서 나는 처음으로 극빈자들을 보았다. 평생 동안 오로지 모래와 더불어 산다는 것은 나에게 상상조차 할 수 없는 일이었다. 우리가 그곳에서 본 것은 석기시대의 문화를 살아남은 인간의 모습이었다.

그 여행은 후원과 유명세로 내 삶이 조금 수월해진 때와 비슷한 시기에 있었다. 요즘은 내가 이틀간 광고를 찍고 버는 돈이 차드 사람들이 평생 동안 버는 것보다 더 많다. 이것은 잘못된 것이다. 그리고 이런 불일치가 내가 삶을 어떻게 살아가야 하는지를 되돌아보게 했고, 불우한 사람들을 위해 내가 무엇을 할 수 있는지를 생각하게 만들었다.

2010년 11월 차드에 갈 때쯤 알렉스는 피어슨과 화해했다. 그러나 그 뒤에도 그들은 만남과 헤어짐을 반복했다. 2014년, 알렉스는 과거를 되돌아보며 이렇게 말했다. "나는 1년은 고사하고 당장 6개월 앞을 내다보기도 힘들었습니다. 피어슨은 그런 상황 때문에 함께 미래를 설계하기도 힘들다고 불평했습니다. 그녀는 우리가 어디에서 살 것인지, 자신이 간호사로서 일을 계속 해야 하는지, 아니면 나와 함께 떠돌이 생활을 해야 하는지 알고 싶어 했습니다."

"우린 아이를 가지는 문제에 대해서도 이야기를 나누었습니다. 난 언젠가 손주도 보고 싶다고 농담처럼 얘기하기도 했지만, 아이를 키운다고 생각하니 끔찍했습니다. 내 아이와 관련된 일인데, 난 거기까지 가고 싶지 않았습니다."

"피어슨은 죽음에 대한 농담을 좋아하지 않았습니다. 나는 주로 이렇게 말했죠. '지금 내가 옆에 있는 걸 감사하게 생각해. 얼마나 옆에 있을지 모르니까.' 난 농담이었는데 그녀는 아주 싫어했습니다. 난 피어슨이 내가 프리솔로 등반을 해도 떨어지지 않을 거라고 믿는 줄 알았습니다. 그녀는 내 능력과 판단에 대해 믿음을 갖고 있었으니까요."

"그녀와의 관계가 등반에 방해가 된다고 생각해 일부러 연락을 안 한 적도 있었습니다. 나 혼자 있어야 할 때도 있었으니까요. 내가 그런 사정을 이야기하자 그녀는 몹시 화를 냈습니다. 그리고 퉁명스럽게 말했습니다. '그럼, 좋아. 이제 끝이야. 나에게 얘기도 하지 마. 연락도 하지 말고.'"

"그러고 나서 몇 주나 몇 달이 지나면 그녀가 그리웠습니다. 소심해진 내가 그녀에게 전화를 합니다. '연락하지 말라고 한 거 아는데…. 그냥 만나서 얘기하면 안 될까? 아니면, 점심이라도 먹을까?' 반성을 많이 했다고, 그녀가 나의 삶에 긍정정인 영향을 주었다고 내가 우기면 그녀는 마지못해 받아들입니다. 그런 우여곡절을 겪으며 우린 사랑을 키웠습니다."

한순간 알렉스는 이렇게 인정했다. "피어슨 덕분에 내가 사람이 됐습니다." 2014년 알렉스의 입에서 나온 이런 말들은 2010년 겨울 내가(데이비드 로버츠) 『아웃사이드』 잡지 2011년 5월호를 위해 인터뷰를 하던 중에 있었던 몇 가지를 떠올리게 했다.

예를 들면, 2010년에 알렉스는 노스페이스를 위해 노스캐롤라이나에 가야 했던 일을 "엉망진창인 쇼"였다고 말했다. 그는 이렇게 덧붙였다. "B급 미디어의 농간에 불과합니다." 그는 밴프국제산악영화제와 도서축제에서 있을 특별연사 출연에 대해서도 "그럴듯한 B급입니다. 내 말은 괜찮긴 한데, 그 시간에 등반을 할 수 없다는 의미입니다."

"이대로 기사를 내보내도 돼?" 하고 내가 물었다.

"안 될 게 뭐 있습니까?"

"밴프 관계자들이 이 기사를 보면 어떻게 생각할까?"

알렉스는 어깨를 으쓱하더니 "솔직하게 얘기한 겁니다. 언젠가 부메랑이 되어 돌아올지 모르지만, 그럼 난 사람들에게 어떤 얘기도 하지 않겠습니다."

2010년에 한 다른 이야기는 무덤덤한 자기자랑이었다. "맞습니다." 라고 알렉스는 말했다. "난 고등학교를 발칵 뒤집은 적도 있습니다. 시험을 한 번 봤는데 사람들이 천재라고 하더군요."

더불어, 다른 말들은 잔인한 독설이었다. 알렉스는 미국 여성 암벽등반계의 선두주자가 겁이 많이 나는 트래버스를 후등으로 올라오면서 파트너에게 확보를 잘 봐달라고 부탁한 일을 두고 그녀를 '겁쟁이'로 몰아붙이기도 했다. 세간의 주목을 받은 그녀를 알렉스는 오만하게 깎아내렸다. "내가 못한 걸 그녀가 한 게 있습니까?"

알렉스의 가장 친한 친구인 크리스 바이드너는 2010년 이렇게 불평했다. "예전에 함께 등반했을 때 그는 예의 바르고 안전에 민감했습니다. 이제 그는 독설가가 되었습니다. 1년 전쯤 내가 어느 피치를 선등하다 계속 추락했는데, 그는 이렇게 말했습니다. '야, 뭐가 문제야? 겨우 5.13밖에 안 되잖아?' 그냥 놀리는 것일 수도 있었지만 난 기분이 상했습니다. 지금 그의 태도는 '세계 최고 수준의 클라이머가 아니면 네 등반은 형편없어.' 입니다."

"난 마침내 이렇게 말했습니다. '야, 그만 좀 해. 지금 최선을 다하고 있단 말이야.' 그가 내 기분을 상하게 했다는 걸 알아차렸는지는 잘 모르겠는데, 그는 그런 부분을 고치려고 하지 않았습니다."

2014년, 내가 알렉스에게 그 말을 상기시켜주자 그는 겸연쩍어했다. "더 이상 그런 사람이 아닌데….'라고 그는 주장했다. "돌이켜보면 난 문제가 상당히 많았습니다. 무언가를 보여주어야 한다는 강박관념에 사로잡혔던 거 같아요."

2015년, 알렉스 호놀드는 자기 자신을 눈에 띄게 내보이고 있다. 그래도 그의 강렬함은 사라질 기미가 보이지 않는다. 무언가가 그를 바위에서 — 그리고 최근에는 눈과 얼음에서 — 일종의 완벽주의자로 만드는데, 이것은 그의 가장 용감한 선배들에 의해 확장된 경계선을 훌쩍 뛰어넘는다.

우리의 스타일과 접근방법이 선배와 후배, 알피니스트와 클라이머 사이에서 얼마나 다른지 몰라도 마크 시노트와 나는 언제나 사이좋게 지냈다. 이제 나는 그를 나의 멘토이자 가장 큰 빚을 진 동료로 생각한다. 차드에서 돌아온 후, 나는 마크가 노스페이스와 『멘스 저널』의 후원을 받아 추진하는 또 다른 프로젝트의 계약서에 서명했다. 2011년 7월, 우리는 뉴펀들랜드Newfoundland의 남쪽 해안에 있는 데빌스 베이Devil's Bay의 해벽을 향해 떠났다. 우리는 그곳에서 훌륭한 루트도 개척하고, 영상과 사진으로 멋진 작품도 만들고 싶었다.

차드 원정대에서 두 명 — 제임스 피어슨과 팀 켐플 — 이 팀에 합류했는데, 그들과 다시 한번 캐나다에서 우정을 나눌 수 있어 좋았다. 다른 세 명은 짐 쉬렛Jim Surette, 맷 어빙Matt Irving, 헤이즐 핀들레이Hazel Findlay였다. 헤이즐과 맷은 여기저기서 함께 등반한 적이 있었지만, 마크가 칭찬을 많이 한 짐과는 처음이었다. 헤이즐은 영국의 아주 강인한 샛별로, 실내암장에서(그녀는 스포츠클라이밍대회인 영국의 주니어챔피언십에서 여섯 번이나 우승을 차지했다) 시작해, 여성으로서는 드물게 대담하고 위험한 루트를 등반하는 클라이머가 되었다. 훗날 센더 필름스는 묘한 매력을 풍기는 그녀의 영상 「스파이스 걸Spice Girl」을 만들었고, 나는 2015년에 공개된 「아프리카 퓨전Africa Fusion」을 촬영하기 위해 캐나다 이후 그녀와 남아프리카에서 함께 등반했다.

뉴펀들랜드의 유일한 문제는 날씨가 도와주지 않았다는 것이다. 우리는 날씨로 인해 비참한 패배를 맛보았다. 나는 아무것도 할 수 없는 시간을 보내기 위해 마치 일기를 쓰듯 날마다 기록을 해나갔다.

열흘 동안 비가 오락가락했다. 내 작은 텐트 안에 있는 모든 것들이 눅눅해져 갔다. 그래도 나는 이 여행에서 운이 좋은 편이다. 다른 사람들의 텐트는 지난밤 불어닥친 빌어먹을 강풍으로 모두 무너지거나 피해를 당했다. … 지금까지 겨우 한 개의 루트만 등반한 우리는 빗속에 앉아 하늘만 바라보고 있다. 글쎄, 솔직히 말하면 나는 우울한 기분에 빠져 있고, 다른 사람들은 마치 그것이 최선인 양 술을 엄청나게 마셔대고 있다.

이 여행에 오기 전 나는 처음으로 8b+(5.14a)의 전통적인 루트를 등반하고, 몇 개의 어려운 스포츠클라이밍 루트를 올랐을 정도로 컨디션이 대단히 좋았었다. 나는 요세미티에서 내가 자랑할 만한 루트 몇 개를 프리솔로로 등반했을 정도로 시즌의 출발이 좋았다. … 모든 일이 잘 풀리고 있었다. 그러나 내가 이 눅눅한 텐트에서 썩고 있는 동안에 컨디션이 엉망진창이 되어 나는 시간 낭비라는 생각밖에 들지 않았다. 이 세상 어디에서든지 매일같이 등반할 수도 있는데, 나는 여기 이 텐트에서, 이 빗속에서 그냥 우울해하고만 있다.

나는 이런 상황에서도 나름대로 최선을 다하려 하고 있다. 풍경이 너무나 아름다워 비가 계속 내리는데도 나는 트레킹을 가려 했다. 하지만 그때 하얀 안개가 자욱이 깔려서 캠프 밖으로 나가 돌아다니는 것이 위험했다. 나는 할 수 없이 텐트에 갇혀 책이나 읽고 팔굽혀펴기나 하는 수밖에 별 도리가 없었다.

우리는 주방텐트에서 잡담을 하거나 농담을 주고받는 것으로 대부분의 시간을 보냈다. 일주일간 비에 갇혀 꼼짝달싹 못하는 바람에 딱히 할 이야기도 없었다. 그러나 마크는, 그의 모든 이야기를 최소한 두 번 이상 들었음에도, 이야기를 정말 재미있게 풀어내는 재주가 있었다. 많은 면에서 우리의 뉴펀들랜드 여행은 보통의 직업을 가진 사람들이 휴가를 가서 하는 것과 별반 다를 것이 없었다. 친구들과 함께 이국적인 곳에 가서 하루 종일 먹고 마시는 것이랄까.

몇 년 후, 뉴펀들랜드 여행 이야기가 나왔을 때 마크는 그 원정이 성공적이었다고 주장했다. 우리가 '많은 비'를 주제로 하는 좋은 단편영상을 만들었다고 생각한 그는 제목을 「데빌스 베이의 텐트 바운드Tent Bound in Devil's Bay」라고 붙였다.

마크는 다른 사람들이 나를 못마땅하게 여겼다는 말을 퍼트리고 다녔다. 내가 주방텐트에 앉아 "여기는 지구에서 가장 암울한 곳입니다."라고 했다는 것인데, 심지어 그는 나를 일종의 '데비 다우너Debbie Downer' 또는 투덜이라고 불렀다. 내가 팀원들의 사기를 저하시켰다는 것이다. 그는 또한 우리들이 프리로 등반한 '리바이어던Leviathan' 루트가 멋지다고 생각했다.

그런데 마크에게는 미안한 말이지만, 내가 기억하는 데빌스 베이는 그렇지 않다. 촬영한 것이 많이 없었기 때문에 「텐트 바운드」는 형편없는 단편영상이다. 이야깃거리가 별로 없다. 제임스 피어슨과 나는 그 벽에서 가장 어려운 루트인 '루시퍼스 라이트하우스Licifer's Lighthouse'를 프리로 등반했다. 하지만 전체적으로 그 여행은 음산했다. 비 때문만이 아니었다. 만일 파타고니아라면, 지구에서 가장 서사시적인 봉우리를 등반할 기회를 잡기 위해 날씨가 좋아지기를 기다릴 가치가 있다. 하지만 요세미티에서 막 온 나는 컨디션이 날이 갈수록 나빠지고 있었다. 그리고 그곳은 형편없었다. 미끄러운 데다 물에 젖기까지 한 화강암에 홀드도 별로 없고, 그렇게 높지도 않고… 툴럼Tuolumne에 있는 것보다 더 나빴다. 툴럼에서 그런 등반을 하면 나는 매일 오후 피자를 먹었을 것이다. 뉴펀들랜드는 그렇게 근사하지 않았다. 그것은 미래지향적이지 못했다.

그리고 '데비 다우너'가 된 것도, 글쎄, 아주 타당하지는 않다. 모두 다 실망했고 지루해했다. 나는 트레킹을 갔지만 곧바로 하얀 안개에 둘러싸이고 말았다. 안개 속에서 길을 잃을 수도 있었다. 캠프에서 30미터 떨어진 곳에 있는 화장실도 찾기 어려웠으니까.

그 팀에서 내가 가장 먼저 "우린 그냥 떠나야 합니다."라고 목소리를 높인 것은 인정한다.

하지만 나는 마크를 비난하고 싶지는 않다. 그와 함께한 모든 여행은 인생의 경험이었다. 나는 항상 새로운 것을 배웠다.

차드와 뉴펀들랜드를 여행한 사이인 2010~2011년 겨울, 나는 반쯤 농담으로 '유적지에서의 스포츠클라이밍 투어'라고 부른 여행에 나섰다. 아프리카에서 바로 이스라엘로, 그리고 요르단과 터키를 거쳐 그리스로 갔다. 이스라엘과 요르단에서는 친구와 함께 있었고, 스테이시 피어슨이 터키와 그리스 여행에 동행했다.

그렇다고 관광여행을 한 것은 아니었다. 나는 이스라엘에서 아주 어려운 루트들을 모두 등반했고 터키의 게이크바이리Geyikbayiri에서도 등반했는데, 그리스의 칼림노스Kalymnos에서는 등반이 재미있었지만 비가 너무 많이 오는 바람에 석회암 절벽에서 계속 물이 배어나와 결국 등반을 포기해야 했다.

그들의 유적지와 관련해서 나는 내가 등반한 나라의 역사와 관련된 책을 몇 권 읽었다. 나는 다양한 문화를 체험했고 과거를 맛보았다. 그리고 오래된 것도, 이상한 옷차림을 한 사람들도 많이 보았다.

그런 여행에는 진정한 등반 모험의 사이를 채워주는 무엇이 있어야한다. 나는 무언가 큰 것을 준비하는 동안 여행하고 등반하고 새로운 것을 시도하고, 또 새로운 것을 배웠다. 2009년처럼 2011년 역시 나에게는 일종의 '보강' 기간이었다.

알렉스 로더는 『알피니스트Alpinist』 2011년 여름 호에 나를 소개하면서, 높아지는 기대감을 따라잡기 위한 나의 스트레스에 대해 언급했다. 그는 나의 거벽 프리솔로 등반에 대한 사람들의 반응을 직접적으로 인용했다. "다음은 뭐죠?", "더 많은 것을 보여주세요!" 그러면서 그는 이렇게 덧붙였다.

> 기대감은 위험할 수 있다. 그리고 유명세가 목숨을 거는 일 때문이라면 그 위험은 훨씬 더 크다. 만약 알렉스가 조심하지 않는다면, 우리는 그가 죽은 후에나 존경하게 될 것이다.

타당한 걱정이긴 하지만, 사람들이 내가 하는 행위를 알기 시작한 이후 내가 스트레스 조절에 실패한 것은 아니다. 어쨌든 그런 스트레스는 내가 하고자 하는 프로젝트에 관련이 있을 때만 나를 자극한다. 사실 어떤 미디어의 관심보다도 나에게 동기를 부여하는 것은 루트의 출발지점에서 만나 내가 잘 보이고 싶어 하는 매력적인 여자일 것이다. 그렇다 해도 그 여자는 5.10과 5.13 사이의 차이는 잘 모를 것이다. 하지만 얼마나 매력적인 여자이든 간에 엘캡 아래에 서 있는데, 그 여자가 어떤 루트를 프리솔로로 등반해보라고 한다면 나는 "절대 안 돼!"라고 말할 것이다.

예를 들면, 지난 수년간 얼마나 많은 사람들이 나에게 술을 먹이려 했는지 모른다. 파티에 참석하면 누군가는 나를 놀려대며 "알렉스, 맥주 한 잔 해. 한 모금 정도는 괜찮아."라고 한다. 그러나 나는 그런 유혹에 넘어간 적이 없다. 나는 술에는 관심이 없다.

내가 지금까지 해온 등반 중 미디어의 관심은 주로 나의 프리솔로 등반에 초점이 맞추어져 있었다. 그러나 그것이 내가 유일하게 하고 싶은 등반은 아니다. 이 책에 나오는 것처럼, 그만큼 근사한 것이 거벽 연결등반 — 특히 요세미티에서 — 이다. 내가 북미의 거벽에서 가장 서사시적인 루트를 파트너와 함께 혹은 혼자서 속도등반도 하고 연결등반도 하는 2012년은 나에게 또 하나의 분수령이 된 해이다.

5장

트리플 크라운

보르네오와 차드는 물론이고 뉴펀들랜드도 나에게는 신기한 경험이었지만, 비교적 짧은 나의 등반 경력 중에서 나는 나 자신을 밀어붙이고 싶을 때 언제나 요세미티로 돌아갔다. 대단한 규모와 하늘 높이 치솟은 깨끗한 화강암의 난이도로 요세미티는 이제 최고의 클라이머들에게 무한한 도전의 무대를 제공하고 있는데, 차세대의 샛별들에게도 분명 그러할 것이다. 예를 들면, 엘캡의 어느 루트를 프리솔로로 도전한 사람은 이제껏 아무도 없었다.

요세미티 역사상 가장 획기적인 사건 중 하나가 1975년에 일어났다. 세 명의 스톤마스터(짐 브리드웰과 존 롱, 빌리 웨스트베이)가 노즈를 하루 만에 오른 것이다. 엘캡에서 최초로 등반된 노즈는 1958년 전설적인 워런 하딩과 그의 동료들에 의해 47일 동안의 무지막지한 포위전법으로 개척됐다. 짐과 존, 빌리는 대부분을 프리등반으로 돌파해 그 루트를 15시간 만에 해치웠다. 이들 트리오가 등반을 마치고 나서 엘캡 초원에서 찍은 사진은 너무나 유명하다. 사진가는 그들은 물론이고 벽 전체가 다 나오도록 하기 위해 무릎을 꿇고 사진을 찍었다. 바로 그 각도로 인해 이들에게선 인간을 비웃는 신처럼 건방진 분위기가 물씬 풍긴다. 짐과 존의 입에는 담배가 물려 있다. 이들은 헐렁한 조끼에 셔츠를 걸쳐 히피처럼 보이지만 '지옥의 천사들'로 통하는 듯한 모습이다.

그 기념비적인 등반으로부터 거의 30년이 지난 뒤 내가 처음 계곡에 갔을 때 노즈 당일 등반은 여전히 대단한 업적이었다. 2010년 나는 율리 스텍Ueli Steck과 짝을 이루어 노즈 당일 등반을 세 번이나 했다. 우리는 속도기록을 깨고 싶었는데, 그때까지의 최고기록은 한스 플로린Hans Florine 과 히라야마 유지Hirayama Yuji가 세운 2시간 37분 05초로, 그것은 2시간 반이 조금 넘는 놀라운 기록이었다. 하지만 우리는 일이 잘 풀리지 않았다.

대신 2010년 6월 초, 나는 노즈를 하루 만에 솔로로 오르는 큰 성과를 거두었다.

위에서 말한 것처럼, 엘캡의 어느 루트를 프리솔로로 도전한 사람은 아무도 없었다. 하지만 그처럼 극한은 아니더라도 다른 종류의 솔로등반은 여럿 있었다. 등반을 하지 않는 사람들은 잘 구분하지 못하겠지만, 거벽을 등반하는 우리들은 그 차이가 상당하다는 것을 안다.

로프솔로 등반은 자기확보 시스템을 구축하면서 하는 등반이다. 보통은 앵커에 로프 끝을 묶고 그 반대쪽 끝을 안전벨트에 묶는다. 그런 다음 확보물을 설치하거나 고정 확보물을 이용하면서 로프를 통과시키는 전통적인 방식으로 등반한다. 추락을 잡아줄 파트너가 없기 때문에 몇 개의 장비를 이용해 추락거리를 최소화하는 것이 핵심이다. 나는 보통 그리그리grigri를 사용한다. 이것은 스포츠클라이밍이나 인공암장 등반에서 파트너의 추락을 잡아주는 자동 잠금 확보장비인데, 나의 경우는 나 자신의 추락을 멈추기 위해 사용한다.

로프솔로 등반의 문제는 엄청나게 지루하다는 것이다. 전진을 하기 위해서는 모든 피치를 두 번 오르고 한 번 내려와야 한다. 즉, 확보물을 설치하며 선등으로 한 번 오르고, 확보물을 회수하며 로프를 타고 내려오고, 그런 다음 주마링(등강기를 로프에 끼워 타고 올라가는 행위)으로 다시 올라가야 한다.

오래전인 1971년 피터 한은 엘캡의 살라테 월Salathé Wall(노즈와 함께 가장 많은 화제를 뿌린 루트)을 6일간의 엄청난 노력 끝에 로프를 이용한 솔로등반에 성공했다. 그는 자신을 확보하기 위해 프루지크prusik 매듭과 주마라는 등강기를 함께 사용했다. 정말 놀라운 것은 그것이 그의 첫 번째 거벽등반이었다는 점이다. 나는 피터 한을 잘 모르지만 그의 업적이 얼마나 훌륭한지는 안다.

2010년 내가 노즈를 솔로로 등반했을 때 나는 몇 군데에서 로프를 사용해야 한다는 것을 알고 있었기 때문에 가는 60미터 로프 한 동을 배낭에 챙겼다. 그중 하나가 '킹 스윙King Swing'으로, 그곳은 '부트 플레이크 Boot Flake'의 막다른 곳에서 탈출하는 거대한 펜듈럼 구간이다. 나는 앵커에 로프를 걸고 30미터를 내려와 반반한 화강암을 시계추처럼 좌우로 뛰어, 마침내 왼쪽 크랙 피치로 이어지는 곳의 바위를 잡았다. 혼자서 등반하는 것은 대단히 벅차다. 더구나 킹 스윙은 적어도 내 등반 경험으로는 가장 큰 펜듈럼이다.

단지 몇 번만 사용하기 위해 60미터 로프의 무게를 감수해야 하는 것은 노즈에서 큰 부담이다. 그러나 노즈는 로프 없이는 불가능할 것이다. 나는 대부분 데이지체인daisy chain을 써서 솔로등반을 했다.

나일론으로 된 데이지체인은 팔 길이보다 약간 긴데, 12개 정도의 작은 고리들이 일정한 간격으로 만들어져 있다. 보통은 한쪽 끝을 안전벨트에 단단히 매고, 자신이 설치한 캠이나 너트, 혹은 기존의 피톤이나 볼트에 적당한 길이의 작은 고리를 거는 방식으로 사용한다. 그러면 언제든 자신의 체중을 실어 매달릴 수 있고, 아주 까다로운 동작에서는 그 고리를 마치 홀드처럼 잡아 사용할 수도 있다. 나는 두 개의 데이지체인을 가져가, 양호한 확보물에 번갈아 걸어 사용했다. 노즈에서 아주 어려운 인공등반 피치, 예를 들면 '그레이트 루프Great Roof'(5.13d)라 불리는 거대한 천장 같은 크럭스 구간에서 나는 내가 설치한 캠이나 고정 확보물(너무 낡아 거의 쓸모없는 것들도 있었다)에 데이지체인을 번갈아 걸어 사용했다.

하지만 노즈의 그런 구간을 제외한 나머지는 모두 프리솔로로 등반했다. 데이지체인을 이용해 등반하다 프리등반으로 자세를 바꾸는 것은 상당히 무섭다. 나는 끊임없이 나 자신의 마음을 다잡아야 했다. '지금은 안전해. 지금은 아니야.' 이것은 정신적으로 아주 고약한 일이다. 실제로는 아무것도 확보되어 있지 않은 상태에서 확보되어 있다고 생각해서는 절대로 안 되고, 그 사실을 한순간도 잊어서는 안 된다. 손과 발이 완벽한 홀드와 스탠스를 찾는 것만이 긴 추락을 막아준다는 사실을 오랫동안 완벽하게 기억하고 있어야 한다.

이미 나는 문라이트 버트레스와 하프돔을 프리솔로로 등반했고 그 업적이 나를 오늘의 이 자리에 있게 해주었지만, 2010년의 노즈 데이지체인솔로 등반은 나에게 중요한 사건이었다. 나는 모두 5시간 50분밖에 걸리지 않은 그 등반의 효율성에도 큰 자긍심을 느꼈다.

여전히, 나는 그 시즌의 요세미티에서 훨씬 더 큰 야망을 품고 있었다.

새크라멘토에서 실내암장을 다니던 풋내기 시절, 나는 「마스터스 오브 스톤 5Masters of Stone 5」라는 영상을 본 적이 있다. 딘 포터가 엘캡의 노즈와 하프돔의 레귤러 노스웨스트 페이스 루트를 데이지체인을 이용해 하루 만에 연결등반한 것이 그중 하나의 에피소드였는데, 포터가 등반하는 데 걸린 시간은 23시간 23분이었다. 나는 '야, 정말 멋지네!'라고 생각했다. 두 개의 거벽등반을 하루 만에 끝낸다는 아이디어 자체에 나는 경외심을 가지지 않을 수 없었다.

딘은 훗날 좋은 친구가 되었지만, 그 당시의 그는 속도등반과 대담한 프리솔로 등반으로 나의 롤 모델이자 우상이었다. 그는 나보다 열세 살이 많다. 우리는 볼더링을 함께한 적이 몇 번 있었지만 거벽을 같이 등반해 본 적은 없었다. 유감스럽게도 미디어는 우리를 라이벌, 즉 상당한 연륜의 정신적 지주인 그에게 젊은 풋내기인 내가 도전하는 구도로 묘사하려 했다.

어쨌든 2010년 5월과 6월 율리와 노즈를 등반한 후, 내 머릿속에는 그곳의 모든 동작들이 잘 입력되어 있었다. 더불어 나는 하프돔의 레귤러 노스웨스트 페이스 루트도 아주 어려운 곳, 예를 들면 2년 전 내가 프리솔로로 등반할 때 두려움에 한껏 움츠러든 곳에서 데이지체인을 사용하면 상당히 여유로울 것으로 생각했다.

6월 21일 늦게, 나는 하프돔 밑까지 긴 어프로치를 걸어서 올라갔다. 그곳에서 비박을 한 다음 동이 트면 곧바로 등반에 나설 작정이었다. 하지만 어찌 된 일인지 나는 시간을 잘못 알고 새벽 4시 45분에 일어나 해가 뜨기를 마냥 기다려야 했다. 나는 최소한의 장비와 내 밴을 견인할 때 쓰는 10미터짜리 줄을 가지고 있었다. 나는 그 줄이 내가 유일하게 사용해야 하는 곳으로 판단한 로빈스 트래버스Robbins Traverse*에서 요긴할 것으로 생각했다.

날아 밝자 나는 루트의 출발지점에 생긴 원뿔 모양의 커다란 눈 더미 위로 기어 올라갔다. 겨울에 눈이 많이 온 탓에 6월인데도 그곳에는 눈이 쌓여 있었다. 나는 첫 피치를 반쯤 올라가 재킷과 헤드램프를 아래로 던져버린 다음, 암벽화로 갈아 신고 암벽등반 모드로 전환했다. 긴 하루를 보내야 해서 적절하게 먹고 마시는 것이 중요했기 때문에 나는 작은 배낭에 트레킹화와 식량과 물을 챙겼다.

등반 그 자체는 특별할 것이 없었다. 2년 전의 프리솔로 등반에 비하면 대부분의 등반이 평범했다. 특히 2008년에 돌아가야 했던 볼트 사다리 구간의 난해한 프리등반을 피하기 위해 이번에는 볼트를 이용했기 때문에 더욱 더 그랬다. 그 위쪽 침니 구간에서는 배낭을 데이지체인에 매달아 길게 늘어뜨리고 등반했다. 내가 주의를 기울여야 했던 유일한 곳이 '지그재그'였는데, 그곳에서 나는 데이지체인을 번갈아 걸어가며 등반했다. 결국 나는 10미터의 줄을 한 번도 사용하지 않았다.

2년 전 프리솔로 등반을 할 때 엄청난 스트레스를 받은 슬랩 구간은 너무나 평범했다. 나는 거의 보이지도 않는 스탠스에서의 불안한 마찰력 대신 필요할 때마다 볼트에 데이지체인을 걸고 당겨서 그 사이사이를 넘어갔다. 그것은 전혀 색다른 경험이었다.

정상에 올라가자 트레커들이 몇 명 있었다. 오전 7시여서 그런지 보통은 시끌벅적한 그곳이 상당히 즐겁고 평화로웠다. 나는 잠시 자리에 앉

* 왼쪽 측면에서 수직의 북서벽으로 넘어가는 열 번째 피치를 말함

아 행동식을 먹으며 나의 등반을 곱씹어본 다음 하산을 시작했다.

2시간 9분이라는 등반 시간은 그 루트에서 이룬 솔로등반 신기록이었다. 재미있는 경험이었지만, 나의 우선순위는 속도 그 자체가 아니었다. 예를 들면, '섕크 갓 레지'의 크랙에 누군가가 박아 놓은 캐멀롯Camalot 4호 새것을 회수하기 위해 나는 10분이라는 시간을 낭비했다. 그 전날 나는 캠의 헤드를 툭툭 두드려서 빼내는 요령을 익혔었다. 나는 그것을 시험해보고 싶었다. 그러나 10분이 지난 후 나는 두 손을 들고 말았다. 내가 알기로 그 캐멀롯은 아직도 그곳에 있다.

하프돔에서 내려오는 길에 나는 신기한 두 마리 새를 보기 위해 잠시 발걸음을 멈추었다. 나는 서둘러야 한다는 것이 싫었다. 책에서 이야기하는 시간문제는 내 강점이 아니다.

하지만 그것이 사실이라면, 나는 왜 등반 시간을 재는 것일까? 왜 그날뿐 아니라 그 뒤의 다른 등반에서도 속도를 재는 것이 나에게는 중요한 것일까? 나는 그것이 순수주의와 연관이 있다고 생각한다. 거벽에서의 속도기록은 내가 얼마나 효율적으로 등반했는지에 대한 마지막 확인이다. 그것은 쓸데없는 것을 멀리하고 단순한 것을 강조하는 내 삶의 철학과도 일맥상통한다. 나는 또한 속도기록이 발전을 위한 척도를 제시해서 좋아하기도 한다. 기량과 속도가 향상되고 있다는 것을 아는 것은 즐겁고 흐뭇하다.

하프돔 정상에서 나는 자전거를 숨겨둔 미러 호수Mirror Lake로 서둘러 내려와 그것을 타고 밴으로 돌아왔다. 나는 오전 10시쯤 엘캡 초원El Cap Meadow에 도착했다. 그곳에서 장비를 정리하고 먹고 마시느라 시간을 조금 보냈다. 나는 노즈에서 무엇이 필요할지 몰라 장비를 조금 더 챙겼는데, 캠은 거의 두 배나 되었다. 나에게는 친구에게 빌린 8.5밀리미터의 가는 로프도 있었다. 나는 그 정도면 나의 목적에 알맞을 것으로 계산했다. 나는 그 로프에 크게 의존하지 않을 작정이었다.

모두들 내 장비가 내가 원하는 것보다 무겁다고 이야기했다. 나는 사전에 이 문제를 깊이 생각하지 않았는데, 솔로등반의 문제점은 항상 모든 것을 들고 다녀야 한다는 것이다. 파트너와 함께 등반하면 보통 장비를 설치하면서 올라가기 때문에 피치가 끝날 때쯤이면 장비의 무게가 줄어든다. 그리고 반대로, 피치에서 등반을 시작할 때는 로프의 무게가 거의 느껴지지 않는다. 하지만 데이지체인으로 솔로등반을 할 때는 모든 장비의 무게가 몸에 항상 남아 있게 된다.

노즈의 출발지점으로 가자 사방에서 모여든 여러 팀이 있었다. 짐을 끌어올리고 있는 프랑스인들이 있었고, 등반 상태를 확인하기 위해 '시클 레지Sickle Ledge'(네 번째 피치 위에 있는 곳)까지만 오를 계획인 러시아인들이 있었으며, 가장 아래쪽에는 맥주를 많이 가지고 올라간다는 미국인들도 있었다. 나는 그런 광경이 기이하게 느껴졌지만 가능한 한 빨리 등반했다. 사람들이 인공등반을 하기 위해 늘어선 크랙에서의 프리솔로 등반은 신경이 몹시 쓰였다.

노즈를 올려다보며 혼자서 등반해야 한다고 생각하니 초현실적으로 느껴졌다. 나는 헤드램프도 하나 챙겼고 행동식과 물도 단단히 준비했다. 준비를 철저히 했지만, 나는 하프돔에서와 같은 스타일로 오를 계획이었다. 즉, 가능하면 프리솔로로 등반하고 어려운 곳은 데이지체인을 쓸 작정이었다. 나는 '킹 스윙' 같은 몇 번의 펜듈럼과 '그레이트 루프'를 위해 로프를 준비했다.

처음 세 피치는 모든 것이 순조로웠고 예상보다 쉬웠다. 네 번째 피치에서 나는 깜짝 선물을 받았다. 누군가가 시클 레지로 이어지는 까다로운 펜듈럼 구간에 로프를 아주 단단히 고정시켜놓은 것이다. 로프는 시클 레지의 볼트에 고정되어 있었는데, 레지를 따라가며 6개 정도의 볼트에 또다시 고정되어 있었다. 그래서 로프를 손으로 잡고 올라간 나는 번거로운 로프 작업에 들어가는 시간을 많이 절약할 수 있었다. 나는 그런 유용한 등반이 어느 피치에 도착했을 때 그 자리에 있어야 할 고정 확보물이나 결정적인 확보물을 누군가가 떨어뜨렸거나 회수해서, 그에 따르는 작업을 하느라 들어가는 시간을 보상해준다고 생각한다. 클라이머들은 가끔 피치에 로프가 남겨진 행운을 만나기도 한다.

열 번째 피치 다음의 '돌트 타워Dolt Tower'에서 처음으로 휴식을 취했다. 나는 다시 행동식을 먹고 물을 마신 후 시간을 확인했다. 1시간 15분! 이 정도면 상당히 양호한 페이스였다. 그렇다면 헤드램프는 필요 없을 터였다. 나는 톰 에번스Tom Evans가 망원경으로 나를 지켜보고 있을 것 같아 엘캡 초원을 향해 손을 흔들었다. 그의 주위에 내 친구들도 있을까? 내가 오줌을 누는 모습을 그들이 볼지도 모른다는 생각이 들었지만, 그들이 저 아래의 초원에서 나의 일거수일투족을 지켜본다 해도 부끄러워할 일은 아니라는 생각이 들었다.

나는 '부트 플레이크'까지의 짧은 인공등반 구간을 로프솔로로 등반했지만, 실제로 부트 플레이크를 프리솔로로 등반하기 전에 이미 나의 확보를 풀어놓고 있었다. 특히 손이 잘 들어가는 크랙처럼 안전한 곳에서는 로프를 신경 쓰지 않는 것이 나에게는 훨씬 더 편했다. 여전히 엘캡에서 확보 없이 등반하는 것은 신나는 일이었다.

'그레이트 루프'까지는 등반에 큰 문제가 없었다. 나는 그곳을 전통적인 로프솔로 등반으로 넘어갈 작정이었다. 나는 혹시 필요할지 몰라 주마도 한 개 가지고 있었다. 그곳은 내가 진정으로 로프솔로 등반을 한 첫 번째 피치였지만, 등반은 순조롭게 진행됐다. 주마링을 하면서 피로를 느낀 나는 더 이상 로프솔로 등반을 하지 않기로 했다. 시간이 더 걸리더라도 그곳에서부터 정상까지 데이지체인솔로 등반을 할 작정이었다. 나는 장비를 회수하기 위해 오르락내리락 하기가 싫었다.

'팬케이크 플레이크Pancake Flake' 밑에서 나는 로프를 배낭에 집어넣었다. 그것이 그날의 등반 중 가장 기억에 남는 순간이다. 나는 데이지체인을 사용하지 않고 쉬운 레이백 구간을 프리솔로로 등반하기 시작했다. 나는 상당히 투지가 넘쳤다. 스물세 피치 높이의 아찔한 허공이 내 발밑에 펼쳐져 있다고 생각하니 희열이 밀려왔다. 나는 많은 시즌 동안 서로 다른 프로젝트의 사진을 위해 다양한 루트에서 위험천만한 포즈를 취했었다. 이제 나는 내 인생에서 가장 위험한 등반을 하고 있었다. 하지만 기운이 솟구쳤다.

마지막 여섯 피치는 주로 손이 잘 들어가는 크랙이어서 대부분을 프리솔로로 등반했지만, 나는 점점 더 지쳐가고 있었다. 나는 고정 확보물을 더 많이 잡기 시작했다. (우리는 이것을 알프스에서의 전통적인 스타일을 조롱하듯 빗대 '프랑스식 프리등반'이라 불렀다) '체인징 코너스Changing Corners'를 등반하면서 그늘 속으로 들어가자 조금 살 것 같았다. 오후 내내 햇볕에 시달리며 등반한 나는 몹시 지쳤고, 뜨겁고 꽉 조이는 암벽화로 인해 발이 아팠다. 마지막 두 피치에서 나는 노즈 밑에서 쳐다보았던 팀을 따라잡았다. 나는 앵커에 매달려 행동식을 먹으며 귀여운 확보자와 이야기를 나누었다. 하지만 시원한 그늘에서 놀고 싶은 만큼이나 나는 정상에 빨리 올라가고 싶었다. 그래서 양해를 구한 다음, 선등자를 지나 정상까지 쉬지 않고 올라갔다.

정상에 올라서자 사뭇 흥분됐다. 타이머는 5시간 50분을 가리키고 있었다. 하지만 나는 두 번째 피치에서부터 타이머를 작동시켰기 때문에 등반 시간을 6시간으로 계산했다. 첫 번째 피치에서 많은 사람들로 인해 산만해져 타이머 작동을 깜빡했다.

　나는 한나절 만에 하프돔과 엘캡의 연결등반을 해냈다는 것이 믿어지지 않았다. 이 솔로등반은 오랜 시간 동안 경외의 대상이었는데, 막상 내가 하고 나니 꿈같이 느껴졌다.

　솔직히, 내려올 때나 내려온 다음 내가 무엇을 했는지는 기억이 잘 나지 않는다. 그런 것은 실제 등반만큼 중요하지 않았을 것이다. 이상하게도, 나는 '글로어링 스폿Glowering Spot'에서 설치한 확보물은 모두 기억이 나는데, 그날 저녁 어디에서 누구와 함께 저녁을 먹었는지는 기억이 잘 나지 않는다.

알렉스의 하프돔-노즈 연결등반은 하프돔에서 걸어 내려와 자전거를 타고, 차를 타고, 엘캡 밑까지 걸어 올라간 것까지 포함해 11시간이 조금 더 걸렸다. 그것은 알렉스가 '큰 꿈(그가 가장 좋아하는 모토 중 하나)'에 대해 처음으로 영감을 받은 위업인 2002년 딘 포터의 데이지체인솔로 연결등반의 절반도 안 되는 시간이었다. 물론 전통적인 루트에서의 속도등반이라는 측면에서 본다면 요세미티의 10년은 긴 세월이다. 예를 들어 1999년과 2002년 사이를 비교하면, 노즈에서의 속도기록 — 둘이 로프를 써가며 동시등반을 하거나, 서로 확보를 봐주지 않고 동시에 움직인 경우 — 은 6시간 1분에서 2시간 40분으로 줄어들었다.

　여전히 알렉스는 2010년 6월 두 루트에서 마치 마라톤을 뛰는 것처럼 등반하며 세운 솔로등반 속도 신기록과 연결등반 속도 신기록(둘 다 파트너가 있고 없고를 떠나)에 대해 당당한 자부심을 느꼈다. 하지만 이 대단한 성과는 알렉스가 문라이트 버트레스나 하프돔을 프리솔로로 등반했을 때만큼 큰 반향을 불러일으키지는 않았다. 등산잡지들은 그에게 의례적인 경의를 표했다. 『알피니스트』는 알렉스를 졸라서 그날의 등반을 요약한 이메일 ─ 편집장이 '특유의 차분한 어조'라고 평가한 ─ 을 받아냈다. 산악계의 이름난 해설가인 스튜어트 그린Stewart Green은 알렉스를 인정했다. "알렉스의 놀라운 등반이 어떻게 이루어졌는지는 알기 어렵다. 어떤 말로도 그 등반의 곤란과 위험을 표현할 수 없다. 그것은 그저 순수한 강인함이다. 솔직히 말하자. 이 친구는 정말 대단하다. 알렉스! 더 높이 날아라. 그리고 몸 조심해라."

계곡에서 알렉스의 별명인 "알렉스 '무덤덤한' 호놀드"가 그의 혁신적인 연결등반에 대한 조용한 반응을 설명하는 데 도움이 될 것이다. 그가 몇 주 뒤에 자신의 후원사 중 하나인 블랙다이아몬드를 위해 쓴 글을 보면, 감탄사가 붙어야 할 최상급 표현은 짧고, "상당히 평범한", "예상보다 쉬운" 그리고 "매우 보통인" 같은 문구가 들어간 문장은 길다.

등반 경력을 통틀어 대중들이 그의 프리솔로 등반에는 열광하면서도 속도기록을 경신하며 이루어낸 거벽에서의 대단한 연결등반에 대해서는 저평가하는 일이 알렉스에게는 약간 우스꽝스럽게 보였다. 물론 등반을 하지 않는 관객들은 영상을 몇 초만 봐도 프리솔로 등반의 냉혹한 단순성, 즉 떨어지면 죽는다는 사실을 아주 쉽게 이해할 수 있다. 관객들이 데이지체인솔로 등반의 가혹함을 제대로 이해하기는 쉽지 않다. 특히 알렉스가 등반하는 방식에서 '이제 안전해'와 '이제 아니야' 사이를 끊임없이 오가는 대단히 힘든 정신적 춤사위는 더욱 더 그렇다. 보통의 관객들이 범하는 무언의 오류는 알렉스의 용감한 데이지체인솔로 등반이 어려운 구간에서는 모두 고정 확보물을 이용하거나, 캠을 설치해 그 게임의 극한도 전을 들어낸다고 생각하는 것이다. 그것은 전혀 사실이 아니다. 그리고 알렉스가 "난 서둘러야 하는 게 싫다."라고 말했지만, 그는 어떤 피치에서는 프리솔로로 등반하고 또 어떤 피치에서는 데이지체인 등반으로 수월하게 넘어갈 것인지 재빠르게 계산하면서 거벽에서의 등반 속도를 높이기 위해 분투한다. 이런 점에서 본다면, 등반자의 추락을 잡아주는 것은 고사하고 수년간 외부에 노출되어 등반자의 몸무게조차 안전하게 지탱할 수 없는 고정 확보물에 목숨을 맡기는 것은 상당한 모험이다.

기록을 세운 두 루트의 연결등반 후에도 알렉스가 요세미티에서 연결등반을 끝낸 것은 아니었다. 그의 궁극적인 목표는 요세미티의 엘캡과 하프돔만이 아니라, 마운트 왓킨스Mount Watkins의 남벽까지 셋을 한꺼번에 연결해서 등반하는 것이었다. 이 셋은 요세미티에서 가장 두드러진 벽이다. 이들을 연결하기 위해서는 기술적인 완성도뿐만 아니라 세계 최정상급의 장거리달리기 선수에게 필요한 스태미나가 요구된다.

다시 한번 알렉스에게 이런 방법을 보여준 롤 모델은 2001년 티미 오닐Timmy O'Neill과 세 곳 모두를 단 하루 만에 올라간 딘 포터였다. 그 연결등반에서 포터와 오닐은 프리등반과 함께 상당히 어려운 구간을 확보물의 도움을 받아 넘어가는 소위 '프랑스식 프리등반'을 섞어서 구사했다. 그것은 2001년에 가능하다고 여겨지는 경계선을 한껏 밀어붙인 기념비적인 업적이었다. (오늘날에도 권위적인 웹사이트 슈퍼토포닷컴에는 마운트 왓킨스 남벽은 2~3일, 하프돔 레귤러 노스웨스트 페이스 루트는 3일, 엘캡의 노즈는 5일이 '통상적으로 걸리는 시간'으로 나와 있다)

2012년 봄 알렉스는 요세미티로 돌아왔다. 이번에 그는 자신의 또 다른 롤 모델인 토미 콜드웰과 짝을 이루었다. 콜드웰이 알렉스보다 일곱 살 많았지만, 1940년대와 1950년대에 단짝을 이룬 프랑스의 리오넬 테레이와 루이 라슈날Louis Lachenal이나 1990년대와 2000년대 독일의 알렉스와 토마스 후버 형제처럼, 이제 이 듀오는 등반역사를 새로 쓰는 운명의 파트너가 된다. 이들은 클라이머로서 서로의 단점을 보완하면서 각자 최고의 기량을 이끌어냈고, 치열한 사투를 벌일 때도 친한 친구가 함께 어울리고 즐겁게 지내는 것처럼 사이가 좋았다.

새크라멘토에서 보낸 10대 시절, 이미 나는 토미 콜드웰의 뛰어난 거벽등반 기록을 알고 있었다. 그는 5.14a의 '다이히드럴 월Dihedral Wall'과 '매직 머쉬룸Magic Mushroom' 같은 엘캡의 루트들을 최초로 프리등반 한 전문가 같았다. 더구나 그는 콜로라도의 '포트리스 오브 솔리튜드Fortress of Solitude'에 있는 '플렉스 루터Flex Luthor'를 완등해 스포츠클라이머로서도 발군의 실력을 뽐냈다. 5.15a에 이르는 그 짧은 루트는 내가 10대였을 때 미국 내에서 등반된 가장 어려운 곳이었다. 2006년 그는 파타고니아의 첫 원정에서 파트너들과 함께 피츠 로이의 아름다운 루트 '리니아 드 엘레간사Línea de Eleganza'를 최초로 프리등반 했다. (많은 장비에 의존해 인공등반으로 성공한 이탈리아 팀의 초등은 9일이 걸렸다. 모든 피치를 온사이트로 오른 토미의 팀은 이틀 만에 등반을 끝냈다)

　　나는 토미가 거둔 성공의 중요한 열쇠가 그의 등반 철학이라고 생각한다. 그는 성공을 위해서라면 루트의 출발지점까지 4시간을 걸어 올라가, 빗속에서 8시간이나 벽에 매달리는 사람이다. 아니면 그는 엄청난 양의 짐을 엘캡 꼭대기로 져 나른 다음 잠재적인 프로젝트를 확인하기 위해 로프를 타고 하강할 것이다. 2014년 가을까지 토미는 엘캡의 '돈 월Dawn Wall' 최초 프리등반을 위해 7년 연속 그곳에 매달렸다. 그는 그것을 세계에서 가장 어려운 거벽 프리등반이라고 선언했다. 나는 한 개의 루트를 위해 거의 10년 동안 시즌이 될 때마다 공을 들이는 그 끈기와 추진력을 오직 상상만 할 수 있을 뿐이다. 과연 나에게는 그렇게 오랜 도전을 할 만한 인내심이 있을까?

토미는 또한 어느 누구도 겪고 싶지 않은 경험까지 했다. 스물세 살이던 2000년 키르기스스탄에서 그는 자신의 여자 친구 베스 로든Beth Rodden(후에 부인이 됨)을 비롯한 두 명의 동료들과 함께 바닥으로부터 300미터 높이에 있는 포타레지에서 지내던 중 반군이 총을 쏘는 바람에 할 수 없이 벽에서 내려와야 했다. 일단 바닥으로 내려온 그들 넷은 그대로 생포되었고, 정부군에 쫓겨 도망 다니는 납치범들에게 며칠 동안 몸을 숨기며 끌려 다녀야 했다. 반군에 붙잡힌 불운한 정부군 한 명은 한밤중에 보이지 않는 곳에서 처형됐다. 토미와 베스, 다른 두 명의 동료는 자신들도 처형을 당할 것이라 믿었다. 어느 날 밤 그들은 탈출에 성공했다. 토미가 자신들을 감시하던 반군 한 명을 절벽 밑으로 밀어버린 것이다.(놀랍게도 그 반군은 살아남았고, 정부군에 붙잡혀 사형선고를 받고 투옥됐다) 그들 젊은 클라이머 넷은 정부군이 있는 최전선 쪽으로 도망치다 총에 맞을 뻔하기도 했다. 이 기막힌 모험은 그렉 차일드Greg Child의 드라마틱한 책『한계를 넘어Over the Edge』에 적나라하게 묘사되어 있다.

바로 그다음 해인 2001년, 토미는 왼쪽 엄지손가락이 테이블 톱에 잘리는 사고를 당했다. 그런 불행한 일로 그의 등반경력은 끝장이 날 수도 있었다. 토미는 잘린 손가락을 꿰매서 붙였지만, 등반에 방해되자 그것을 제거했다. 그는 이제 서른일곱이 되었지만 손가락 한 마디 없이도

변함없이 등반에 열중하고 있다.

그래서 나는 멀리서나마 토미를 항상 존경하고 있었는데, 함께 등반을 하면서 그가 친절하고 너그럽고 이타적인 사람이라는 것을 알고 기뻤다. 다른 프로 클라이머들과 달리 토미는 자기자랑을 절대 하지 않는다. 그로 인해 그는 충분한 인정을 받지 못하는 것 같다.

2012년 5월, 요세미티 트리플(마운트 왓킨스 남벽, 엘캡에 있는 기존의 살라테 월을 넘나드는 프리라이더Freerider 그리고 하프돔의 레귤러 노스웨스트 페이스)에 대한 그의 아이디어는 이 세 루트를 단지 하루 만에 등반하는 것이 아니라, 그 모두를 프리로 등반하는 것이었다. 나는 그것이 결코 만만찮은 과제라는 것을 알고 있었지만, 이토록 강인하고 의욕적인 파트너와 함께 시도해볼 수 있다는 생각에 마음이 들떴다.

5월 18일 오후 4시 45분 우리는 왓킨스를 오르기 시작했다. 계곡이 너무 더워 우리는 최대한 그늘에서 등반을 할 수 있도록 계획을 짰다. 오늘날 우리들이 속도를 올리기 위해 거벽에서 구사하는 기술은 동시등반이다. 예를 들면, 한 사람이 장비를 가지고 한 피치가 아니라 250미터에서 300미터 정도를 계속 선등으로 전진하는 것이다. 그는 확보를 보기 위해 등반을 멈추지 않는다. 로프가 팽팽해지면 두 번째 사람도 동시에 등반을 시작한다. 그러므로 '동시등반'이다. 선등자가 캠이나 너트를 설치하거나 고정된 확보물에 로프를 통과시키면, 둘 중 하나가 추락할 경우 두 사람 사이의 로프가 팽팽해져 요요효과처럼 둘 모두를 잡아주게 된다. 따라서 확보물만 제대로 설치되면 동시등반을 하다 참혹하게 나가떨어져도 큰 부상을 당하지 않을 수 있다.

아이러니컬하게도, 동시등반에서 가장 위험한 상황은 후등자가 추락할 때이다. 선등자가 추락하면, 후등자에게 연결된 로프가 순간적으로 팽팽해져, 후등자는 무의식중에 일종의 앵커 역할을 하게 된다. 그러나 후등자가 추락하면 선등자를 뒤로 낚아챌 수 있다. 확보물이 아무리 잘 설치되어 있다 하더라도 둘이 동시에 추락하면 좋지 않다.

그러나 토미와 내가 트리플을 성공적으로 마칠 수 있었던 것은 어느 정도 콩 덕Kong Duck이나 페슬의 미니 트랙션 덕분이었다. 이것들은 로프가 한쪽으로만 빠지는 도르래이다. 이것들은 적절하게만 설치되면, 후등자가 상당히 어려운 지형 — 나가떨어지기 딱 알맞은 곳 — 을 요령껏 등반할 수 있도록 도와준다. 이것들이 후등자로 하여금 5.12 난이도의 피치도 안전하게 등반할 수 있도록 해주었기 때문에 토미와 나는 등반을 아주 길게 끊어 — 때로는 한 번에 300미터도 넘게 — 등반했다.

토미와 나는 우리가 구간이라 부르는 곳 — 보통 25미터에서 45미터에 이르는 전통적인 피치의 열두세 배 정도의 길이 — 을 번갈아 선등했다. 선등자는 확보물을 설치하며 등반해야 하기 때문에 어느 순간에는 장비가 다 떨어질 수밖에 없다. 그러면 후등자가 회수한 장비로 역할을 교대해야 한다. 우리는 이 구간을 펜듈럼이나 클라이밍 다운, 또는 평소와 다른 조치를 해야 하는 곳과 같이 보통 동시등반보다는 로프를 훨씬 더 조심해서 다루어야 하는 레지 등에서 끝나도록 미리 계획을 세웠다.

우리는 왓킨스를 2시간 40분이라는 만족스러운 시간에 올랐다. 왓킨스는 난이도가 5.13a에 이르지만 우리 둘 다 어느 누구도 추락하지 않았다. 그곳에서부터 걷고 차를 몰고 음식을 먹고 물을 마시다 보니, 우리가 프리라이더 밑에 도착했을 때는 어느덧 밤 10시 45분이었다. 우리는 엘캡의 모든 구간을 계획대로 어둠속에서 등반할 작정이었다. 만약 헤드램프로 모든 홀드와 스탠스를 찾아낼 수 있을 만큼 익숙해서 루트를 벗어나지 않을 자신만 있다면, 야간에 등반하는 것은 보기보다 어렵지 않다.

여러 면에서 엘캡의 프리라이더가 우리 모험의 클라이맥스였다. 기억에 가장 오래도록 남은 일이 새벽에 일어났다. 토미가 어려운 코너 중 하나를 선등으로 오르고 있었다. 그는 앵커를 출발하면서 "너무나 피곤해서 레이백은 못 하겠어. 그냥 스테밍 자세로 갈래."라고 말하고 그 피치 전체를 완벽하게 올라갔다. 나는 그것이 가능한지 생각조차 하지 못했다. 한밤중이라 어두워서 발도 제대로 보이지 않았는데, 그는 헤드램프로도 잘 보이지 않는 작은 스탠스를 믿고 디디며 한 발 한 발 스테밍 자세로 올라갔다.

토미는 이런 등반에서 발군의 실력을 뽐냈다. 그는 화강암 등반을 정말 잘하기 때문에 그가 상황을 어떻게 순간적으로 대처하면서 헤쳐 나가는지를 지켜보는 것은 정말 멋진 일이었다.

우리는 새벽 5시가 조금 넘어 동이 막 트기 시작할 무렵 엘캡의 정상에 도착했다. 결국 6시간 15분 만에 프리라이더를 끝냈는데, 이 정도면 역시 상당히 양호한 시간이었다. 토미는 크럭스인 페이스 등반 구간에서 두 번 추락했지만, 그때는 우리가 동시등반을 하지 않고 내가 그를 확보하고 있었기 때문에 큰 문제가 없었다. 나는 어느 곳에서도 추락하지 않았다.

우리의 가장 큰 적인 피로가 하프돔에서는 정말 크나큰 부담으로 작용했다. 21시간을 쉬지 않고 벽에 매달린 후 5.12+를 프리로 등반하는 것은 정말 지치는 일이었다. 너무나 힘이 들어 실패할 가능성 — 장비를 사용하거나 고정 확보물을 잡는 '반칙'을 한다 할지라도 — 은 항상 잠복해 있었다. 레귤러 노스웨스트 페이스의 5.12c 변형루트에서 우리는 온힘을 쏟아야 했다.

세 루트에는 각각 특징적인 크럭스가 있다. 그런 곳에 도착했을 때 우리는 마음의 준비를 단단히 했지만 결과는 괜찮았다. 실제적인 시험은 전반적으로 가중되는 시련을 이겨내는 일이었다. 피곤해질수록 발이 점점 더 아프다. 따라서 연결등반이 그렇게 재미있는 일은 아니다. 12시간이나 14시간이 지나고 나면 '아! 정말 즐거운 시간을 보내고 있네.'라는 생각은 들지 않는다. 어쨌든 등반은 재미가 있어야 멋지다는 생각도 든다.

5월 19일 오후 2시 우리는 하프돔 정상에 섰다. 따라서 우리의 시간 기록은 21시간 15분이었다. 우리는 속도에서도 신기록을 세웠고, 요세미티의 거벽 셋을 프리 연결등반으로 완성하는 최초의 기록을 세우기도 했다.

수직으로 모두 더하면 2,150미터에 개념도상 일흔 피치의 가파른 화강암을 한 번도 추락하지 않고 등반했다는 것이 나로서는 몹시 자랑스러웠다. 2015년 현재, 시간이 얼마나 걸리느냐를 떠나, 어느 누구도 우리의 프리 연결등반을 따라하지 않은 것 역시 만족스러웠다.

콜드웰과의 요세미티 트리플 크라운 등반은 기념비적인 업적이었지만, 알렉스는 그 등반을 워밍업 정도로 여겼다. 몇 달 동안 그가 마음속에 품은 목표는 트리플 솔로등반이었다. 물론 모든 피치를 프리로 등반하는 것이 아니라 로프솔로와 데이지체인솔로를 적절히 섞는 방식이었다. 훗날 그는 이렇게 주장했다. "토미와의 트리플 등반이 데이지체인솔로 등반보다 육체적으로 더 힘들 것이라는 사실을 알고 있었습니다. 왜냐하면 지친 몸으로 5.12+를 등반하는 것은 그곳을 '프랑스식 프리등반'으로 오르는 것보다 더 힘든 일이니까요. 트리플을 토미와 프리등반 함으로써, 나는 솔로 연결등반으로 하프돔에 오르면 내가 얼마나 지칠지 알게 되었습니다."

「얼론 온 더 월」의 성공 이후, 피터 모티머와 센더 필름스는 알렉스와 긴밀한 연락을 유지하고 있었다. 이제 그들은 트리플 솔로를 소재로「호놀드 3.0Honnold 3.0」이라는 제목의 새로운 영상을 만들자고 알렉스에게 제안했다. 모티머와 그의 팀에게 이것은 새로운 도전이 될 터였다. 알렉스가 밤낮으로 오랫동안 연결등반을 할 것이기 때문에 문라이트 버트레스와 하프돔에서의 프리솔로 등반처럼 연출된 재현이 아니라, 라이브로 촬영해야 하는 문제가 발생한 것이다. 따라서 재촬영이나 리허설도 없을 것이고, 카메라가 중요한 장면을 놓친다면 그저 안타까운 일이 될 터였다.

실행계획 면에서 이런 촬영은 복잡한 도전을 요구한다. 카메라맨은 알렉스가 나타나기 훨씬 전부터 세 벽의 적절한 위치로 로프 하강을 한 다음 마냥 시간을 보내면서 그가 나타나기를 기다려야 한다. 알렉스가 부담을 느끼지 않고 등반할 수 있도록 모티머는 카메라맨을 최고의 클라이머이자 알렉스와 친한 친구들로 구성했다. 그들은 벤 디토Ben Ditto, 체인 렘프Cheyne Lempe, 마이키 섀퍼Mikey Schaefer, 숀 리어리Sean Leary와 모티머 자신이었다.

하지만 모티머의 관점에서 보면, 이런 프로젝트는 사실「얼론 온 더 월」을 찍는 것보다 스트레스를 덜 받는다. 지금에 와서 그는 이렇게 회상했다. "내게는 명확한 윤리적 경계선이 있었습니다. 최악의 시나리오는 이런 거죠. 만약 알렉스가 자신이 원하는 곳을 등반하다 추락해 죽으면 그건 그가 선택한 것으로 남습니다. 그러나 재현을 하다 죽으면 내가 알렉스를 죽였다는 죄책감을 벗어날 수 없습니다. 난 평생 그 짐을 안고 살아야 합니다."

그렇다 해도 알렉스의 일거수일투족을 찍는 것은 영상 제작자들에게 만만찮은 일이었다. 2011년 6월, '60분'이라는 알렉스 인터뷰에 쓰일 장면을 제공하기 위해 모티머는 요세미티에서 또 다른 프리솔로 등반을 찍는 것에 동의했다. 예고편으로 내보낼 장면을 위해 알렉스는 확고한 5.13a로 평가받는 40미터짜리 싱글 피치 '피닉스Phoenix'를 등반하기로 했다. 그곳은 계곡 바닥에서부터 150미터 위 깎아지른 벼랑 위에 있기 때문에 등반을 하려면 출발지점까지 로프로 하강을 해야 한다.

모티머는 불안한 마음을 감출 수 없었다. 그는 이렇게 회상했다. "알렉스에게 '두 번 찍는 일은 하지 말자.'라고 말하려던 참이었는데, 알렉스가 이렇게 제안했습니다. '내일 아침에 저놈의 피닉스를 등반할 건데, 올래요?'"

"내가 거기 가도 돼?"

"물론이죠."

다음 날 모티머는 자리를 잡았다. "난 카메라로 그를 줌인zoom in 했습니다. 난 그가 붙잡은 홀드의 현실을 절실히 깨달았습니다. 믿을 수 없을 정도로 삭막했죠. 오버행인데 그의 양발은 그냥 허공에서 놀았습니다. 그 화강암은 근처 폭포에서 사방으로 흩뿌리는 물보라로 인해 미끄러워 보였습니다. 그리고 얕은 크랙 안에 들어간 건 세 손가락 끝뿐이었습니다."라고 그는 기억했다.

"난 심장이 떨렸습니다. 내 인생에서 가장 무서운 순간이었습니다. 난 그 모습을 차마 줌인으로 볼 수가 없어, 줌아웃zoom out 했습니다."

알렉스는 정확히 8분 만에 피닉스를 끝냈다. 그것은 요세미티에서 프리솔로로 등반된 최초의 5.13 루트였다.

모티머는 다른 일화도 들려주었다. 이번에는 브렛 로웰Brett Lowell이라는 카메라맨이 센더의 영상 「밸리 업라이징Valley Uprising」을 위해 역시 계곡에 있는 둥근 바위봉우리 리버티 캡Liberty Cap의 한 루트를 프리솔로로 등반할 때 일어난 일이었다. 그는 새로 나온 값비싼 카메라를 가지고 있었다. 그는 자리를 잡고 촬영할 준비를 끝냈다. 그러자 알렉스가 가까이 다가와 카메라로부터 불과 몇 미터 떨어지지 않은 곳에서 벙어리 크랙을 통해 가파른 슬랩으로 붙었다. 그 정도는 알렉스에게 아이들 장난에 불과했다. 하지만 카메라맨이 그 장면을 놓치자 위로 올라갔던 그는 클라이밍 다운으로 내려온 다음 다시 올라갔다.

"브렛은 정신을 잃을 뻔했습니다. 그는 이렇게 생각했습니다. '젠장, 내가 이 녀석 떨어져 죽는 장면을 찍는 거 아냐.' 그는 새파랗게 질렸습니다. 브렛의 정신적 고통을 눈치 챈 알렉스는 등반 동작을 이어가던 중 이렇게 말했습니다. '이거 별 거 아네요. 등반은 본래 이렇게 하는 거예요.'"

나의 트리플 크라운 프리솔로 등반을 영상으로 남기기 위해 센더의 친구들은 복잡하기 짝이 없는 물류 문제를 처리해야 했다. 하지만 그들이 곁에 있어서 사실 나는 편하고 즐거웠다. 데이지체인솔로 등반은 로프와 안전벨트가 있어 언제든 매달리면 되기 때문에 프리솔로 등반만큼 집중하지 않아도 된다. 따라서 주위에 다른 사람이 있어도 큰 상관이 없다. 만약 내가 프리솔로 등반을 하는 데 옆에 카메라맨이 있다면 나는 집중력을 유지하기가 힘들 것이다. 하지만 밤새 등반하는데 친구들이 주위에 있다면 얼마나 멋진 일인가!

또한 촬영 팀 덕분에 나는 물류 문제를 쉽게 해결할 수 있었다. 만약 혼자였다면 나는 루트 사이를 이동하는 차량 문제를 어떻게 해결할지 고민해야 했을 것이다. 그것은 상당히 귀찮은 일이다. 그러나 영상 제작자들 덕분에 나는 미리 준비된 차에 올라탈 수 있었다. 더구나 정상에서 그들은 나에게 음식과 물을 주었다. 만약 혼자 그런 등반을 한다면 나는 루트의 곳곳에 식량과 물을 미리 준비해두어야만 할 것이다.

2012년 6월 5일 오후 4시 나는 마운트 왓킨스의 남벽을 오르기 시작했다. 전날 비가 와서 아래쪽 피치들은 미끄럽기도 했고 벌레들도 있었지만, 등반은 비교적 수월했다. 나는 그 남벽을 2주 전 토미와 함께 등반했을 때보다 20분이 빠른 2시간 20분 만에 끝냈다.

엘캡의 출발지점으로 가기 위해 올라탄 밴 안은 난장판이었다. 바닥은 온갖 잡동사니 ─ 영상 제작자들의 카메라케이스들과 앨캡에서는 다른 장비들을 써야 해서 내가 챙겨놓은 등반장비들 ─ 로 정신이 없었다. 나는 음식을 먹고 수분을 보충했다. 그러자 어느덧 사방이 깜깜했다. 나는 노즈를 밤 9시 30분에 오르기 시작했다. 그런데 45미터쯤 올라가고 나서야 초크백을 두고 왔다는 사실을 깨달았다. 그것은 분명 밴의 잡동사니 속에 있을 터였다. "이런, 젠장." 나도 모르게 푸념이 흘러나왔다. 도로 내려가 초크백을 가져올까도 잠시 고민했지만, 밴은 이미 가버리고 없을 터였다. 그래서 나는 초크백도 없이 그냥 등반했다. 아래쪽 피치들은 물기가 있어 동작이 어렵고 부자연스러웠다.

밤에 하는 등반은 낮에 하는 것보다 주위가 더 조용해 그만큼 더 외롭다. 그러나 어떤 면에서는 아찔한 현기증을 느끼지 않을 수도 있다. 클라이머는 오직 동그란 헤드램프 불빛 안에서만 움직이기 때문이다. 5미터쯤 되는 빛줄기가 세상의 모든 것이 된다. 이제 모든 지형에 익숙해진 나는 루트를 벗어날 염려를 하지 않아도 된다. 그렇다 해도 어둠속의 발밑이 허공이라는 사실은 느낄 수 있다. 마치 바닥이 없는 심연의 망망대해에서 혼자 헤엄치는 것 같다.

300미터쯤 위에 있는 돌트 타워에 도착하니 그곳에 두 팀이 있었다. 한 팀의 두 명은 비박을 하고 있었고, 다른 팀의 두 명은 식사준비를 하고 있었다. 인사말을 주고받은 후 내가 조심스럽게 물었다. "혹시 초크백 좀 빌릴 수 없을까요?" 그러자 스티브 데니Steve Denny라는 클라이머가 기꺼이 자기 것을 내주었다. 펠트 재질에 새것인 그 초크백 안에는 초크도 가득 들어 있었다. 그 안에 손을 집어넣어본 나는 대단한 만족감을 느꼈다. 나는 스티브에게 감사를 표한 후 그가 도로 가져갈 수 있도록 정상에 있는 나무에 묶어놓겠다고 약속했다. 그런 다음 등반을 계속했다.

어둠속에서 등반할 때 이상한 점은 모든 생명체가 밖으로 기어 나온다는 것이다. 벌레, 쥐, 박쥐, 심지어는 크랙 안에 사는 개구리, 그리고 엄청나게 큰 지네같이 생긴 곤충까지. 나는 내가 그런 것들을 무의식중에 밟아 미끄러질까 봐 항상 조심했다. 그때 갑자기 '휙!' 하는 소리와 함께 날카로운 외침이 들렸다. 나는 기겁을 했다. 잠시 후 나는 그 소리의 정체가 BASE 점퍼라는 사실을 알았다. 사실 그는 내 친구이다. 그러나 나는 그의 이름을 여기에서는 밝히지 않겠다. 왜냐하면 공원 안에서는 BASE 점핑이 불법이기 때문인데, 바로 이런 이유로 그가 한밤중에 뛰어내린 것이다.

그레이트 루프에서 나는 스탠리Stanley를 만났다. 사실 그의 이름은 숀 리어리이지만 누구나 그를 스탠리라고 부른다. 그레이트 루프에서 나를 촬영한 그는 노즈의 나머지 구간을 나와 함께 등반해 올라갔다. 내가 데이지체인솔로 등반을 하는 동안 그가 주마링으로 뒤따라온 것이다. 사실 우리는 등반을 하면서 노즈에서의 속도기록처럼 다른 관심사를 놓고 잡담을 주고받았다. 그는 몹시도 그 기록에 도전하고 싶어 했다. "잠깐만, 집중을 좀 해야 돼."라고 내가 말한 몇 곳을 제외하고 딱히 심하게 집중해야 할 곳은 없었다.

나는 사방이 여전히 어둠에 잠긴 새벽 3시 30분에 노즈를 끝냈다. 등반에 6시간이 걸렸는데, 이것은 내가 토미와 함께 프리라이더를 등반했을 때보다 15분 빠른 기록이었다.

연결등반 전체에서 심리적 크럭스는 사실 내가 하프돔까지 걸어 올라가는 구간이었다. 그때부터 나는 몹시 지쳤다. 등반은 괴로울 정도로 더뎠지만 이제 막바지였다. 정상 근처에서 나는 우연히 마이크 고티어 Mike Gauthier를 만났는데, 공원관리소장인 그는 다른 레인저들과 달리 등반도 잘했다. (전통적으로, 요세미티 계곡 안에서는 레인저와 클라이머 사이에 꾸준한 대립이 있어왔다) 그는 '엑세스펀드Access Fund', 즉 미국 전역에서 등반 대상지로 자유로운 접근이 가능하도록 하는 데 힘을 쏟는 비영리단체에서 일하는 한 사람과 로프를 묶고 있었다. 우리는 두어 피치를 나란히 등반했다. 처음 만난 마이크는 정말 좋은 사람 같았다. 나는 그런 모습이 좋았다. 국립공원관리공단의 고위 임원이자 진지한 클라이머와 엑세스펀드의 한 사람이 파트너를 이룬 모습이. 더 이상 무슨 말이 필요할까? 나는 등반을 계속했다.

오전 10시 55분, 나는 트레커들로 시끌벅적한 정상에 도착했다. 너무 지친 탓인지 어수선하기 짝이 없는 정상의 모습이 내게는 낯설게만 느껴졌다. 전체 등반시간은 18시간 55분이었다. 이것은 속도에서 또 하나의 신기록이었지만, 등반이 끝났다는 사실에 나는 오히려 기분이 더 좋았다.

그로부터 나흘 후 엘캡 정상에 올라선 스티브 데니는 내가 나무에 묶어놓은 초크백을 회수했다.

2012년에 공개된 「호놀드 3.0」은 '릴 록 7' 시리즈의 세 번째 영상이었는데, 모든 면에서 「얼론 온 더 월」만큼 기술적으로 뛰어나고 인상적이었다. 요세미티의 트리플 솔로등반은 그 영상에서 절반 조금 넘는 분량을 차지하지만 당연히 클라이맥스였다. 앞부분이 끝나고 나서 그다음 장면이 '60분'에 출연한 알렉스의 모습과 시티뱅크의 기발한 광고에서의 역할 — 여기서 알렉스는 유타의 사암 타워를 오르는 케이티 브라운(이전에 알렉스와 잠깐 교제한 여자 친구)을 확보 본다 — 로 넘어간다. 영상은 유명세가 그를 타락하고 위태롭게 만들었는지 질문을 퍼붓는 장면을 보여준다. 그의 친한 친구 시다 라이트가 말한다. "이거 대중들이 좋아하는 스펙터클이 되겠는데…."

그때 트리플을 솔로등반하는 장면이 친구들의 잡담과 알렉스 자신의 해설 사이에 자연스럽게 삽입된다. 그 연결등반을 기대하는 라이트는 이렇게 선언한다. "만약 그가 이 위업을 성공적으로 끝내면, 이건 요세미티의 역사에 있어서 가장 기념비적인 솔로등반이 될 겁니다."

왓킨스에서 카메라는 데이지체인솔로에서 프리솔로로 등반을 바꾸면서 춤을 추는 듯한 무서운 장면을 힘 있게 잡아낸다. 특히 볼트 간격이 멀어서 알렉스가 그다음 확보물까지 긴 거리를 안전장치도 없이 등반하는 장면이 압권이다. 이것은 '이제 안전해'와 '이제 아니야' 사이를 왔다 갔다 하는 모습을 아주 생생하게 담아낸다. 그때 알렉스의 이런 목소리가 나온다. "이걸 거절했어야만 하지 않았을까요? 왜냐하면 아무리 내가 좋아하고 재미있어 해도, 기본적으로 사람들은 이렇게 하면 안 되기 때문입니다." 그러면서 그는 이 역설적인 멘트 장면에서 씩 웃는다.

왓킨스 남벽 300미터 위에서 영상은 「얼론 온 더 월」의 '생크 갓 레지' 위에서 만큼 유명한 순간을 보여준다. 프리솔로로 등반하던 알렉스가 3미터도 안 떨어진 곳에서 카메라를 향해 다가온다. 바로 그곳에 볼트가 있기 때문이다. 화면에는 알렉스의 발이나 머리 위 높은 곳의 경사진 홀드를 잡고 있는 손가락이 나오지 않는다. 그는 볼트를 향해 왼손을 뻗어 거리가 얼마나 되는지 가늠한다. 그의 손가락이 볼트에 닿을락 말락한다. 그러나 데이지체인을 쓰면 볼트에 카라비너를 걸 수 있다. 그는 안전벨트를 조심스럽게 더듬어 데이지체인을 빼낸 다음 그 중간 고리를 이빨로 물고 안전벨트에 걸린 카라비너로 손을 가져간다. 그때 갑자기 알렉스의 몸 전체가 아래로 살짝 흘러내린다. 발이 스탠스에서 미끄러진 것이 틀림없다. 그는 어떻게 보이지도 않는 경사진 홀드를 오른손의 손가락으로만 잡고 그 벽에서 버틸 수 있었을까? 모든 사람들이 우려하는 것처럼 언제 그가 맞이하게 될지도 모르는 치명적인 추락에는 얼마나 가까이 다가갔을까?

관객들은 그 순간 변함없이 숨이 턱 하고 막히거나 심지어는 큰 소리로 비명을 지른다. 하지만 영상 속 알렉스의 표정은 변화가 없다. 그는 내린 손으로 카라비너를 빼내고 결국 볼트에 거는 데 성공한다. 그런 다음 데이지체인에 매달린다. '이제 안전해.'

그 결정적 순간에 알렉스가 느낀 심정 변화를 후에 모티머는 이렇게 말했다. "그는 그걸 기억도 못하던데요. 하지만 후에 그는 내게 이런 잔소리를 늘어놓았습니다. '트리플의 수많은 장면 중 하필 왜 그것만 유튜브에 올려요?'"

알렉스는 이렇게 말했다고 한다. "그 순간 난 추락과는 거리가 멀었습니다. 손으로 잡은 홀드가 상당히 좋았거든요. 발이 미끄러진 스탠스는 체중을 실을 만한 곳이 아니었습니다. 난 볼트를 향해 어색한 동작을 취하고 싶진 않았습니다. 영상으로는 좋지 않게 보일 수 있으니까요."

하지만 영상에서, 그 순간 이후에 알렉스가 한 해설은 위험천만한 상황을 인정하는 것이었다. "잘못될 일은 거의 없습니다."라고 그는 말한다. "게임의 일부일 뿐이죠. 이런 일들이 잠깐씩 일어나긴 하지만 나는 계속 등반을 이어갑니다."

당연한 일이지만 3개의 벽 여기저기에 흩어져 자리 잡은 카메라맨의 위치 때문에 이 영상은 연결등반의 하이라이트를 모두 담아내지는 못했다. 알렉스가 어둠속에서 장비를 챙겨 엘캡으로 향하는 장면이 있기는 했지만, 초크백을 깜빡 두고 온 극적인 사건을 제대로 풀어낼 재간이 없었던 센더 필름스는 그것을 그냥 무시했다.

알렉스가 어둠속에서 노즈를 올라가는 장면 중 최고는 원뿔 모양의 헤드램프 불빛이 조그만 홀드를 찾고, 사방을 둘러싼 어둠의 허공 속에서 이리저리 춤추듯 스탠스를 찾는 장면이다. 그리고 우연찮게 그레이트 루프에서 BASE 점퍼의 '휙!' 하는 소리와 날카로운 외침이 오디오에 녹음됐다. 더구나 그레이트 루프에서의 크럭스 동작에 대한 해설은 그 장면을 완벽하게 보완한다. "고정 너트가 위태롭게 걸려 있습니다."라고 알렉스는 해설한다. "아래쪽으로 당긴다면 이내 빠지고 말겠군요. 이곳은 항상 물이 흘러서 이끼가 (크랙) 밖으로 삐져나옵니다. 상당히 겁나는 곳이지요."

엘캡의 정상뿐만 아니라 하프돔의 출발지점으로 올라가기 위한 고된 어프로치인 '죽음의 슬랩'까지도 알렉스와 동행한 숀 리어리는 마지막 루트의 등반을 앞두고 극도로 피곤하고 지친 알렉스의 모습을 포착했다. 추위에 대해 투덜거리는 그는 오직 잠을 좀 자고 싶어 하는 사람으로 비친다. 알렉스는 해설을 통해 '느리게' 올라간 루트의 하단에 대해 위화감을 느꼈다고 토로한다. 하지만 그는 기적적으로 다시 자신의 리듬을 찾는다. 그의 마지막 몇 백 미터의 등반은 가볍고 의기양양해 보인다.

이 영상은 하프돔 정상의 시끌벅적한 장면으로 끝난다. 그가 정상 가까이 올라왔다는 것을 안 수십 명의 트레커들이 벼랑 끝으로 몸을 내민다. "저기 누가 올라오고 있다!"라는 목소리에 이어 "정말 최고야!"라는 말도 들린다.

알렉스가 정상의 넓적한 바위에 지쳐 주저앉자, 트레커들이 다가와 사진을 찍고 악수를 청해도 되는지 묻는다. 그가 이런 상황을 어색하게 받아들였다면, 아마 영상에는 나오지 않았을 것이다. 너그럽게도 그는 자신에게 반한 10대 소녀 넷과 악수를 하고 사진 촬영을 위해 함께 포즈를 취한다.

마지막 해설이 압권이다. "어린 시절 나에게 영감을 준 사람들이 생각납니다."라고 그는 회상한다. "그들은 모두 평범한 사람들이었습니다. 나 역시 평범하게 살아가고 있습니다. 만약 사람들이 나의 행위에서 영감을 받는다면, 그들이 무언가를 얻어간다는 사실에 난 기쁠 겁니다."

두 달이라는 짧은 기간에도 불구하고, 2012년은 알렉스에게 돌파구가 된 한 해였다. 그러나 트리플 크라운 솔로등반 이후에도, 그 시즌에 그는 여전히 요세미티에서 프로젝트를 하나 더 하고 싶어 했다. 하프돔의 정상에 올라선 지 2주도 되지 않아, 알렉스는 계곡에서 가장 치열한 경쟁이 벌어지던 노즈의 속도등반 기록경신에 뛰어들었다.

6장

속도등반

1975년 짐 브리드웰과 존 롱, 빌리 웨스트베이가 노즈를 하루 만에 오르자 모두가 깜짝 놀랐다. 그들이 벽에서 보낸 시간, 즉 15시간도 채 안 되는 시간은 바로 그 전해의 기록을 20시간이나 훌쩍 앞당긴 놀라운 것이었다.

누군가가 나타나 그 전설적인 스톤마스터 트리오보다 더 빨리 오르는 일은 어쩔 수 없는 시대의 흐름이었다. 1979년 프랑스의 에이스 티에리 르노Thierry Renault가 요세미티로 와서 그 기록을 13시간 이내로 줄였다. 유럽의 클라이머들이 계곡에 오면 상당히 어려운 크랙 등반에 애를 먹거나, 혹은 수직의 깎아지른 화강암 벽에 주눅이 든다는 사실로 볼 때 그의 등반은 주목할 만한 사건이었다. 르노가 자신의 업적을 크게 알리지 않는 바람에 그의 파트너가 누구인지는 제대로 기록도 되지 않았다. (속도등반을 기록한 자료에는 단순히 "티에리 '터보' 르노 외 1명"으로 되어 있다)

르노의 기록이 깨지는 데는 5년이라는 시간이 걸렸다. 이번에도 새로운 기록은 해외에서 온 클라이머의 몫이었다. 영국인 던컨 크리츨리 Duncan Critchley와 스위스인 로맹 보글러Romain Vogler는 9시간 반이라는 놀라운 기록으로 노즈를 완등했다.

그때 한스 플로린이 나타났다.

장대높이뛰기 전미 대학 대표선수인 플로린은 열아홉 살 때 고향 캘리포니아에서 등반을 시작했는데, 자신의 장점이 속도라는 것을 곧바로 알아차렸다. 일찍이 그는 X게임에서 3개의 금메달을 따는 등 인공암벽에서 펼쳐지는 모든 속도대회를 사실상 휩쓸었다. 따라서 플로린이 노즈로 관심을 돌린 것은 당연한 일이었다.

1990년 플로린은 스물다섯의 나이에 스티브 슈나이더Steve Schneider와 짝을 이루어 크리츨리-보글러의 기록을 거의 1시간 반이나 단축했다. 엘캡의 출발지점에서 정상까지 그들이 등반하는 데 걸린 시간은 8시간 6분이었다. 그러나 이 신기록도 오래가지 못했다. 피터 크로프트와 데이브 슐츠Dave Schultz가 그 시간을 6시간 40분으로 줄인 것이다.

앞 장에서도 언급했듯이, 솔로등반의 기준을 한껏 끌어올린 크로프트는 어린 시절 알렉스 호놀드가 가장 존경한 클라이머 중 하나였다. 그전 20년 동안 아무도 크로프트의 눈부신 성과를 따라하려 하지 않았기 때문에 2007년 알렉스가 애스트로맨과 로스트럼을 하루 만에 프리솔로로 등반하자, 그는 계곡에서 유명해지기 시작했다. 플로린보다 여섯 살이 많은 크로프트가 노즈에서 신기록을 세웠을 때 그는 서른두 살의 노장이었다.

그러자 곧바로 경쟁이 시작됐다. 기록은 이제 통상의 '몇 시간에 조금 못 미침'이 아니라 분 단위로까지 측정됐다. 경쟁이 자신들의 삶에 미치는 영향을 최소화하려는 동료들과 달리 플로린은 항상 육탄전을 즐긴다고 당당하게 말했다. 1991년 안드레스 푸벨Andres Puhvel과 함께 6시간 1분이라는 기록을 세운 플로린은 왕관을 되찾았다. 그리고 이것은 크로프트가 슐츠와 함께 돌아와서 4시간 48분이라는 믿기 어려울 만큼 놀라운 기록을 세우는 결과를 낳았다.

하지만 이것은 언제나 우호적인 경쟁이었기 때문에 이 두 명의 달인이 함께 짝을 이루어 더 빠른 기록을 세우러 나선 것은 어찌 보면 당연한 일이었다. 1992년 플로린과 크로프트는 4시간 22분의 신기록을 세웠다.

이 기록은 그 후 9년간 유지됐다. 아마도 계곡에 있는 어느 누구도 이런 빛나는 성과를 뛰어넘을 수 있다고 생각하지 못했거나, 아니면 속도기록이 단순히 더 이상 관심을 끌지 못했을지도 모른다. 플로린과 크로프트의 기록은 이제 딘 포터의 등장으로 위협을 받게 된다. 2001년 10월, 포터는 티미 오닐과 함께 4시간이라는 장벽을 아슬아슬하게 깼다. 그들의 공식기록은 3시간 59분 35초였다. 이제 처음으로 분 단위가 아닌 초 단위가 노즈의 속도경쟁 기록에 사용됐다. 그리고 처음으로 규칙이 정해졌다. 선등자가 루트 개념도에 나와 있는 출발지점의 삼각형 레지에서 발을 뗄 때 스톱워치를 누르고, 후등자가 루트의 마지막 앵커에서 12미터 위에 있는 '공인된' 나무를 손으로 치는 순간 다시 스톱워치를 누르면 측정이 끝나는 것이다.

2001년, 어느덧 마흔세 살이 된 피터 크로프트는 노즈의 속도기록 경쟁에 더 이상 관심을 기울이지 않았다. 대신 그는 산으로 돌아가, 하이 시에라에 있는 여러 봉우리에서 고난이도의 루트들을 즐거운 마음으로 개척했다. 하지만 플로린은 마음이 불편했다. 그는 포터가 획기적인 기록을 세운 바로 그달에 짐 허슨Jim Herson과 짝을 이루어 포터의 기록을 정확히 2분 8초 단축했다. 플로린은 서른일곱 살이었지만 그 어느 때보다도 컨디션이 좋았다. 그러자 포터는 그해 11월 계곡으로 돌아와 오닐과 함께 다시 도전에 나섰고, 3시간 24분 20초라는 시간으로 플로린의 기록을 보기 좋게 깨뜨렸다.

플로린은 자신의 기록을 10개월 동안 유지했다. 2002년 9월, 그는 일본의 새로운 속도 귀재 히라야마 유지와 짝을 이루어 포터의 기록을 깼다. 2시간 48분 55초로 3시간이라는 장벽을 마침내 무너뜨린 그들은 포터와 오닐의 기록을 35분 25초 단축했다.

경쟁은 이제 대격전이 됐다. 독일인 알렉스와 토마스 후버 형제가 불쑥 나타나 이 경쟁에 뛰어든 것이다. 2007년 10월 그들은 플로린과 유지의 분수령보다 겨우 25초 앞선 2시간 48분 30초로 기록을 경신했다. 그리고 다시 나흘 뒤에 후버 형제는 자신들의 기록을 2분 45초 앞당겼다.

플로린은 이런 경쟁을 그냥 보고만 있을 사람이 아니었다. 2008년 7월 그는 유지와 짝을 이루어 2시간 43분 33초로 후버 형제를 밀어냈다. 그로부터 3개월 뒤 이들 듀오는 자신들의 기록을 깨며 시간을 2시간 37분 5초까지 앞당겼다.

노즈의 속도등반에서 기록을 일곱 번이나 세웠고 다섯 번이나 잃었다가 다시 되찾은 한스 플로린이 마흔셋의 나이에 자신의 최고기록을 6분 이상 단축하며 신기록을 세운 것이다. 이제 기록은 한계에 다다른 것일까? 딘 포터는 그렇게 생각하지 않았다.

이 시점에 이르자 센더 필름스는 이런 과정들을 영상에 담기로 했다. 2011년 릴 록 투어에서 공개된 그들의 22분짜리 영상 「노즈를 향해 달려라Race for the Nose」는 선두적인 경쟁자들의 색다른 캐릭터를 잘 포착했고, 스릴 넘치고 재미있는 액션을 실감나게 표현해냈다.

2011년 처음 본 센더의 그 영상이 너무나 마음에 들었다. 속도기록을 위한 연속등반의 스릴을 생생하게 담아낸 멋진 등반 장면 외에도, 그 영상은 위대한 클라이머인 한스 플로린과 딘 포터의 전형적인 정면대결을 잘 담아냈다. 또한 너무나도 다른 성격을 가진 두 사람의 대비가 극적인 느낌을 더해주었다.

딘은 영적인 보상을 위해서, 그리고 재능을 마음껏 펼쳐보고 싶어서 등반할 뿐 자신은 경쟁심이 없다고 말하기를 좋아한다. 반면 한스는 자신의 심경을 솔직하게 털어놓는다. 그 영상은 그의 선언 중 하나를 만천하에 공개한다. "난 경쟁을 좋아합니다. 그리고 그걸 분명하게 이야기합니다. 나로 하여금 등반을 더 잘할 수 있게 만드는 게 있다면, 나는 그것을 기꺼이 받아들입니다."

딘이 자신의 내면에 잠자던 경쟁심을 불러일으킨 사람이 바로 한스라고 인정한 장면은 순전히 센더 덕분이다. "그는 내 뒤꽁무니에 대고 끙끙거리는 한 마리의 작은 개 같았습니다."라고 딘은 한스에게 일격을 가한다. "그리고 그건 내 안에 있는 작은 개를 다시 불러냈습니다." 이것이 바로 딘의 진정한 모습이었다!

그 영상은 2010년 6월 11일 숀 리어리와 함께 기록 경신에 도전하는 딘 포터의 시도에 초점을 맞추었다. 그때까지는 한스와 유지의 2시간 37분 5초라는 기록이 1년 반 동안 유지되고 있었다. 노즈에 붙기 전 딘은 이렇게 선언한다. "시간을 많이 단축할 수 있을 겁니다." 하지만 숀이 후등으로 올라와 엘캡 정상의 나무를 쳤을 때 스톱워치는 정확히 2시간 36분 45초에서 멈추었다. 그들은 기록을 깼지만 겨우 20초 차이였다. 그렇다 해도 그들은 정상에서 격한 기쁨을 나누었다.

딘과 숀은 그 첫 번째 시도를 워밍업 정도로 등반했기 때문에 그들의 기록은 분명 인상적이었다. 하지만 그들이 사력을 다해 등반해보기도 전에 요세미티에 겨울 폭풍이 들이닥쳐 시즌이 그대로 끝나버렸다.

나는 그 영상을 보고 최선을 다해 등반해보고 싶다는 유혹을 느꼈다. 그리고 나는 왕년의 달인 한스와 함께 도전해보면 정말 멋있겠다고 생각했다. 2012년 요세미티에서 토미 콜드웰과 함께 트리플을 등반하고, 또 그것을 솔로로 등반하는 환상적인 한 해를 보낸 터라 컨디션이 정말 좋아서, 나는 이제 노즈에 도전해야겠다고 결심했다. 그때 한스는 마흔일곱 살이었지만, 그가 자신의 몸을 항상 철저하게 관리해왔다는 사실은 물론이고, 딘에게 빼앗긴 기록을 되찾는 일을 그가 무엇보다도 더 좋아할 것이라는 사실까지도 나는 알고 있었다.

한스는 경쟁에 대해 솔직한 심정을 털어놓는 것처럼 모두에게 정말 정직한 사람이다. 그는 나에게 나이를 먹어가면서도 성공한 클라이머의 전형이다. 2012년의 그는 사랑하는 아내와 아이가 있었지만 등반을 향한 열정만큼은 여전히 뜨거웠다. 그는 나의 제안을 기꺼이 받아들였다. 그는 베이 에어리어Bay Area에 살고 있어서 요세미티에 익숙하지 못했다. 마치 주말의 전사처럼 그는 그냥 와서 도전에 나섰다.

「노즈를 향해 달려라」에서 센더는 경쟁을 지나치게 부풀렸다. 속도기록에 관심이 있는 사람들은 모두 다 나의 친구이며 서로의 친구였다. 나는 손이 딘과 함께 한스와 유지의 기록을 깨러 노즈로 가기 전 그에게 베타beta(등반에 필요한 루트 정보)를 주기도 했다. 어떤 클라이머들은 속도등반을 미심쩍은 눈으로 바라본다. 심지어 그들은 우리를 보고 등반의 순수성을 오염시킨다고 비난(생각)한다. 내 대답은 간단하다. 우리는 그것이 흥미진진해서 한다.

모든 것이 — 내가 추측하건대 — NIAD라는 약자로 유명해진 '노즈 당일치기 등반Nose-in-a-day'이라는 문구와 함께 시작됐다. 이것은 여전히 많은 클라이머들에게 소중한 목표이다. 물론 당일치기는 모두 임의적이다. 24시간이라는 기준 자체가 임의적이기 때문이다. 만일 내가 트리플 크라운 솔로등반을 하는 데 25시간이 걸렸어도, 나는 기분이 좋았을 것이다.

노즈에서 속도등반 기록을 세우려는 것은 단순히 재미있는 게임으로, 모든 것이 게임에 불과하다.

한스와 나는 그의 마흔여덟 살 생일 바로 전날인 2012년 6월 17일 기록 도전에 나섰다. 우리는 상당히 효율적으로 등반했다고 말하고 싶다. 우리의 팀워크는 완벽했다. 유일한 문제(굳이 꼽는다면)는 여덟 번째와 아홉 번째 피치의 '스토브 레그스Stove Legs'에서 한스의 속도가 약간 느렸던 것뿐이다. 한스가 결승선인 나무를 손으로 쳤을 때 우리는 시계를 멈추었다. 우리의 기록은 2시간 23분 46초였다. 우리는 기막힌 시간이라고 생각했다. 숀과 딘의 기록을 13분이나 단축한 것이다. 한스는 대단히 기뻐했다. 나 역시 마찬가지였다.

등반을 끝내고, 엘캡의 옆쪽으로 걸어 내려오면서 나는 한스에게 물었다. "스토브 레그스에서 무슨 일 있었어요?" 그는 "숨을 좀 돌리며 등반했지."라고 대답했다. "숨을 돌리다니요?"라고 내가 쏘아붙였다. "우린 속도기록을 깨기 위해 등반한 거라고요!"

한스와 나의 신기록은 3년 동안 유지됐다. 물론 그 후에 도전한 사람이 없었기 때문이기도 했다. 동기부여를 받은 누군가가 우리의 기록을 깰 때까지는 과연 얼마나 기다려야 할까?

그럼에도 나는 2시간이라는 장벽을 깨보고 싶었다. 나는 가능하다고 보았다. 물론 이것은 마라톤을 2시간 내에 완주하는 것처럼 커다란 심리적 장벽이다. 그러나 나는 곧 누군가가 해낼 것이라고 믿는다. 만일 한스와 내가 2012년 6월에 등반한 것보다 더 효율적으로 등반할 수 없는 것이 맞는다면, 노즈를 더 빠르게 등반할 수 있는 유일한 방법은 몸을 더 좋게 만드는 것뿐이다. 루트의 위쪽은 경사가 수직이라서 펌핑이 많이 온다. 그리고 등반을 빨리 하면 할수록 전완근에 엄청난 부담이 온다. 마치 근육이 타는 듯하다. 그 구간은 몸이 좋을수록 더 빨리 오를 수 있다.

속도기록을 세우는 것이 만족스럽기는 하지만, 노즈 속도등반과 트리플 솔로등반을 동등한 업적으로 보지는 않는다. 속도등반은 훨씬 더 작은 규모로 벌이는 더 가벼운 등반이다. 아울러 2시간 반이 걸리는 어떤 등반도 거벽 연결등반이나 프리솔로 등반을 능가하는 정신적·육체적 스태미나를 필요로 하지 않는다.

2012년 봄과 초여름에 나는 요세미티에서 전례 없는 최고의 시즌을 보냈다. 나는 내 등반과 훈련일지의 '버킷 리스트'에 많은 프로젝트를 적어놓았지만, 그다음의 목표를 잡지 못하고 있었다. 2013년은 또 한 번 '보강' 기간이 될 것인가? 나는 그런 것을 기대하지 않았는데….

차드의 끝없는 사막을 가로지르던 2010년, 나는 처음으로 신의 계시 비슷한 것을 느꼈다. 그것은 진흙으로 하루 종일 벽돌을 만드는 사람들, 물을 빨리 푸려고 당나귀들을 채찍질하는 소년들과 사뭇 편한 나의 일상생활이 오버랩 되면서 내 안으로 파고들었다. 풀리지 않는 의문은 그 계시가 내가 살아가는 방식을, 더욱이 후원을 받아 훨씬 더 편안해진 나의 일상생활을 어떻게 이끌 것인가 하는 것이었다.

그런 의문 중 하나는 생활방식 때문이었다. 나는 5년 된 중고 싸구려

포드 이코노라인 밴을 구입하여 2007년부터 그 안에서 지내왔다. 2010년, 친구 하나가 상당히 낡은 나의 집인 그 차에 산업용 카펫을 깔고 벽에 패널을 대서 견고하게 마감을 한 다음 단열처리까지 해주었다.

나는 불꽃이 두 군데에서 올라오는 콜맨Coleman 스토브로 먹을 것을 만들고, 볼더링 매트를 침대 매트리스 삼아 깔고 침낭을 덮고 자며, 헤드램프를 이용해 책을 읽는다.

2012년 나는 아파트나 콘도같이 들어가서 살 수 있는 집을 쉽게 얻을 수도 있었지만, 그냥 밴에서 계속 지내기로 했다. 그 이유 중 하나는 그런 생활이 나에게 최고의 자유를 주기 때문이었다. 밴은 나에게 계절의 변화에 따라 한 곳에서 다른 등반 장소로 이동할 수 있는 '움직이는 베이스캠프' 역할을 한다. 고정된 거주지는 나에게 성가신 닻과 같다. 반면 밴에서 지내는 것은 나의 단순함, 검소함 그리고 효율성의 이상에 가깝다.

낡은 이코노라인을 세련된 모델로 바꾸는 대신 나는 내 차를 리모델링했다. 덕분에 주행거리가 290,000킬로미터가 되었지만 이제는 정말 잘 만들어진 밴으로 탈바꿈했다. 2013년 등반 여행으로 시간이 나서, 나는 자신의 밴을 손수 고친 새크라멘토의 은퇴한 친구 존 로빈슨John Robinson에게 나의 밴을 맡겼다. 그는 나의 밴을 그럴듯하게 바꾸었다. 부엌으로 쓰는 곳에는 20리터짜리 물탱크가 있고, 콜맨 스토브 대신 프로판 가스통과 연결된 붙박이 가스레인지가 있다. 그리고 온갖 잡동사니는 내가 주문한 디자인의 캐비닛에 깔끔하게 집어넣을 수 있다.

나는 뒤쪽에서 약간 사선으로 누워 자야 한다. 밴 안의 길이보다 내 키가 조금 더 크기 때문이다. 나는 사생활 보호와 햇빛이 드는 주차장에 잠시 머무를 때 그 빛을 차단하기 위해 커튼을 달았다. 그리고 지금은 산업용 카펫 대신 홈데포Home Depot에서 파는 제품 중 가장 좋은 리놀륨으로 바닥을 깔아놓았다.

내가 현관이라 부르는 곳(옆문을 열고 뒷좌석으로 들어가는 곳)에서 나는 신발을 벗는다. 그곳은 또한 나의 화장실 역할을 하기도 한다. 내가 그곳에서 통에 오줌을 누기 때문이다.

침대 밑에 존은 볼더링 매트에 맞는 크기의 등반장비 보관용 여닫이 수납장을 만들어주었다. 벽면에 달린 수납장에는 다른 물건들을 집어넣는다. 나는 캐치볼을 할 수 있도록 야구 글러브도 가지고 다닌다. 이것은 어깨를 푸는 좋은 방법이다.

나를 후원해주는 태양에너지 회사 골 제로는 고맙게도 밴의 지붕에 60와트짜리 패널 두 개를 설치해주었다. 이 패널의 내장 배터리는 나의 휴대폰과 노트북을 차례로 충전하고, 천장의 LED 등과 존이 우겨서 설치한 일산화탄소 감지기에 동력을 공급한다. 그는 이렇게 말했다. "캠핑카로 쓰려면 규정을 따라야 해!"

이코노라인은 대형 밴이지만, 포드에서 가장 작은 4.2리터 V6의 엔진이 달려 있다. 따라서 힘이 달리기는 하지만 그럭저럭 잘 굴러간다. 내 차는 움직이는 나의 작은 집이다. 그러나 솔직히 고백하자면 나는 차에 대해 전혀 모른다.

물론 밴에서 지내자면 불편하기도 하다. 그중 하나가 경비원과 실랑이를 벌이는 일이다. 몇 년 전 레드 록스를 등반할 때 나는 라스베이거스에 있는 '시저의 궁전Caesar's Palace' 호텔 주차장에서 깜박 잠이 들었었다. 그러다 창문을 두드리는 요란한 소리에 깊은 잠에서 깨어났다. 몇 시였는지 기억도 나지 않는다. 나는 그 사람과 이야기를 나누기 위해 앞 창문을 조금 열었다.

"여기서 이렇게 캠핑하면 안 됩니다." 그는 내가 마치 자신에게 해를 입힌 사람이라도 되는 것처럼 목청을 돋우었다. "아, 죄송합니다."라고 나는 사과했다. "어젯밤 카지노를 이용해서 괜찮은 줄 알았습니다."

"당장 차 빼세요!" 그는 성스러운 궁전을 감히 모독한 사람을 자신이 어떻게 생각하는지 내가 충분히 알 수 있도록 경멸스러운 목소리로 말을 이어갔다.

정신도 없고 짜증이 난 상태에서 나는 운전석에 앉아 차를 뺐다. 물론 내가 이렇게 시달린 것은 분명 처음도 마지막도 아니다. 하지만 어떤 이유에서인지 그때의 일은 계속 머릿속에서 맴돌았고, 신경에 거슬렸다. 아마 그것은 그가 나를 얼마나 업신여겼는지, 밴에 사는 사람을 얼마나 혐오하는지 눈치 챌 수 있었기 때문인 것 같다. 돌이켜 생각해보니, 주차장 시설물에서 네온 자전거를 타고 돌아다니며 주당 40시간을 보내는 사람에게 내가 스스로 선택한 생활방식을 경멸할 권한이 있는지 따져 물었어야 했다.

라스베이거스를 여행하는 동안, 나는 인터넷을 사용하기 위해 홀푸즈Whole Foods 주차장을 이용했다. 그곳의 무료 와이파이는 인근 지역에서 모두 잡힐 정도로 강해서, 나는 건물에 가능한 한 바싹 주차하고 밴의 뒷자리에 틀어박혀 이메일을 확인했다. 사실 나는 홀푸즈의 화장실도 최소 하루에 한 번은 썼지만, 그곳에서 유기농 식료품을 많이 구입했기 때문에 괜찮다고 생각했다.

라스베이거스 근처에는 편리한 캠핑장이 없어서(레드 록스의 캠핑장은 터무니없이 비싸거나 형편없다) 여러 군데의 호텔 주차장, 24시간 편의점, 몇몇 친구들 집 근처의 길가에서 돌아가며 밤을 보냈다. 하지만 그런 곳들은 모두 밝게 빛나거나 차량통행으로 시끄러웠다. 경비원에게 쫓겨나거나 차를 빼라고 고성을 듣는 것은 예삿일이었다. 라스베이거스에서 한 달을 전전

궁금하다 유타의 인디언 크릭으로 가자, 그곳은 캠핑카의 천국이었다.

라스베이거스가 짜증스럽도록 밝고 시끄럽다면, 인디언 크릭은 대체로 어둡고 때로는 외로울 정도로 적막하다. 밤하늘에는 별들이 총총하고, 들리는 것이라고는 동물소리(가끔 술 취한 클라이머의 횡설수설도 들린다)가 전부이다. 조용하다는 말로는 그 사막의 밤에 느끼는 깊고 평화로운 고요를 충분히 표현하지 못한다. 캠핑에 대한 규제가 심하지 않기 때문에 마음에 드는 빈자리를 찾아서 머물고 싶은 만큼 머물면 된다. 인디언 크릭에서 몇 주를 보내는 사람이라도 그 아름다운 풍경에 매일매일 경탄할 것이다. 결코 질리지 않으니까.

하지만 괴로운 것은 샤워를 하지 못하는 것, 휴대폰을 사용하지 못하는 것, 식량이 떨어지는 것이다. 많은 사람들은, 특히 미국인들은 캠핑에 열광하고 인적이 드문 자연 속에서 지내는 것을 좋아한다. 하지만 내 생각에는 캠핑이 일상이 아닌 사람들만 그런 매력을 느낀다. 나는 샤워를 좋아하고, 외식을 좋아하고, 친구들과 통화하기를 좋아하고, 이메일을 확인하는 것을 좋아한다. 그래서 나는 인디언 크릭처럼 아름답고 로맨틱한 곳에서도 ― 밴에 머문다 할지라도 ― 결국은 캠핑 생활에 싫증을 느낀다.

모든 것은 균형의 문제이다. 2015년 현재에도 나는 여전히 아파트를 사거나 세를 얻을 생각이 없다. 나는 새롭게 꾸민 나의 밴과 태양에너지 패널 등 모든 것에 만족한다.

물론 어떤 생활방식을 선택하느냐는 개인에게 달려 있다. 차드에서 깨달은 것은 스스로 성취할 수 있는 삶에 대한 선택권과 경제력이 제한된 다른 사람들에게 무언가를 해줘야 할 의무가 나에게 있다는 것이었다. 2012년 후원과 광고 덕분에 나는 돈을 조금 벌었다. 그래서 나는 '호놀드 재단Honnold Foundation'을 설립했다. 설립 취지는 '단순하지만 더 나은 삶을 살 수 있도록 다른 사람들을 돕자'는 것이었다. 나의 새로운 웹사이트에 내가 올린 우리들의 사명은 이렇다. "호놀드재단은 전 세계적으로 삶의 질을 향상시키기 위해 단순하고 지속 가능한 방법을 찾는다. 단순하게 그리고 환경에 대한 영향을 줄이면서 더 나은 삶을 추구하는 것이 목표이다."

재단은 설립된 지 3년밖에 지나지 않아 이제 걸음마 단계이다. 하지만 우리는 이미 흥미진진한 프로젝트들에 자금을 지원했다. 그중 하나는 아프리카 4개국(케냐, 말라위, 탄자니아, 잠비아) 도처에 있는 비싸고 유독한 석유 램프를 대체하기 위해 태양광램프를 제공하는 영국의 비영리단체 '솔라에이드SolarAid'를 지원하는 것이다. 솔라에이드의 궁극적인 목표는 2020년까지 아프리카에서 석유램프의 사용을 없애는 것이다. 어떤 사람들은 이것이 헛된 꿈에 불과하다고 평가절하하지만, 충분히 노력할 만한 가치가 있다.

우리가 지원하는 또 다른 비영리단체는 '그리드 얼터너티브스Grid Alternatives'인데, 이 단체의 목표는 미국의 저소득층 가정에 태양에너지를 공급하는 것이다. 우리는 현재 캘리포니아와 콜로라도에 집중하고 있다. 2014년 봄 우리는 나바호Navajo 인디언보호구역의 카엔타Kayenta 지구에 사는 전통적인 나바호 가정에 태양에너지를 공급하기 시작했다. 그들 중 다수는 평생을 전기와 심지어 수도도 없이 살아왔다.

몇 년 전, 종교와 사후세계의 발상에 반대하는 리처드 도킨스Richard

Dawkins, 샘 해리스Sam Harris, 크리스토퍼 히첸스Christopher Hitchens 같은 사람들의 주요 성명서를 읽고 나서, 나는 내가 '신을 증오하는 쾌감'이라 부르는 불평꾼 짓을 했다. 그 시기에 나는 가끔 나 자신을 '다시 태어난 무신론자'라고 말하곤 했었다.

최근에 나는 청정에너지에 대한 책을 흥미롭게 읽고 있으며, 기후변화와 화석연료 과다사용 등에 직면한 인류의 미래를 깊이 걱정하고 있다. 호놀드재단을 설립하자는 아이디어로 이어진 것이 다른 어떤 것보다도 바로 이런 열정 덕분이었다.

7장

알래스카와
센데로

2010년 가을 『아웃사이드』 잡지에 기고하기 위해 알렉스와 인터뷰했을 때 그가 분명하게 밝힌 한 가지가 자신은 결코 알파인 등반을 해본 적이 없다는 것이었다. 그의 아웃도어 활동에서 암벽등반은 처음이자 끝이었다. "나는 『알피니스트』의 모든 이슈를 다 읽는 편이지만 눈이 있는 사진들은 그냥 넘겨버립니다."라고 그는 익살스럽게 말했다.

그렇더라도 그는 선천적인 호기심에 이끌려 가끔 산악문학 서적을 탐독했다. 영국으로 간 장기등반 여행에 대해 그는 이렇게 주장했다. "영국 등반의 고전들을 거의 다 읽었는데, 기억에 남는 게 없습니다. 등장인물들과 산들이 조금씩 다르고 모호하게 묘사되었을 뿐 그게 그거였습니다." 그 문제를 물고 늘어지자 알렉스는 약간 애매한 태도를 취했다. "물론 에베레스트에 공짜로 갈 수 있다면 가야죠. 세계 최고봉인데 누가 마다하겠습니까? 나중에 할 일이 없어지면 아마 산으로 갈지도 모르죠. 일흔다섯쯤 되면 오두막에 쪼그리고 앉아 있다가 등산이나 하고 손주들과 놀아주지 않을까요?"

따라서 2013년 봄, 미국에서 가장 뛰어난 두 명의 젊은 알피니스트 프레디 윌킨슨Freddie Wilkinson과 레넌 오즈터크의 알래스카 원정등반에 알렉스가 함께 가기로 했다는 소식은 대단히 놀라운 것이었다. 그들의 목표는 데날리 동남쪽 러스 빙하Ruth Glacier에 있는 그레이트 고지Great Gorge로, 그곳은 높이가 1,500미터쯤 되는 아찔한 화강암 벽들이 사방을 둘러싼 아름다운 얼음 골짜기였다.

5월 말과 6월 초, 그들 트리오는 마운트 배릴Barrile과 브래들리Bradley, 디키Dickey에 있는 세 개의 긴 루트를 공략했다. 그중 디키의 루트는 내가 에드 워드Ed Ward, 갤런 로웰Galen Rowell과 함께 1974년에 초등한 곳이어서, 나는 그 과정을 관심 있게 지켜보았다. 사실 우리의 등반은 그레이트 고지에서 이루어진 첫 번째 거벽등반이었다.

알렉스에게 그 등반을 제안한 사람은 오즈터크였다. 둘 다 노스페이스에서 후원을 받고 있으며 오랜 친구인 그들은 함께 등반도 했는데, 오즈터크는 알렉스의 프리솔로 등반을 촬영한 적도 있었다. 알렉스는 이렇게 회상했다. "한 수 배울 수 있는 좋은 기회라고 생각했습니다. 나는 혼자여서 얽매이지도 않았고, 그런 등반의 전문가인 오즈터크와 월킨슨은 나에게 무언가를 가르쳐주고 싶어 했습니다. 난 기회를 놓칠 수 없었습니다."

그 전해인 2012년 5월, 오즈터크와 월킨슨은 알래스카의 등반역사상 가장 대담한 도전으로 평가받은 투스 트래버스Tooth Traverse를 끝냈다. 그들은 칼날같이 날카로운 리지로 연결된 5개의 침봉을 5일 동안 종주했는데, 마지막이 그레이트 고지 북동쪽 끝자락에 보초병처럼 서 있는 화강암과 얼음의 인상적인 바위봉우리 무지스 투스Mooses Tooth였다. 그들이 그곳을 넘어서는 데만 쉬지 않고 38시간이나 걸렸다. 그들은 또한 무지막지하게 노출된 곳에서 세 번의 비박을 견디어내야 했다.

4년 동안이나 고대한 꿈을 이루었음에도, 오즈터크와 월킨슨은 여전히 러스 고지Ruth Gorge에 끌렸다. 2013년 그들은 거대한 빙하의 골짜기 서쪽을 탐험하기로 했다. 다만 그들은 투스 트래버스같이 긴 루트에 총력을 기울이는 대신 자신들이 잘 갈고닦은 기술을 선배들의 그것과 견주어보고, 순수하고 빠른 알파인 스타일을 적용해보기 위해 다른 사람들이 이미 등반한 기존의 루트로 시선을 돌렸다. "우린 투스 트래버스같이 시간을 엄청나게 잡아먹는 프로젝트보다는 기존의 루트를 따라 등반하기로 했습니다. 알렉스는 우리가 고용한 용병인 셈이었죠. 그는 긴 암벽등반 구간을 어느 누구보다도 더 효율적으로 등반할 수 있는 사람이었습니다."라고 윌킨슨은 말했다.

"속도기록을 세우려고 한 게 아니었습니다. 하지만 우린 그 긴 루트들을 각각 하루 만에 끝낸다는 목표가 있었습니다. 알렉스는 요세미티의 거벽등반을 거의 모두 하루 만에 끝내지 않았습니까."

배릴은 높이가 겨우 2,350미터로, 옆에 붙은 3,150미터의 무지스 투스, 2,900미터의 마운트 디키보다 다소 왜소해 보인다. 그렇다 해도 배릴의 동벽과 남벽에는 바닥에서 정상까지 760미터에 이르는, 바위와 얼음으로 된 만만찮은 루트들이 있다. 2013년 5월 하순 윌킨슨과 알렉스는 배릴의 코브라 필라Cobra Pillar를 등반했다. 감기에 걸린 오즈터크는 2009년 그 루트를 등반한 적도 있어서 이번에는 빠졌다. 그 루트는 미국의 전설적인 두 알피니스트 짐 도니니Jim Donini와 잭 태클Jack Tackle이 1991년 개척한 곳이다. 전형적인 알래스카 폭풍에 고립되어 비박한 이틀 반을 포함해 그들의 초등은 5일이 걸렸다. 이제 알렉스와 윌킨슨은 비교적 직등인 루트를 따라 19시간 만에 그 루트를 오르는 데 성공했다.

다음으로, 세 사람은 디키 남쪽에 있는 2,800미터의 인상적인 봉우리 마운트 브래들리의 더 길고 어려운 루트에 도전했다. 그 봉우리의 남벽에 있는 더 펄The Pearl은 지그재그 형태의 긴 루트여서 더 많은 노력이 필요한데, 오스트리아 트리오 헬무트 네스바드바Helmut Neswadba, 아르투르 우처Arthur Wutscher, 앤디 오글러Andi Orgler가 1995년 초등한 곳이다. 그들이 알파인 스타일로 등반을 끝내는 데는 모두 5일이 걸렸다.

더 펄을 두 번째로 완등한 팀이 되기 위해 윌킨슨과 오즈터크와 알렉스는 남서쪽 리지로 내려오는 복잡한 하산 시간을 포함해 왕복 40시간 만에 등반을 끝내기로 했다. 알렉스는 A3의 인공등반 피치에서 자기 역량을 유감없이 발휘했다. 윌킨슨은 이렇게 증언했다. "그 피치에는 코퍼헤드(미세한 벙어리 크랙에 해머로 때려 짓이겨 넣는 너트)도 있었습니다. 알렉스는 그중 두 개에 매달렸는데 불안하기 짝이 없었습니다. 우리는 루트 중간에 있었고, 하강을 하려면 아래쪽으로 횡단해야 해서 후퇴는 생각할 수도 없었습니다. 알렉스는 추락하면 발목이 부러지는 상황이었습니다."

알렉스는 이렇게 말했다. "코퍼헤드 두 개가 그 긴 피치의 유일한 확보물이었습니다. 난 5.11+에서 5.12- 정도 되는 프리등반 동작 — 아주 살 떨리는 — 을 통해 그 위쪽의 보다 안전한 크랙에 도달했습니다. 따라서 그건 짧은 하드프리 등반이긴 했지만, 사실 대단한 것이었습니다. 프리등반으로 해보자는 마음이 없었다면, 우린 상당한 곤란에 빠졌을 겁니다. 만약 그곳에서 로프 하강으로 탈출해야 했다면, 그건 아마도 끔찍한 일이 되었을 겁니다."

알렉스가 그곳의 어려운 암벽등반 피치들에서 용병 역할을 했다면, 눈과 얼음에서는 조수에 불과했다. 윌킨슨이 이렇게 말했다. "오즈터크와 난 알피니즘을 맛보기에 알맞은 곳으로 그를 데려갔습니다. 그는 아이스 툴을 잘 다루지 못했습니다. 그는 아마 평생 크램폰에 어색해할지도 모릅니다." 알렉스도 그 말에 동의했다. "난 스키나 크램폰이 편치 않습니다.

신고 돌아다니는 것조차 불편하니까요. 요령을 잘 모르겠습니다."

사실 날씨가 온화한 캘리포니아에서 자란 알렉스는 눈 위에서 시간을 보낸 적이 거의 없었다. 그는 눈이 너무 신기해 가끔 그 위에서 놀았는데, 빙하는 그의 발에서 1,200미터 밑 기반암까지 내려가 있어 보이지도 않는 곳에 있었다. 윌킨슨은 이렇게 말했다. "베이스캠프에서 우린 눈으로 부엌을 만들었습니다. 알렉스는 삽질을 너무 좋아해서, 벤치와 선반 모서리와 구멍을 만들었습니다. 그는 운동을 해야 한다는 강박관념이 있었습니다. 오즈터크와 난 열심히 삽질을 하는 그를 보고 즐거워했습니다. 마치 톰 소여의 모험을 보는 것 같았습니다."

알렉스의 걷잡을 수 없는 초조함은 브래들리를 등반한 후에 그들이 견디어내야 했던 5일간의 폭풍 속에서 유감없이 드러났다. "그렇게 심하지 않은 알래스카의 폭풍이 날마다 지나갔습니다. 그러자 알렉스는 안절부절 못했습니다. 그는 계속 이렇게 말했습니다. '오늘은 뭘 하죠?' 그는 마치 골든리트리버 같았습니다. 우리가 계속해서 그에게 할 일을 주어야 했으니까요. 그래서 난 그에게 말했습니다. '오늘은 그냥 침낭에서 뒹굴면 돼. 네 임무는 책이나 읽는 거야.' 마침내 안정을 찾은 그는 다니엘 예르긴Daniel Yergin이 석유와 권력에 대해 쓴 900쪽짜리『더 프라이즈The Prize』를 처음부터 끝까지 탐독했습니다."

"우린 대체로 잘 어울렸습니다."라고 윌킨슨은 덧붙였다. "하지만 그렇게 처지는 날에는 알렉스가 징징거렸습니다. 그는 항상 모든 것을 요세미티와 비교했습니다. '젠장, 반바지를 입고 제일하우스 록에서 스포츠클라이밍을 할 수도 있는데…'라고 그는 투덜대곤 했습니다."(제일하우스 록은 캘리포니아 소노라 인근에 있는 암장으로 알렉스가 좋아하는 곳이다)

마침내 날씨가 좋아지자, 알래스카 '휴가'가 며칠 남지 않은 그들 트리오는 마운트 디키의 남동벽으로 시선을 집중했다.

나는 1974년 에드 워드, 갤런 로웰과 함께 1,500미터의 그 벽을 단 사흘 만에 오른 것을 자랑스럽게 생각하고 있었다. 사실 그것은 알래스카 산군에서 이루어진 최초의 알파인 스타일 등반이었다. 더구나 그로부터 30년 후에 발군의 크랙 클라이머들이 해낸 제2등과 제3등 역시 똑같이 사흘이 걸렸다. 이제 알렉스와 오즈터크, 윌킨슨은 제4등에 도전하는 팀이 되었다.

디키에서 오즈터크는 멋진 첫 번째 화강암 필라의 가파르고 아름다운 루트를 선등으로 올랐다. 그런 다음 거대한 헤드월은 자신들이 고용한 용병에게 넘겼다. 그 동남벽에 숨어 있는 함정은 벽의 2/5지점에서 화강암이 끔찍한 '흑설탕'으로 바뀐다는 것이다. 1974년 우리가 초등할 때는 둘째 날에 날씨가 악화되어, 막다른 골목에 다다랐을 때 로프 하강을 할 장비가 충분히 있는지 전혀 확신하지 못한 채 우리는 앞을 분간할 수 없는 통로 안으로 치고 올라갔었다.

우리의 크럭스는 서른두 번째 피치였다. 그곳에서 로웰은 임기응변으로 작은 앵글 피톤 몇 개를 크랙도 없는 흑설탕 안에 곧장 두드려 박고 나서 불확실한 볼트 하나를 쓰레기 같은 그곳에 드릴로 박았는데, 그 볼트는 우리가 그 루트에서 박은 유일한 것이었다. 그러나 볼트 위쪽이 워낙 반반한 벽이어서 우리는 달리 방법이 없었다. 따라서 우리는 오른쪽으로 펜듈럼 하도록 워드를 밑으로 내렸다. 로웰과 나는 시야에서 사라진 파트너의 결과를 애타게 기다렸다. 그러자 마침내 그의 외침이 들렸다. "등반이 가능해!" 그는 우리가 다시 위로 올라가는 데 결정적인 역할을 한 일련의 침니와 크랙을 찾아냈다.

2013년 6월 6일, 알렉스는 선등으로 어려운 곳을 하나씩 넘어 그 벽을 잽싸게 올라갔다. 그런 다음 오즈터크와 윌킨슨이 주마로 뒤따라 올라올 수 있도록 로프를 고정시켰다. 알렉스는 암벽화를 신고 등반한 반면, 그의 파트너들은 고산용 부츠를 신고 등반했다. 윌킨슨에 따르면 몇 시간 후 알렉스는 이렇게 말했다고 한다. "생각보다 등반이 아주 쉽네요. 그런데 내가 왜 이렇게 피곤하죠?"

"벽 한가운데에서 그렇게 쓰레기 같은 바위를 만나면 대부분의 클라이머들은 기겁할 겁니다. 하지만 알렉스는 차드 같은 곳처럼 암질이 나쁜 바위를 등반한 경험이 풍부했습니다."라고 윌킨슨은 회상했다.

제2등과 제3등 팀은 로웰의 볼트를 발견하기 전까지 자신들이 벽 한가운데에서 루트를 벗어났다고 생각했다. 그리고 그들 역시 우리처럼 그곳에서 한 사람을 밑으로 내려 오른쪽으로 펜듈럼을 하게 만든 다음 양호한 침니 시스템으로 등반을 이어갔다. 그러나 알렉스의 눈에는 39년 동안이나 그곳에 박혀 있는 그 볼트가 말 그대로 '매우 끔찍해' 보였다. 그는 이렇게 회상했다. "로프 하강과 펜듈럼을 한 다음 침니를 인공등반으로 넘어가는 대신 난 그곳의 양쪽 바위 표면을 통해 효과적으로 그 피치를 넘어갔습니다."

알렉스와 오즈터크, 윌킨슨은 우리 루트에서 인공등반을 거의 하지 않았다. 우리는 그 루트에 5.9 A3의 난이도를 부여했지만, 그들의 평가는 5.10C A0였다. 확보물을 인위적으로 거의 사용하지 않았다는 이 말은 인공등반이 가끔 그것을 잡아당길 정도로 쉬웠다는 의미이다. 알렉스에게는 대부분 어린아이 장난에 불과했을 5.10 프리등반이 1974년에는 우리들의 능력 밖이었다.

알렉스는 이렇게 말했다. "난 서른 피치 정도를 전혀 쉬지 않고 등반했습니다. 그리고 계속 이렇게 생각했습니다. '한 피치만 더 가서 윌킨슨에게 넘겨야지.' 하지만 앵커를 구축하고 나서 위를 올려다보면 적어도 한 피치는 더 할 수 있다는 생각이 들었습니다."

"윌킨슨은 마지막 150미터의 무시무시한 혼합등반 구간을 선등했습니다. 그는 우리 빙벽등반의 닌자ninja였습니다!"

그들 트리오가 기록한 19시간은 1974년 우리가 세운 사흘이라는 등반 기록을 무색하게 만들었다. 물론 그들은 최고의 날씨, 즉 완벽할 정도로 바람도 없고 햇빛이 쨍쨍한 날에 디키를 등반한 측면이 있기는 하다. 1974년에 우리는 초속 65미터로 눈보라가 휘몰아치는 거센 폭풍 속에서 그 루트를 끝냈었다. 그때 우리는 그저 살아남은 것만으로도 행복했을 정도였다.

등반이 끝나고 나서 몇 주 후에 나는 알렉스에게 등반 축하 이메일을 보냈다. 그의 답장은 사뭇 겸손했다. "당신이 개척한 디키의 루트는 환상적이었습니다. 그토록 오래전에 그런 거벽에 루트를 개척하다니, 얼마나 대단한 일이었는지 나는 오직 상상으로만 짐작할 뿐입니다. 나는 그런 벽을 하루 만에 연결등반으로 끝냈지만, 그 당시에는 정말 큰일이었을 것 같습니다."

지미 친과의 질의·응답에서, 알렉스는 알래스카 여행 중 '눈을 가장 크게 뜨게 한 경험'이 무엇이었는지 묻는 질문을 받았다. "난 크램폰을 착용하는 방법이라든가, 아이스툴을 사용하는 방법 등 자질구레한 것들을 아주 많이 배웠습니다. 하지만 일반적으로 보면, 그건 그냥 하나의 등반에 불과했습니다. 내가 가장 놀란 것은 벽을 타고 쉴 새 없이 떨어져 내리는 것들, 즉 돌이나 눈, 얼음이었습니다. 알파인 등반은 정말 위험하더군요!"

러스 고지 원정 후에도 알렉스는 알피니스트가 되고 싶은 마음은 없다고 말했다. 그는 에베레스트 인근의 쿰부 계곡 위로 아름답게 솟아오른 6,812미터의 아마다블람을 예로 들며 이렇게 말했다. "난 그런 산에 전혀 끌리지 않습니다." 반면, 디키를 등반한 후 내게 보낸 이메일에서 그는 이렇게 고백했다. "어쨌든 난 조만간 러스 고지로 되돌아가고 싶은 마음이 굴뚝같습니다. 정말 거대한 벽이죠. 이젠 알파인 등반에 너무 형편없지 않도록 노력할 작정입니다."

그러나 2013년 끝자락에 알렉스는 알래스카의 거벽과는 정반대에 있는 등반 대상지에 대단한 관심을 기울였다. 그것은 멕시코 누에보 레온 Nuevo León주의 석회암 절벽에 있는 한 루트였다. 2013년 알렉스와 시다 라이트는, 비록 시다가 열한 살이나 위였지만, 서로 친한 친구로 지내면서 자주 함께 등반했다.

그들은 알렉스가 애스트로맨과 로스트럼을 하루 만에 프리솔로로 등반해 유명세를 얻기 전인 2006년 엘캡에서 우연히 처음 만났다. 시다는 이제 등반에 입문한 듯한 수줍은 그 젊은 클라이머에 대한 인상을 여태껏 기억하고 있었다. "이 자식이 누구지?"라고 그는 궁금해했었다.

그들은 센더의 최초 작품인 「더 샤프 엔드」 영상에서 기폭제 노릇을 하는 2008년 체코 원정에 동행했다. 그 후 알렉스가 노스페이스의 후원을 받게 되면서 그들의 관계는 더욱 돈독해졌다. "우린 정말 죽이 잘 맞았습니다."라고 시다가 회상했다. "냉소적인 유머감각도 비슷했고요." 시다는 가끔씩 드러나는 알렉스의 '공격적인' 외양 밑에 겸손이 숨어 있다는 사실을 알아챘다. "알렉스는 사람들이 등반을 하면서 왜 어려움을 겪는지 이해하지 못했을 뿐입니다."라고 그가 말했다.

레넌 오즈터크처럼 시다도 영화제작자로 경력을 쌓아가고 있었기 때문에 그들 셋이 거대한 프로젝트를 함께 추진하는 것은 불가피한 일이었다. 이제 그들은 엘 포트레로 치코El Potrero Chico로 달려갔다.

2014년 1월 이전의 대담한 프리솔로 등반 — 문라이트 버트레스를 제외하고 — 은 거의 다 요세미티의 화강암에서 이루어졌다. 그러나 2009년 '작은 울타리'라는 뜻의 엘 포트레로 치코를 처음 등반했을 때 나는 회색 석회암이 요구하는 수준 높은 기술적 스타일에 곧바로 매료됐다. 널리 알려진 그곳은 멕시코 최고의 암장이었다. 그곳의 전체적인 분위기가 무척 마음에 들었다. 포트레로를 찬양하는 한 웹사이트는 이렇게 소개하고 있다. "볼트가 단단히 박혀 있는 멀티피치의 스포츠클라이밍 루트들은 5.7에서 5.14까지의 난이도로 스물세 피치짜리도 있다. 캠핑장에서 5분만 편하게 걸어 올라가면 루트에 닿을 수 있다. 따라서 차 같은 것은 필요도 없다. 체류비용이 상당히 저렴하고 사람들은 놀라울 정도로 친절하다." 마치 여행자들을 유혹하는 광고처럼 들리지만, 이런 말들은 그곳에 가보니 사실이었다.

포트레로에 있는 루트 중 백미는 벽 한가운데를 가로지르는 열다섯 피치짜리로, '빛나는 길'이라는 뜻을 가진 엘 센데로 루미노소El Sendero Luminoso이다. 그 루트는 제프 잭슨Jeff Jackson, 케빈 갤러거Kevin Gallagher, 쿠르트 스미스Kurt Smith가 1992년에 개척했다. 그리고 2년 후에 제프와 쿠르트, 피트 피콕Pete Peacock은 530미터의 그 루트를 프리등반으로 끝냈다. 그들은 그 루트의 난이도를 5.12d로 매겼다. 그러나 등반이 빈번하게 이루어지면서 난이도는 5.12 열한 피치, 5.11 네 피치로 조정됐다. 제프는『록 앤드 아이스Rock and Ice』의 편집장이어서, 우리는 내가 그 잡지와 웹사이트에 기고할 때를 포함해 몇 년 동안 자주 연락을 주고받았다.

2009년 센데로를 처음 등반한 나는 즉시 그곳을 프리솔로로 등반해 보자는 유혹에 빠졌다. 하지만 2013~2014년 겨울에 그 루트를 다시 찾은 나는 그곳에 익숙해질 때까지 집중적인 노력이 필요하다는 사실을 깨달았다. 센데로는 북벽에 있는 루트라서 잡풀이 많이 나 있는데, 등반이 어려워 사람들이 몰리지 않는 탓에 루트가 지저분하다. 홀드는 흙과 잡풀에 뒤덮여 있어서 그것들을 돌아가거나, 특히 가시가 있는 선인장을 피해 등반한다 하더라도, 더 쉬운 곳이 있을까 하고 머릿속으로 생각하게 되면 집중이 되지 않는다. 포트레로는 등반에 적합하지 않다는 평판도 있지만 내 생각에 그 말은 과장된 것 같다. 물론 벽에는 흔들리는 홀드들이 있기는 하지만 그곳을 피해서 잡거나 디디면 큰 문제가 없다. 사실 그 벽의 부드러운 석회암질은 상당히 좋다.

센데로의 매력 중 하나는 다양한 등반기술에 있다. 포트레로는 물이 흘러서 미끄러운 회색 석회암이다. 그곳에는 작은 홀드와 좋은 포켓 홀드가 널려 있다. 정말 기묘한 구조이다. 모든 홀드가 이상한 방향으로 틀어져 있다. 따라서 대단히 정교하면서도 까다로운 자세를 취해야 한다. 전통적인 등반을 요구하는 그곳은 정말 멋지다.

물론 석회암은 화강암보다 구멍이 많다. 홀드는 예상치 못하게 그냥 부서진다. 이것은 화강암보다 예측이 힘들다. 마치 벽에 접착제로 살짝 '붙여놓은' 듯한 홀드도 있다. 홀드를 잡으면 이번에는 깨지지 않을 것이라고 믿는 수밖에 달리 도리가 없다.

그해 겨울의 계획은 내가 센데로를 프리솔로로 오르겠다고 결심하면 시다와 오즈터크가 멕시코로 달려와 단편영상을 만드는 것이었다. 하지만 나는 갑작스럽게 그 프로젝트가 꺼림칙했다. 차드에서 '깨달음'을 얻은 뒤 나는 내 등반이 환경에 미치는 영향에 대해 고민했다. 다른 일행이 드론을 작동시켜 벽 위쪽에서 촬영하는 것은 말할 것도 없고, 우리 셋이 멕시코로 날아가는 것은 커다란 탄소 발자국carbon footprint을 남길 터였다. 포트레로 치코에서 단 몇 시간의 등반을 촬영하기 위해 항공용 휘발유를 쓰면서 값비싼 첨단 장비를 이용하는 것이 정당화될 수 있을까? 만일 모두 와서 촬영 준비를 마쳤는데, 내가 로프 없이 등반하는 것이 심리적으로 부담스럽다고 꽁무니를 빼면 어떻게 하지?

나는 2011년에 다녀온 뉴펀들랜드 원정이 낭비의 전형적인 사례라고 생각한다. 그것은 시간과 자연자원 둘 다의 낭비였다. 우리는 다함께 뉴펀들랜드로 비행기를 타고 가서, 데빌스 베이로 차를 타고 이동한 다음, 보트를 빌려 피오르 주변을 돌아다녔을 뿐 등반은 전혀 하지 않았다. 우리는 아무런 소득도 없이 환경에 큰 영향을 끼쳤다.

나는 프리솔로 등반을 장담하지 못한다. 이전에 눈독을 들인 프로젝트도 있었다. 캘리포니아의 니들스Needles에 있으며 악명 높은 로맨틱 워리어Romantic Warrior는 수직의 화강암에 있는 크랙으로 5.12의 아홉 피치짜리 루트이다. 나는 그곳을 사전에 연습하고 나서 계획을 세웠지만 포기하고 말았다. 그해 6월은 무척 더워 암벽화의 느낌이 좋지 않았을 뿐더러, 그 후에 곧바로 예정된 다른 약속 때문에 내가 서두른다는 느낌이 들었다. 그래서 나는 준비가 되어 있지 않았다는 것을 깨달았다. 사실은 마음만 먹고 포기한 등반도 엄청 많다! 이런 상황에서는 외부의 압력이 아닌 나 자신의 느낌과 판단에 집중해야 한다. 따라서 2014년 1월에 내가 시다와 오즈터크 그리고 다른 사람들을 포트레로 치코로 데려가서 아무것도 하지 않을 개연성은 충분했다.

1월 9일부터 시다와 나는 나흘 동안 — 비가 와서 쉰 날 하루를 포함해 — 로프와 그리그리를 이용해 동작을 익히고 루트를 정비하고 청소했다. 먼지와 잔가지, 잡풀, 관목을 크랙에서 제거하기 위해 우리는 루트 정비용 브러시로 벽을 끊임없이 문질러댔다. 브러시는 상당히 뻣뻣한 털로 만들어진 칫솔 같은 것이다. 만약 우리가 루트를 좀 더 심각하게 생각했다면 아마 솔처럼 더 큰 도구를 사용했을지도 모른다.

우리는 매일 종일토록 작업했다. 위쪽 피치에서 잡풀을 더 많이 뽑아낼수록 그 아래쪽 피치에는 그만큼 더 흙먼지가 쌓였다. 큰 관목을 제거하면 작은 것들이 드러났다. 그러나 일단 작업을 시작하면 완벽하게 깨끗한 석회암 벽이 될 때까지 우리는 결코 포기하지 않았다. 어떤 나무들은 바위 속으로 뿌리를 내려 뽑아내기가 특히 힘들었다. 미국으로 돌아온 후 일주일 동안 내 손에서는 가시가 계속 나왔다. 그러나 제프 잭슨은 이런 이메일을 보내왔다. "네가 레추기야lechuguilla를 뽑아낼 때마다 신은 미소를 지을 거야."

등반을 하지 않는 순수주의자들은 절벽에서 자라는 잡풀을 제거하는 것이 풍경을 바꾸거나 망가뜨린다고 생각할지도 모른다. 그러나 우리 루트에서는 그런 일이 없었다고 말하고 싶다. 포트레로에서는 식물의 성장이 빨라서 그 벽이 결국 공중정원으로 되돌아가리라는 것을 시다와 나는 잘 알고 있었다. 나는 벽에 매달려 선인장을 뽑아내고 홀드에 표시를 할 때 우리가 미칠 영향을 그다지 걱정하지 않았다. 다만 나는 순수하고 단순해야 할 일에 너무 많은 노력을 기울이는 것은 아닌지 막연한 불안감이 들었다.

하지만 넷째 날이 끝날 무렵 부드럽고 깨끗한 벽을 하강하면서 나는 무척 흥분했다. 어느 순간 내 머릿속의 스위치는 "아마 결국에는 프리솔로 등반을 하지 않을까?"에서 "너무나 기대되는데! 곧바로 등반에 나서고 싶네!"로 바뀌었다. 무엇이 그 스위치를 켰는지는 잘 모르겠지만, 흙먼지와 잡풀로 홀드가 잘 보이지 않을 때보다도 등반을 시도해볼 만했다. 어쨌든 나는 준비가 되었고, 컨디션이 좋으면 다음 날 아침 바로 그 루트를 프리솔로로 시도할 작정이었다.

기다림이 오히려 불안감을 키우는데, 나에게는 이것이 프리솔로 등반의 역설이다. 기다리는 동안에는 '꼭 해야만 해?'라며 마음이 흔들린다. 그러나 일단 등반을 감행하면 스트레스가 사라진다. 그냥 달라붙어 등반을 하면 오히려 마음이 홀가분하다.

1월 14일 새벽이 되자 날씨가 맑았다. 나는 더 이상 지체할 수 없었다. 나는 그 루트를 혼자 올라가고 싶은 유혹을 느꼈는데, 이것이야말로 프리솔로 등반의 핵심이다. 나의 등반은 개인적인 모험일 뿐이다. 영화제작자들은 어떤 방해도 나의 경험을 송두리째 바꿀 수 있다는 사실을 알고 있었다. 오즈터크는 원거리 촬영을 위해 바위 밑으로부터 멀리 사막에 자리를 잡았다. 시다는 드론 조종자들을 엘 토로El Toro 정상으로 데리고 가서 그곳에서의 나를 어떻게 찍어야 하는지 설명하는 데 몇 시간을 보냈다.

나는 완전히 혼자였고 또 그렇게 느꼈다. 다른 사람들이 어디에 있는지, 또는 나를 지켜보고 있는지도 알지 못했다. 나는 촬영을 모두 마치려면 앞으로도 며칠 동안 그 루트를 다시 올라야 한다는 사실을 알고 있었지만 편안하게 등반을 시작했다.

볼더에 본사가 있는 스카이사이트SkySight가 첨단장비를 멕시코로 가져왔다. RED 카메라가 장착되고, 고가의 짐벌gimbal이 달린 그 장비는 커피 테이블 절반 크기에 날개가 여덟 개인 작은 드론이었다. 최신의 드론과 최고 수준의 시네마 카메라, 그리고 스카이사이트 관계자들이 업계 최고라는 사실에 우리는 환상적인 장면을 찍을 수 있다고 확신했다. 드론은 장난감 트럭 같은 커다란 원격장치로 조종했다. 카메라는 조종자의 형이 조작했다. 그들은 장비를 나르고 드론이 땅에 내려앉을 때 잡아주는 조수 역할을 할 여동생도 데려왔다.

오즈터크는 노스페이스의 위탁을 받아 「캠프 4 콜렉티브Camp 4 Collective」라는 등반 관련 영상을 찍고 있었다. 따라서 그는 이미 RED 카메라로 몇 년 동안 촬영한 경험이 있었다. 오즈터크가 촬영 보조로 여자친구를 데리고 와서 촬영 팀은 모두 5명이었고, 등반 팀은 시다와 나 둘뿐이었다.

비록 그전에는 모두들 나에게 편안할 때 등반하라고, 마음을 바꾸어 더 쉬운 루트를 등반해도 좋다고 몇 번이나 이야기했지만, 프리솔로로 등반하는 날 아침에는 혹시라도 어떤 말이 나에게 영향을 줄까 봐 그랬는지 다들 입을 굳게 다물었다. 그러나 내가 중압감을 전혀 느끼지 않을 수는 없었다.

우리는 캠핑장 중 한 곳의 언덕에 있는 작은 방갈로를 빌렸는데, 그곳에서는 풍경 전체가 근사하게 눈에 들어왔다. 그날 아침 나는 베개 대신 사용한 재킷 뭉치 위에서 느긋하게 눈을 뜬 다음 아침햇살이 비치는 산 정상을 닳아 빠져 색이 바랜 블라인드 사이로 바라보았다. 중압감을 받기는 했지만 나는 잠을 잘 잤다. 나는 대담한 프리솔로 등반을 앞두고도 잠을 잘 자는 편이다. 침대로 사용한 소파에서도 벽을 따라 이리저리 올라가는 센데로가 잘 보였다. 빠져나갈 구멍이 없었다. 나는 평상시처럼 움직였다. 요구르트 통에 시리얼을 붓고 휴대폰으로 뉴스를 검색했다. 하지만 나는 시간을 조금 지체하면서 인내심을 가지고 아침의 습기가 마르기를 기다렸다. 어색하게 휴대폰에 집중했고 내 주변의 카메라와 질문을 던지는 사람들을 무시하려 했지만, 나는 내가 무엇을 읽고 있는지조차 알지 못했다. 그 순간 가장 중요한 것은 센데로에 햇볕이 드는 것이었다.

마침내 나는 15분을 걸어 루트의 출발지점에 도착했다. 그곳까지는 우거진 관목과 가시로 뒤덮인 덤불을 헤치고 나아가 돌덩어리들이 널린 비탈길을 버둥거리며 올라갔다. 배낭이 무겁지 않아 비탈길을 오르는 나의 발걸음은 무척 가벼웠다. 암벽화, 초크백, 에너지 바와 물은 며칠간 메고 다닌 180미터 로프를 포함한 장비들과 비교하면 무게가 전혀 느껴지지 않을 정도였다.

내가 프리솔로 등반을 좋아하는 이유 중 하나는 고통이 사라진다는 것이다. 그전 나흘 동안 나는 하루 종일 등반과 청소를 하느라 손가락과 발가락이 다 까졌지만, 이제 홀드를 몇 개 잡아보니 전혀 아프지 않았다. 홀드 모서리가 완벽할 정도로 깔끔해 그곳을 잡은 손가락이 단단한 앵커처럼 느껴졌다. 전날 오후만 해도 무척 아팠던 발 재밍도 이제는 대단히 안정적이었다. 나는 홀드를 하나씩 잡아나가면서 부드럽고 완벽하게 등반했다.

그 루트의 크럭스라고 여겨지는 부분은 두 번째 피치 위쪽으로, 지상 75미터 위였다. 반대쪽 벽을 이용하는 그곳에서의 일반적인 동작은 작고 미끄러운 스탠스를 손으로 잡아끌다시피 하며 오르는 것이지만, 나는 손가락이 두 개 들어가는 포켓 홀드를 바깥쪽에서 찾아냈는데 그것이 조금 더 안정적이었다. 나는 손가락에 초크를 묻히면서 바짝 긴장했다. 그것이 아니라면 아마 조금 흥분했을지 모르고, 그것도 아니라면 아마 경각심이 높아졌을지도 모른다. 복잡하고 미묘한 감정을 일일이 글로 풀어낼 수는 없지만, 분명한 것은 내가 생생하게 살아있다는 느낌이었다. 그 순간 나는 루트 위에서 최선을 다해야 했다. 물론 나는 나에게 필요한 일련의 동작들을 정교하게 해냈다.

홀드를 지나칠 정도로 꽉 잡는 것으로부터 조금 벗어나게 되자, 여전히 열세 피치가 남아 있었음에도 나는 그 루트를 끝낼 수 있다는 자신감을 가질 수 있었다.

두 번째 크럭스는 지상 180미터 정도 위의 다섯 번째 피치에서 나타났다. 그 피치가 끝나는 지점에는 커다란 바위 턱이 있어 잠시 쉬어 갈 수 있다. 크럭스 동작에서 나는 머리 위쪽에 있는 날카롭고 작은 석회암의 언더 크랙에 매달렸다. 스미어링으로 댄 왼발의 작은 스탠스를 믿고, 오른발을 거의 허리까지 끌어올린 다음 왼손으로 멀찍이 떨어진 저그 홀드를 잡을 수 있도록 몸을 순간적으로 쭉 뻗었다.

비록 그 루트에서 가장 어려운 구간은 아니었지만, 극도로 단순한 동작이 그 후에도 오랫동안 기억에 남았다. 벽에서 살짝 멀어지는 순간 온몸이 공기에 휩싸이는 느낌, 이것이 나에게는 프리솔로 등반에서 가장 환상적인 순간이다. 이런 동작에는 장비를 사용하는 로프 등반에서는 찾아볼 수 없는 어떤 순수함이 있다. 나는 그 간결한 동작을 몹시 좋아하지만, 그런 경지까지 가는 것이 결코 쉬운 일은 아니다. 그런데 센데로에는 모든 것이 완벽하게 뒤섞여 있다. 미학과 도전, 가장 큰 암벽을 곧장 올라가는 루트에서의 완전한 집중력 그리고 헌신을 요구하는 너무나 힘든 등반까지….

나는 그곳에서부터 정상까지 양호한 스탠스를 이용해 비교적 쉽게 등반했다. 망망대해처럼 보이는 석회암에서 가장 쉬운 길을 찾는 나 자신을 믿고, 나는 몇 개의 피치에서 새로운 방법을 쓰기도 했다. 중간에 있는 바위 턱에서 나는 암벽화를 잠시 벗었고, 다시 다섯 피치 위에서 기술적인 슬랩 등반을 수십 미터 한 후 발가락에 휴식 시간을 주었다. 하지만 등반은 대체로 내 기대대로 진행됐다. 나는 넓디넓고 무정하기 짝이 없는 벽에서 작은 점에 불과했지만 2시간 동안 완벽함의 극치를 맛보았다.

그다음 이틀 동안 우리는 그 루트의 여러 피치에서 다시 등반도 하고 촬영도 하면서 보냈다. 다양한 곳에서 포즈를 취하며 그 루트를 다시 등반하는 것은 별다를 것도 없었다. 성취의 실제적 기쁨이란 다시 반복하는 행위에서는 느낄 수 없다. 그러나 여러 곳의 바위 턱에서 안전벨트를 차거나 벗고 사이사이의 확보물에 카라비너를 걸며 촬영을 위해 이런저런 구간을 등반하면서, 힘들이지 않고 이렇게 등반한 적이 없었다는 사실을 깨달은 나는 친구들과 함께 재미나게 지내려 노력했다.

여행의 시작부터 시다는 레드포인트(추락하지 않고 로프로 프리등반 하는 것)로 센데로를 오르고 싶어 했다. 나는 내 친구의 진지한 노력에 확보를 봐주어야 하는 빚이 있었다. 문제는 돌아가는 비행기 시간이 그다음 날이라는 것이었다. 그래서 우리는 1월 16일 밤 그 루트를 등반하기 위해 출발했다.

그가 첫 번째 피치를 오르기 시작하자, 보름달빛을 받은 벽이 창백하게 빛났다. 그 달빛에는 으스스한 고요함 같은 것이 있었다. 나는 헤드램프를 끄고 어둠 속으로 로프를 풀어주면서 지난주에 있었던 일을 곱씹어보았다. 그럴 만한 가치가 있었을까? 우리는 진정 무슨 일을 한 것일까?

처음 다섯 피치를 시다는 천천히 올라갔다. 그가 가끔 외치는 소리인 "확보 완료! 로프 고정!"만이 정적을 깨뜨렸다. 그것은 그가 고정시켜 놓은 로프로 내가 주마링해 재빨리 올라갈 수 있다는 신호였다. 이런 식으로 시다는 확보를 보고 로프를 정리하는 데 쏟는 힘을 아낄 수 있었다. 나는 모든 피치의 주마링을 4분 안에 끝내려 했다.

하지만 그 순간 내 작은 프로젝트의 윤리적 딜레마가 나를 괴롭혔다. 나는 차드 같은 곳으로의 여행을 통해 내 주변 세상에 내가 끼치는 영향을 고민하게 되었다. 처음에 나는 밴에 살면서 물건도 많이 가지고 있지 않아, 나의 탄소 발자국이 미국인들의 평균치보다 훨씬 더 낮다고 추측했다. 하지만 그 문제에 대한 이슈를 많이 읽을수록, 나는 내가 비행기를 타고 이동한 양이 여전히 환경에 미치는 영향력의 가장 높은 수준임을 깨달았다. 나는 탄소감축 상품을 사리라 생각했지만, 조사해보니 내가 바라던 해결책이 아니었다. 물론 둘 다 탄소배출을 줄이는 것으로 여겨지지만, 선진국에서 누군가가 나무를 심도록 지원을 하는 것이 개발도상국에 청정에너지를 공급하는 것보다 훨씬 덜 유익하다. 앞의 방법은 부자에게 단순히 돈을 주는 것이지만, 뒤의 방법은 화석연료의 사용을 줄일 뿐 아니라 연료를 태움으로써 발생하는 사람들의 경제와 건강문제까지 해결할 수 있다.

나는 환경보호주의를 내가 등반하는 방식과 똑같이 접근하려 노력했다. 서로에게 해당되는 작지만 구체적인 목표를 세우는 것, 이것이 호놀드재단을 설립한 기본 이념이다. 나는 또한 어머니의 집에 태양에너지 패널을 설치한다든지, 먹이사슬의 하위단계를 먹기 위해 고기를 포기한다든지 하는 등 조금 더 작은 프로젝트를 위해 노력했다. 현재 우리가 직면하고 있는 환경문제는 어느 한 사람의 행동으로는 감당하지 못할 만큼 크기 때문에 어떤 면에서는 이런 노력 자체가 우습게 보일지도 모른다. 하지만 너무나 크고 불가능해 보이는 벽을 등반하기 위해 노력을 기울이는 것 역시 의미 없어 보이기는 마찬가지이다. 우리는 등반의 아름다움을 항상 그 과정을 통해 보상받는다.

시다가 어려운 슬랩에서 고군분투하고 있을 때 나는 등반 영상을 만드는 것 자체가 내가 지키고자 하는 환경에 대한 원칙을 위배하는 것은 아닌지 고민했다. 리모컨으로 조정되는 드론 촬영과 미니멀리즘은 공존할 수 있을까? 내가 3시간짜리 등반을 즐기기 위해 스태프를 모두 멕시코로 데려온 것은 그만한 가치가 있을까? 아니면, 나의 등반을 이로운 점이 더 많도록 활용할 수 있을까? 내가 등반을 통해 얻은 기본적인 자료들을 더 유용한 일에 쓸 수 있을까?

걱정이 너무 많으면 좌절할 수도 있다. 어쨌든 나는 모든 것이 균형의 문제라고 생각했다. 다시 말하면, 영향을 최소한으로 끼치면서 받아들일 수 있는 삶의 질을 유지하는 경계선을 찾는 것이 관건이다. 하지만 받아들일 수 있는 삶이란 누가 판단하는 것일까? 행복을 위해 나에게 정말 필요한 것은 무엇일까? 항상 여행을 해야만 할까? 아니면, 프리솔로 등반을 해야 할까? 시다의 헤드램프 불빛이 그리는 원이 서서히 멀어져 갈 때 나는 달빛 속에 혼자 남아 이런저런 생각에 잠겼다.

그런데 우리가 벽을 중간쯤 올라갔을 때 마리아치 밴드mariachi band가 조금 떨어진 길에서 큰 소리로 연주하기 시작했다. 그러자 고요한 사막의 밤이 나팔과 아코디언이 내는 요란한 소리로 가득 찼다. 우리는 웃음을 참을 수 없었다. 나는 시다에게 "이건 그들이 선배님을 응원하는 겁니다."라고 말했다. 내가 라이브 음악의 리듬에 맞춰 주마링 하는 동안 보름달이 하늘을 가로질러 천천히 지나갔다. 나는 확보를 보면서 차가운 밤공기를 막기 위해 겉옷의 모자 끈을 잡아당겼다. 별들이 총총한 밤하늘의 암흑과 센데로의 정상이 대조를 이루며 실루엣으로 드러났다. 그곳까지는 불가능할 정도로 멀어 보였지만 계속 나아가는 방법밖에 없었다. 시다는 여전히 어둠 속으로 향하는 항해를 즐기고 있었다.

———

레넌 오즈터크가 알렉스의 엘 센데로 루미노소 프리솔로 등반을 공들여 촬영한 「캠프 4 콜렉티브」 영상은 6분 12초밖에 되지 않지만 잘 만들어진 작품이다. 이 영상은 센더 필름스가 알렉스의 행위를 일방적으로 찬양하는 바보짓이나, 밴 또는 캠핑장에서의 익살스러운 장면이 없는 반면, 바위에서 알렉스가 보여주는 우아한 몸짓을 이전의 영상보다도 더 잘 포착했다. 자연스럽게 줌인과 줌아웃 하고, 공중에 지그시 떠서 — 스카이사이트 드론 덕분에 — 촬영한 카메라 기법은 최고조에 달한 알렉스의 몸과 마음의 상태를 반영하는 서정성을 잘 그려냈다.

이 영상에는 프리솔로 등반의 심각성을 새로 깨닫게 하는 장면도 있다. 시다 라이트는 등반 전 루트를 청소하며 이렇게 이야기한다. "친구가 죽을 수도 있는 일을 도와주려니 기분이 묘합니다." 이어 화면은 근처의 히달고Hidalgo 마을에 있는 공동묘지로 넘어간다. 마지막은 알렉스가 '아무것도 없는 것처럼 보이는' 스탠스에 서서 양손을 옆으로 자유롭게 늘어뜨리고 활짝 웃는 표정으로 서서히 화면을 가득 채우는 장면이다.

그 등반이 끝나고 얼마 지나지 않아 '내셔널지오그래픽 어드밴처 온라인National Geographic Adventure Online'의 메리 앤 포츠Mary Anne Potts가 알렉스를 인터뷰했다. "벽에서 그 순간 왜 웃었나요?" 하고 그녀가 묻자 알렉스는 특유의 대답을 내놓았다. "영상을 보지 않아 잘 모르겠는데 그냥 좋아서 그러지 않았을까요?" 그는 이런 점을 강조하기 위해 활짝 웃는 표정을 지어 보였다.

사실, 알렉스가 엘 토로 정상에서 몽당연필로 휘갈겨 쓴 메모는 뒤늦게 방문한 한 사람이 사진을 찍는 바람에 그 내용이 공개됐다.

2014년 1월 14일
놀르!!
2시간도 안 걸림
알렉스 호놀드
대단한 하루였음!!

(열다섯 피치를 등반하는 데 2시간, 엘 토로 정상까지 걸어 올라가는 데 1시간이 걸렸다)

「캠프 4 콜렉티브」는 직설적인 멘트로 끝을 맺는다. "이건 역사상 로프를 사용하지 않은 가장 어려운 등반이었습니다." 그로부터 2년이라는 세월이 흐르는 동안 알렉스를 제외한 어느 누구도 이 멘트에 이의를 제기하지 않았다. 등반이 끝난 후 오즈터크가 촬영한 영상 중 잘려나간 부분에 대해 알렉스는 이렇게 주장했다. "그게 내 등반의 육체적 한계는 아닙니다. 물론 내가 할 수 있는 가장 어려운 등반도 아닙니다. 난 내가 안전하다고 느끼는 한계 안에 있었습니다."(무덤덤한 호놀드가 가장 진지한 표정으로 한 말!)

다른 사람들의 반응은 떠들썩했다. 슈퍼토포닷컴에서는 네티즌들이 경외감을 나타냈다. 어떤 사람은 이런 댓글을 달았다. "이 친구는 정말 무서울 정도로 잘하네. … 내가 할 수 있는 것이라곤 경이로움과 놀라움에 그저 고개를 절레절레 흔드는 것뿐." 다른 사람은 이렇게 썼다. "공포심을 분리해내는 것은 결코 쉽지 않다. 그러나 그는 그 이상을 보여준다. 아니면, 너무 잘해서 그냥 무섭지 않은 건가?" 농담을 하는 사람도 있었다. "그

238

가 인간이라면 더 감동적일 텐데…."

『록 앤드 아이스』의 편집장이면서 1994년 엘 센데로 루미노소를 (로프를 사용해) 최초로 프리등반한 장본인인 제프 잭슨은 사설에 이렇게 썼다. "내가 어떻게 생각할지 궁금할 것이다. 글쎄다. 솔직히 말하면, 나는 그 등반을 생각하지 않으려 애쓴다. … 센데로 프리솔로 등반은 차원이 전혀 다른 이야기이다. 너무 심해서 알렉스가 앞으로 산타의 방문을 받을 수 있을지 궁금하다."

그의 세대에서 가장 뛰어난 클라이머 중 한 사람인 제프 잭슨은 그 루트에서 자신의 경험과 알렉스의 위업을 이렇게 비교했다. "내가 아는 바로는"이라며 그는 글을 시작했다.

한결같이 기술적인 등반 — 열한 피치가 5.12a나 그 이상의 난이도가 매겨져 있는 — 을 요구하는 벽을 프리솔로로 등반한 사람은 이제껏 아무도 없다. 모든 피치는 길고(처음 다섯 피치는 50미터이거나 그보다 더 길다), 발이 떨어져 등골이 오싹한 커다란 구조물들이 변함없이 계속된다. 벽은 수직에 조금 못 미치는 슬랩인데, 어려운 슬랩을 등반해본 사람이라면 그것이 정신적으로 얼마나 부담스러운 등반인지 잘 안다. 나에게 5.12 슬랩 등반은 실크 모자에서 토끼를 꺼내는 것과 같다. 이런 일에는 마술적인 요소가 작용한다. 그 루트를 등반한 지 20년이 지났지만, 나는 두 번째 피치를 레드포인트로 간신히 올랐을 때의 기분을 여전히 기억하고 있다. 나는 상승기류와 끈적이는 고무 냄새 속에서 위험을 헤쳐나가며 악마에게 살려달라고 속삭였다. …

그런데 알렉스는 그 피치를 프리솔로로 올랐다. 그리고 다른 곳들도 모두! 젠장! 이게 도대체 어떻게 가능하지?

알렉스는 성공에 안주하지 않았다. 멕시코에서 위업을 달성한 지 한 달도 지나지 않아 그는 한 번도 방문해본 적이 없는 곳으로, 한 번도 해본 적이 없는 등반을 하러 떠났다.

8장

피츠 로이

1

피츠 트래버스Fitz Traverse는 토미 콜드웰의 아이디어였다. 그가 이 말을 꺼냈을 때 나는 곧장 이렇게 대답했다. "환상적이네. 가요!" 나는 파타고니아에 가본 적도 없고 아는 것도 없었다. 그러나 내 마음은 이미 그곳에 가 있었다.

피츠 로이는 해발고도가 3,405미터에 불과하지만, 칠레와 아르헨티나 국경의 남부 파타고니아에 솟아오른 멋진 화강암 연봉들 중 가장 높은 봉우리이다. 그 이름은 찰스 다윈이 진화론을 처음으로 밝혀낸 1930년대의 유명한 항해, 즉 비글Beagle호의 선장 로버트 피츠로이Robert Fitzroy에서 비롯됐다. 프랑스의 위대한 산악인 리오넬 테레이Lionel Terray와 귀도 마뇽Guido Magnone이 1952년에 성공한 초등은 당시까지 세계에서 이루어진 최고 수준의 기술적인 등반이었다.

세로 토레Cerro Torre, 토레 에거Torre Egger, 아구아 포앙스노Aguja Poincenot, 그리고 다른 많은 아구아(첨봉이라는 뜻의 스페인어)들로 이루어진 파타고니아에는 세계 어디에서도 찾아볼 수 없는 가장 가파르고 우뚝 솟고 아름다운 봉우리들이 모여 있다. 그곳의 화강암은 요세미티만큼이나 환상적이다. 그러나 파타고니아는 악천후와 몇 주 동안 누그러지지 않고 미친 듯이 불어대는 바람, 거의 수직에 가까운 슬랩과 크랙에 쌓이는 버섯 모양의 거대한 서리얼음으로 악명이 높다.

토미는 2006년에 파타고니아를 처음 찾았다. 비록 그의 이전 경험이 대부분 바위에서 쌓은 것이었지만, 그 시즌에 그는 파타고니아에서 대단한 루트들을 개척했다. 5장에서 언급한 바와 같이 토미는 토퍼 도나휴, 에릭 로드Erik Roed와 함께 피츠 로이의 '리니아 드 엘레간사'를 프리로 등반했다. 또한 토미와 토퍼는 피츠 로이 동벽에 있는 거대한 루트 '로열 플러시Royal Flush'를 시도하기도 했다. 그 봉우리는 그해 2월 물이 줄줄 흘러내려 다른 클라이머들은 희망을 잃고 등반을 포기한 반면, 토미는 그런 조건 속에서도 루트에 붙어 후퇴할 때까지 거의 다 온사이트로 프리등반을 했다.

2014년 토미는 피츠 로이에 상당히 집중했다. 그는 그 전해에 아내 베카Becca가 아들을 낳자 이름을 '피츠Fitz'라고 지을 정도로 그곳에 심취해 있었다.

그 자체로서도 무시무시하지만 피츠 로이는 단독 봉우리가 아니다. 그것은 북쪽의 아구아 기야우메Aguja Guillaumet로부터 시작해 남쪽의 아구아 드 레스Aguja de l'S까지 이어진 7개의 연봉 한가운데에 있다. 가장 대담한 도전은 그 연봉들을 한 번에 종주하는 리지 등반, 즉 피츠 트래버스이다.

2008년 프레디 윌킨슨 ― 그는 그로부터 5년 후인 2013년 러스 고지에서 나의 파트너가 되는데 ― 은 다나 드루먼드Dana Drummond와 함께 기야우메-메르모Mermoz-발 비오이스Val Biois-피츠 로이까지 최초로 트래버스 하고, 그곳에서 하강해 빠져나오는 절반의 트래버스를 완성했다. 그들은 자신들의 트래버스를 '케어 베어 트래버스Care Bear Traverse'라고 불렀는데, 자신들이 구름 속에 너무나 오랫동안 갇혀 "다른 클라이머들은 분명 우리를 보고 '저 멍청한 미국 놈들이 구름 속에서 놀고 있네!' 하고 생각할 거야."라는 농담을 서로 주고받은 데서 비롯된 아이디어였다. (어린이 만화 시리즈 '케어 베어스'에서는 곰 같은 주인공이 구름 속의 동굴에서 산다)

프레디와 다나의 그 트래버스는 두 번의 비박을 포함해 사흘이 걸렸다. 케어 베어는 2008년 이후 여러 번 등반이 되었지만, 어느 누구도 피츠 로이 다음의 연봉들을 넘어서지 못했다. 그들 모두의 문제는 후등자가 주마링을 너무 많이 해서, 피츠 로이에 도착하면 바위에 닳아버린 로프가 속심까지 드러낼 정도로 너덜너덜해진다는 것이었다.

2014년 2월 1일 토미와 나는 피츠 로이 지역의 관문인 엘 찰텐El Chaltén에 도착했다. 그러나 처음 9일 동안은 산의 날씨가 끔찍해, 우리는 위로 올라가지 않고 아래의 작은 암장에서 볼더링을 하거나 스포츠클라이밍을 하며 보냈다. 그곳에는 등반을 즐길 만한 곳들이 널려 있었다. '기가 막히네! 몸이나 더 만들자.'라고 나는 생각했다. '야, 저 봉우리들은 정말 겁나게 생겼네. 그런데 날씨가 좋아지긴 할까?'

우리는 날마다 낮에는 등반하고 밤에는 엘 찰텐으로 나가 놀았는데, 정말 근사한 생활방식이었다.

⌐

후에 토미 콜드웰은 『알피니스트』 2014년 겨울 호에 파타고니아의 모험담을 실었다. 사려 깊은 그 글에서 토미는 가장이 된 후 감행한 그 등반이 얼마나 힘들었는지를 토로했다. "낭만적인 생각으로, 나는 콜로라도에서부터 아르헨티나까지 끝없는 여행에 가족을 데리고 다녔다. 그런데 엘 찰텐에서 더 없이 행복한 2주를 보내고 나자 바람이 잠잠해져 나는 배낭을 꾸렸다"라고 그는 밝혔다.

토미는 피츠 트래버스를 하러 가며 위험을 살짝 감추고 아내 베카에게 작별인사를 했다. "조심할 테니 걱정 마. 그냥 암벽등반을 하러 가는 거야."

그러나 그는 속으로 '평범하게 늙어가는 것도 좋을 텐데…'라고 생각했다.

그 글에서 토미는 2012년 봄 요세미티에서 알렉스를 만난 순간을 회상하는데, 태연자약한 그의 태도에 깜짝 놀랐다고 고백했다. "누구든 하프돔의 레귤러 루트를 데이지체인으로 멋지게 솔로등반할 수 있습니다."라고 알렉스는 주장했다. "그렇게 대단한 일은 아니니까요. … 5.11에서는 떨어지지 않잖아요?"

알렉스의 등반기술과 온화한 성품에 이끌린 토미는 위험을 심드렁하게 받아들이는 그의 태도에 적잖이 놀랐다.

알렉스는 자신의 등반을 어떻게 이토록 무신경하게 이야기할 수 있을까? … 그는 하프돔의 레귤러 노스웨스트 페이스 프리솔로 등반을 트레커들이 특별한 경치를 언급하듯 이야기한다. 그와의 대화는 절대 죽음이나 사랑 또는 심미로 흘러가지 않는다. 그는 모든 것을 권태롭거나 지루하다고 여기는 듯하다. 이런 것이 그가 자신의 일을 잘하는 이유 중 하나일까? 위험에 대한 그의 철저한 무관심이 나에게는 흥미로우면서도 섬뜩하게 느껴졌다. 테크놀로지의 시대에 사는 오늘날, 그를 보면 인간의 잃어버린 본능, 즉 사냥꾼이나 전사 같은 본능이 생각난다.

의구심과 상관없이 토미는 곧 자신과 알렉스가 환상적인 듀오라는 사실을 깨달았다. 2012년 트리플 크라운 등반에서 엘캡의 프리라이더를 한밤중에 오를 때 알렉스는 자신이 보통 레이백 자세로 오른 피치를 어둠 속에서 스테밍 자세로 오르는 토미를 보고 깊은 인상을 받았다. 그러나 토미 역시 알렉스의 과감성과 침착함에 감명 받았다.

> 알렉스는 확보물 따위를 설치하기 위해 머뭇거리는 법이 없었다. 그는 피치마다 몇 개 설치하지도 않았다. 자신이 추락하지 않을 것이라는 자신감으로 무장된 그 과감성은 정말 부러웠다. …
>
> 내 위쪽으로 길게 늘어진 로프는 아무것에도 걸리지 않은 채 어둠의 허공 속에서 가볍게 흔들렸다. 내 팔은 부르르 떨릴 정도로 피로에 젖었고, 탈수현상으로 머리가 지끈거렸다. 나는 그가 사용할 장비가 남아 있기를 신에게 빌었다. 그런 것에 대해서는 아예 생각을 하지 않는 것이 최선이기는 하지만….

토미와 알렉스는 거의 완벽한 수준으로 동시등반을 하면서 프리솔로에 대해 격의 없는 토론을 벌였다. 그러나 토미는 의구심을 나타냈다. 그는 훗날 이렇게 말했다. "알렉스는 내가 만난 어느 누구보다도 더 안정적으로 등반하지만, 난 그가 걱정됐습니다. 그렇다 해도 난 그에게 프리솔로를 그만두라고 하지는 않았습니다. 다만 의구심을 나타낸 것뿐입니다. 그러나 그는 내 말을 들은 척도 안 하고 프리솔로를 나에게 설득하려 했습니다."

"레드 록스의 벨벳 통Velvet Tongue을 함께 등반했는데, 알렉스가 5.12+의 크럭스를 선등하다 순간적으로 추락했습니다. 하지만 그는 손가락 하나로 매달렸습니다. 추락은 누구든지 할 수 있습니다. 난 '야, 놀랍네!'라고 외쳤습니다. 그러나 속으로는 이렇게 생각했습니다. '프리솔로 등반을 하다 저런 일이 일어나면 어떻게 하지?'"

『알피니스트』에 기고한 글에서, 토미는 알렉스와의 트리플 크라운 등반을 통해 피츠 트래버스에 대한 아이디어를 얻었다고 설명했다. 여든 피치 정도를 21시간 만에 끝내고 하프돔 정상에 오른 그는 이렇게 밝혔다.

> 트리플 크라운 등반이 인간의 의지력과 인내심의 시험 무대가 될 것으로 나는 기대했다. 더불어 그곳이 인간의 능력은 무한하며, 우리가 사는 세상은 여전히 신비에 싸여 있다는 것을 깨닫는 생존의 무대이기를 바랐다. 그러나 알렉스는 너무나 잘했다. 마치 거벽이 절반으로 줄어든 것처럼…. 나는 그런 기술을 빠르고 가벼운 등반이 필수인 파타고니아, 즉 단순한 기교보다는 훨씬 더 큰 산과 같이 난폭한 폭풍과 싸워야 하는 곳에서 펼쳐보고 싶었다.

2월 12일 마침내 하늘이 활짝 열리면서, 며칠 동안 맑은 날씨가 계속될 것이라는 예보를 접한 토미와 나는 피츠 로이로 향했다. 피츠 트래버스에 도전한 이전의 팀과 달리 우리가 선택한 커다란 모험은, 후등자가 주마링을 하지 않고 모든 피치를 동시에 등반하는 것이었다. 그래야만 우리의 로프가 덜 손상될 터였다.

요세미티에서 트리플 크라운을 등반한 것처럼 우리는 각자 한 번에 길게, 때에 따라서는 240미터까지 끊어 선등에 나섰다. 토미와의 등반이 좋았던 것은 비록 그가 얼음과 혼합등반 피치에서는 — 그런 곳에서는 경험이 워낙 많아 — 대부분 앞장을 섰지만, 교대로 선등한 것이었다. 우리는 첫 번째 봉우리인 아구아 기야우메에서 300미터 정도 되는 브레너-모스치오니Brenner-Moschioni 루트를 두 번으로 아주 길게 끊어 2시간 반 만에 올랐다.

우리는 롤로Rolo(롤란도 가리보티Rolando Garibotti)와 콜린 헤일리Colin Haley가 거의 비슷한 시간에 피츠 트래버스에 나섰다는 사실을 알게 되었다. 파타고니아는 롤로를 빼놓고 이야기할 수 없다. 그는 파타고니아의 등반 역사를 부단히 기록해왔을 뿐만 아니라, 어느 누구보다도 더 많이 여러 봉우리에서 다양한 루트를 개척한 장본인이다. 그는 또한 트레일을 정비하고 루트 가이드를 조직하는 등 그 지역에서 가장 핵심적인 클라이머이기도 하다. 서로 다른 루트로 등반한 우리는 기야우메 정상에서 만났다. 그러나 그들은 그 전해에 고관절 수술을 받은 롤로의 컨디션이 좋지 못해 등반을 포기했다. 롤로는 친절하게도 간단하게 채울 수 있는 끈이 달린 알루미늄 크램폰을 나에게 빌려주었는데, 이것은 나중에 큰 도움이 되었다.

우리는 속도가 곧 안전이라고 여겼기 때문에 상당히 가벼운 짐을 메고 등반했다. 우리의 장비는 캠 17개, 너트 몇 개, 슬링 14개가 전부였다. 우리는 피톤을 준비하지 않았다. 우리는 루트에 있는 고정 앵커와 확보물, 그리고 우리가 등반을 하면서 추가로 설치하는 확보물에 의존했다. 우리의 가장 큰 의문은 리지를 따라 한 봉우리에서 다른 봉우리로 넘어갈 때 하강을 하면서 다른 사람들이 남겨놓은 앵커를 과연 얼마나 많이 찾을 수 있느냐는 것이었다.

우리는 등반용으로 60미터 로프와 하강용으로 얇은 80미터 로프만 준비했다. 우리는 두 로프의 끝을 묶어 앵커의 슬링에 통과시킨 후 60미터를 하강하고 나서 한쪽 로프를 잡아당겨 다음 하강을 이어갔다. 빙벽등반 구간을 위해서는 단 한 개의 아이스스크루와 단 한 자루의 블랙다이아몬드 코브라Black Diamond Cobra 아이스툴 ― 곡선의 짧은 금속 샤프트에 날카로운 피크를 가진 ― 만 준비했다.

우리는 '테니스화'라고 부르는 어프로치용 운동화로 대부분을 등반했다. 물론 까다로운 피치에서는 암벽화를 신었다. 그러나 트레킹화는 가져가지 않았다. 우리는 크램폰을 테니스화에 묶었는데, 밑창과 끝 부분이 너무 부드러워 그렇게 안정적인 조합은 아니었다.

우리는 침낭 하나, 커다란 퍼피puffy(다운재킷) 하나, 스토브 하나와 가스통 세 개를 가지고 갔다. 원래 텐트는 가져가지 않을 작정이었다. 그러나 날씨가 좋지 않은 날 훈련하다 블랙다이아몬드 '퍼스트 라이트First Light' 텐트에서 하룻밤을 보내고 나서 그것이 얼마나 편안한지 깨달았다. 500그램 정도밖에 나가지 않는 그 텐트는 상당히 훌륭한 휴식공간이었다. 마지막 순간에 우리는 텐트를 가져가기로 했는데, 이것은 결국 신의 한 수가 되었다.

우리는 장비, 스토브, 연료와 식량 등을 6킬로그램(선등자)과 11킬로그램(후등자)이 되도록 배낭을 가볍게 꾸렸다. 며칠을 해야 할지 모르는 알파인 트래버스 등반에서 이것은 너무나도 가벼운 무게였다!

나중에 어떤 저널리스트가 우리에게 촬영 팀이 따라붙었는지 물었다. 마치 그러기라도 한 것처럼! 하지만 아주 가벼운 카메라 한 대만 토미가 넘겨받았기 때문에 우리는 리지를 따라 움직이면서 서로의 등반 장면을 영상으로 찍으려 노력했다. 그리고 후에 우리는 그것들을 편집해 등반을 기록하는 영상으로 만들었다. 우리는 또한 아이폰으로도 사진을 찍었다. 사실 우리의 아이폰은 상당히 중요한 장비 중 하나였다. 내가 여러 봉우리에 있는 루트개념도 60개 정도를 그곳에 저장했기 때문이다.

기야우메에서 우리는 리지 등반을 통해 아구아 메르모 정상으로 갔는데, 그곳에 올라선 시간이 오후 5시였다. 그로부터 다시 4시간 후, 우리는 리지 위에 텐트를 치고 첫 번째 비박에 들어갔다. 그날 밤 다운재킷을 차지한 나는 따뜻하게 잘 잤다. 나는 토미가 밤새 덜덜 떨었다는 사실을 며칠이 지나고 나서야 알았다. 나는 캘리포니아에서 자란 평범한 소년이 콜로라도의 터프가이보다 다운재킷이 더 필요하다는 핑계를 대고 사흘 밤 동안이나 그 재킷을 독차지했다. 그러자 마침내 토미가 자신이 추위에 얼마나 덜덜 떠는지를 털어놓았고, 나는 그제야 그에게 다운재킷을 넘겨주었다.

2월 13일 오전 8시 30분 우리는 등반을 재개했다. 아구아 발 비오이스를 넘어 카사로토Casarotto 루트로 고레타 필라Goretta Pillar를 오르는 데는 하루 종일이 걸렸다. 그 트래버스는 프리등반으로 난이도가 5.11d까지 나오는 아주 멋진 암벽등반 구간의 연속이어서, 내가 암벽화를 신고 선등으로 나섰다. 우리는 가능하면 고정 확보물을 잡아당기거나 너트와 캠을 크랙에 집어넣고 잡아당기는 '프랑스식 프리등반'으로 넘어갔다. 그렇다 해도 우리는 전체 트래버스 중 A1에 불과한 인공등반은 거의 하지 않았다.

우리가 피츠 로이 북쪽 필라의 마지막 헤드월 밑에 도착하자 어느덧 오후 7시 45분이었다. 11시간을 계속 등반한 탓에 무척 피곤했지만, 그곳은 비박에 적당치 않아 우리는 헤드월을 마저 치고 올라가 정상에서 자기로 결정했다. 또한 우리는 태양이 벽을 비추면 온갖 것들이 벽 아래로 떨어져 내리는 아침보다는 저녁의 눈 상태가 더 안전할 것으로 판단했다.

헤드월은 그전 몇 년 동안의 축축한 여름 탓에 생각보다 얼음과 눈이 더 많이 달라붙어 있었다. 토미가 선등을 설 차례였다. 얼음과 눈, 바위로 뒤섞인 그곳을 그는 아주 힘들게 올라갔는데, 후에 알고 보니 그곳이 전체 트래버스 중 크럭스였다. 그곳의 등반은 정말 무섭기 짝이 없었다.

서리얼음으로 뒤덮인 그 헤드월은 아이스툴 두 자루, 양이 충분한 아이스 스크루 그리고 빙벽화에 단단히 고정된 크램폰을 가지고도 선등이 결코 만만찮은 곳이었다. 아이스스크루 한 개와 코브라 한 개, 테니스화에 헐렁하게 묶인 크램폰으로 선등을 나선 토미에게 그곳은 악몽 그 자체였다. 그는 서리얼음으로 진입하며 평소답지 않게 이렇게 소리쳤다. "젠장, 이건 잘 모르겠네!"

나는 그에게 용기를 북돋아주려 노력했다. "선배는 할 수 있어요."라고 나는 소리쳤다. "최고잖아요!" 그러나 나는 의구심과 두려움을 떨치지 못했다.

토미는 얼음에서 물이 솟구쳐 마구 흘러내리는 모습을 "용의 입을 닮은 구멍에서 물이 솟구쳤다."라고 묘사했다. 그는 후에 『알피니스트』에 기고한 글에서 실로 위험천만했던 그 등반을 이렇게 담아냈다.

> 나는 하나뿐인 아이스툴로 흘러내리는 물 밑에 새로 형성된 얼음을 찍었다. 피크가 빠지는가 싶더니 끝이 작은 구멍에 걸렸다. 이제 나는 올라가야 했다. 30분이 지나면 그 작은 폭포가 얼어붙어 사방을 얇은 얼음 층으로 만들 것이다. 그러면 몇 개 안 박힌 우리의 캠은

크랙에서 빠져 쓸모없게 될 것이고, 테니스화에 묶인 알루미늄 크램 폰은 스케이트로 변할 것이다. 나의 손이 떨렸다. …

나는 폭포 속으로 들어갔다. 그러자 모든 틈바구니로 차가운 물이 스며들어 숨이 턱턱 막혔다. 나는 아이스툴의 피크를 갈라진 틈에 집어넣고 다시 너트를 쑤셔 넣었다. … 나는 아래를 내려다보았다. 점점 더 심해지는 한기를 느끼며 이제는 후퇴가 불가능하다는 생각이 들었다. 그 순간 내가 할 수 있는 것은 오직 위로 올라가는 것뿐이었다. 나는 모험적인 등반을 원했지만, 이것은 정말 끔찍했다.

그다음 30분 동안 토미는 "급류에서 낚시 바늘에 걸려 몸부림치는 물고기"라는 그의 묘사처럼 정신없이 움직였다. 그리고 마침내 그는 아이스툴을 먼 옆쪽에 박고 작은 캠을 크랙에 반쯤 들어가게 설치했다. 그는 그 캠이 버틸지 확신하지 못했지만, 양손으로 잡고 그 위쪽으로 넘어갔다. 온몸이 흠뻑 젖은 그는 사시나무 떨 듯 부르르 떨었다. 그러나 저체온증이 오기 직전 그는 간신히 마른 바위에 도착했다.

태양은 이미 지평선 너머로 사라지고 없었다. 토미는 헤드램프를 켜고 크랙을 인공등반으로 올라갔다. 그리고 마침내 크램폰을 벗고 그 위쪽을 프리로 등반했다. 후에 그는 이렇게 썼다.

거친 바위에 피부가 심하게 긁혔다. 그러자 바위가 피로 얼룩졌다. 옷은 꽁꽁 얼어붙었다. 움직일 때마다 재킷에서 얼음이 부서져 떨어지는 소리가 들렸다. 로프는 강철 케이블처럼 딱딱했다. 나는 몸에서 열이 나도록 더 빠르게 올라갔다. … 나는 가끔 우리의 길을 막고 있는 서리얼음을 찍어냈다. 그러자 파편이 알렉스의 머리 위로 쏟아져 내렸다. 커다란 덩어리들이 그의 등과 어깨에 부딪치며 둔탁한 소리가 났다.

"괜찮아?" 하고 내가 소리치자,

"예, 선배는 아주 잘하고 있어요."라고 알렉스가 대답했다. 그러나 그 말은 마지못해 하는 것이 뻔했다.

그때까지 나는 우리 둘의 재킷을 모두 입고 있었다. 즉, 토미의 가벼운 재킷 위에 큰 재킷을 겹쳐 입은 것이다. 토미는 후드 티셔츠에 하드쉘 재킷 하나만 입고 선등했다. 그가 온몸이 흠뻑 젖은 채 아주 멀리까지 등반하자 결국 옷이 말라 체온이 유지된 것은 대단한 일이었다. 나는 45분간 계속 확보만 보다가 15분간 주마링을 하자 오히려 몸이 으스스 떨렸다. 토미가 그토록 추운 날씨에도 평정심을 잃지 않은 것은 사뭇 인상적이었다. 그는 정말 강인한 사나이였다.

마침내 헤드월의 각도가 수그러들었다. 하지만 이제 토미는 어둠 속에서 눈과 얼음의 혼합등반 구간 180미터를 선등했다. 눈이 아주 많이 쌓여 있다는 것 말고는 대체로 쉬운 등반이었다. 우리에게는 아이스툴이 하나뿐이었는데, 그가 선등을 하며 그것을 사용해 나는 아이스툴도 없이 크램폰만으로 동시등반을 해야 하는 신세가 되었다. 어둠 속으로 사라진 그가 보이지 않아, 나는 그가 확보물이나 제대로 설치했는지도 알 수 없었다. 나는 토미의 아이스툴 흔적만 보고 뒤따라 올라갔다. 나는 오직 양손만 써서 그 봉우리를 기어 올라갔는데, 몹시 겁나는 등반이었다.

새벽 2시가 다 되어서야 정상 근처에 도착했다. 우리는 정상 바로 아래 있는 커니스에서 바람을 피할 수 있는 아늑한 공간을 발견하고 그곳에 텐트를 쳤다. 토미는 "정말 힘든 날이었어!"라고 말했다.

우리는 텐트 안으로 기어들어가, 한 개뿐인 침낭을 함께 덮었다. 나는 한 번 더 다운재킷을 차지했는데, 밤새 추위에 떤 토미는 불평 한 마디 하지 않았다.

그 헤드월에서 나는 심리적 안전지대 밖에 있었다고 고백해야 할 것 같다. 그날은 내 등반 경험 중 가장 힘든 날이었다.

겨우 3시간 눈을 붙인 우리는 배낭을 꾸려 피츠 로이 정상으로 걸어 올라갔다. 그곳에서 우리는 사진만 몇 장 찍었을 뿐 많은 시간을 보내지는 않았다. 우리는 여전히 기진맥진했다. 하지만 그곳에서부터 우리는 2008년 프레디 윌킨슨과 다나 드루먼드의 케어 베어 트래버스를 넘어섰다.

피츠 로이에서 아구아 카키토Aguja Kakito 사이에 있는 콜col로 내려서기 위해 우리는 프랑스-아르헨티나 루트를 따라 스무 번이나 로프 하강을 해야 했다. 그 루트는 마치 폭포 같았다. 사흘 동안이나 맑은 날씨가 계속되자 남벽에 있는 모든 것이 녹아내리고 있었던 것이다. 로프는 스펀지로 변했고, 우리는 흠뻑 젖었다. 그러나 맑고 쾌청한 날씨여서 그런 것쯤은 아무 문제도 되지 않았다. 우리와 친분이 있는 윗 마고Whit Margo가 손님 하나를 피츠 로이 반대쪽의 빙벽 루트로 정상까지 데리고 올라오는 데 성공해, 우리는 우연히 정상 근처에서 그와 마주쳤다. 그는 우리에게 하강용 앵커를 찾는 좋은 방법을 알려주었는데, 그것은 정말로 큰 도움이 되었다. 그러나 우리가 하강을 하려는 순간 그 손님의 아이스툴이 토마호크처럼 엄청난 속도로 우리 옆을 스쳐 날아갔다. 그가 실수로 떨어뜨린 아이스툴은 벽 아래로 멀리 날아가 버렸다. 그것은 약간 섬뜩한 만남이었다.

피츠 로이와 카키토의 콜부터는 커다란 미지의 영역이었다. 우리는 카키토의 뾰족한 바위 봉우리들을 넘거나 돌아서 앞으로 나아갔다. 하지만 우리가 아구아 포앙스노 북벽 밑에 도착하기도 전에 오후 6시가 되고 말았다. 그곳에서 우리는 두 번째로 큰 암벽등반 구간을 만나, 2001년 딘 포터와 스텝 데이비스가 개척한 루트를 따라 올라갔다. 300미터 정도 되는 그곳은 바위 상태도 나쁘고 몇 피치는 확보도 불량해 결코 만만찮은 곳이었다. 딘과 스텝은 그곳의 난이도를 5.11d A1으로 매겼다.

사흘 동안 쉬지 않고 등반하다 보니 타격이 심했다. 토미는 손가락에서 마치 생살을 문지르는 듯한 고통을 느꼈다. 포앙스노 북벽은 내가 모든 피치를 선등했고, 토미는 손가락으로 인해 동시등반 대신 주마로 뒤따라 올라왔다. 나는 그가 힘을 덜 들이도록 가능할 때마다 숏픽싱 방식, 즉 내가 로프 중간을 앵커에 묶어놓고 솔로등반을 하면 그가 주마로 뒤따라오는 방식으로 등반했다.

나는 암벽화로 갈아 신었는데, 이런 경우는 트래버스 중 몇 번 되지 않았다. 결국 나는 300미터를 3시간 15분 만에 올라갔다. 마지막 한 피치는 바위 상태가 너무 좋지 않았지만 등반은 쉬웠다. 그리고 아래쪽의 몇몇 피치들은 흥미롭기도 하고 반쯤 보호받을 수도 있는 페이스 등반이었다. 나는 나의 홈그라운드인 요세미티에 있는 듯한 기분이 들었다. 등반은 정말 편안했다.

우리는 몹시 지친 상태로 포앙스노 정상에 올라섰지만 여전히 잘 나아가고 있었고, 우리가 아는 범위 내에서 효율적으로 등반하고 있었다. 등반을 하면서 우리는 잠깐씩 멈추어 토미의 카메라로 짧은 영상을 찍었다. 그리고 트래버스의 전체 상황을 해설로 집어넣었다. 예를 들면, 어느 곳에서는 토미가 이렇게 설명했다. "여긴 세상에서 경치가 가장 멋진 곳입니다." 피츠 로이 정상에서 나는 150미터쯤 아래에 있는 클라이머들을 보고 불쑥 이렇게 내뱉었다. "저 아래에 사람들이 있네요. 저곳으로 내려가 그들을 껴안아주고 싶어요." 그때 카메라가 토미를 향하자 그는 이렇게 말했다. "우리가 어디 있는지 말해봐." 나는 공손하게 "우린 지금 포앙스노 정상에 있습니다!"라고 말했다. 조금 진부할지도 모르지만 훌륭한 편집자라면 이런 것을 잘 활용할 수 있지 않을까.

우리는 포앙스노 정상 바로 아래 남쪽에 텐트를 다시 치고 몇 시간 동안 잠을 잤다. 그날 밤 내가 저녁식사거리를 만드는 동안 토미는 바닥을 다져 평편하게 하려 했지만 도중에 포기하고 말았다. 우리가 있던 자리는 바위가 너무 단단한 데다 정상적인 형태가 아니었다. 결국 우리는 푹 꺼진 곳에 다리를 놓고 뾰족뾰족한 곳에 등을 댄 채 잘 수밖에 없었다. 텐트 안은 엉망진창이었다. 그러나 우리는 잠을 제법 잘 잤다. 피로가 오히려 약이 된 셈이었는데, 그렇다 해도 그날 밤의 비박은 최악이었다.

이제 우리는 상당히 초췌했다. 우리는 소비하는 칼로리만큼 제대로 먹지 못했고, 서둘러 먹어치우기가 일쑤였다. 한번은 숟가락을 찾지 못해 토미의 깨진 선글라스로 폴렌타polenta를 먹기도 했다. 하지만 준비해 간 빨대를 이용해 바위의 구멍에 고여 있는 물을 걸러서 마셨기 때문에 수분 공급에는 큰 문제가 없었다. 때때로 우리는 확보를 보면서 눈을 먹기도 했다.

어느덧 장비와 옷이 너덜너덜해졌다. 테니스화는 터지고, 고르지 않은 바닥에 펼쳐진 텐트 바닥은 작은 구멍투성이였다. 바지도 찢어지고 터졌다. 우리는 침낭도 태워먹어 구멍을 하나 내고 말았다. 침니를 등반할 때 이리저리 끌린 배낭도 엉망이었다. 어디에선가 토미는 암벽화 한 짝을 떨어뜨렸다. 심연 속으로 사라진 그것을 우리는 보지도 못했다. 그냥 갑자기 없어졌다. 피츠 트래버스에서 우리는 모든 종류의 장비를 필드 테스트한 셈이었다.

포앙스노의 900미터 남벽 하강은 전체 트래버스 중 두 번째 크럭스였다. 자주 등반되지도 않는 그 벽에서 우리는 어떻게 해서라도 다른 사람들이 남긴 앵커를 찾아야 했다. 그런 앵커들을 찾지 못하면 우리는 우리의 장비를 사용할 수밖에 없었다. 그러자 장비가 빠르게 소진됐다. 일시적으로 사용할 피톤을 찾기 위해 알지도 못하는 벽을 로프 하강으로 내려가는 일은 불안하기 짝이 없었다. 55미터를 하강하고 나자 이런 생각이 들기 시작했다. '아이고! 앵커가 보여야 할 텐데….' 우리는 가능하면 클라이밍 다운을 했지만, 대부분은 로프 하강을 해야 했다. 한번은 토미가 앵커용으로 돌멩이를 집어 10센티미터의 크랙에 박아 넣었다. "와! 전에 해본 적이 있나요?" 그러자 토미는 나를 안심시켰다. "믿어도 돼."

결국 우리는 루트를 벗어나지 않았다. 우리는 그 하강을 거의 완벽하게 해냈다.

그때까지 우리는 자동비행 모드로 운행한 셈이었다. 토미는 『알피니스트』에 우리의 상황을 그럴듯하게 묘사했다.

가끔 서로의 망상이 뇌우의 전하電荷처럼 생겨났다. 도파민, 노르에피네프린, 엔도르핀 같은 화학물질이 뇌에서 분비됐다. 우리의 초점은 좁아지고 강화됐다. 우리는 점점 더 마치 하나인 것처럼 생각했다. 육감이 우리에게 헐거운 바위와 숨겨진 썩은 얼음조각을 일일이 경고해주는 듯했다. … 각자의 발걸음은 확실하고 정확했다. 우리는 모순적인 상황으로 혼란스러웠다.

이제 트래버스를 끝낼 수 있다는 자신감이 들었다. 남은 봉우리 세 개 중 어느 것도 포앙스노처럼 높거나 어렵지 않았기 때문이다. 우리는 아구아 라파엘 후아레스를 피올라-앵커Piola-Anker 루트로 공략했다. 1989년에 초등된 그 300미터 루트는 난이도 5.11a A1으로 평가받았지만 바위 상태는 대부분 양호했다. 토미가 주마링과 동시등반을 번갈아 하는 동안 나는 암벽화를 신고 선등으로 나섰다. 그러나 거의 정상 근처에서 4호 캠만 들어가는 45미터의 크랙과 마주쳤다. 크랙의 가장자리는 얼음이 끼어 있었다. 나는 4호 캠이 없어 3호를 위쪽에 집어넣고 잡아당겼다. 그러나 크기가 맞지 않아 캠의 헤드만 크랙 끝에 간신히 걸린 채 달랑거렸다. 추락하면 속수무책일 것 같았지만 적어도 올라가는 데는 도움이 되었다. 그 등반은 파타고니아 같은 국제적 무대에서는 난이도가 무의미하다는 것을 보여주었다.

그럼에도 우리는 피올라-앵커 루트를 긴 피치 두 개로 끊어 2시간 45분 만에 올라갔다. 그리고 그로부터 2시간 정도 후에 우리는 날카로운 리지를 지나 다시 긴 피치 두 개를 등반해 아구아 생텍쥐페리Aguja Saint-Exupéry 정상에 도착했다.

그쯤 되자 날카로운 화강암에 무수히 끌린 우리의 등반용 로프가 너덜너덜해졌다. 한군데는 너무 심하게 손상돼 잘라내야만 했는데, 그러고 나니 사용할 수 있는 로프가 38미터로 줄어들었다. 우리는 나머지 22미터를 가지고 다니다가 짧게 잘라서 하강용 앵커 슬링으로 사용했다. 이 말은 불쌍하게도 우리가 짧아진 로프로 두 줄 하강을 하면 기껏해야 19미터밖에 내려갈 수 없다는 의미였다. 만약 바람이 심하게 불지 않았다면, 우리는 80미터 보조 로프를 이용해 더 긴 하강을 할 수도 있었을 것이다. 우리는 그 로프를 사용해보았지만, 바람에 너무 심하게 꼬여서 풀다가 미칠 지경이 되었다. 그래서 그 로프를 다시 배낭에 집어넣고, 38미터짜리 등반용 로프로 짧지만 안전하게 하강을 이어갔다.

보통은 토미가 먼저 스탠스로 내려가 "하강 완료!"라고 소리치면 "좋아요, 잘 보여요!" 하고 내가 대답했다. 내가 있는 곳에서 겨우 20미터 떨어진 곳이라서 잘 보일 수밖에 없었다! 토미가 먼저 하강해 내려가면 나는 장비를 아끼기 위해 우리가 설치한 하강용 앵커에서 한두 개의 장비는 도로 회수했다. 그래서 나는 한 개의 캠이나 너트에 의존해 하강했는데, 그것은 다소 위험했다. (만약 캠이나 너트가 빠지면 죽음을 피할 수 없다) 나는 가능하면 최후의 순간까지 장비를 아끼기 위해 몇 군데서 이렇게 하강했다.

라파엘 후아레스와 생텍쥐페리 사이에 있는 리지에서 우리는 22미터 로프로 동시등반했다. (우리는 더 긴 로프를 나중을 위해 아껴두었는데, 리지 등반은 22미터로도 충분했다) 선등을 하면서 나는 5미터 정도 되는 작은 타워와 마주쳤다. 그곳에는 확보물을 설치할 곳이 전혀 없었다. 그래서 나는 토미에게 뒤로 물러서라고 한 다음 타워를 올라가서 그의 체중을 앵커 삼아 반대쪽으로 내려갔다. 그런 다음 그가 그 타워의 꼭대기에 올라섰을 때는 작은 돌 뿌리에 로프를 감아 하강해 내려왔다. 그래서 우리는 각자 로프의 한쪽 끝에 매듭을 하고, 상대방의 체중을 이용해 하강을 했다. 덕분에 우리는 실제적인 앵커 대신 그 작은 돌 뿌리를 이용할 수 있었다. 하강을 끝낸 다음 우리는 로프를 이리저리 흔들어 그 돌 뿌리에서 벗겨냈다.

재미있는 발상이었다. 우리는 그런 식으로 온갖 종류의 임기응변을 동원했다. 덕분에 우리는 등반 속도를 높일 수 있었다.

우리는 생텍쥐페리의 거대한 남벽을 로프 하강으로 내려갔다. 그러나 그곳에서 우리는 운이 좋았다. 몇 년 전 그 벽에서 발생한 치명적인 사고에 대한 대규모 구조작업의 잔해들이 남아 있었기 때문이다.* 앵커와 고정로프, 쓰레기들이 여기저기에 널려 있었다. 우리는 너무나 피곤했고 19미터씩 끝없이 반복되는 하강이 악몽처럼 느껴졌지만, 마침내 그곳을 내려설 수 있었다.

어느덧 늦은 저녁이었다. 마지막 타워인 아구아 드 레스 아래에 있는 콜에서 우리는 네 번째 비박에 들어갔다. 마침내 다운재킷을 차지한 토미는 그날 밤을 따뜻하게 보냈다. 그곳의 고도가 낮아 나 역시 그럭저럭 괜찮았다. 그날 밤 우리는 6시간 동안이나 세상모르게 곯아떨어졌다. 하지만 아침이 되었는데도 우리의 컨디션이 전혀 나아지지 않았다는 것은 걱정스러운 일이었다. 그 시점에서 우리는 이미 만신창이가 되어 있었다.

5일째가 되던 날 우리는 서쪽에서 등으로 불어 닥치는 악명 높은 파타고니아의 바람에 흠씬 두들겨 맞았다. 아구아 드 레스를 치고 올라갈 때는 돌풍이 하도 거세 우리는 잠깐씩 기다렸다가 올라가기도 했다. 돌풍은 우리를 날려버릴 정도로 위협적이었다. 그러나 우리는 아구아 드 레스를 넘어 오전 10시 빙하에 닿았다. 그때의 안도감은 이루 말할 수 없었다. 이제 남은 것이라고는 걸어 내려가는 것뿐이었다. 유일한 문제는 내가 앞을 잘 볼 수 없다는 것이었는데, 아마도 설맹의 초기증상이었던 것 같다.

무릎 높이의 질퍽한 눈에 깊은 구멍을 내면서, 빙하를 건너 엘 찰텐으로 돌아오는 5시간은 죽을 맛이었다. 빙하를 빠져나온 뒤에 우리는 젖은 옷을 전부 벗어버렸다. 비록 몸은 피곤했지만 마음만은 더없이 행복했다. 훗날 다른 클라이머들은 우리의 피츠 트래버스를 '최첨단 알피니즘'이

* 이들이 피츠 트래버스를 하기 2년 전인 2012년 생텍쥐페리 남벽에서 안타까운 사고가 발생했는데, 그 자세한 내용이 하루재클럽에서 펴낸 『더 타워』(권오웅 옮김) 27장에 나와 있다.

라고 평가했다. 평소 말이 별로 없고 칭찬에 인색한 롤란도 가리보티조차 공개적으로 이렇게 축하했다. "존경하고, 존경하고, 또 존경한다."

나는 최첨단이라는 생각은 들지 않았다. 토미는 항상 긍정적이어서 우리는 언제나 사이좋게 지냈다. 그 등반은 좋은 친구와 5일 동안 캠핑 여행을 다녀온 느낌이 들 정도로 정말 재미있었다. 수직의 높이로 3,950미터를 오르락내리락 하면서 5,600미터의 바위와 눈, 얼음을 통과한 그 트래버스를 하면서 우리 둘 다 단 한 번의 추락도 하지 않았다는 사실은 대단히 자랑스러웠다.

엘 찰텐에서 우리를 맨 먼저 반겨준 클라이머는 이렇게 말했다. "이런! 너희 둘을 걱정하고 있었는데." 우리는 그때서야 사고소식을 들을 수 있었다. 불과 이틀 전에, 경험이 아주 많은 마흔두 살의 미국 클라이머 채드 켈록Chad Kellog이 수페르카날레타Supercanaleta 루트로 피츠 로이를 오른 다음 하강하다 사망한 것이었다. 그는 하강 도중 건드린 커다란 바위에 머리를 맞아 현장에서 즉사하고 말았다. 결국 바로 옆에 매달려 있던 파트너 젠스 홀스텐Jens Holsten은 긴 루트를 혼자서 하강해야 했다.

토미는 채드를 나보다 더 잘 알고 있었다. 사실, 나는 그를 딱 한 번 만났었다. 그 비극에 큰 충격을 받은 토미는 후에 『알피니스트』에 다음과 같은 글을 기고했다.

우리는 위험을 최소화한다고 스스로 말한다. 그리고 살아남을 수 있다고 어느 정도 확신하는 목표를 선택한다. 알렉스는 로프 없이

262

등반할 때 모든 동작을 정교하게 계산한다. 하지만 나는 로프를 사용하는 등반을 선택할 것이다. 우리는 등반을 일련의 육체적 목표나, 아니면 탐구적 방법으로 접근할 수 있다. 그러나 사실 그런 종류의 사고는 누구에게나 일어날 수 있다. 엘 찰텐에서는 그 뒤 며칠 동안 우리의 작은 집단에 무거운 침묵이 흘렀다. 사람들은 할 말을 잃은 채 거리를 서성였다. 밤이 되면 우리는 레스토랑 라 세네라La Senyera에서 어두운 불빛을 받으며 투박한 테이블에 모여앉아 레드와인을 마셨다. 그러자 점차 웃음이 돌아왔다. 하지만 등반에 대한 이야기를 나눌 때는 머리를 숙이고 목소리를 낮추었다. 어두운 밤은 창문을 짓누르고 바람은 출입문을 뒤흔들었다.

채드의 죽음으로 토미는 극한 등반에 대해 회의에 빠진 것 같았다. 어느덧 서른다섯이 된 그는 트래버스 도중 자신이 돌아오기를 기다리는 아내와 한 살배기 피츠를 종종 그리워하는 것 같았다. 그는 『알피니스트』에 기고한 글을 이렇게 마무리했다.

어떤 면으로 보면 나는 여전히 어린아이이다. 세상에 대한 호기심이 가득하고, 멀리 떨어진 산의 정상을 그리워하는…. 하지만 나는 가장이기도 하다. 이 말은 결국 내가 죽어서는 안 된다는 뜻이다.

9장

2014년과 2015년

1

토미와 파타고니아에서 돌아와 6주쯤 지난 후 나는 색다른 등반 여행을 떠나게 되었다. 이번에는 시다 라이트와 자전거를 타고 돌아다니며 사막에 있는 타워를 등반하는 것이었다. 그는 우리의 모험(또는 대부분 자질구레한 에피소드)으로 「서퍼페스트Sufferfest 2」라는 짧은 영상을 만들기 위해 돌아다녔는데, 이 영상은 밴프국제산악영화제Banff Mountain Film Festival에 출품되어 인터넷으로도 쉽게 접할 수 있다.

하지만 이 30분짜리 영상에서 아쉽게 빠진 장면은 시다와 내가 우리의 친구 숀 리어리의 사망소식을 들은 순간으로, 그 등반 여행 중 가장 의미 있는 부분이기도 하다. 우리가 피셔 타워들Fisher Towers 중 규모가 가장 큰 타이탄Titan에서 하강을 막 끝냈을 때 함께 영상 촬영에 나선 헤이든 케네디Hayden Kennedy가 슬픈 소식을 전해주었다. 숀의 시신이 시온국립공원에서 발견됐다는 것이었다. 그는 일주일 전 윙슈트 BASE 점핑을 하다 사망했는데, 그의 가족과 친구들은 실종이 결국 불운한 사고로 이어진 사실을 뒤늦게 알았다.

그 소식을 들은 시다는 망연자실했다. 20년 전 둘 다 대학생이었을 때 자신에게 등반을 가르쳐준 사람이 바로 숀이었기 때문이다. 나 역시 충격을 받았는데, 손은 내 최고의 등반 파트너였다. 비록 우리가 그와 시다만큼 친한 사이는 아니었지만, 우리는 별난 등반 경험을 많이 했다. 우리는 요세미티의 전통적인 인공등반 루트 몇 곳에서 함께 속도기록을 세웠다. 그리고 그는 몇 년 전 내가 트리플 솔로등반을 할 때 나와 동행해 가장 어려운 부분을 촬영하기도 했다. 그런 그가 이제는 우리 곁을 영원히 떠나고 말았다.

시다와 나는 우리의 어리석은 자전거 여행을 집어치우고 시온으로 가서 친구들과 함께 손을 애도할 것인지 고민했다. 그러나 결국 우리는 손이 우리가 등반 여행을 그만두는 것을 원치 않을 것이라고 판단했다. 그는 내가 아는 한 가장 '신념이 강한' 클라이머 중 하나이다. 그러면 등반할 수 있는 기회를 절대 포기하지 않을 것이다!

그날 밤 우리는 다음 행선지로 이동해야 했다. 그곳까지는 25~30킬로미터밖에 되지 않았지만 칠흑같이 어두운 밤이었다. 우리는 말없이 각자 자전거를 타고 가며 손과 그의 삶에 대해 생각했다.

나는 그의 죽음을 믿을 수 없었다. 이제 겨우 서른여덟 살인 그는 결혼생활에 한참 재미를 붙이고 있었다. 더구나 그의 부인은 첫 아이를 임신한 지 7개월째였다. 이보다 더 안타까운 일이 있을까. 산에서 만난 가까운 친구나 파트너의 죽음이 처음이라서 나는 정말 어떻게 해야 할지 몰랐다. 그날 밤 자전거를 타고 가면서, 나는 우리가 올바른 선택을 한 것인지 의구심이 들었다.

6개월 후, 나는 후원사 중 하나인 클리프 바가 똑같은 의문을 품어왔다는 사실을 알게 되었다. "우리는 올바른 선택을 한 것인가?" 그들의 대답은 "아니다."였고, 그때까지 후원해온 가장 유명한 선수 다섯 명의 후원을 중단함으로써 산악계에 충격을 주었다. 그들이 내세운 이유는 선수들이 감수하는 위험을 받아들일 수 없다는 것이었다. 그 선수들 다섯은 딘 포터, 티미 오닐, 시다 라이트, 스텝 데이비스 그리고 나였는데, BASE 점핑을 하거나 하이라인highline을 하거나 프리솔로 등반을 하는 사람들이었다.

그러나 요세미티의 등반역사를 다룬 「밸리 업라이징」을 센더 필름스가 공개한 직후여서 그 결정은 상당히 당황스러웠다. 딘과 내가 등반하는 장면이 많이 나오는 이 영상은 클리프 바가 주요 후원사 중 하나였다. 만약 그 회사가 우리가 감수하는 위험을 받아들일 수 없다면, 이런 영상을 후원해서는 안 되는 것 아닌가?

클리프 바의 결정이 충격적이라서 얼핏 보기에는 잘못 판단한 것으로 보이지만, 나는 그런 것을 크게 걱정하지 않았다. 나는 『뉴욕타임스』에 이렇게 썼다. "위험에 대해서는 누구나 자기 자신의 한계를 찾을 필요가 있다. 만일 클리프 바가 최첨단 모험에서 물러서기를 원한다면, 그것은 나름대로의 공정한 판단일 것이다. 그러나 우리들은 로프나 낙하산을 이용하든, 또는 아무것도 없이 등반을 하든, 영감을 가장 많이 받는 방법으로 등반을 계속할 것이다. 후원과 상관없이. 산이 우리를 부르는 한 우리는 산으로 가야 한다."

나는 후원사를 하나 잃어버려 실망했지만, 그들과는 계약서대로 돈을 지급받고 내가 필요할 때 제품을 지원받는 것으로 마무리했다. 따라서 이것은 최선의 해고가 되었는데, 나는 그들의 입장을 이해했다.

그달 말 나는 훨씬 더 힘든 일을 받아들여야만 했다. 피어슨과 나의 관계가 완전히 끝장난 것이다. 우리는 생활방식이나 가족 등과 같이 평범한 일에 대해 서로 갈등을 빚었다. 간호학 석사학위를 딴 그녀는 경력을 차분히 쌓아나가기를 고대했는데, 이것은 가능하면 한곳에 정착하는 조금 더 안정적인 생활방식을 의미했다. 나는 이듬해에 그녀와 함께 있을 곳을 찾아 정착할 것이냐, 아니면 그녀와 헤어져 더 큰 등반 여행을 떠날 것이냐 하는 사이에서 마음이 흔들렸다.

나에게는 2015년을 위한 계획이 둘이나 있었다. 하나는 순수한 등반과 여행을 떠나는 프로그램이고, 다른 하나는 피어슨이 자리 잡는 곳 근처에 기반을 두고 감정을 가라앉히는 버전이었다. 하지만 2014년 12월 초, 결국 그녀가 더 좋은 미래를 위해 교제를 끝내고 싶어 하면서 서로를 위해 중요한 결정을 내렸다. 우리는 이 문제를 놓고 오랫동안 대화를 나누었는데, 그녀가 내린 결정이 놀라운 것은 아니었지만, 그래도 나는 슬픈 마음을 주체할 수 없었다. 이번에 그녀가 끝내자고 했을 때 결국 마지막이라는 느낌이 들었기 때문이다. 그래도 씁쓸한 이별이 아니라 다행이었다. 우리는 서로에게 소리를 지르거나 싸우지 않았다. 극적인 드라마도 없었다. 그저 그 시점에서 서로가 추구하는 삶의 방향이 너무나 달라 함께하기가 힘들다는 사실을 알아차린 것뿐이었다.

우리는 둘 다 너무나 슬퍼했지만 계속 친구로 남기로 했다. 그래도 나는 다시는 되찾을 수 없는 무언가를 잃어버렸다는 상실감에 빠졌다. 나는 그토록 진지하게 누구를 사귀어본 적이 없었다. 따라서 항상 우리가 언젠가는 가정을 꾸리게 될 것이라고 생각해왔었다. 그러나 이제는 모든 것이 끝나고 말았다.

동시에 나는 해방감도 느꼈다. 내 앞에는 대단한 모험과 새로운 등반이 펼쳐져 있었다. 파타고니아, 오스트레일리아, 어쩌면 여름의 파키스탄까지…. 나는 갑자기 무언가를 위해 돌아와야 하는 부담감 없이 실컷 등반 여행을 할 수 있게 되었다.

1

나는 새로 찾은 자유를 콜린 헤일리와 함께 2015년 겨울 파타고니아에 가는 데 활용했다. 본래는 토미 콜드웰과 가려 했지만, 그는 일생일대의 프로젝트인 '돈 월' 프리등반을 막 끝낸 터라 밀려드는 강연과 미디어 출연으로 눈코 뜰 새 없이 바빴다. 그가 몇 주 동안 남미로 탈출할 시간을 도저히 낼 수 없게 되어, 나는 대신 콜린과 합류했다.

서로 많은 친구들을 알고 있었지만, 우리는 그때까지 함께 등반한 적이 많지 않았다. 내가 그를 아르헨티나 엘 찰텐에서 만났을 때도 우리는 구체적인 계획이 없었다. 어쨌든 나 자신은 계획이 없었으니까. 그러나 파타고니아에서 열 번의 시즌을 보낸 콜린은 언제나 모종의 계획이 있었다. 그는 상황이나 날씨에 상관없이 버킷리스트bucket list를 가지고 있었다.

우리의 첫 번째 목표는 콜린이 한동안 계획을 세워둔 토레 에거 당일 등반이었다. 대단히 인상적이고 유명한 세로 토레 바로 옆에 있는 토레 에거는 서리얼음을 버섯처럼 뒤집어쓰고 있는 날렵한 화강암 침봉이다. 이 침봉은 토레 그룹 한가운데 있어서 우리는 그 아래쪽의 세로 스탄다르트Cerro Standhard를 지나 푼타 에론Punta Heron 정상을 넘어 우리가 원하는 루트로 다가갔다. 결국, 토레 에거를 등반하기 위해 우리는 토레 그룹의 반을 등반한 셈이 되고 말았다.

콜린은 이미 토레 트래버스 전체를 북쪽에서 남쪽으로, 또 남쪽에서 북쪽으로 등반했는데, 두 번 다 나흘이라는 시간이 걸렸다. 나는 토레 에거를 성공적으로 등반한 후 "토레 트래버스 전체를 하루 만에 해보면 어때?"라고 콜린에게 물었다. 자신의 이전 등반 시간을 잘 알고 있는 그는 내 말을 들은 척도 하지 않았다. 하지만 엘 찰텐으로 돌아오는 긴 시간 동안 우리는 가능한 계획을 논의했는데, 어느 정도 타당성이 있다는 것을 알았다. 그리하여 마을에 도착할 때쯤 날씨가 더 좋아지면 트래버스 전체를 하루 만에 등반해보기로 결정했다.

우리는 잠깐 동안의 좋은 날씨를 놓치지 않고, 그다음 주에 토레 밑으로 다시 돌아갔다. 안개와 바람, 바위를 타고 흘러내리는 물과 엉망진창인 얼음에도 불구하고, 우리는 세로 스탄다르트와 푼타 에론 그리고 토레 에거를 상당히 만족스러운 시간 내에 끝냈다. 어둑어둑한 저녁 7시 30분, 우리는 세로 토레를 등반하기 시작했다. 우리는 중간쯤에서 헤드램프를 켰다. 그런데 정상을 겨우 두 피치 앞두고 폭풍이 몰아닥쳤다.

우리는 체온을 유지하기 위해 바싹 붙어 서로를 끌어안은 채 수직의 얼음에 박은 스크루에서 2시간 동안이나 버텼다. 바람이 격렬해지며 별이 보이지는 않았지만, 그렇게 심각한 상황은 아니었다. 우리는 새벽까지 기다린 다음 상황을 판단하기로 했다. 후퇴할 수 있는 좋은 방법이 없어, 우리는 꼭 움직일 필요가 있을 때까지 기다렸다. 일기예보가 그다음 24시간 동안 또 다른 폭풍을 예고하지 않아, 우리는 긍정적인 마음을 유지하려 노력했다.

그러나 지평선 너머로 희미한 아침햇살이 드러나자, 우리는 우리가 빠진 곤경이 얼마나 심각한지 알 수 있었다. 바람은 어느새 광풍으로 변했고, 온 하늘이 시커먼 먹구름으로 뒤덮였다. 빙하 1,200미터 위에 있는 우리는 커져가는 폭풍 속에서 얇은 얼음에 매달려 있었다. 끔찍한 상황인 것은 분명했다.

다행스럽게도 콜린이 아이디어를 하나 생각해냈다. 그는 이런 바람 속에서 우리가 북벽으로 하강하는 것은 위험하다고 판단했다. 따라서 우리는 남쪽의 빙원까지 거의 전체가 푸석푸석한 얼음으로 뒤덮인 서벽으로 하강하기 시작했다. 유일한 문제는 우리가 산의 반대쪽으로 내려간다는 것이었다. 우리는 식량이나 스토브, 또는 비박장비도 없이 마을까지 20시간을 걸어 내려가야 했다. 결국 53시간을 산에서 보낸 이 모험은 내 인생에서 가장 영광스러운 실패로 돌아갔다.

콜린은 그다음 날 이렇게 기록했다. "목표한 바를 이루지 못해 아쉽기는 하지만, 날씨가 받쳐주었더라면 24시간 안에 등반을 무난히 끝냈을 것이라는 사실을 알게 된 것만으로도 나는 우리의 등반이 대단히 만족스러웠다. 실패를 하기는 했지만, 나는 최고의 날을 보냈고 분명 가장 대단한 경험을 했다."

내가 엘캡을 프리솔로로 등반해보자고 생각한 것은 하프돔 레귤러 루트를 끝내고 난 다음해인 2009년이었다. 유럽에서의 어느 날 저녁 야외파티가 한창 벌어지고 있을 때 렌터카 안에 틀어박혀 미국으로 돌아가면 해야 할 목표를 골똘히 생각했던 기억이 아직까지도 생생하다. 엘캡은 분명 나의 다음 목표여서, 나는 그것을 그다음 시즌에 하려고 마음먹었다.

그러나 요세미티로 돌아오자 그것은 너무나 벅차 보였다. 나는 엘캡을 한 번 보고 나서 아직은 때가 아니라는 것을 깨달았다. 5.13a까지 난이도가 올라가는 서른 피치의 루트를 프리솔로로 등반하고 싶다는 막연한 생각은 그럴듯해 보이기는 했지만, 막상 벽 밑에서 수직으로 하늘 높이 치솟은 900미터의 반반한 화강암을 올려다보니 전혀 딴 세상 같다는 느낌이 들었다. 엘캡을 프리솔로로 등반해보고 싶다는 나의 간절한 소망과는 상관없이 등반이 가능할 것 같지 않았다. 나는 꿈이 무르익도록 내버려두고, 절대로 입 밖에 내거나, 혹은 그 등반이 나에게 얼마나 큰 의미가 있는지도 생각하려 하지 않았다.

그때는 딘 포터가 자신의 비전인 BASE 점핑과 등반을 한데 묶어 계곡에서 가장 활발하게 활동하고 있을 때였다. 2010년 데이비드 로버츠는 나의 프로필을 『아웃사이드』 잡지에 기고하기 위해 우리 둘을 인터뷰했다. 데이비드가 엘캡 프리솔로를 물었을 때 나는 "가능하죠. 다만 준비를 철저히 해야 하고, 간절히 소망해야 합니다. 가장 어려운 것은 바닥에서 첫 발을 떼는 것입니다. 나는 해보고 싶습니다. 정말 환상적인 등반이 되지 않을까요?"라고 인정했다.

그런 질문에 짜증이 난 듯한 딘은 이렇게 말했다. "그런 얘기는 하고 난 다음에 하지요? 언론은 나와 알렉스의 경쟁을 부추기는데, 그 등반은 육체적 성취를 뛰어넘는 일입니다. 나에게 그건 가장 높은 수준의 정신적 문제입니다."

그러나 2011년 딘은 러킹 피어Lurking Fear의 마지막 두 피치를 클라이밍 다운 한 다음 '생스기빙 레지Thanksgiving Ledge'를 횡단해 프리라이더의 마지막 다섯 피치를 올라가는 새로운 솔로등반 루트를 엘캡에 개척했다. 그의 등반이 텔레비전 특별 프로그램으로 방영되면서 약간 관심을 끌기도 했는데, 그것은 벽 전체를 완전히 프리솔로로 등반하기 위한 첫걸음이 되었다. 새 루트는 프리라이더보다 훨씬 더 쉬운 버전이라서, 그는 그 루트에 '이지라이더Easy Rider'라는 별명을 붙였다.

2012년 초, 나는 딘이 엘캡의 '웨스트 페이스West Face'에서 '생스기빙 레지'를 통과하는 프리솔로 등반을 준비하고 있다는 소문을 들었다. 나는 그가 일단 그 레지에 도착하기만 하면 그곳을 쉽게 트래버스 해서 프리라이더로 등반을 끝내는 하이브리드 버전의 엘캡 솔로등반을 완성하리라고 보았다. 내가 하이브리드라고 한 이유는 웨스트 페이스가 너무 왼쪽이라 암질이 달라서 일반적으로 '진정한' 엘캡의 루트로 보지 않기 때문이다. 하지만 보통의 클라이머라면 그 차이를 이해하기가 어려울 것이다. 나는 앞으로 벌어질 엘캡의 프리솔로가 등반의 성배가 되리라 여겼다. 나는 딘이 쉬운 변형루트를 트래버스 해서 완성한 등반이 이런 성배에 오점을 남기기를 원치 않았다.

내 인생에서 명백히 경쟁적인 행동을 한 몇 번 안 되는 이 시기에 나는 딘이 도전하기 전에 '웨스트 페이스'를 프리솔로로 등반하기로 결심했다. 나는 먼저 행동에 나섬으로써, 그의 등반이 엘캡의 진정한 솔로등반이 아니라는 것을 확실히 하고 싶었다. 사실은 미래의 누군가를 위해 진실을 지키고 싶었다는 말이 맞을지도 모른다. 그 사람이 나이든 아니면 다른 사람이든….

토미와 트리플 프리등반을 끝내고 나서 이틀이 지난 후, 나는 친구 케이트 루더포드Kate Rutherford와 함께 '웨스트 페이스'로 갔다. 그 밑에는 딘의 짐이 있었고, 첫 두 피치에는 로프가 고정되어 있었다. 그곳에는 표시도 잘 되어 있고 초크 자국도 있어, 그가 준비하고 있다는 사실을 분명히 알 수 있었다. 우리는 내가 어려운 곳을 반복하기 위해 멈춘 것 말고는 대부분 동시등반을 했다. 나는 몇 개의 동작을 익히고 대부분의 홀드를 점검했다. 우리는 5시간 만에 정상에 올라섰는데, 등반을 하기에는 적당한 날이었다. 토미와 감행한 28시간의 등반으로 손가락과 발가락에 여전히 통증을 느끼고 있었기 때문에 나는 그 등반을 다행으로 생각했다.

다음 날 아침 나는 혼자서 '웨스트 페이스' 밑으로 다시 갔다. 미끄러운 5.11의 볼더링 동작이 필요한 첫 피치는 결코 만만치 않았다. 나는 몸도 풀리지 않은 데다 통증도 여전해 화강암의 아주 작은 턱을 겨우겨우 디디며 올라갔다. 나는 특별히 '준비가 된' 느낌이 들지는 않았지만 일단 끝내고 싶었다. 결국 1시간 50분 만에 정상에 올라선 나는 잔잔한 희열을 느꼈다.

나는 사람들에게 이 등반을 거의 언급하지 않았다. 솔직히 말하면, 이 등반은 며칠 전 토미와의 트리플 프리등반, 그리고 심지어는 그로부터 열흘 뒤의 트리플 솔로등반에 가려지고 말았다. 내가 '웨스트 페이스'를 프리솔로로 등반한 이유는 딘의 등반이 엘캡 최초의 프리등반이 아니라는 사실을 확실히 하기 위해서였다. 그런데 무슨 운명의 장난인지, 그로부터 나흘 뒤 밴프국제산악영화제 때문에 잠시 쉬는 동안, 나는 콜로라도의 텔루라이드에서 딘과 함께 볼더링을 하게 되었다. 그 무렵 나는 어느 누구보다도 그를 두려워해 요세미티에서 한 나의 등반을 일절 입 밖에 내지 않았다. 우리는 볼더링을 하며 함께 즐거운 시간을 보냈지만 그 역시 마찬가지였다. 내가 그의 프로젝트를 슬쩍한 것을 그가 어떻게 생각하는지, 아니면 그것이 그의 신경을 거슬리게 했는지는 알 수 없었다. 그가 그 등반을 하지 않기로 결심했을지도 모르는 일이었다. 나는 결코 그의 속내를 알 수 없었다. 그러나 최소한 엘캡의 진정한 최초 프리솔로 등반은 미래를 위해 남아 있었다.

1

파타고니아에서 콜린과 등반을 마치고 돌아와 3개월이 지난 뒤인 2015년 5월 16일, 딘 포터와 그의 파트너 그레이엄 헌트Graham Hunt가 요세미티에서 BASE 점핑을 하다 사망하는 사고가 발생했다. 그때 이 책의 초판이 인쇄되려던 참이었는데, 나는 그가 나의 등반에 미친 영향을 잘 보여주는 후기를 서둘러 써넣었다. 나는 다음과 같이 썼다.

비록 친한 친구 사이는 아니었지만 딘의 사망소식으로 나는 충격을 받았다. 딘은 내가 어렸을 때 나의 등반에 큰 영향을 주었으며, 나는 그를 롤 모델로 우러러보았다. 밖으로 드러나는 행동과 다르게 그는 상당히 보수적인 사람이라서, 나는 그가 오래 살 것으로 항상 생각했다. 하지만, 특히 BASE 점핑에서는 언제 사고가 일어날지 몰라, 나는 충격을 받기는 했지만 크게 놀라지는 않았다.

그는 결코 적당히 타협하는 법 없이 등반과 BASE 점핑, 하이라인과 같은 분야에 자신의 기술을 접목시켰다. 그는 자신의 기술을 완벽하게 펼쳐 보이기 위해 혼신의 힘을 다했고, 끝없는 열정으로 자신의 분야를 추구했다. 그는 무리를 뒤따르는 사람이 아니라, 선두에 나서는 사람으로서 새로운 길을 개척했다. 딘은 1990년대의 솔로 속도등반에서부터 그 10년 뒤의 프리 BASE까지 스포츠클라이밍을 완전히 새로운 방향으로 이끌었다. 진정한 이단아라고 할 수 있는 그는 합법성이나 다른 사람들의 이목을 전혀 신경 쓰지 않고 자신의 예술을 마음껏 펼쳐 보였다.

동시에 나는 클리프 바가 옳았다는 생각을 떨쳐버릴 수 없었다. 우리가 하는 스포츠가 정말 너무나 위험한 것일까? 나는 늘 BASE 점핑이 프리 솔로 등반보다 더 위험하다고 생각했었다. 물론 사람은 자신이 하지 않는 것이 더 위험하다고 생각하게 되는 법이지만, 이것은 오직 우리 '전문가'가 판단할 문제이다.

10장

프리라이더—준비

2009년 나의 첫 번째 영상 「얼론 온 더 월」을 만든 센더 필름스의 감독 피터 모티머가 나에 관한 메이저급 영상 제작 이야기를 꺼냈다. 그런데 우연의 일치로 지미 친과 그의 부인 차이 바사헬리Chai Vasarhelyi도 거의 같은 시기에 실질적으로는 똑같은 아이디어를 가지고 나에게 접근해 왔다. 그들은 콘래드 앵커, 레넌 오즈터크, 지미 친이 히말라야의 전설적인 봉우리 메루피크Meru Peak(6,660m)에서 찍은 「메루」라는 제목의 영상이 좋은 반응을 얻자 한껏 들떠 있었다. 산악인들뿐 아니라 일반 대중들로부터도 찬사를 받은 「메루」는 아카데미상 최종 후보 작품으로도 올랐다. 나의 등반 장면이 거의 대부분을 이룰 새로운 영상은 일생일대에 한 번 올까 말까 한 기회여서, 나는 그것을 움켜잡고 싶었다. 프로 클라이머에게는 — 내가 그 전해에 클리프 바와의 관계에서 경험한 바와 같이 — 언제든 후원사가 떨어져나갈 변수가 있는데, 메이저급 영상은 분명 수입이 짭짤할 터였다.

그들이 모두 나와 친한 사이였기 때문에 나는 과연 누구를 선택할 것이냐 하는 딜레마에 빠졌다. 나는 센더와 오랫동안 함께 작업해서 그들 대부분은 나의 친구들이었다. 하지만 지미와도 몇 달 동안 해외 원정등반을 함께한 경험이 있었다. 재정과 권리, 세부적인 계약내용 등 복잡한 문제들이 있었지만, 이전 작품들도 훌륭하고 색다른 면이 있었기 때문에 나는 결국 지미와 차이와 함께 작업하기로 결심했다. 한편 센더의 친구들과는 이미 작품을 많이 만들어서 무언가 새로운 시도를 해야만 할 처지였는데, 그 결과를 장담할 수 없다는 부담도 있었다.

누구와 작업을 하든 영상에 담을 만한 가치가 있는 벽은 오직 하나, 엘캡뿐이었다. 아주 거대하며 영감과 두려움을 동시에 주어 내 마음을 완전히 사로잡은 그곳은 내가 오랫동안 꿈꿔온 벽이었다. 그리고 만약 내가 엘캡을 프리솔로로 등반한다면, 그것은 평생토록 자긍심을 느낄 수 있는 것, 그리고 내가 일반대중들과 그 경험을 즐겁게 공유할 수 있는 것이 될 터였다. 왜냐하면 엘캡이야말로 세계에서 가장 아름다운 벽이기 때문이다.

내 마음속에서 엘캡의 프리솔로 등반은 늘 가능성으로 남아 있었다. 엘캡을 프리솔로로 등반하는 것과 그 장면을 영상으로 기록하는 것은 나와 불가분의 관계였다. 엘캡이 아닌 곳에서 찍은 영상은 공허하게 느껴질 터였다. 세계에서 가장 환상적이고 거대한 벽을 프리솔로로 등반하는 장면이 아니라면, 이리저리 떠돌아다니며 등반하는 한 청년의 모습을 굳이 보여줄 필요가 있을까?

지미와 차이는 어디에서든지 멋진 영상을 만들 수 있다며, 마음이 편치 않다면 꼭 엘캡에서 등반하지 않아도 된다고 말했다. 물론 다른 사람이라도 그렇게 말할 것이다. 아무도 나에게 "그런 영상으로 돈 좀 벌게 네 목숨 좀 걸어봐."라고 말하지는 않는다. 따라서 항상 이런 식이다. "편안한 걸 해.(나는 그냥 좀 떨어져서 기록만 하면 돼…)" 그러나 내가 만약 엘캡의 프리솔로 등반에 성공한다면 분명 모두에게 좋을 것이기 때문에 나는 그것으로 충분했다. 나는 다른 사람이 상상하는 것보다 훨씬 더 간절히 엘캡을 프리솔로로 등반하고 싶었다. 따라서 나에게는 압박감이 더 필요했다.

이 책은 2015년 11월 초판이 발간됐다. 책이 나오자, 나는 미국 전역의 서점과 실내암장을 돌아다니며 사인과 강연을 해야 했다. 나는 다양한 행사에 나가 팬들과 수다를 떨고 슬라이드를 보여주었는데, 보통은 등반에 대한 이야기를 늘어놓았다. 그러나 그런 행사는 그때까지 한 어떤 것보다도 더 힘들었다. 나는 날마다 도시를 돌았고, 어떤 때는 1,000명 가까이 되는 대중 앞에 서기도 했다. 보통 아침에는 라디오와 텔레비전 인터뷰를 하고 저녁에는 사인과 강연을 한 후 다음 장소로 이동했다. 그것은 내가 꿈꿔온 영화배우의 삶과 아주 비슷했다.

11월이 되자 혼자가 된 지도 어느덧 1년이 넘어, 나는 그런 행사가 새로운 여자 친구를 만날 수 있는 기회가 되기를 은근히 바랐다. 그때는 내가 남미에서 그와 비슷한 한 달간의 미디어 여행을 마치고 돌아온 직후였다. 등반도 실컷 하고, 각종 행사에도 나가고, 가능하면 여자들과 수다를 떨 수 있는 기회도 엿보고…. 그러나 포르투갈어나 스페인어를 잘 못하는 데다 매력도 없어 나의 희망은 별 진전이 없었다. 그래도 미국에서는 좀 낫지 않을까 하고 나는 생각했다.

하지만 이런 희망과는 달리 스케줄이 소화하기도 힘들 정도로 빡빡했다. 인터뷰와 강연과 이동이 끝없이 반복되어, 나는 짓눌린다는 느낌이들 정도로 지쳤다. 나는 늘 한 발짝 뒤에서 허우적거렸다.

그달 중순쯤 나는 시애틀의 타운 홀에서 열린 행사에 참석했다. 900명 정도가 모여든 그날은 대성황을 이루었다. 그런데 사인을 하는 도중 예쁜 여자 하나가 테이블에 쪽지를 올려놓았다. "재미있었습니다. 어때요? 사니Sanni." 그 쪽지에는 전화번호가 적혀 있었다. 나는 사인에 정신이 없어 그때는 깜박했지만, 호텔로 돌아오는 도중 그 쪽지가 생각났다. 그날 밤 나는 다음날 새벽 5시에 떠나야 해서 만나지 못할 것 같다며 미안하다는 문자를 보냈다.

그러나 나는 한 번쯤 인연을 만들어보고 싶었다. 일주일 뒤, 그녀는 시애틀에서 두 번째 행사가 열린다는 사실을 문자로 상기시켜 주었다. 그렇다면 우리는 행사 전이나 후에 만날 수도 있을 것 같았다. 천만다행으로, 골 제로와 REI의 후원을 받는 그 행사는 그달의 내 마지막 의무였다. 따라서 나는 타운 홀 때보다도 훨씬 더 많은 시간적 여유가 있었다. 나는 사니에게 암장으로 와서 함께 저녁식사를 할 수 있는지 물었다. 그날 나는 오랜 친구인 시다 라이트와 함께 운동하고 있었다. 그 역시 행사에 함께 초청된 사람이었다. 그는 자신도 배가 고프다며 우리 데이트에 함께 따라나섰다. 그러면 훨씬 더 자연스러우리라 생각했기 때문에 나는 별로 개의치 않았다. 2주 전에 사니를 잠깐 본 것이 전부여서, 나는 그녀가 어떻게 생겼는지 기억이 잘 나지 않았다. 약속 시간이 다가오자, 귀엽게 생긴 여자가 나타나기를 기대하며 나는 암장 주위를 서성거렸다.

파란 눈에 중간 정도 길이의 금발머리를 한 그녀는 실제로 귀여웠다. 시애틀 시내에서 있었던 마케팅 일을 끝낸 그녀는 세련된 드레스를 입고 나타났다. 그러자 암장은 친절하고 발랄한 그녀의 기운으로 가득 찼다. 나는 그녀에게 끌렸다.

인사가 끝나자, 그녀는 우리에게 무엇을 먹고 싶은지 물었다. 시다와 나는 이구동성으로 "아시아 요리나 면 종류!"라고 대답했다. 하지만 그녀는 우리의 의견을 무시하고 자신이 좋아하는 피자집으로 우리를 안내했다. 우리는 불평하지 않았다. 왜냐하면 그날의 주인공은 그녀였기 때문이다. 더구나 아내가 있는 시다는 아름다운 다른 여자와 함께 어울리는 것만으로도 기뻐하는 눈치였다.

그날은 시다와 내가 등반에 대한 이야기만 주절주절 늘어놓아 재미가 없었다. 후에 사니는 친구 넷과 함께 살고 있는 집에서 작은 모닥불 파티를 열었다. 그러자 이번에는 시다가 슬쩍 빠졌다. 사니는 초보 클라이머였고, 그녀의 친구 넷 역시 모두 등반과 스키, 달리기 등 아웃도어와 관련이 있었다. 모두 매력적인 싱글이라는 점만 빼면, 그들은 마치 다양한 부족이 함께 모여 사는 것 같았다. 사니는 훗날 이렇게 말했다. "내가 바보였어. 왜 싱글 여성들만 모인 파티에 널 초대했지?"

하지만 나는 한눈팔지 않았다. 내 눈은 그녀를 떠나지 않았다. 그녀는 가는 곳마다 행복을 퍼뜨리는 에너지의 요정이었다. 사실 파티는 서로에 대한 확신이 없을 때 적절하게 이용할 수 있는 우스꽝스러운 가림막 같은 것이다. 그러나 우리는 다른 사람들이 어서 자리를 떠 둘만 남기를 바라고 있었다. 나는 그날 밤 그곳에 머물렀다. 그리고 둘이 함께 이를 닦으러 갔을 때 나는 그녀 뒤에 서서 얼굴을 거울로 바라보며 살포시 껴안았다. 서로를 잘 모르는 두 사람에게는 이상한 행동이었지만, 나는 그렇게 하고 싶었다. 우리는 곧 서로에게 빠져들었다.

다음 날 시애틀을 떠난 나는 일상으로 돌아왔다. 행사가 끝나서 이제는 등반을 할 수 있었다. 나는 안락한 거처인 밴으로 돌아와 길을 떠났고, 그 시즌의 스포츠클라이밍을 위해 라스베이거스로 향했다. 사니와 나는 다음에 만날 날을 고대하며 계속 문자를 주고받았다. 우리는 둘 중 하나가 상대방을 만나기 위해 특별히 시간을 내지 않는 한 쉽사리 만날 수 없는 처지였다. 깊이 빠져든 커플이라면 몰라도 평범한 데이트를 하며 그렇게 하기는 쉽지 않은 일이었다. 우리는 서로에 대해 더 깊이 알고 싶어 했다. 나는 주말을 이용해 사흘 동안 등반을 함께 하고 싶어 그녀를 라스베이거스로 불렀다. 그녀에게는 시애틀의 겨울을 잠깐 피할 수 있는 좋은 기회였고, 나에게는 자연스럽게 데이트를 즐길 수 있는 좋은 기회였다.

어떤 사람들은 멋진 여행을 통해서만 장래의 파트너에게 구애하려 한다. 그러나 나는 그렇지 않았다. 나는 사니에게 우리가 오랫동안 사귀게 되면 경험하게 될 것을 있는 그대로 보여주었다. 밴에서의 생활과 내 프로젝트가 있는 다양한 암장에서의 스포츠클라이밍이 그것이었다. 버진강이 있는 협곡Virgin River Gorge(VRG)도 이 경우에 포함되는데, VRG는 아마 미국에서 가장 재미없는 암장일지도 모른다. 북향에 석회암인 VRG 암장은 면도날같이 날카로운 바위와 미세한 홀드로 유명하다. 그곳은 겨울 내내 협곡을 따라 차가운 바람이 불고, 15번 고속도로에서 얼마 떨어져 있지 않아 트럭의 굉음으로 파트너의 목소리조차 듣기 쉽지 않은 곳이다.

그러나 VRG는 미국에서 아주 어려운 루트들이 있는 암장이라서 나는 그런 곳 중 하나를 골라 등반하고 있었다. 나는 사니도 그곳을 좋아할 것이라고 생각했다.

VRG에 있는 사람은 남녀를 불문하고 안락하고 행복한 등반을 추구하는 대신 자신들의 프로젝트를 더 중요하게 생각하는 진지한 스포츠클라이머들이다. 사니는 그런 부류는 아니었다. 그녀는 따사로운 햇볕이 내리쬐는 아름다운 곳에서 친구들과 함께 등반하는 것을 좋아했다. 그녀는 등반에 입문한 지 얼마 되지 않아 선등은 고사하고 선등자 확보에도 서툴렀다. 그렇다 해도 나는 큰 문제가 없을 것으로 판단했다.

나는 세 번째 워밍업 등반에서 부수적인 프로젝트로 5.13d쯤 되는 페이스 등반을 했다. 나는 그 루트의 꼭대기에서 추락했는데, 그 거리가

12미터 정도는 된 것 같았다. 사니는 그리그리를 잘 다룰 줄 몰랐고, 벽에서도 많이 떨어져 있었다. 내가 곤두박질치자 그녀는 로켓처럼 휙 하고 딸려 올라왔다. 나는 내가 프로젝트를 완수하는 동안 다른 누군가가 확보를 봐야 하고, 사니와는 보통의 루트에서만 등반해야 한다는 사실을 깨달았다.

하지만 VRG에서도 사니는 긍정적인 태도를 보이며 등반을 즐겼다. 그녀는 미국 내에서 가장 혐오스러운 암장에서조차 기뻐했다. 우리는 그다음 이틀 동안 라스베이거스 외곽에 있는 사암에서 햇빛을 받으며 즐겁게 등반했다. 우리는 저녁을 함께 먹으며 많은 대화를 이어갔다. 그녀가 시애틀로 돌아가자 나는 우리 사이에 약간의 문제가 존재한다는 사실을 깨달았다.

그녀는 시애틀에서 직장에 다니고 나는 사막에서 차를 몰고 다니며 생활하기 때문에 데이트할 수 있는 시간을 내기가 쉽지 않았다. 그녀는 2주 후에 있을 크리스마스 휴가를 캘리포니아의 맘모스 스키 리조트에서 가족들과 함께 보낼 계획이었다. 나는 새크라멘토의 가족 곁으로 돌아가기 전 그곳에 들러, 그녀의 부모님과 언니 그리고 언니의 남자친구와 함께 콘도에서 사흘 동안 함께 지내며 데이트하기로 했다. 그것은 상당히 빠른 진전이었다.

그러나 다시 한 번 우리의 데이트는 쉽고 자연스럽게 이루어졌다. 그녀의 부모님은 함께 지내기에 부담이 없는 분들이었다. 두 분 모두 많은 것을 성취하기보다는 인생을 즐기는 방향으로 초점이 맞추어져 있었는데, 나는 그런 자세에 사뭇 공감이 갔다. 우리는 하루 종일 스키를 탔고(참혹하게도 우리 중 스키를 잘 타는 사람은 아무도 없었다) 밤새 보드게임을 즐겼다. 그녀의 어머니는 요리를 아주 잘했다. 비록 내가 사니와 함께 어울린 시간은 모

287

두 해봐야 5일밖에 되지 않았지만, 그들은 나를 가족처럼 대해주었다.

각자 집으로 돌아가기 전, 우리는 한 가족이 되어 오웬스강Owens River 이 있는 계곡에서 반나절 동안 함께 등반했다. 마침내 우리가 헤어지게 되었을 때 사니와 나는 벌써 다음 여행계획을 세우고 있었다. 그녀는 직장 상황을 보고 나서 가능하면 빨리 라스베이거스에서 나와 합류하기로 했다.

사니가 두 번째로 라스베이거스를 방문했을 때 나는 그녀에게 기억에 남을 만한 추억거리를 남겨주고 싶었다. 우리는 스트립에 있는 호텔 방을 하나 빌린 다음 태양의 서커스를 보러 갔다. (레드 록스에서 햇빛을 받으며 고전적인 루트를 등반하기만 한 것이 아니다!) 스트립에 있는 호텔까지 갈 정도였으면 내가 그녀에게 푹 빠져 있었던 모양이다. 하지만 나는 그녀 역시 나를 좋아하기를 바랐다. 그녀는 가는 곳마다, 심지어는 내 낡은 밴까지도 활기를 띠게 만들었다. 나는 그달 말 파타고니아 원정등반을 앞두고 있었기 때문에 주말을 함께 보내고 난 후의 작별인사는 더욱 아쉬웠다. 내가 돌아오면 우리는 시애틀에서 함께 지내기로 막연한 계획을 세우기는 했지만, 그녀는 바쁜 도시 생활로 돌아가야 했다. 데이트를 세 번밖에 하지 못하고 한 달이나 기다려야 하는 현실이 안타까웠다.

1

2016년 1월 나는 파타고니아 등반의 관문인 작은 마을 엘 찰텐에 도착했다. 나는 진정한 알피니스트는 아니었지만, 이 마을 인근의 얼음이 덮인 무서운 화강암 침봉에 도전하기 위해 3년 연속 남쪽을 찾고 있었다. 나는 콜린 헤일리와 합류했는데, 그는 토레 트레버스를 다시 한 번 시도하기 위해 벌써 몇 달 동안이나 이곳에 머무르고 있었다. 우리는 그전 시즌에 아쉽게 실패했기 때문에 다시 돌아와서 마저 끝내야 한다는 의무감이 있었다.

우리는 그전의 시도로 웬만한 곳은 다 알고 있었기 때문에 날씨만 도와준다면 그 트래버스를 24시간 안에 큰 어려움 없이 끝낼 수 있다는 자신감이 있었다. 그러나 나는 미국을 떠나 한 달간이나 산속에 있을 작정이면서도 스포츠클라이밍을 잊지 못해 행보드hangboard를 가져와 날씨가 좋지 않을 때마다 훈련을 계속했다. 나는 콜린과 다시 만나 기뻤고 한 수 배울 수 있는 좋은 기회라고 생각했지만, 마음 한편으로는 암장에서 사니와 함께 등반하지 못하는 것이 못내 아쉬웠다. 원정등반에 나서면 늘 마음의 갈등을 겪게 마련이다. 즉 산에 있는 거대한 목표물을 등반하고 싶다는 유혹에 빠지면서도, 집에서의 일상을 그리워하게 된다.

내가 도착하자 날씨가 반나절 동안 좋아져, 우리는 함께 세로 휴물 Cerro Huemul이라는 낯선 리지를 등반했다. 그곳은 허접한 루트였지만 파타고니아 등반을 다시 익히기에는 안성맞춤이었다. 콜린과 나는 산을 오르락내리락 걸어가며 그동안의 이야기보따리를 풀어놓느라 끝없이 수다를 떨었다. 나는 그에게 행사의 끔찍한 과정들을 이야기했는데, 이야기의 중심은 어디까지나 사니였다. 나는 어느덧 그녀에게 푹 빠져 있었다. 그는 나에게 그녀를 정말 좋아한다면 사랑을 고백해야 한다고 충고했다. 그런 달콤한 고백과 상관없이 나는 한 달 동안 산속에 틀어박혀 등반에 집중해야 했지만, 그는 미래의 파트너가 될 사람하고는 솔직한 대화를 나누는 것이 좋다고 생각하는 것 같았다.

선견지명이 있었는지 콜린은 무제한으로 쓸 수 있는 위성전화기를 가지고 있었다. 물론 그것을 어떻게 손에 넣었는지는 알 수 없지만, 나는 기회를 놓치지 않고 가능하면 자주 사니에게 전화했다. 그다음 통화에서 내가 그녀에게 깊이 사귀고 싶다고 고백하자 그녀 역시 같은 생각이라고 맞장구쳤다. 그렇게 해서 우리는 공식적인 애인 관계가 되었지만, 나는 아르헨티나에 있었다!

1월 29일, 날씨가 좋아져 우리는 본래 목표인 24시간 안에 토레 트래버스를 하기 위해 산으로 걸어 들어갔다. 등반 속도는 동시등반과 숏픽싱 방식에 전적으로 달려 있었다. 우리는 혼합등반 구간은 콜린이, 순수한 암벽등반의 어려운 구간은 내가 선등하는 것으로 미리 각본을 짰다. 그리고 한 번의 로프 하강을 제외한 모든 곳에서 우리는 두줄하강으로 로프를 각각 써서 동시에 하강하기로 했다.

첫 번째 필라인 세로 스탄다르트 밑에서 우리는 타이머를 눌렀다. 새벽 1시 42분. 어둠속에서도 우리의 등반은 순조롭게 진행됐다. 4시간도 채 걸리지 않아 우리는 두 번째 필라인 푼타 에론 밑에 도착했다. 우리는 이제 암벽화로 갈아 신은 다음 내가 푼타 에론을 선등으로 올라갔다. 서리얼음이 불룩하게 덮여 있는 정상 부근에서 우리는 벽에 매달린 어색한 자세에서 암벽화에 크램폰을 찼다. 콜린은 트레킹화를 떨어뜨리면 끝장이라며 나의 경각심을 일깨워주었다.

우리는 9시간 30분 만에 끝에서 두 번째 필라인 토레 에거 정상에 도착했다. 날씨가 좋았고 등반속도도 마음에 들었다. 우리는 토레 에거와 세로 토레 사이에서* 처음으로 휴식을 취했다. 그런 다음 내가 세로 토레의 북벽을 선등으로 올라갔다. 그날 처음으로 크랙에서 물이 흘렀고, 정상에서 얼음이 우리를 향해 떨어졌다. 나는 가능하면 확보물을 드물게 설

---

* 이탈리아 클라이머 체사레 마에스트리가 1958년 정복의 안부Col of Conquest라고 이름 붙인 곳으로, 폭 5~6미터에 길이 30미터쯤 된다.

치하고 피치를 길게 끊으면서 최대한 빨리 움직였다. 바위 구간이 모두 끝나기 직전 나는 콜린을 끌어올렸다. 그는 내가 여전히 선등으로 나서고 싶은지 물었다. "아니."라고 나는 말했다. "내가 해야 할 일은 끝났잖아." 그가 얼음이 들어찬 마지막 크랙을 인공등반으로 오르자, 순수한 서리얼음 바로 밑이 나왔다. 이제 우리는 모드를 바꾸어 젖은 재킷에서 물을 짜낸 다음 그곳을 끝내고 마주할 추운 밤에 대비했다.

밤 12시 정각에 우리는 정상에 도착했다. 우리의 기록은 20시간 40분이었다. 목표보다 3시간 빨리 도착한 것이다. 우리는 상당한 피로를 느꼈지만 기분만은 좋았다. 우리는 남동 리지를 따라 하강했는데 특별히 기억에 남는 것은 없었다. 후에 콜린은 "흐릿하게 보이는 앵커들과 탈수와 오한"이라고 회상했다.

그 전해에 거의 끝낼 수도 있었던 등반을 이렇게 마무리 짓고 나니 마음이 홀가분해지면서 기뻤다. 우리의 파트너십은 거의 완벽에 가까웠다. 후에 콜린은 그의 등반 경험 중 최고였다고 말했다.* 나 역시『알피니스트』에 이렇게 썼다. "그 트래버스는 나의 커다란 꿈이었다. 세로 토레 정상을 나는 결코 잊을 수 없을 것이다. 그곳은 평생에 꼭 한 번은 올라야 하는 산이다." 하지만 아주 깜깜한 한밤중에 정상에 도착해 주위의 아름다운 풍경을 감상하지 못한 것은 못내 아쉬웠다.

며칠을 쉬고 나자 날씨가 다시 좋아질 것 같았다. 트래버스를 끝낸 터라 너무나 피곤해 그 기회를 그냥 넘겨버릴까도 했지만, 콜린은 그런 날씨를 절대 대충 넘기는 스타일이 아니었다. 우리는 다시 짐을 꾸렸다.

이번에 우리의 시선이 꽂힌 곳은 아구아 데스모차다Aguja Desmochada,

* 이 등반으로 콜린 헤일리와 알렉스 호놀드는 2017년 황금피켈상 심사위원 특별상을 받았다. 이때 같은 상을 받은 다른 한 팀이 바로 한국의 강가푸르나 남벽 코리안웨이 팀(김창호, 최석문, 박성용)이었다.

아구아 데 라 실라Aguja de la Silla, 피츠 로이를 연결하는 '웨이브 이펙트 Wave Effect'였다. 2011년의 초등은 사흘이 걸렸지만, 우리는 단 한 번의 시도로 그곳을 끝내고 싶었다. 그곳은 거의 다 암벽등반으로, 토레 트래버스보다는 내 스타일에 훨씬 더 가까웠다. 우리는 데스모차다 밑에서 비박하고 날이 밝는 대로 출발하기로 했다.

우리는 요세미티에서 구사하는 속도등반 전술을 그대로 적용해 세 곳의 루트를 모두 동시등반했다. 아무런 위기나 문제 없이 우리는 웨이브 이펙트를 17시간 만에 끝냈다.

마을로 돌아온 우리는 우리의 전반적인 계획을 되돌아보았다. 한 달 계획으로 파타고니아에 와서 실제로 등반을 한 기간은 2주밖에 되지 않았지만, 우리는 주요 목표 두 개를 달성했다. 나는 다른 것을 더 하고 싶은 마음이 없었다. 앞으로 열흘간 날씨가 나빠진다는 예보도 있고 해서 나는 사니에게 돌아가고 싶었다. 나는 비행기 스케줄을 변경해 집으로 향했다.

미국으로 돌아온 나는 새로운 정식 여자 친구를 얼른 만나보고 싶은 마음에 일주일가량의 일정으로 시애틀로 날아갔다. 다행히 그녀는 내가 멀리 있는 동안에도 나를 잊지 않고 있었다. 그녀의 친구들과 룸메이트들은 그 집의 작은 지하방으로 짐을 옮기는 나를 반겨주었다.

시애틀에서의 첫날 오후, 나는 일을 마치고 집으로 돌아오는 사니를 중간에서 만나 함께 암장으로 가서 운동하기로 계획을 세웠다. 나는 자주 가지 않는 암장에서 받게 되는 시선과 낯선 사람들의 접근에 조금씩 익숙해졌다. 시애틀 시내에 있는 유명한 암장인 '버티컬 월드Vertical World'가퇴근시간에 난리법석이라는 것쯤은 나도 알고 있었다. 물론 그렇다고 해서 내가 가지 못할 이유는 없었다. 하지만 처음으로 사람들의 시선을 받게 된 사니는 불안해했다. 그녀는 경험이 많은 클라이머가 아니라서, 그런 시선은 그녀의 차분한 등반에 전혀 도움이 되지 않았다. 첫 리딩에서 심한 펌핑에 시달린 그녀는 클립을 하나 빼먹더니 작은 루프를 올라서다 그만 떨어지고 말았다. 그녀는 한참을 떨어지다 엄청 크게 쿵 하는 소리를 내며 벽에 부딪쳤다. 그전에는 암장에 있는 사람들 중 1/3정도가 그녀를 쳐다보고 있었다면, 떨어지는 순간에는 모두의 시선이 그녀를 향했다. 우리가 좋은 구경거리를 만들어준 셈이었다.

나는 가능한 한 많은 시간을 사니와 함께 보내면서 그다음 달을 거의 시애틀에서 보냈다. 그리고 다시 시애틀 외곽에 있는 멋진 화강암 인덱스Index에서 그녀와 나는 그녀의 가족들과 주말을 함께 보냈다. 사니와 나는 훨씬 더 커진 나의 새로운 밴에서 지냈고, 그녀의 부모님은 자신들의 밴에서 지냈다. 그리고 언니와 그녀의 남자친구는 사촌 룸메이트와 곧 그녀의 남편이 될 사람과 함께 밖에서 캠핑했다. 이런 것이 그녀의 가족 모두가 함께 여행하는 전형적인 모습이었다. 나에게는 그때가 노스페이스와 함께 중국으로 몇 주간 등반 여행을 떠나기 전 모두를 볼 수 있는 마지막 기회였다. 중국에서 등반할 우리의 목표는 상당히 어려운 멀티피치 루트 였기 때문에 나는 암장에서 훈련을 많이 했다. 몸이 훨씬 더 강해진 것을 느낀 나는 그날 인덱스에 있는 로워 타운 월Lower Town Wall의 루트 중 가장 어려운 몇 개를 반복해서 오르며 하루를 보냈다.

다음 날 아침 그곳으로 다시 돌아간 우리는 '고질라Godzilla'라 불리는 전형적인 5.9 난이도의 루트를 톱로핑으로 등반하기로 했다. 사니가 한 번 등반하고 나서 나는 그녀의 부모님이 등반할 수 있도록 우리의 로프를 그대로 놔둔 채 그녀 부모님의 것으로 로프를 바꾸어 묶고 등반할 준비를 했다. 나는 트레킹화를 신고 가벼운 마음으로 등반했다. 사니는 나를 하강시키는 동안 가족들과 잡담을 나누고 있었다. 분위기는 무척 쾌활하고 즐거웠다.

하지만 나는 얼떨결에 바닥까지 떨어지고 말았다. 알고 보니 사니 부모님의 로프가 우리의 것보다 9미터 정도 짧았다. 로프가 사니의 확보기구에서 순식간에 빠져나갈 때 나는 4미터 정도 위에 매달려 있었다. 낙석처럼 나가떨어진 나는 한쪽 엉덩이가 뾰족한 바위에 부딪쳤다. 나는 바위에 쿵 하고 부딪친 다음 바위 사이를 구르다 멈추었다. 그 순간 나는 온몸에서 통증을 느꼈을 뿐 나에게 무슨 일이 일어났는지 알지 못했다.

바위 밑에 있던 사람들은 모두 다 크게 놀랐다. 사니의 어머니는 나를 평편한 곳에 뉘여 정신을 차리도록 했다. 마침 사니의 언니와 그녀의 남자친구가 시애틀구조대원 출신이라 응급처치를 할 줄 알았다. 내 목과 척추를 확인해본 그들은 다행히 부러진 곳은 없다는 진단을 내렸다. 정신이 혼미해진 나는 완전 불구가 된 것은 아닌가 하는 걱정이 들었다. 팔에 난 깊은 상처를 제외하고 피도 많이 흘리지 않았는데, 마치 불도저가 온몸을 밟고 지나간 것 같았기 때문이다.

조금 있으니 내가 살아있다는 느낌이 희미하게 들기 시작했다. 나는 상체를 일으킨 다음 물을 조금 마셨다. 나는 산에서 내려가 응급실에 가보기로 했다. 일단 골절이 있는지 확인하기로 한 것이다. 확실치는 않지만, 절뚝거리며 산을 내려가는 나를 사니의 아버지가 부축해준 것 같았다. 나는 간신히 발걸음을 옮겼지만 최소한 걸을 수는 있었다.

밴에 도착하자 사니가 울음을 터뜨렸다. 자신의 잘못으로 내가 부상을 당했다는 생각에 그녀는 겁에 질려 있었다. 나는 통증을 느끼지 않는 자세로 밴 뒤에 누웠다. 그녀를 탓할 수는 없는 노릇이었다. 사실 내가 먼저 로프가 얼마나 남았는지 확인하고, 그 끝에 매듭을 짓도록 요구하며 더 많은 주의를 기울였어야 했다. 물론 로프가 확보기구에서 빠져나간 것은 그녀의 잘못이었다. 하지만 경험이 훨씬 더 많은 클라이머로서, 우리가 그런 상황에 처하지 않도록 해야 할 책임은 나에게 있었다.

나는 아이러니컬하게도 — 비록 아주 놀라운 사실은 아니지만 — 대부분의 등반 중 쉬운 곳에서 심각한 부상을 당했다. 사니의 아버지는 나를 병원으로 데려다주었다. 엑스레이 촬영을 한 의료진은 두 군데에 척추 압박골절이 있지만 다른 곳은 괜찮다는 진단을 내렸다. 어떤 자세를 해도 몸이 불편했다. 하지만 그렇게 심각한 부상이 아니어서 움직이는 데는 지장이 없었다.

다음 날 우리는 밴을 몰고 집으로 돌아왔다. 나는 기분이 우울했다. 사니와 좋은 관계를 계속 유지할 수 있을까? 나는 항상 훌륭한 클라이머가 되고 싶었다. 나의 인생 전체가 단순해 보이는 이 열망에 집중되어 있었다. 나는 언제나 이런 나의 목표를 향해 나아가는 데 도움이 되고, 내가 최선을 다할 수 있도록 도움이 되는 인생의 동반자를 원했다. 우연한 사고였지만, 사니로 인해 생긴 부상이 나의 앞길을 가로막는 것은 아닌지 걱정이 되었다. 여자가 나를 뒤로 잡아끌까 봐 헤어진 일이 얼마나 많았던가?

차를 몰고 집으로 돌아가던 중 사니와 나는 길가에서 부리토를 시켰다. 나는 조심스럽고 고통스럽게 내 기분을 솔직히 털어놓았다. 나는 그녀가 멋지고 함께 있는 것이 정말 좋지만, 그것이 등반을 위한 최선의 선택인지는 자신하지 못한다고 고백했다.

"네가 다쳤다는 건 알아. 끔찍한 일이라는 것도. 하지만 혼자가 된다고 해서 네 기분이 더 나아질까?'라고 그녀는 말했다.

그녀의 말은 일리가 있었다. 하지만 나는 아무 대꾸도 하지 않고 시무룩하게 앉아 있었다.

"참, 그러네." 사니는 말을 계속 이어갔다. "정말 미안해. 그렇다고 이 말이 네가 혼자가 되어야 한다는 뜻은 아니야. 너는 나와 좋은 관계를 유지하면서도 훌륭한 클라이머가 될 수 있어. 너는 둘 다를 충분히 해낼 수 있단 말이야."

나는 정말 그 정도까지는 생각하지 못했다. 내가 둘 다를 해낼 수 있을까?

우리는 부리토를 받고 나서도 대화를 계속 이어갔다. 20분도 넘는 대화에서 그녀는 내 마음대로 우리의 좋은 관계를 깨서는 안 된다는 점을 분명히 했다. 나는 안심했다. 나는 어쨌든 그녀와 헤어지고 싶지는 않았다. 나는 등반을 위해서는 그렇게 해야만 하는 것으로 생각하고 있었다. 하지만 사니가 이야기한 것처럼 나는 둘 다를 해내고 싶었다.

시애틀에서 이틀 동안 빈둥거리며 회복할 시간을 보낸 후 나는 상하이에서 펠리페 카마르고Felipe Camargo를 만나기 위해 비행기에 올라탔다. 노스페이스 팀 동료 선수이기도 한 펠리페는 남미 최강의 클라이머였다. 우리의 목표는 중국 남서부에 있는 5.14b 난이도의 여덟 피치짜리 루트 코라존 데 엔수에노Corazon de Ensueno로, 게투Getu라 불리는 석회암 아치의 아래쪽에 있는 그곳은 한 피치 한 피치를 겨우 올라야 할 정도로 경사가 엄청나게 세다. 2011년 그 루트를 개척한 스페인 클라이머 다니 안드라다

*Dani Andrada*는 처음부터 끝까지 한 번도 추락하지 않고 성공했다. 그 루트는 제2등을 위해 2016년까지 기다려야 했다.

나는 부상을 당해 성공 가능성은 낮았지만, 등반 여행을 취소해 펠리페를 곤경에 빠뜨리고 싶지는 않았다. 나는 그를 도와가며 상황을 지켜볼 작정이었다. 우리가 중국에서 만났을 때 나는 그에게 내 사고에 대해 털어놓았다. 깜짝 놀란 그는 나를 걱정했다. 그런데 마침 그는 상하이에 있는 프로 운동선수 재활전문 물리치료사를 알고 있었다. 그의 소개로 나는 도시에 머무는 동안 그 물리치료사의 도움을 받았다.

그때 막 상하이에 스포츠클리닉을 연 에릭 유Eric Yue는 다양한 운동선수를 치료하는 데 평생을 바친 브라질 사람이었다. 나는 물리치료사의 도움을 처음 받았는데, 노련한 프로가 건강을 위한 지름길로 가게 해주는 혜택을 나는 곧바로 알게 되었다. 그는 고관절에 있는 인대가 늘어난 것이 문제라며, 특정한 스트레칭과 가벼운 운동이 회복에 도움이 될 것이라고 말했다.

나는 항상 차에서 지내기 때문에 나 자신을 '운동선수'로 여겨본 적이 없었는데, 이것은 올바른 도움이 얼마나 큰 차이를 만들어내는지 알게 된 경이로운 일이었다.

물론 나도 모든 프로 스포츠에는 트레이너, 코치, 개인 트레이너, 마사지사 그리고 지원팀이 있다는 것쯤은 알고 있었다. 그러나 무슨 이유에서인지 항상 흙바닥에서 뒹구는 클라이머들은 부상이 자연적으로 회복된다고 생각하는 경향이 있었다. 내가 다른 사람의 도움을 받은 것은 그때가 처음이었다.

상하이에서 며칠 동안 노스페이스를 위한 미디어 행사를 끝낸 우리는 귀주성의 국립공원에 있는 계투로 갔다. 지미와 차이가 나에 대해 만드는 영상에는 내가 엘캡 프리솔로 등반을 위해 전 세계의 다양한 바위에서 훈련하는 모습이 들어갈 예정이었다. 나는 코라존 데 엔수에노가 엘캡을 향한 나의 컨디션과 스태미나를 확인하는 좋은 무대가 되기를 바랐다.

그 루트는 등반은 물론이고 촬영을 위해서도 상당한 준비가 필요했다. 우리는 퀵드로quickdraw에 매달려 홀드를 청소해야 했다. 아치 안쪽은 비바람이 전혀 닿지 않아 홀드에 먼지가 끼는 바람에 대단히 미끄러웠다. 펠리페와 나는 하루 종일 그 루트와 씨름하다 작은 호텔로 파김치가 되어 돌아와서는 밥과 야채를 먹고 자는 일상을 반복했다.

여러 면에서 이것은 나에게 완벽한 재활 프로그램이었다. 나는 많든 적든 감당할 수 있는 만큼만 등반하고 저녁에는 스트레칭과 개인운동을 했다. 호텔 방에 있는 침대는 애석하게도 매트리스 커버처럼 생긴 침대보가 나무상자를 감싸고 있는 듯한 모양이나 다름없었다. 우리는 말 그대로 판자 위에서 잠을 잤다. 하지만 이것은 오히려 내가 등 부상을 회복하는 데 도움이 되었다. 어쨌든 나는 통증을 느끼지 않아 매일 잠을 푹 잤다.

아치까지는 정글을 지나는 급경사의 계단을 적어도 1,000개는 올라가야 했다. 계단을 올라가는 것도 만만치 않았지만 내려오는 것은 더욱 힘들었다. 나는 손잡이를 잡고 미끄럼을 타는 방법을 택했다. 정글을 통과하는 급경사의 손잡이를 빠른 속도로 내려오는 것은 상당히 위험스러워 보여도 통증을 많이 줄여주었다. 어떤 면에서는 이것이 하루일과 중 하이라이트였다.

루트에서 등반을 시작한 처음 며칠 동안 나는 오른발을 겨우 옆으로 뻗을 수 있었는데, 이것은 석회암 튜퍼tufa와 종유석을 오른 다음 수평의 루프 구간을 이동해야 하는 이 스포츠에 필요한 가장 아크로바틱하고 역동적인 등반동작을 하는 데 있어 큰 문제였다. 하지만 매일같이 그 루트를 등반하면서 나는 꾸준히 호전되었다.

루트를 등반한 지 일주일쯤 지나자 지미 친이 촬영을 하러 나타났다. 펠리페는 이미 등반을 끝낼 준비가 되어 있었다. 따라서 우리는 하루 동안 휴식을 취한 다음 등반에 나섰다. 그는 자신이 왜 남미 최고의 클라이머인지 증명이라도 하려는 듯 루트를 멋지게 끝냈다. 나는 몇 군데에서 추락했다. 나는 강력한 한 방, 즉 열심히 노력하기는 했지만 최고가 될 수 있는 한 방이 없었다.

그날 밤 우리는 몇 년간 꿈꿔온 루트를 끝낸 펠리페를 축하해주었다. 그는 세계에서 가장 어려운 멀티피치 루트의 두 번째 완등자가 되었다. 다음 날 우리는 모두 휴식을 취했다. 따라서 나는 그 후에 그의 도움을 받아 선등에 도전하기로 했다.

이번에는 그 한 방이 나에게 있었다. 몸이 충분히 좋아진 나는 방해되는 것이 아무것도 없다는 것을 느꼈다. 인덱스에서 사고가 나기 전의 컨디션으로 다시 돌아온 나는 그 루트 전체를 깨끗하게 끝냈다. 몸이 불편한 상태로 중국에 와서 계획한 대로 등반을 하고 목적을 달성했다는 사실에 모두가 기뻐했다. 그리고 심지어 도움이 될 만한 좋은 장면도 찍었다.

나는 나의 등반에 새로운 기회의 창이 열렸다는 것을 느끼며 3주 만에 시애틀로 돌아왔다. 다시 건강해진 나는 운동 프로그램을 더 열심히 수행했다. 스트레칭과 코어운동은 매일 저녁 나의 중요한 운동 과정이 되었다. 나는 이제 나 자신이 운동선수라고 생각하기 시작했다. 하지만 그 여행에서 가장 중요했던 것은 자신감 회복이었다. 중요한 등반을 하지 않은 지도 어느덧 1년이 넘었다. 나는 책을 쓰고, 세계를 여행하고, 일상적인 일에 시간을 보냈을 뿐 진지한 등반을 너무나 오랫동안 하지 못했다. 특정한 목표를 위해 노력해서 그것을 달성하는 것은 기분 좋은 일이다.

나는 이것이 다가오는 시즌에 요세미티에서 좋은 징조가 되기를 바랐다. 처음으로, 엘캡의 프리솔로 등반이 가능해 보였다.

나는 2016년 여름을 사니와 함께 보냈다. 영국에서의 강의들, 아일랜드에서의 등반 축제, 내 책의 프랑스어 판 홍보행사 몇 번, 그리고 여자 친구와의 멋진 스포츠클라이밍, 이것은 일과 휴가의 절묘한 결합이었다. 여행 도중 몇 주 동안 우리는 스위스의 인터라켄에서 다른 미국 클라이머들과 전원풍의 살레에서 묵었는데, 알고 보니 그곳은 율리 스텍의 집과 아주 가까운 곳이었다. 나는 2010년 이후 그와 등반은 함께 하지 못했지만, 행사장에서는 몇 번 만났다. 어쨌든 우리는 친한 사이가 아니었다. 그래도 나는 그와 어떤 공감대를 느꼈다. 그는 나와 사니와 함께 며칠 동안 스포츠클라이밍을 했다. 그는 훈련을 위해 오전에는 수백 미터를 오르내리는 산악마라톤을 하고, 오후에는 우리와 등반을 하고 어울리기 위해 암장에 들렀다. 그가 훈련에 몰입하는 모습과 그것이 등반에 곧바로 나타나는 효과를 직접 지켜보는 것은 흥미로웠다.

하루는 내가 율리가 사는 집 뒤에 있는 산으로 '휴식일 동안의 트레킹'을 함께 가기 위해 그의 집을 방문했다. 그 산은 몇 킬로미터를 걸어 올라가는 데 고도를 1,500미터나 올려야 하는 곳으로, 미국의 어느 트레일보다도 더 가파른 곳이었다. 그날 아침 이미 산악마라톤 훈련을 한 그는 그곳에 올라가서 패러글라이딩으로 내려오기 위해 나와 동행했다. 그의 훈련은 차원이 달랐다. 그는 이미 훈련을 마친 상태였는데, 이제는 저녁을 먹기 전에 높은 산을 뛰어올라가 초경량의 패러글라이더를 타고 내려왔다. 나는 결코 경험해보지 못한 종류의 훈련이었다.

내가 헐떡거리며 그를 뒤쫓아 산을 올라가는 동안, 우리는 엘캡에 대해 이야기를 나누었다. 이제 내가 엘캡에서 프리솔로를 도전한다면, 그 루트는 거의 확실하게 프리라이더가 될 것이었다. 나는 지난 몇 년간 그 루트를 여러 번 등반했다. 그곳은 토미와 유명한 '트리플' 프리등반을 했을 때의 두 번째 루트였는데, 엘캡에서 가장 쉬운 루트이기는 해도 여전히 꽤 어려운 곳이었다. 율리는 실제로 몇 명 되지 않는 멀티스포츠의 엘리트 클라이머 중 한 명이고 아주 높은 수준의 프리솔로 등반을 하는 유일한 사람이었기 때문에, 나는 훈련에 대한 율리의 생각에 상당한 호기심을 느꼈다. 1년 동안 그는 아이거 북벽에서 속도기록을 세웠고(물론 프리솔로 등반이었다), 카라코람의 8천 미터급 고봉인 가셔브룸2봉을 등정했으며, 엘캡의 골든 게이트Golden Gate를 거의 온사이트로 등반했다.(그는 물기가 있는 크랙에서 단 한 번 추락했다!) 아마도 그렇게 다양한 분야를 섭렵한 클라이머는 아무도 없을 것이다. 나는 엘캡을 프리솔로로 등반하기 위한 훈련 프로그램에 대해 그의 조언을 듣고 싶었다.

우리는 먼저 신체적인 훈련에 대한 이야기를 나누었다. 예를 들면, 어느 정도의 난이도를 하루에 몇 피치 등반해야 하는가와 같은 것이었다.(그는 골든 게이트를 위해 최고 난이도 5.13b/c를 하루에 열 피치 등반했다) 하지만 그와의 대화 중 가장 흥미로웠던 것은 그가 프리솔로로 등반할 때 최고 난이도의 한계를 과연 얼마로 보느냐 하는 것이었다. 그는 자신의 한계가 5.13d이지만 프리솔로로는 5.13b까지 등반했다고 말했다. 이 말은 그가 자신의 신체적 한계에 아주 가까운 수준까지 프리솔로로 등반했다는 의미였다. 나는 실수를 감안해 프리솔로 등반의 한계를 내 능력보다 훨씬 더 낮게 잡기 때문에 그렇게까지 해본 적은 없었다. 하지만 내가 엘캡을 프리솔로로 등반하지 않은 이유 중 하나는 심리적인 자신감을 가지지 못했기 때문이다. 나는 그 루트를 평범할 정도로 쉽게 여길 만큼 강한 클라이머가 아니었다. 그리고 앞으로도 그렇게 할 자신이 없다. 그렇다면 내가 율리의 접근방법과 비슷한 어떤 것을 받아들여야만 할까? 그는 등반을 하기 위한 날짜를 소중히 여기는 것 같았다. 그의 프리솔로 등반 중 몇 번은 루트 숙달보다도 타이밍과 동기부여에 의해 좌우된 것 같았다. 하지만 그것은 내 스타일이 아니었다. 아니, 어쩌면 나는 그렇게 하고 싶지는 않을지도 모른다. 그러나 나는 엘캡의 프리솔로 등반을 위해 그것을 하나의 선택사항으로 진지하게 고려했다. 만약 엘캡을 프리솔로로 해낸다면 얼마나 행복할까! 나에게는 어느 날이 매우 소중하게 되리라는 자신감이 중요할 뿐, 100퍼센트 확신까지는 필요치 않았다. 어떤 면에서 그것은 매력적인 전략이었다. 왜냐하면 그것은 안전하다고 느낄 필요까지도 없이 나 자신을 충분히 고취시키기만 하면 된다는 의미였기 때문이다.

엘캡을 프리솔로로 등반하기 위해서는 최소 5.14d까지 등반해야 하며, 그 수준에서도 모든 동작이 아주 쉽게 느껴져야 한다고 나는 항상 생각해왔다. 그러나 오랜 시간이 지나도록 그렇게 강한 클라이머가 되지 못한 것이 현실이었다. 나는 분명 접근방법을 달리할 필요가 있었다. 나는 유럽 여행을 계속하기 위해 7월에 율리와 작별인사를 나누었는데, 그를 두 번 다시 만나지 못하리라고는 상상조차 하지 못했다.*

---

* '스위스 머신'이라 불린 율리 스텍은 2017년 눕체에서 고소순응 등반을 하던 중 웨스턴 쿰으로 1,000미터를 추락해 사망했다.

타지아Taghia는 모로코의 하이아틀라스산맥에 있는 외딴 협곡으로, 사람들이 거의 찾지 않는 클라이머들의 천국이다. 이곳이 내가 요세미티에서 등반하기 전에 몸을 만들 수 있는 완벽한 훈련 장소인 이유는 여러 가지가 있다. 요세미티는 너무 더운 데 비해 이곳은 벽의 크기와 난이도가 비슷하면서도 초가을의 날씨이다. 타지아는 대부분 석회암 페이스 등반이고 요세미티는 화강암 크랙 등반이지만, 둘 다 오랫동안 바위에 매달려야 할 정도로 규모가 크다는 공통점이 있다.

하지만 타지아로 돌아가고 싶은 가장 큰 이유는 2012년 봄에 요세미티의 시즌이 시작되기 전 이곳을 찾았기 때문이다. 그해에 나는 토미와 트리플을 프리등반으로 끝냈고, 엘캡의 '웨스트 페이스'를 프리솔로로 등반했으며, 트리플을 솔로로 해냈고, 노즈에서 속도기록을 세웠다. 그해에 나는 최고의 시즌을 보냈다. 나는 그런 이유 중 하나가 타지아에서 생산적인 등반을 한 후 컨디션이 최고조에 달한 덕분으로 생각했다. 더구나 그때는 두 개의 완벽한 목표, 즉 토미 콜드웰과 함께 시도할 대단한 프리연결등반과 그 루트들 중 하나를 프리솔로로 시도한다는 목표가 있었다.

토미는 자신의 책『더 푸시The Push』*의 초고를 완성하고, 수많은 강연 이벤트를 끝낸 지 1년이 지난 후라 컨디션이 상당히 좋았다. 회심의 프로젝트 돈 월Dawn Wall을 마침내 끝낸 그는 특별히 등반 여행을 하지 않고, 자신의 일과 가족에 집중하고 있었다. 만약 토미가 타지아로 와서 긴 연결등반을 한다면, 그것은 자신을 극한등반 모드로 되돌리는 좋은 동기부여가 될 터였다.

피츠 트래버스 이후 우리는 큰 프로젝트를 함께하지 않았지만, 그는 어려운 루트를 빠르게 동시등반할 수 있는 완벽한 파트너였다. 또한 그는

* 이 책도 하루재클럽의 번역 목록에 들어 있다.

촬영 팀을 잘 상대하고 인터뷰도 잘하는데, 모든 클라이머들이 이런 장점을 다 가지고 있는 것은 아니다. 대체로 그는 좋은 선배여서 나는 그를 믿었다. 그는 엘캡에 대한 나의 염원을 이리저리 떠벌리지 않고 솔직하게 털어놓을 수 있는 사람이었다. 물론 그는 나의 프리솔로 등반을 개인적으로 반대했다. 하지만 그렇다고 해서 내가 전략과 훈련을 위한 아이디어에 대해 자문을 하지 못할 이유도 없었다. 그리고 그는 엘캡과 엘캡의 프리솔로 등반에 필요한 것을 어느 누구보다도 더 잘 알고 있었다.

타지아까지는 도로가 연결되어 있지 않다. 따라서 도로가 끝나는 곳에서 당나귀를 이용해 짐을 옮겨야 한다. 구경거리가 많아서 구불구불한 석회암 협곡을 트레킹으로 통과한 2시간은 눈 깜짝할 사이에 지나갔다. 우리의 시선이 닿는 곳은 어디나 급경사의 계단식 경작지나 염소에게 풀을 뜯기는 어린아이들이 있어서, 우리는 마치 과거로 돌아가는 여행자들 같았다.

토미와 나는 이전의 다른 프로젝트에서 우리가 한 것과 똑같은 방식으로 연결등반을 했다. 다시 말하면 루트를 개별적으로 등반한 다음 휴식을 취하고 나서 함께 등반했다. 유일한 차이점이라면 이곳에서는 약간 우리 뜻대로 되지 않았다는 것이다. 이곳의 루트들은 우리가 요세미티에서 등반한 것들과 같은 규모였지만, 천천히 심사숙고하며 등반해야 할 정도로 스타일이 전혀 달랐다. 그리고 필요한 곳에 확보물도 제대로 설치할 수 없기 때문에 어떤 면에서는 요세미티보다 이곳이 더 무서웠다. 우리는 기존의 볼트에 의존해야만 했는데, 장비를 아껴야 해서 많은 볼트들을 건너뛰기도 했다. 문제는 어느 볼트를 건너뛰어야 하느냐는 것이었다. 우리는 마지막 확보물 10미터 위에 있는 크럭스를 넘어서려고 몸부림치는 상황에 처하고 싶지는 않았다.

루트들은 우리의 예상보다 시간이 조금씩 더 걸렸다. 등반 스타일은 기술적이고 복잡했으며, 홀드에는 초크 자국도 거의 없었다. 우리는 모든 홀드를 찾아내, 다음번 등반 때 손과 발의 동작을 위해 초크로 표시해 두었다. 작업은 대체로 순조롭게 진행됐다. 사실 우리는 5.13 정도 난이도를 동시등반했는데, 나에게는 처음 있는 일이었다. 토미는 자신은 조심해야 하는 가장이고 나는 그에게 모든 것을 운에 맡기고 빨리 올라가라고 강요하는 무모하고 위험한 사람이라고 말하기를 좋아했지만, 현실의 절반 정도는 그가 "우리는 이렇게 해야 한다."라고 말하고 나는 그를 그냥 바라보면서 "진짜요? 그렇게 하는 게 가능하긴 해요?"라고 묻는 것이었다.

나는 암장까지 올라가고 내려오는 시간도 등반만큼 소중하게 여겼다. 그렇게 보내는 아까운 시간에 우리는 온갖 주제를 놓고 대화를 나누었다. 토미는 자신의 가족과 최근의 일에 대해 이야기했다. 나는 엘캡이 마음에서 떠나지 않아 프리라이더로 화제를 돌리곤 했다. 토미는 자신의 아내가 별로 필요치도 않은 가구세트를 샀다고 불평불만을 늘어놓았다. 나는 프리블라스트Freeblast의 슬랩을 돌아가기 위한 변형루트를 찾는 것이 과연 가치가 있는 것인지 궁금하다고 말했다. 그가 차고에 만들었다는 새로운 훈련공간에 대한 이야기를 나누다 우리는 엘캡 훈련으로 자연스럽게 화제를 바꾸었다. 그가 그 벽에서 가장 어려운 곳을 처음으로 등반하기 위해 한 것은 무엇이었나? 그렇다면 나는 어떻게 해야 하나? 그와는 모든 것을 터놓고 이야기할 수 있어 좋았다.

매일 저녁 우리는 마을에 있는 숙소로 돌아와 촬영 팀과 함께 저녁을 먹었다. 그러고는 함께 쓰는 방으로 돌아가 각자 노트북을 가지고 씨름했다. 그때는 아직 제목이 정해지지 않았지만, 토미가 『더 푸시』의 최종 교정 작업을 하고 있어서, 나는 원고 일부를 내 노트북으로 받아 읽고 피드

백을 해주었다. 우리는 제목을 골똘히 생각해보았지만 『돈 월』은 트와일라이트Twilight 시리즈와 제목이 겹치는 바람에 선택이 쉽지 않았다. 『브레이킹 더 돈 월Breaking the Dawn Wall』? 『뉴 돈New Dawn』? 『더 돈 오브 맨The Dawn of Man』? 나는 큰 도움을 주지 못했지만 책은 정말 재미있었다. 그는 또한 안드레 아가씨Andre Agassi의 회고록 『오픈Open』을 가지고 있었는데, 책을 마무리하는 데 적절히 참고했다. 나는 비록 테니스에 대해서는 아는 것이 하나도 없었지만, 그 책에 대해서만큼은 마음이 사로잡혔다.

아가씨는 자신의 운동을 싫어한 재능 있고 열정적인 테니스선수였다. 그 책의 많은 부분(모델과의 데이트, 상류층 생활, 마약, 수백만 달러짜리 계약 등)이 나에게는 광기로 보였지만, 훈련을 위한 헌신과 기량 향상을 위한 노력은 내 마음 깊숙이 와 닿았다. 항상 열심히 노력하는 토미와 함께 지내면서 아가씨에 대해 읽다 보니 나는 나의 수준을 끌어올릴 필요가 있다는 가벼운 의무감마저 느꼈다.

일주일간의 준비를 끝낸 우리는 이제 연결등반을 시도했다. 우리는 거의 900미터에 5.13a 난이도인 '바벨Babel'을 6시간 반 만에 올라갔다. 그리고 나서 정상에서 물길을 따라 동쪽으로 하강한 다음, '락세 뒤 말L'Axe du Mal'의 출발지점으로 가서 450미터에 5.13a 난이도인 그곳을 4시간 만에 올라갔다. 그리고 이번에는 정상에서 정북향으로 난 또 다른 물길을 따라 하강한 다음, 500미터에 5.12c 난이도인 '리비에르 푸르프르Rivières Pourpres'의 출발지점으로 갔다. 그 루트는 그중 가장 쉬운 곳이었지만 우리는 4시간 45분이나 걸려 밤새도록 등반했다. 동작이 둔해진 우리는 점점 더 피로를 느꼈다. 마침내 우리는 타지아에 있는 가장 상징적인 루트 3개를 연결등반한 후 거의 하루 종일인 23시간 만에 숙소로 돌아왔다.

며칠 더 어려운 등반을 한 토미는 마라케시Marrakech에 있는 가족에게 돌아갔다. 나는 노트북으로 아무 생각 없이 텔레비전 쇼를 보면서 그동안 절실히 필요했던 휴식을 취했다. 나는 계속되는 촬영과 등반에서 한 발 떨어져 휴식을 취할 필요가 있었다. 모로코를 여행하는 동안 나는 '스파르타쿠스Spartacus'라는 텔레비전 프로그램을 봤는데, 로마인 주인들에게 맞서 싸우는 검투사 노예들에 대한 픽션이었다. 대부분이 섹스와 폭력에 대한 이야기였지만, 나는 경기장에서 벌어지는 끝없는 싸움에서 무언가 친숙한 것을 보았다. 검투사들은 냉정한 기량으로 운명이 결정되는 짧은 순간을 위해 평생 동안 훈련에 매진했다. 그러나 적어도 죽기를 원하지 않는 이상 그들이 느끼는 공포는 어쩔 수 없었다. 과장된 표현일지 모르지만, 나는 프리솔로 등반이 목숨을 내걸고 자신의 기량을 증명하는 현대판 검투사의 운명과 같은 것이라고 생각하기 시작했다. 그리고 그런 장면은 고대와 마찬가지로 촬영 팀 덕분에 대중들에게는 즐거움이 될 것이었다. 유혈 스포츠가 암벽화를 신고 초크백을 둘러메는 형태로 진화한 것이다.

스파르타쿠스를 하루 종일 본 후, 나는 모든 동작을 기억하고 있는지 알아보기 위해 미니 트랙션을 이용해 리비에르 푸르프르를 한 번 더 등반했다. 그리고 앞으로의 프리솔로 등반을 고대 로마의 신화에 빗대 생각하니 더욱 흥미진진했다. 기술적인 등반이 필요한 500미터의 석회암 오버행이면 충분해서 나에게 다른 곳은 필요 없었다. 아마도 나는 나 자신을 검투사라고 상상해서 그랬는지 사뭇 근사하다는 기분을 느꼈던 것 같다. 그런 느낌은 자신감을 가지는 데 확실히 도움이 된다. 하지만 상상으로만 이루어지는 것은 아무것도 없고, 잘못된 자신감으로 프리솔로 등반을 하는 것만큼 위험한 것도 없다. 이런 것은 내가 텔레비전의 서사 프로그램을 너무 많이 본 탓일 것이다. 하지만 미니 트랙션으로 등반을 편안하게 몇 차례 하고 나니, 동작을 거의 다 암기할 수 있었다. 이제 자신감이 충만해진 나는 경기장에 나갈 수 있게 되었다.

다음 날 나는 스파르타쿠스 다음 시즌을 보며 휴식을 취했다. 그리고 때때로 나는 크럭스에서의 일련의 동작들을 곰곰이 생각하며 시간을 보냈다. 나는 체중을 작은 스탠스에 실을 때와 300미터가 넘는 높이의 루프에 거꾸로 매달려 등반할 때 느끼는 기분이 어떨지 상상해보았다. 나는 배낭을 꾸린 다음 촬영 팀과 누가 벽의 어디에 자리 잡고, 드론은 언제 띄울지에 대한 계획을 점검했다. 놀랄 일이 적을수록 나에게는 더 좋은 법이니까.

마침내 결행의 시간이 다가왔다. 다음 날 아침 나는 여유 있고 강해진 느낌으로 일어났다. 촬영 팀이 준비를 위해 먼저 떠났기 때문에 나는 출발지점까지 혼자 걸어 올라가며 조용히 생각을 가다듬을 수 있었다. 나는 빨간 오버행 벽과 싸울 준비가 되어 있었다. 그러나 사실 그것은 진짜 싸움이 아니라 나 자신에 대한 시험에 더 가까웠다. 나는 대자연의 가장 위대한 창조물 중 하나에 나 자신을 시험하는 특권을 누리려 하고 있었다. 어쩌면 그것은 많은 면에서 의미 없는 일이었다. 그러나 나는 최소한 잠깐만이라도 나 자신의 실력이 최대한 발휘되기를 바랐다.

나는 아래쪽 피치들을 빠르고 쉽게 돌파한 다음 그 루트의 핵심 구간인 오버행에 도달했는데, 홀드가 상쾌하다는 느낌이 들었다. 그 전주 한밤중에 지친 몸으로 토미와 함께 동시등반 했을 때는 느껴보지 못한 예리함이 홀드에 살아있었다. 이제 나는 의도적으로 아껴둔 힘을 이용해 홀드를 힘껏 잡았다. 나는 그 오버행을 넘어가면서 작은 석회암 홀드의 안쪽을 손끝으로 꽉 부여잡는 느낌을 음미했다.

그 벽을 중간쯤 올라갔을 때 염소 우는 소리가 들리기 시작했다. 나는 어린 염소가 괴로워서 내는 소리이거나, 그 지역에 사는 베르베르Berber 목동들과 관련이 있는 것이라고 생각했다. 나는 그런 소리에 개의치 않고 그 벽을 계속 헤쳐 올라갔는데, 드론이 날아오르는 소리가 또렷이 들렸다. 협곡의 가장자리에 있는 촬영 팀이 항공 촬영을 시작한 것이다. 그때 염소 우는 소리가 더 커지고 더 자주 들려서, 나는 그 소리가 혹시 내 이름을 부르는 것은 아닌지 의구심이 들기 시작했다. 주변을 둘러본 나는 내가 등반하는 봉우리의 정상과 협곡 건너편 사이의 공중에 프랑스인 하이라이너highliner가 매달려 있다는 사실을 알았다. 그는 지상 370미터 높이의 하이라인에서 떨어져 확보줄에 매달려 있었다. 마치 염소가 우는 것처럼 들린 소리는 그가 "알레Allez!(가자!)"라고 외치며 스스로를 다그치는 소리였다. 갑자기 나는 축제에 참가한 공연자의 한 사람이 된 기분이 들었다. 지미 친과 마이키 섀퍼는 내 오른쪽의 고정로프에 매달려 주마링하면서 나를 촬영하고 있었고, 하이라이너는 공중에서 자신만의 서사시적인 경험을 하고 있었다. 그리고 드론은 이 모든 장면을 위에서 내려다보고 있었다.

나는 5.12 난이도의 슬랩 구간을 조심스레 올라갔지만, 이 모든 것이 약간은 어리석은 짓이라는 느낌이 들었다. 이것은 내가 경험하고자 하는 순수한 프리솔로 등반이 아니었다. 나는 촬영이 프리솔로 등반에 어느 정도 영향을 준다는 사실을 알고 있었지만, 전혀 모르는 사람이 내 위쪽에 매달려 자기 자신에게 소리를 지르며 이리저리 몸부림칠 것이라고는 전혀 예상치 못해서, 이런 상황들은 이상하게 느껴졌다.

내 위쪽으로 심한 오버행이 한 곳 남아 있었는데, 훨씬 더 어려운 그 피치는 홀드 사이를 커다란 동작으로 넘어가야 하는 5.12c의 페이스 등반 구간이었다. 나는 모두가 자기 위치에서 자리 잡기를 기다렸다가, 연습한 대로 정확하고 효율적으로 등반했다. 나는 나 자신을 위해서가 아니라 관중을 위해서 등반하는 것처럼 기계적인 느낌이 들어 재미가 없었다. 그저 끝내야 한다는 의무감만 들었을 뿐 흥미롭다는 느낌은 들지 않았다. 나는 고대 로마의 검투사가 아니라 사무실로 출퇴근 하는 근로자에 불과했다.

우리의 여행도 어느덧 끝나가고 있었다. 이제 일주일쯤 후면 나는 마침내 요세미티의 프리라이더에서 작업을 시작할 터였다. 타지아에서의 마지막 이틀 동안 나는 요세미티 등반 준비를 위한 노력의 일환으로 두 개의 루트를 온사이트 프리솔로로 등반했다. 그중 하나인 '캐니언 아파치 Canyon Apache'는 300미터에 5.11b 난이도의 루트로, 규모와 난이도 면에서 몇 년 전 내가 처음으로 어렵게 프리솔로로 등반한 로스트럼과 비슷하다는 느낌이 들었다. 이 정도 난이도의 루트를 온사이트 프리솔로로 등반할 수 있다는 생각에 나는 한껏 고무됐다. 나는 다음 단계로 넘어갈 준비가 되어 있었다.

2016년 10월 3일, 사니와 나는 두 달 동안 등반할 수 있는 채비를 해서 요세미티 계곡으로 향했다. 내가 엘캡을 프리솔로로 등반하기 위한 작업을 하러 계곡으로 들어간 것은 그때가 처음이었다. 실질적인 실행 여부가 여전히 불투명했지만, 어쨌든 나는 준비 작업이라도 할 작정이었다.

오후가 조금 지난 다음 엘캡 초원에 도착한 우리는 즉시 프리블라스트를 한번 해보려고 준비에 들어갔다. 프리라이더의 처음 열 피치인 그곳은 루트의 1/3지점에 있는 양호한 레지에서 끝이 난다. 그곳은 너무나 불안해서 내가 만약 프리솔로로 등반할 경우 프리블라스트가 가장 무서운 곳 중 하나가 될 것으로 나는 늘 생각했다. 경사가 낮은 그곳은 난이도 5.11b로, 현대적 기준으로 보면 엄청나게 어려운 곳은 아니지만, 미끄럽기 짝이 없어 섬세한 동작이 필요한 곳이다. 가장 까다로운 곳은 경사가 60도 정도밖에 되지 않지만 마치 유리처럼 반질반질하다. 사니는 엘캡을 등반해본 적이 없었다. 따라서 나는 슬랩에서의 동작을 연습하면서 그 경험을 그녀와 함께 나눈다는 생각에 사뭇 설레었다.

루트의 출발지점으로 재빨리 올라가는 동안 계곡의 날씨는 평소답지 않게 춥고 바람이 불었다. 다른 때라면 그런 날씨에 짜증이 났을지 모르지만, 나는 계곡으로 돌아온 것 자체에 너무나 흥분해서 그런 날씨를 바위와의 마찰력에 도움이 된다는 구실로 '완등에 적정한 온도를 제공하는 날씨'라고 불렀다. 나는 날씨가 추워야 등반능력 향상에 도움이 될 것으로 생각했다. (어쨌든 어느 정도까지는 그럴 것이다)

우리는 처음 네 피치를 내가 사니의 사진을 엄청나게 많이 찍으면서도 빠르고 효율적으로 등반했다. 그러면서 나는 기억해야 할 특정한 동작을 휴대폰에 메모했다. 나는 메모를 하고, 바위의 형태를 사진 찍고, 동작을 기억하는 등 준비를 철저히 해야 한다고 생각했다. 하지만 우리는 등반을 하면서 웃고 떠들며 즐거운 시간을 보냈다. 엘캡으로 다시 돌아온 나는 마냥 즐거웠다.

프리블라스트는 대부분 가는 크랙을 따라가지만, 크럭스는 크랙이 끝나는 지상 120미터 위에서 나타난다. 그다음 50미터는 기본적으로 반질반질한 화강암이다. 그곳은 손으로 잡을 수 있는 홀드가 거의 없어, 작은 스탠스를 딛고 일어선 다음 얼마나 정교하게 균형을 잡고 올라가느냐가 관건이다. 90도가 안 되기 때문에 체중을 모두 발에 실을 수 있지만,

생각할 수 있는 등반 스타일 중 가장 불안정하다.

그 루트에는 볼트들이 있었지만, 나는 프리솔로 등반의 느낌을 살리기 위해 두세 개를 건너뛰면서 볼트에 카라비너를 걸었다. 나는 어쨌든 로프에 연결되어 있어 죽지는 않겠지만, 확보물 사이의 거리가 꽤 멀어서 상당한 집중력이 필요했다. 갑자기, 톱로핑 등반이라면 사소하게 느껴졌을 곳도 나는 훨씬 더 많은 주의를 기울여야 했다.

두 번째 슬랩 피치의 크럭스는 작은 루프를 올라서는 동작이었다. 그곳은 아주 작게 포개진 바위였지만, 경사가 낮은 대신 너무나 미끄러워 대단히 위협적으로 느껴졌다. 보통은 그 바로 아래의 피톤을 이용하지만, 나는 그냥 몇 미터 아래에 있는 볼트에 의존하기로 했다. 나는 확보물과의 거리를 의식하며 조심스럽게 발끝으로 일어섰다. 그 작은 루프를 올라서서 몇 동작을 더 했을 때 나는 갑자기 미끄러졌다. 나는 영문을 전혀 알지 못했는데, 주의를 충분히 기울이지 않았다는 것이 아마 가장 그럴듯한 대답이 될 것이다. 나는 재킷을 여러 벌 겹쳐 입고 배낭을 메고 있었다. 바람이 심하게 부는 데다 가랑비까지 오락가락하는 날씨였다. 나는 사니와 잡담을 주고받고 있었다. 등반이 아주 쉽게 느껴졌고 모든 것이 순조롭게 진행됐다. 하지만 나는 갑자기 공중으로 붕 날았다. 내가 벽을 민 것 같았는데, 이런 행동은 보통 벽과의 거리를 유지해 바위에 부딪칠 확률을 줄여주는 좋은 본능이지만, 이번에는 최악이었다. 나는 그 작은 루프의 5미터 아래 바위에 부딪쳤고, 로프가 팽팽해질 때까지 3미터를 더 추락했다. 만약 내가 벽을 밀지 않고 그냥 미끄러졌다면, 더 많이 긁히기는 했겠지만 그토록 심한 충격을 받지는 않았을 것이다. 하지만 사니는 대단한 집중력을 발휘했다. 그렇지 않았다면 나는 훨씬 더 멀리 추락했을 것이다.

추락을 멈춘 나에게 문제가 생겼다. 오른발이 이상했는데, 그 발은 곧 풍선처럼 부풀어 올랐다. '남자답게' 그냥 지나칠 수 있는 부상이 아니었다. 사니가 나를 앵커가 있는 곳으로 조심스럽게 내려주어, 나는 그곳에서 트레킹화로 갈아 신었다. 내가 한 발로 낑낑거리면서, 우리는 바닥으로 하강해 내려갔다. 나는 나 자신이 창피하고 부끄러웠다. 내가 어떻게 프리블라스트의 슬랩에서 나가떨어지지? 내가 왜 확보물을 건너뛰었지? 젠장, 이 꼴이 뭐람?! 등반을 시작하기도 전에 시즌을 접어야 한다는 말인가? 그리고 물론 그런 상황이라면 당연할지도 모르는 '뼈에 이상이 생긴 건 아닐까?' 하는 궁금증도 들었다. 통증이 아주 심하지는 않았다. 나는 그냥 나 자신에게 화가 났다.

바닥에 무사히 내려온 우리는 짐을 챙겼다. 나는 도로까지 보통 10~15분이 걸리는 길을 내려가는 것이 엄청난 도전이라는 사실을 깨달았다. 사니가 목발처럼 사용할 수 있는 나무 막대기를 구해왔지만, 경사가 심하고 바위가 많은 지형에서는 무용지물이었다. 나는 한 발로 깡충깡충 뛰었지만 이내 지쳐버렸고, 좀처럼 앞으로 나아가지 못했다. 사니는 키가 작아 나를 부축하는 데 애를 먹었다. 그때 클라이머 하나가 길을 따라 내려가고 있었다. 창피했지만 나는 그에게 나를 부축해줄 수 있는지 물었다. 그에게 도움을 요청하는 것은 부끄러운 일이었다. 그러나 나는 혼자서는 걸어 내려갈 수 없을 것 같았다. 사니는 차를 가까운 곳으로 대기 위해 우리의 배낭을 챙겨 먼저 내려갔다.

착한 사마리아인의 도움과 '목발' 덕분에 나는 한 번에 먼 거리를 절뚝거리며 갈 수 있었다. 내가 더 이상 가지 못하면 우리는 잠시 앉아 쉬었다. 그 친구는 자신이 호주 사람이고, 뮤어 월Muir Wall을 로프솔로로 등반하기 위해 연습하는 중이라고 했다. 그는 긍정적이고 기꺼이 도와줄 만큼 친절했지만 점잖았다. 나는 상당히 어려운 상태였기 때문에 그의 침착한 태도에 고마움을 느꼈다. 그토록 멍청한 방법으로 시즌을 망쳐버렸다는 생각에 나는 울고 싶은 심정이었다. 나는 차이에게 전화를 걸어 안 좋은 소식을 전할 생각조차 하지 못했다. 이번 시즌의 등반을 망친 것만으로도 충분히 나쁜 일인데, 열흘 후면 15명 남짓한 사람들이 촬영을 하기 위해 요세미티로 오게 되어 있었다. 한순간의 부주의로 내가 모든 사람들에게 피해를 주게 된 것이다.

내가 밴에 도착하자 사니는 요세미티병원으로 곧장 차를 몰았다. 휠체어에 앉은 나는 사기가 푹 꺾였다. 하지만 나는 빠르고 효과적인 치료를 받았고, 엑스레이를 촬영한 결과 부러진 곳도 없었다. 나는 이번 시즌에 등반을 할 수 있을지도 모른다는 희망을 갖기 시작했다. 혹시 내가 추락했다고 이야기할 필요조차 없지 않을까? 어쩌면 큰 문제가 아닐 것 같기도 했다.

이런 좌절을 나 자신의 문제로만 치부하고 빨리 낫기를 바라는 마음이 간절했지만, 나는 촬영 팀에 사실대로 알릴 필요성을 느꼈다. 그들은 본격적인 촬영을 위해 곧 계곡에 도착할 예정이었다. 팀 전체가 계획을 변경하는 것이 얼마나 골치 아픈 일인지 알기 때문에 지미와 차이에게 전화를 걸어야 하는 나의 마음은 몹시 착잡했다. 그들이 얼마나 실망할까? 하지만 그들은 나를 이해해주었고, 내게 필요한 것은 무엇이든지 도와주겠다고 약속했다. 결국 우리는 내가 회복되기를 바라면서 계획 전체를 몇 주 뒤로 미루었다.

촬영을 방해하지 않기 위해 사니는 계곡으로 오기 전에 이미 자신의 친구들과 별도의 여행 계획을 세웠다. 그중 하나가 요세미티 계곡에서 시작해 하이 시에라를 거쳐 마운트 휘트니Mount Whitney 정상까지 이어지는 340킬로미터의 존 뮤어 트레일을 2주간 트레킹하는 것이었다. 하지만 불행하게도 내가 다쳐 밴에 혼자 있는 동안 그녀는 친구들과 어울려 트레킹을 떠나야 해서 시점이 정말 안 좋았다.

나는 2주 동안의 빡빡한 촬영 대신 밴에서 혼자 영화를 봤다. 행보드에 매달려 보려 했지만 보드에서 떨어지면 발에 부담을 줄까 봐 그것조차도 제대로 하지 못했다. 나는 한쪽 발에 부츠를 신고 자전거를 조금 탔다. 그리고 일주일 정도가 지나서는 다친 발에 등산화를 신고 아주 쉬운 루트를 올라보기도 했다. 발목이 여전히 퉁퉁 부어 있어 암벽화를 신는 것은 상상도 할 수 없었다. 검푸른 멍이 발과 다리로 번졌다. 그것은 끔찍한 모습이었다. 그러나 나는 절뚝거리면서도 즐거운 시간을 보내려 노력했다.

나는 일주일 정도가 더 지나면 프로젝트를 시작할 수 있으리라고 낙관적으로 생각했다. 그래서 휴식과 얼음찜질, 압박과 일정한 높이를 유지해야 하는 재활 프로그램을 마치 내 직업인 양 열심히 했다. 하지만 매일 조금씩 알아차릴 수 있을 정도로만 회복됐다. 모든 지표는 제대로 된 등반을 하려면 6개월이 걸리는 것으로 나타났다. 나는 실망스러운 조짐을 애써 무시하고 내가 할 수 있는 것을 계속했다.

사니는 촬영 팀이 계곡에 도착하기 며칠 전 존 뮤어 트레일 트레킹에서 돌아왔다. 나는 쓸모 있는 사람이 되고 싶었지만 할 수 있는 것이 여전히 거의 없었다. 우리는 계곡 내에서의 일상적인 생활과 아름다운 풍경, 나의 인터뷰와 밴에서의 생활을 찍었다. 우리는 모두 엘캡의 프리솔로 등반에 관한 기록에 등반 장면이 있어야 한다는 사실을 알고 있었지만, 나는 여전히 암벽화를 신을 수 없었다.

드디어 나는 재활 프로그램의 일환으로 오른발에 트레킹화를 신고 미니 트랙션을 이용해 등반하기 시작했다. 나는 생산적인 사람이 되고 싶었다. 그리고 비록 내가 목표하는 등반이 멀리 있다 하더라도, 그것을 이루기 위해 노력하고 싶었다. 엘캡은 불가능했다. 하늘 높이 깎아지른 그 벽의 규모는 너무나 거대했다. 두 발이 멀쩡하다 해도 그 벽을 등반한 다음 걸어 내려오는 것은 상상할 수 없을 정도로 피곤한 일이다. 단순히 그 뒤쪽으로 걸어 올라가는 것만 해도 몇 시간이 걸리는 힘든 트레킹이다. 나에게는 길에서 가까우면서도 희망을 가질 수 있는 루트가 필요했다.

'엑설런트 어드벤처Excellent Adventure'는 요세미티 계곡에 있는 역사적인 루트 가운데 하나인 로스트럼에서 끝나는 5.13a의 변형루트이다. 오래전에 온사이트로 등반했던 그곳을 프리솔로로 등반해보면 어떨까 하는 생각을 나는 늘 가지고 있었다. 로스트럼은 봄에 송골매가 둥지를 트는 곳과 가까워, 등반을 하려면 시기가 중요했다. 한번은 그 루트에서 연습하는데 마침 햄스트링 부상이 있어 핵심 동작 중 하나를 할 수 없었다. 여러 가지 이유로, 나는 그 루트를 무척 염두에 두고 있었지만, 실제적인 연습이나 등반은 할 수 없었다.

로스트럼의 장점은 도로에서 15분만 걸어가면 꼭대기에서 루트로 접근할 수 있을 뿐만 아니라 크럭스가 마지막 피치에 있어, 60미터 로프와 짧은 어프로치만으로도 의미 있는 프로젝트를 연습할 수 있다는 것이다.

어린 시절에 나는 피터 크로프트가 흰색 페인트 작업 바지를 입고 로스트럼을 프리솔로로 등반하는 고전적 이미지의 사진으로부터 영감을 받았다. 그 뒤 딘 포터는 BASE 점핑 장비를 착용하고 끝이 더 어려운 변형 루트인 '에일리언Alien(5.12b)'을 프리솔로로 등반했다. 나 역시 에일리언을 프리솔로로 등반했는데, 엑설런트 어드벤처는 준비가 제대로 되지 않아, 그 등반으로 약간 위안 삼았었다.

엑설런트 어드벤처는 마치 분리된 두 피치로 이루어진 것처럼 느껴지는데, 상당한 기술을 요구하는 5.12c의 코너와 펌핑이 오는 5.12c의 오버행 손가락 크랙이 바로 그것이다. 이 두 곳은 허공에 매달려 밖으로 빠져나가야 하는 거대한 오버행으로 연결되어 있다. 하지만 그냥 분리되어 있다고 하는 편이 나을지도 모른다. 오버행에는 커다란 바윗덩어리가 하나 붙어 있어 매달리기가 쉬울뿐더러 기술적으로 아주 어렵지도 않지만, 완전히 허공으로 뜨는 느낌은 비현실적이다. 그 아래는 로스트럼의 전체 높이인 250미터가 발 아래로 온전히 펼쳐져 있다. 만약 추락하게 된다면 허공을 가르며 바닥까지 곧장 떨어질 것이다.

엑설런트 어드벤처를 프리솔로로 등반하는 데 있어서 어려운 점은 크게 두 가지이다. 바위의 상태와 심리적 요인이 바로 그것인데, 전자로 말할 것 같으면 코너가 지극히 기술적이며 불안정하다는 것이고, 후자는 펌핑이 심하게 와도 심리적으로 흔들려서는 안 된다는 것이다. 두 가지 요인 모두 프리라이더에서 더 심하게 나타날 것이기 때문에 나에게는 좋은 훈련이 될 터였다. 엑설런트 어드벤처는 크랙이 가늘기는 하지만, 프리블라스트의 슬랩처럼 바위의 표면이 반질반질하지는 않다. 그리고 펌핑이 오기는 하지만 900미터를 등반한 후에 오는 극심한 피로에 비하면 비교할 바도 아니다. 하지만 그곳이 나의 프리솔로 등반 경험 중 가장 심하게 펌핑이 오는 루트인 것만은 분명했다. 따라서 만약 그곳을 혼자 해 낸다면 나는 한 단계 더 발전할 터였다.

바위가 갈라진 크랙은 발을 옆으로 집어넣고 체중을 실어야 하기 때문에 발목에 무리가 많이 간다. 다행히 엑설런트 어드벤처는 오른쪽으로 살짝 기울어진 크랙이라서, 왼발을 크랙에 집어넣고 오른발(다친 발)을 벽의 오른쪽 표면에 대고 올라갈 수 있을 터였다. 보통은 이렇게 기울어진 크랙이 더 어렵지만 이번에는 오히려 더 좋을 것 같았다.

나는 로스트럼 꼭대기에서 걸어 내려가 미니 트랙션으로 몇 번 오르락내리락 연습했다. 나는 꼭대기에 있는 커다란 소나무에 로프를 묶은 다음 로스트럼의 북벽 아래로 늘어뜨렸다. 그리고 나서 천천히 로프 하강을 하면서 초크를 칠하고 붓질을 해 모든 홀드를 손질했다. 크랙의 각도가 너무 심해 나는 장비를 이용해 몸을 크랙 가까이로 잡아당겨야 했다. 그렇게 하지 않으면 나는 그냥 허공에 대롱대롱 매달리게 될 것이었다. 어떻게 하면 엑설런트 어드벤처를 프리솔로로 안전하게 등반할 수 있을까 고민하는 이 단순한 프로젝트의 모든 과정에 내가 원하는 만큼 시간을 들이자 상당히 편안하다는 느낌이 들었다.

나는 모든 홀드와 스탠스를 하나로 연결해 조금씩 다른 방법으로 여러 번 반복해서 일련의 동작을 시도했다. 그리고 가끔 안전하다고 느끼는 동작을 찾으면 홀드에 초크로 표시하고 그 동작을 외웠다. 그러나 모든 동작을 한꺼번에 연결하는 것은 어려웠다. 때로는 좋은 동작에서조차, 특정한 홀드를 왼손으로 잡은 다음 바로 그 위에서는 같은 홀드를 오른손으로 잡아야 할 때도 있었다. 그런 곳에서는 절충이 필요했다. 위쪽에서의 등반을 쉽게 하기 위해 아래쪽 홀드를 반대편 손으로 잡아야 하나? 아니면 그 반대로 해야 하나? 이런 것들에 골몰하는 동안 시간은 빠르게 흘러

갔다.

처음 시작할 때부터 나는 엑설런트 어드벤처를 추락하지 않고 등반할 자신이 있기는 했지만, 항상 안전하다는 느낌을 받은 것은 아니었다. 하지만 2주 동안 산발적으로 노력하고 나니 자신감이 들기 시작했다. 나는 코너를 올라가면서 합리적이라고 생각이 드는 일련의 동작들을 숙지했고, 매번 같은 동작을 반복했다. 그러자 몸이 좋아진 나는 손에 굳은살이 생겨 오버행 크랙도 잘 잡혔다. 신체적으로는 그 루트를 프리솔로로 등반할 준비가 되었지만, 과연 정신적으로도 준비가 되었을까?

그 루트의 프리솔로 등반은 나의 꿈이라서, 나는 오랫동안 이 프로젝트를 생각해왔다. 그러나 역사도 깊으면서 아름다운 그 루트는 상당히 어렵다. 정말 무서울까? 과연 전체를 하나로 연결해서 오를 수 있을까? 허공으로 붕 뜨는 것 같은 느낌이 너무 아찔할까? 나는 프리솔로로 등반할 때 체중을 항상 발에 두는 편이지만, 엑설런트 어드벤처를 등반하려면 어쩔 수 없이 허공에 매달려야만 한다. 발을 허공에 둔 채 두 팔로만 매달리는 것은 피할 도리가 없다. 하지만 신체적인 준비가 잘되어가자 공포심이 줄어들면서 재미있기까지 했다. 그리하여 마침내 결행할 시간이 다가오자 흥분이 공포를 대체하기 시작했다.

촬영 팀은 내가 몇 주 만에 프리솔로로 등반하는 실제 모습을 기록할 것이다. 그들은 나의 엘캡 프리솔로 등반을 촬영하기 위해 계곡에 있었지만, 그때까지 나는 대부분 다리를 높이 들어 올리고 휴식을 취하고 있었다. 나를 제외한 어느 누구도 불평 한 마디 하지 않았지만, 나는 프로젝트가 지연되는 것에 대해 미안한 마음이 들었다. 그들은 요세미티의 아름다운 경치를 촬영하며 시간을 최대한 활용했다. 하지만 나는 실망스럽고 성급한 마음이 들었다. 나는 부주의해서 다친 나 자신에게 화가 났다.

내가 엑설런트 어드벤처를 프리솔로로 등반하려 한 그 주에 우연히 토미 콜드웰이 가족과 함께 계곡으로 들어왔다. 모로코 이후 그를 만나지 못해, 그간의 일에 대한 이야기를 나눌 생각을 하자 사뭇 흥분됐다. 그것은 촬영 팀에게도 우리 둘이 프리솔로 등반과 위험에 대해 편안하게 이야기를 나누는 합동 인터뷰를 촬영할 수 있는 좋은 기회였다. 하지만 모두가 가능한 시간은 내가 로스트럼 꼭대기로 가서 프리솔로를 하려고 계획한 시간 바로 전의 오후뿐이었다.

토미와 나는 엘캡 아래의 초원에 앉았다. 토미는 프리솔로 등반이 너무 위험하다는 자신의 견해를 밝혔다. 물론 그가 그런 견해를 나에게 강요한 적은 없다. 그는 모로코에서 자신이 떠난 뒤 내가 무엇을 하려 했는지 분명하게 알고 있었다. 그리고 요세미티에서 내가 하고자 하는 것까지도…. 하지만 나는 그가 항상 '어두운 예술'을 못마땅해 하고 있다는 것을 알고 있었다. 만약 무슨 일이 일어날 경우 가족이 감당해야 할 고통은 어떻게 해야 하나? 그는 프리솔로를 무책임하고 무례한 행동이라고 설명했다. 나는 그의 견해는 이해했지만 동의할 수는 없었다.

프리솔로 등반을 하기 바로 전에, 어린 시절의 영웅이었던 사람으로부터 그런 설명을 듣자니 조금 당황스러웠다. 다행히도, 음악을 들으며 15분 정도 운전을 하자 나는 다시 굳건한 마음가짐으로 돌아올 수 있었다.

어떤 면에서, 토미와 함께 인터뷰한 것은 내가 등반할 준비가 되어 있는지 확인하는 좋은 계기가 되었다. 누가 어떻게 생각하든 나는 준비가 되어 있었고 여전히 기대에 부풀어 있었다. 누군가는 촬영의 전 과정이 그런 역할을 한다고 주장하기도 한다. 계획이 조금 더 치밀해야 해서 솔로등반의 자연스러움은 덜할지 모르지만, 그로 인해 더 안전하다고 할 수 있을지도 모른다. 나는 어떤 것도 마음 내키는 대로 서두를 수 없었다. 촬영은 나의 동기부여와 준비를 냉정하게 평가하도록 해주었다.

내가 로스트럼 위쪽에 있는 주차장에 도착하니 차가 대여섯 대 있었다. 모두들 각자의 위치에서 이미 자리를 잡고 있었던 것이다. 차이와 그녀의 팀원들이 나를 지켜보기 위해 가까운 절벽에 망원렌즈를 설치하고 기다리고 있었다. 나는 숲을 걸어 내려간 다음 출발지점으로 하강하기 위해 체인 렘프와 합류했다. 그는 내가 첫 피치를 등반하는 장면을 밑에서 찍은 다음 꼭대기까지 걸어 올라갈 예정이었다. 나는 묵묵히 자신의 임무를 수행하는 그가 고마웠다. 우리는 서로 말을 많이 하지 않았다. 이제 나는 암벽화 끈을 묶고 손에 초크를 묻혔다.

엑설런트 어드벤처로 끝나는 부분에 비하면 로스트럼은 상대적으로 쉬웠다. 기존의 루트는 5.11c에 불과했는데, 그것도 관대한 축에 속했다. 즉 어드벤처로 향하는 처음 여섯 피치가 빠르고 쉬웠다는 의미이다. 나는 속도가 느리지도 펌핑이 오지도 않았다. 다시 등반을 한다는 그 자체가 마냥 좋았다. 한 달 만에 이런 등반을 하다니! 그 루트에서의 크랙 등반은 아주 자연스럽게 이루어졌다. 적어도 버벅거리지는 않았으니까.

그러나 쉬운 연습등반은 내가 본 게임을 위한 워밍업이 충분히 되지 않았다는 점에서 위험했다. 기술적인 코너 등반이 시작되는 곳의 작은 레지에 서자 본격적인 등반이 그때부터라는 느낌이 들었다. 나는 본격적인 등반을 하기도 전에 몸이 덜 풀려 기운 빠지는 펌핑이 오는 것을 원치 않았다. 하지만 그런 것을 걱정하기에는 너무 늦고 말았다. 나는 이미 벽에 붙어 있었기 때문에 내 앞에는 오직 실행만이 남아 있었다.

잡념을 버리고, 그 코너를 지난 2주 동안 연습한 그대로 올라가기 시작했다. 나는 발을 작은 바위 턱에 딛고 나서 손가락으로 미세한 홀드를 신중하게 잡았다. 다리 사이에는 210미터 높이의 허공이 펼쳐져 있었지만, 나는 그런 사실을 의식하지 못했다. 나는 작은 스탠스 사이를 움직이며 체중을 한쪽 발에서 다른 쪽 발로 옮겼다. 12번의 동작을 통해 코너를 빠져나온 나는 루프 아래의 작은 공간 속으로 몸을 집어넣었다. 그런 다음 팔을 흔들어 긴장된 근육을 풀면서 그 피치의 나머지 절반을 준비했다.

나는 루프 주변으로 손을 뻗어 체중이 팔에 쏠리게 했다. 그리고 깊은 심연 위에서 커다란 바윗덩어리에 매달렸다. 나의 친구 마이키 섀퍼가 루프에서 카메라를 돌리고 있었는데, 나는 그것조차 알아차리지 못했다. 이제 왼쪽 발뒤꿈치를 바윗덩어리 위에 걸친 다음 몸을 힘껏 끌어올려 루프 위에 있는 손가락 크기 정도의 날카로운 크랙을 잡았다. 나는 손가락을 크랙에 집어넣고 팔꿈치를 아래로 돌려 손가락을 그 자리에 고정시켰다.

그것은 내가 프리솔로 등반을 한 이래 벽에서 가장 멀리 떨어진 자세였을 것이다. 나는 두 개의 손가락 끝에 의존해 허공에 매달려 있었다. 물론 그것도 내가 알아차린 것은 아니었다. 나는 오른손을 크랙에 집어넣고 편안하게 위로 올라갔다.

보통 내가 손가락 크랙을 등반할 때면 고통과 행위 사이에 절묘한 균형이 이루어진다. 나는 벽에 매달릴 수 있을 정도만 손가락을 집어넣는다. 손가락을 크랙 안에 고정시키는 동작은 너무나 고통스러워서 손가락을 지나치게 깊이 집어넣을 필요는 없다. 하지만 엑설런트 어드벤처의 나머지 절반을 손가락 재밍으로 올라가면서 나는 고통을 전혀 느끼지 못했다. 그러니까 어떤 감각도 느끼지 못하고 그냥 올라간 것이다.

크랙의 마지막 몇 미터는 훨씬 더 수월했다. 나는 로스트럼의 꼭대기로 기어 올라갔다. 그러자 촬영 등반을 하면 보통 마주하게 되는 것들, 즉 카메라와 사람들 그리고 어지러운 로프들이 나를 맞이해주었다. 나는 매우 행복했고 상당한 안도감을 느꼈다. 나는 프리블라스트 슬랩에서의 부주의로 이번 시즌의 등반을 망친 것은 아닌지 거의 한 달 동안이나 걱정하며 보냈었다. 그러나 발목 부상에도 불구하고 여전히 높은 수준의 등반을 할 수 있다는 사실에 무척 기뻤다. 엑설런트 어드벤처를 오랫동안 마음에 둔 나는 연습까지 한 적도 있었지만, 항상 너무 어렵다고만 생각했었다. 하지만 부상이 있음에도 불구하고 이제는 아주 쉽게 느껴졌다. 나는 이전의 나로 돌아와 있었다.

엑설런트 어드벤처를 등반한 다음 날 나는 가정집 한 곳에 태양전지판을 설치하고, 비영리 그룹인 GRID 얼터너티브스에서 연설하기 위해 새크라멘토에 머물렀다. 태양전지판 설치는 나와 같은 자원봉사자와 직업훈련이 필요한 사람들이 맡아서 했다. 그것은 서비스를 충분히 받지 못하는 지역사회를 도와주면서 환경보호에도 도움이 되는 완전한 윈-윈 게임이었다. 그리고 그런 것이 바로 호놀드재단이 후원하고자 하는 프로젝트였다.

나는 가끔 호놀드재단을 대중들에게 소개하는 데 애를 먹는다. 왜냐하면 사람들은 나에게 보통 등반이나 공포 또는 죽음, 아니면 일상적인 일에 대해서만 묻기 때문이다. 세계를 발전시키기 위한 에너지 문제나 재생 가능한 에너지로 최대한 빨리 바꾸는 것을 내가 왜 중요하다고 생각하는지 묻는 사람은 거의 없다. 하지만 나는 이런 문제에도 관심이 많아 촬영 팀이 나를 따라다니는 동안에 다른 관심사항도 강조해야겠다고 판단했다. 재단에 대해서는 자칫 오해를 불러일으킬 수도 있지만, 나는 그 내용을 영상에 넣고 싶었다.

우리는 오후에 새크라멘토 남쪽에서 태양전지판을 지붕에 설치하고 전체적인 시스템을 하나로 연결했다. 그것은 재단이 후원해온 사업을 직접 볼 수 있는 좋은 기회였다. 태양전지판을 설치하기 위해 온 사람 중 두 명은 호놀드재단이 보조금을 지원하는 직업훈련 프로그램을 이수하는 사람들이었다. 덕분에 나는 그들로부터 마이크로인버터 작동법과 모든 것을 문제없이 연결하는 방법을 배울 수 있었다.

특히 오후 내내 설치작업을 한 터라 저녁 행사는 의외로 감동적이었다. 그곳에서 나는 고정수입이 있는 주택 소유자 — 그는 나이가 지긋한 신사였는데 — 와 이야기를 나누었다. 이제 그는 한 달 전기요금에서 80달러를 절약할 수 있게 되었다. 따라서 그의 삶은 실질적으로 향상될 것이다. GRID의 그해 나머지 사업내용을 들은 나는 나의 재단이 내가 등반으로는 할 수 없는 변화를 세상에 일으킬 수 있다는 것을 다시 한 번 깨달았다. 나는 엑설런트 어드벤처를 프리솔로로 등반해 잠시 행복했다. 그러나 GRID 얼터너티브스의 후원은 40여 저소득층 가구가 140만 달러 정도를 절약할 수 있게 해주고, 향후 20년 동안 2,900톤의 탄소 배출을 상쇄할 수 있게 해줄 것이다.

공인이 되면 여러 가지 단점이 있는데, 그중 사생활이 없다는 것이 가장 크다. 사람들이 지켜보고 있으며, 등반을 할 때마다 평가받는다는 것을 의식하게 되면 방해받기 마련이다. 나는 대중 앞에 설 때마다 모르는 사람과 사진을 찍기 위해 포즈를 취하지만 천성이 내성적인 사람이다. 하지만 가장 좋은 점은 그런 지명도를 이용해 세상에 긍정적인 영향을 줄 수 있다는 것이다. 나는 많은 시선이 나를 지켜보는 것을 좋아하지 않지만, 그런 시선을 에너지 접근과 빈곤같이 중요한 이슈로 향하게 할 수 있게 되어 다행으로 생각한다. GRID와 하루를 함께 보낸 덕분에 나는 영상 프로젝트에 감사하게 되었다. 미디어에 자주 출연하게 되면 세상을 위해 더 좋은 일을 할 수 있지 않을까?

저녁 행사가 끝나자마자 나는 기분 좋게 요세미티로 돌아왔다. 이제는 엘캡에 도전할 시간이었다. 비록 발목은 좋지 않았지만, 나는 로스트럼에서의 성공으로 무척 고무되어 있었다. 나는 본 게임을 위한 준비에 들어갔다.

다음 날인 11월 4일 아침, 나는 엘캡의 정상으로 걸어 올라간 다음 로프를 타고 내려오며 위쪽 코너들과 크럭스에서의 어려운 동작들을 연습했다. 보통 나는 로프 하강을 한 다음 다시 등반해 장비를 정상에 남겨두고 걸어 내려온다. 하지만 발목 부상으로 인해 나는 걸어 내려올 자신이 없었다. 따라서 벽으로 하강을 하는 편이 오히려 더 낫겠다고 생각했다.

프리라이더의 크럭스를 돌파하기 위한 방법에는 두 가지가 있다. 둘 다 똑같이 어렵지만 스타일은 정반대이다. 내가 이전에 늘 등반한 방법은 '볼더 프로블럼Boulder Problem'이라고 불린다. 그것은 알렉스와 토마스 후버 형제가 살라테 월의 변형루트로 프리라이더를 개척했을 때 찾아낸 방법이다. 그러나 토드 스키너Todd Skinner와 폴 피아나Paul Piana가 1987년에 살라테 월을 처음 프리등반 했을 때 그들은 지독하게 미끄러워 '테플론 코너Teflon Corner'라고 이름 붙인 왼쪽으로 올라갔다. 그 코너에는 홀드가 전혀 없다. 그곳은 손바닥을 눌러대고 발바닥을 비벼대는 방법으로만 올라가야 한다. 콘크리트 주차장 안쪽 구석을 힘껏 밀면서 기를 쓰고 올라가는 모습을 상상해보라. 나는 그쪽으로 가는 것이 불가능하다고 생각했기 때문에 오른쪽에 있는 '볼더 프로블럼'으로 올라가기로 했다.

'볼더 프로블럼'은 코너 오른쪽의 매끈한 벽을 열두 번의 동작으로 올라가야 한다. 홀드는 작고 둥근 데다 아래쪽으로 잡아당길 수 있는 것이 거의 없어, 손과 발 사이에 항상 팽팽하게 힘을 주어야 한다. 스탠스가 홀드보다 훨씬 더 작고 미끄럽다는 점을 감안하면, 이것은 대단한 도전이다. 하지만 '볼더 프로블럼'의 장점은 그곳을 넘어설 때 특정한 동작이 있어서 어떤 환경에서도 그 방법을 정확히 따라갈 수 있다는 것이다. 덥든 춥든 햇볕에 노출되든 그늘이 지든 항상 같은 홀드를 같은 순서로 잡을 수 있다. 따라서 동작을 연습하기도 기억하기도 아주 좋다. 반면에 나는 '테플론 코너'를 올라갈 때마다 서로 다른 기술을 적용해보았지만 한 번도 성공한 적이 없었다. 따라서 그곳을 넘어서려면 행운과 약간의 마법 같은 것이 필요하다는 생각이 들었다.

나는 '볼더 프로블럼'을 세 번 연습하면서, 자주 멈추어 홀드를 청소하고 벽에 있는 복잡한 내용들을 암기했다. 나는 바위에 난 돌기 하나하나를 심사숙고하면서 점검했다. 만일 작은 돌멩이조각 하나라도 부서지거나 바스라진다면, 그것은 곧 죽음을 의미한다. 따라서 실수를 허용해서는 절대 안 된다. '볼더 프로블럼'은 많은 면에서 대부분의 사람들이 프리솔로 등반에 대해 가지고 있는 생각을 대변한다. 즉 어떤 종류든 아주 작은 사고라 하더라도 죽음과 직결된다는 것이다. 내가 하는 프리솔로 등반 대부분은 나에게 쉬운 루트여서, 나는 발이 미끄러지거나 홀드를 잘못 잡더라도 곧 원상태로 되돌릴 수 있다. 그러나 '볼더 프로블럼'에서는 실수가 용납되지 않는다.

처음에 후버 형제는 그 피치에 5.12d의 난이도를 부여했지만, 몇 년 뒤 크럭스 끝에 있는 중요한 저그 하나가 깨져나갔다. 2006년 프리라이더를 처음 등반했을 때 내가 그 중요한 저그에 매달려 있는 오래된 사진을 나는 지금까지 가지고 있다. 2009년 내가 살라테 월을 하루 만에 프리등반 했을 때는 그 저그가 있는 곳에서부터 왼쪽의 인공등반 코너가 있는 곳까지 풀쩍 뛰는 새로운 방법을 개발해내기도 했다. 그것은 터무니없는 전략이어서 프리솔로로는 어림도 없을 터였다. 그 동작이 아주 어렵지는 않지만, 나는 2미터의 수평 점프를 고려 대상에서 제외했다. 하지만 다른 클라이머들은 발차기처럼 왼발을 그 코너의 안쪽에 집어넣고 일련의 동작을 이어가는 새로운 방법을 찾아냈다. 다시 말하면, 풀쩍 뛰어 두 손으로 잡는 대신, 왼손을 왼발과 함께 쭉 뻗어 코너 안쪽에서 스테밍 자세를 유지한 다음 좀 더 안정되게 손을 뻗는 것이다.

발차기는 이제 누구나 하는 동작이 되었다. 2012년 토미와 내가 트리플 프리등반을 할 때 우리도 같은 방법을 사용했다. 내가 아는 바로는 내가 했던 풀쩍 뛰는 기술을 사용한 사람은 아무도 없다. 요즘에는 누구나 '테플론 코너'로 가거나, 아니면 '볼더 프로블럼'에서 발차기를 한다. 가장 어려운 동작이 5.12d의 끝에서 나타나는 것을 감안하면, 지금의 난이도는 아마 5.13a 정도일 것이다. 하지만 개념도에는 프리라이더가 여전히 예전의 5.12d로 되어 있다. 난이도를 떠나서, 어떤 방법으로 등반하든 그 구간은 상당히 어렵다.

발차기를 쉽게 하기 위해 지난 6개월 동안 밤마다 스트레칭을 했다. 나는 왼발을 최대한 뻗어 코너 안쪽에 집어넣는 동작을 쉽게 할 필요가 있었다. 햄스트링이 팽팽해질수록 다리를 뻗는 동작이 더 쉽게 되고, 반대로 내가 유연할수록 그 동작은 조금 더 안정적이 되었다.

이제 첫 정찰을 위해 로프를 타고 내려오면서, 나는 의지만 있으면 비교적 정확하게 그리고 몇 번이고 '볼더 프로블럼'을 연달아 해낼 수 있다는 사실을 알았다. 그것은 고무적인 첫걸음이었다. 물론 그 동작을 로프 없이 한다고 생각하면 여전히 말도 안 되는 소리이지만, 최소한 가능하다는 것은 알게 되었다.

그다음 날 — 첫 번째 시도에서 실패한 지 한 달도 더 지나 — 나는 프리블라스트를 사니와 함께 다시 등반했다. 이번에는 모든 볼트를 이용했는데 나는 추락하지 않아서 기뻤다. 그 슬랩은 여전히 아주 불안정하게 느껴졌지만, 그것은 나의 첫걸음이었다. 나는 프리라이더의 퍼즐조각들을 하나로 맞추기 시작했다.

그다음 이틀 동안 나는 로프를 타고 내려와 프리블라스트를 등반했는데, 그 루트에서의 작업과정을 조금 더 잘 촬영하기 위해 우리는 모두 정상에서 캠핑하기로 결정했다. 나는 보통 냉동건조식품과 매트리스보다 밴이 훨씬 더 편해서 캠핑은 잘 하지 않는 편이지만, 이번에는 하산이 발목에 너무나 큰 부담을 주기 때문에 그편이 더 나을 것 같았다. 우리는 그 후 며칠 동안 엘캡의 정상에서 지냈다.

촬영이 좋은 것 중 하나는 로프와 장비를 설치하는 데 그들의 도움을 많이 받을 수 있다는 것이다. 이번에는 그들이 벽 아래쪽으로 고정로프를 설치해주었다. 나는 그냥 하강하고 나서 다시 등반해 올라오기만 하면 되었기 때문에 힘을 많이 아낄 수 있었다. 첫날 아침 나는 '볼더 프로블럼'으로 내려가 몸도 풀지 않고 로프를 이용해 연속적으로 네 번이나 연습한 다음 정상으로 올라갔다. 내가 프리라이더 상단 340미터를 등반하는 데는 1시간 반이 걸렸는데, 정상에서 점심을 먹고 나서 1시간 뒤에 다시 등반했을 때도 같은 시간이 나왔다. 상단의 1/3을 비교적 쉽게 올라갈 수 있다는 점은 사뭇 고무적이었다. 발목은 확실히 모든 크랙 피치에서 신경이 쓰였지만, 등반을 못 할 정도는 아니었다. 불편한 것이 불가능한 것보다는 더 낫지 않을까?

오후에 우리는 정상에서 멋진 경치를 배경으로 인터뷰하고, 캠핑을 하면서 먹을거리를 만드는 전형적인 모습을 사진에 담았다. 다음 날 나는 루트의 상단 1/3을 빠르게 두 번 등반했다. 내가 그런 연습을 네 번 하자, 이제는 로프가 필요 없다는 생각이 들기 시작했다. 어쨌든 나는 크랙을 뛰듯이 올라갔다. 나를 벽에 붙여놓는 것은 이제 더 이상 안전벨트나 미니 트랙션이 아니었다.

어느덧 11월 12일이 되어, 겨울이 다가오고 있다는 느낌이 들었다. 전형적인 캘리포니아의 맑은 날씨에도 불구하고, 우리는 여전히 시에라 네바다의 산속에 있었다. 눈이 오기 시작하면 시즌은 끝난 것이나 다름없다고 봐야 한다. 일기예보는 곧 비와 눈이 내릴 것이라고 전해주었다. 내가 자신감을 갖기 시작하자마자 시즌이 끝나버리는 것은 아닐까?

벽에서 이틀을 보낸 뒤 나는 계곡으로 내려와 휴식을 취했다. 일기예보는 좋은 소식을 전해주지 않았다. 눈이 와서 시즌이 끝나버리지 않더라도, 하루만 비가 오면 초크자국과 내가 해놓은 표시가 다 없어지기 때문에 결국 나의 모든 노력은 헛수고로 돌아가게 될 것이다. 나는 이번 시즌 내에 엘캡을 프리솔로로 등반하고 싶었지만, 기회가 점점 더 줄어들고 있었다.

다음 날 아침 나는 친구인 브래드 고브라이트Brad Gobright와 프리블라스트를 다시 한 번 등반했다. 우리는 몇 군데의 구간을 머릿속에 새기면서 기존 루트를 지나 하트 레지Heart Ledge 위 두 피치까지 올라갔다. 이틀 후면 비가 올 것 같았다. 따라서 프리라이더를 프리솔로로 등반해보려면 그다음 날밖에 없었다. 나는 완벽하게 준비되었다는 느낌은 들지 않았지만, 상단의 1/3은 자신이 있었다. 크럭스인 '볼더 프로블럼'도 큰 어려움 없이 반복할 수 있었고, 상단의 크랙들도 익숙해져 있었다. 다만, 정상에서 하강을 한 다음 연습했기 때문에 중간 부분이 확실하지 않았다. (물론 그전 몇 년 동안 15번 정도는 등반했다) 그리고 프리블라스트는 변함없이 미끄럽고 불안했다. 하지만 크럭스에 도달하기만 한다면 괜찮을 것 같았다.

다른 큰 문제는 11월 중순의 일출시간이 대략 오전 6시 30분이라, 크럭스 구간에는 오전 8시 30분 정도에 햇빛이 비친다는 것이었다. 태양이 너무 낮기 때문에 벽에는 햇빛이 직각으로 와 닿을 것이고, 그러면 벽은 포물선 모양의 오븐이 될 것이다. 계곡은 밤에는 상당히 쌀쌀해도 낮에는 놀랄 만큼 뜨겁다. 따라서 나는 스물세 번째 피치에 있는 '볼더 프로블럼'을 햇볕이 뜨겁게 달궈놓기 전에 끝내야 할 터였다. 내 생각에는, 새벽 5시에 등반을 시작해야 그곳을 안전하게 넘어갈 수 있을 것 같았다. 이 말은 해가 떠오르기 전 헤드램프에 의존해 차가운 바위를 주로 등반해야 한다는 뜻이다. 헤드램프에 의존해 등반하는 것이 싫다는 것은 아니다. 헤드램프를 켜고 등반하면 주변이 보이지 않기 때문에 두려움이 줄어드는 장점이 있다. 하지만 프리블라스트의 슬랩은 아주 작은 스탠스를 이용해 기술적으로 등반해야 하는데, 그런 것들이 헤드램프 불빛의 그림자로 인해 잘 보이지 않을 수도 있다. 어둠 속에서 등반하는 것을 이상적이라 할 수는 없다. 하지만 이제 곧 비구름이 몰려들 태세라, 나는 결단을 내려야 했다.

나는 또한 촬영을 끝내야 한다는 심리적 부담을 느꼈다. 물론 어느 누구도 나에게 엘캡을 프리솔로로 등반하라고 강요하지는 않았다. 하지만 그런 아이디어가 나보다는 촬영 팀에 부담을 더 주고 있는 것 같았다. 사람들이 나의 일거수일투족을 지켜보고 있다는 의식과 상황에 따른 끊임없는 계획 수정에 나 자신도 지쳐갔다. 카메라맨이 밴에 머물자 나와 사니의 관계가 어색해졌다. 나는 다른 때라면 소중하게 보냈을 시간을 인터뷰를 하거나 일상생활을 찍는 데 모두 써야 했다. 나는 프리블라스트에서의 실수를 바로잡고 싶었다. 만약 내가 엘캡을 프리솔로로 등반한다면, 그것은 나의 부주의를 만회해줄 터였다. 서로에 대해 피해를 주거나 반칙을 하는 것은 아니니까.

문제는 내 주변에 사람들이 너무 많다는 것이었다. 나는 나의 생각과 등반 과정에 대해 카메라에 대고 끊임없이 떠들고 있었다. 카메라가 없을 때는 사나나 그녀의 가족과 이야기를 나누었다. 모두 다 등반을 즐기는 그녀의 가족들은 자주 계곡을 찾았다. 그러다보니 혼자서 등반을 생각하고 일련의 동작들을 되새길 시간이 거의 없었다. 나는 자세와 노출의 정도를 곰곰이 생각해보고, 내 생각을 내가 원하는 동작과 방법에 집중할 시간이 필요했다.

이 모두가 어느 정도는 스트레스였다. 나는 프로젝트를 빨리 끝낸 다음 다함께 계곡을 떠나고 싶었다. 나는 이제 그것이 가능하다고 생각했다. 나의 엘캡 프리솔로 등반은 손에 잡힐 듯 가까이 있었다. 그러나 나는 여전히 혼란스러웠다. 일기예보는 변하지 않았다. 나는 당장 내일 프리솔로 등반에 도전하거나, 아니면 내년 봄까지 기다려야 했다.

심사숙고 끝에 우리는 다음 날 아침 나의 프리솔로 등반을 촬영하기로 계획을 세웠다. 나는 새벽 5시 반쯤 등반을 시작하기로 했다. 엘캡 초원으로 향하는 밴 안에도, 벽으로 올라가는 길에도, 루트의 여기저기에도 카메라맨이 있을 것이고, 나는 녹음이 잘 되도록 마이크를 착용할 것이다. 우리는 영상을 찍고 있었다! 이제 나는 루트에 붙어야 했다.

다음 날 새벽, 사니가 침대에서 웅크리고 있는 동안 나는 상쾌한 가을 새벽을 만끽하며 엘캡 초원으로 차를 몰았다. 나는 사니가 대단히 불안해하리라는 것을 알고 있었지만, 그런 것쯤은 무시해야 했다. 나는 그녀의 이마에 가볍게 키스하고 곧 다시 만나자고 말했다. 그러자 그녀는 "사랑해. 즐거운 마음으로 해."라고 말했다. 그녀는 밤새 뒤척거렸는지, 내가 밴을 떠날 때 깊은 잠에 빠졌다.

엘캡 초원에는 이미 10대 정도의 차가 있었고, 촬영과 관련된 사람들이 분주히 움직이고 있었다. 『내셔널지오그래픽National Geographic』은 영상과 나를 소개하는 글을 쓰고 있었는데, 기자 역시 같은 회사에서 파견 나온 사람들과 함께 그곳에 있었다. 그러자 리비에르 푸르프르에서처럼 무언가 축제 같은 기분이 들었다. 나는 그런 장면들을 애써 무시하고 출발 지점으로 걸어 올라갔다.

TC-프로 암벽화가 발에 잘 맞았다. 사고를 당한 이후 원래 신던 암벽화에 발이 제대로 들어간 적이 없었는데, 전날 밤 암벽화를 신어본 나는 다시 발에 잘 맞아 기뻤다. 나는 기능이 좋은 암벽화를 다시 신을 수 있다는 것을 좋은 징조로 받아들였다. 하지만 동이 트기 전의 추위에 암벽화가 너무 꽉 조이는 바람에 발에 감각이 없었다. 물론 발가락에 감각을 느끼지 못하고 등반을 한 것이 처음은 아니다. 요세미티는 파타고니아보다는 훨씬 더 따뜻하다. 따라서 등반을 하면 몸에 온기가 돌 것으로 기대했다. 나는 헤드램프를 켜고 손가락에 초크를 묻힌 다음 등반을 시작했다.

카메라가 뒤따라 붙지 않아 좋았다. 나는 약간 긴장했지만 몸이 얼어붙은 느낌을 추위와 어둠 탓으로 돌렸다. 나는 신체적으로나 정신적으로 적당히 열기가 오를 필요가 있었다. 매력적인 5.10c의 손가락 크랙인 첫 번째 피치는 금방 올라갔다. 하지만 짧은 루프가 있는 5.11b 난이도의 두 번째 피치는 무서웠다. 첫 동작으로 아주 꽉 조이는 암벽화 때문에 감각이 없는 오른발에 체중을 실어야 했는데, 하필 그 발이 다친 쪽이었다. 나는 그런 동작을 정말 하고 싶지 않았지만, 적어도 내가 해야 하는 동작만큼은 정확히 알고 있었다. 나는 그곳을 매번 같은 방법으로 올라갔기 때문에 내 감정을 무시하고 동작을 취했다. 약간 긴장했는지 홀드를 너무 세게 잡았지만, 나는 불완전하게나마 5.11b 구간을 넘어설 수 있었다. 이제 몇 피치만 더 올라가면 몸도 풀릴 것 같았다. 위쪽 코너는 더 쉬워서 빨리 올라갈 수 있었다. 이제 나는 프리블라스트의 슬랩이 시작되는 곳에 도착했다. 여전히 어두웠고, 여전히 추웠으며, 여전히 몸이 풀리지 않았다. 나는 슬랩으로 이어지는 홈통을 기어 올라갔는데 그 위쪽은 정말 반질반질한 바위였다.

만약 내가 암벽등반에 대한 악몽을 꾼다면 바로 이런 장면일 것이다. 춥고 어둡고 준비도 덜 된 모습. 나는 그다음 피치 위에 매달려 있는 카메라맨의 어슴푸레한 형상을 볼 수 있었다. 그러나 위에 누가 매달려 있다고 해서 내가 처한 상황이 달라지지는 않는다. 무서웠다. 슬랩의 처음 몇 동작을 조심스럽게 해나간 나는 손으로 잡을 홀드도 없이 오른쪽 수평 방향으로 이동하는 크로스 구간에 도착했다. 그곳은 작은 스탠스로 균형을 잡으며 암벽화의 고무창을 믿어야 할 뿐 별 도리가 없는 곳이다. 바로 그런 결정적인 순간에 내가 나의 발을 믿을 수 없다는 점만 빼고⋯. 여전히 오른발에 감각이 없었는데, 나는 하필 그 발에 내 목숨을 맡겨야 했다. 나는 잠시 망설였고 무서웠으며 슬펐다. 카메라맨이 위에서 나의 절망스러운 상황을 빤히 지켜보고 있다는 사실에 나는 화가 났다. 그리고 초원에 있는 사람들이 나의 상황을 제멋대로 판단한다는 사실에도 화가 났다. 내가 왜 이곳에 있을까? 나를 대신해 그들이 이곳에 있어야 하는 것 아닌가?

나는 앞에 있는 볼트를 얼떨결에 손으로 붙잡았다. 그러나 그런 동작에 크게 개의치 않았다. 나는 그냥 볼트를 잡고 위기를 벗어났다. 내가 반칙을 해서 나의 프리솔로 등반은 네 번째 피치에서 끝이 났다. 나는 여전히 혼자서 등반하고 있었지만, 확보물에 의지해 올라갔기 때문에 더 이상 프리솔로 등반이 아니었다. 나는 크게 고민하지 않았다. 다만 벽에서 얼른 내려가고 싶었다. 나는 조금 부끄러웠고, 내려가서도 어느 누구에게 이런 상황을 구구절절이 설명하고 싶지 않았다. 안전벨트나 로프가 있어 하강을 할 수 있는 상황이 아니었기 때문에 나는 계속 올라갔다. 고정 로프를 통해 하강하기 위해서는 150미터 위에 있는 하트 레지까지 올라가야 했다. 이미 반칙을 한 터라 나는 모든 볼트를 붙잡고, 등반을 쉽고 안전하게 할 수 있는 것이라면 수단과 방법을 가리지 않았다. 카메라맨은 내가 지나갈 때 별말 없이 긴 슬링과 잠금 카라비너를 건네주어 내가 임시 안전벨트를 만들어 고정로프를 타고 하강할 수 있도록 해주었다.

그는 무전으로 다른 사람들에게 내가 등반을 포기했다는 소식을 알렸다. 나는 로프를 타고 계속 내려갔다. 내가 초원에 도착할 때쯤 날이 밝았는데, 촬영 팀이 나를 기다리고 있었다. 그들은 나의 기분과 어떤 상황이었는지를 물었다. 내가 무슨 말을 했는지는 기억이 잘 나지 않는다. 기분이 엉망진창이 된 나는 밴 안으로 머리를 들이밀고 사니를 깨웠다. 잠이 덜 깬 그녀가 물었다. "왜 이렇게 빨리 왔어? 괜찮아?"

"괜찮아. 그냥 포기했어." 나는 카메라에 이야기를 마저 끝내기 위해서 밴의 문을 닫았다.

잠시 후 사니가 밴에서 나와 나를 꼭 껴안아주었다.

나는 30분 정도 상황을 설명한 후, 우리가 계곡에서 늘 머물던 곳으로 밴을 몰고 갔다. 계곡은 여전히 추운 날씨였지만 내 몸은 뜨거웠다. 나는 엘캡의 하단 300미터를 1시간 30분 정도 프리솔로로 등반하다 내려왔다. 그것은 사실 상당히 놀랄 만한 성과였지만, 나는 여전히 엉망진창이 된 기분을 떨칠 수 없었다. 결국 이번 시즌에 엘캡을 프리솔로로 등반할 수 있는 결정적인 기회를 날려 보낸 셈이었다.

정말 실망스럽게도, 나는 신체적으로는 아주 좋았다. 몸이 완전히 풀린 나는 강력한 힘을 느낄 수 있었다. 다만, 프리블라스트에서의 그 특정한 동작들이 심리적으로 편안하지 않았다는 것뿐이었다. 만약 나에게 안전벨트와 장비가 있었다면 나는 혼자서 살라테 월을 계속 올라가 속도기록을 세우는 정도의 성과를 냈을지도 모른다. 나에게는 그런 갈망도 있었지만 그것은 준비된 목표가 아니었다.

나는 사람들과 카메라를 견딜 수 없었다. 나는 그냥 아무데나 가서 무엇이든 하고 싶었다. 그리하여 나는 서둘러 배낭을 챙긴 다음 자전거를 타고 애스트로맨의 출발지점으로 갔다. 그곳을 등반한 지 8년 정도 되었지만, 나는 그 루트에 익숙했다. 그곳은 2007년 내가 처음으로 프리솔로 등반을 한 어려운 루트였다. 나는 그 루트를 다시 올라 내가 할 수 있다는 것을 나 자신에게 증명해 보이고 싶었다. 다른 사람도 카메라도 없이, 오직 내 휴대폰에서 크게 울리는 음악소리를 벗 삼아 혼자서 올라가는 것이다.

나는 1시간 반 만에 워싱턴 칼럼의 꼭대기에 도착했다. 그러자 비록 엘캡에서는 완전히 실패했지만, 최소한 클라이머로서의 실력은 지난 10년간 조금 더 나아졌다는 확신이 들었다. 나는 그날 오후에 로스트럼도 프리솔로로 등반해, 몇 년 전 나를 유명하게 만든 두 등반을 모두 다시 해보기로 했다. 엑설런트 어드벤처를 끝낸 지 얼마 되지 않아 로스트럼은 별다를 것이 없었지만, 그래도 그 등반은 나에게 분명한 성취감을 안겨주었다.

다음 날은 비를 핑계로 밴에서 사니와 찰싹 달라붙어 휴식을 취했다. 그러나 내 마음 한편에는 비참한 실패 같은 느낌이 있었다. 만약 내가 그 동작에서 발만 믿었다면 이 말도 안 되는 프로젝트를 끝낼 수 있었을지도 모른다. 하지만 내 뇌의 이성적이고 보다 성숙한 부분은 내가 올바른 결정을 내렸으며, 모든 것이 좋은 경험이었다는 사실을 인지하고 있었다. 나는 엘캡을 프리솔로로 등반하지는 못했지만, 그렇게 하기 위해 필요한 것이 무엇인지 훨씬 더 많이 배웠다. 덕분에 나는 하단의 1/3을 연습한 셈이 되었다. 무엇보다도 나는 다른 사람보다 한 발 앞서 있었다. 즉 안전벨트와 로프도 없이 바닥에서 출발한 것이다.

비록 시즌은 끝났지만 나는 다른 어느 때보다도 의욕이 생겼다. 나는 엘캡의 프리솔로 등반이 가능하다는 사실을 몸소 체험했다. 그리고 내가 해낼 수 있다는 사실도 알게 되었다. 이제 나에게는 재도전만이 남아 있었다.

11장

프리라이더—등반

프리라이더의 포기는 실망스러웠다. 하지만 그것은 분명 옳은 결정이었다. 내 발은 여전히 최상의 상태로 등반할 만큼 좋지 않았는데, 내가 그 등반을 끝내려면 그런 상태가 반드시 필요했다. 프리블라스트에서 아주 까다로운 동작을 할 때 느꼈던 공포는 나에게 무언가를 암시했다. 나는 그 경고에 주의를 기울여야 했다.

나는 그 정도에서 끝낼 수도 있었다. 어느 누구도 — 최소한 촬영 팀은 — 내가 엘캡을 반드시 프리솔로로 등반해야 한다고 말하지 않았다. 나는 만약 내가 하지 못한다면 이 등반은 차세대의 더 훌륭하고 용감한 클라이머를 위해 남겨놓아야 한다고 늘 생각해왔었다. 2016년 말에 많은 지원자가 엘캡 초원에 줄지어 서서 차례를 기다린 것은 물론 아니었지만….

그러나 내 생각은 더욱 확고해졌다. 만약 내가 프리라이더 프리솔로 등반을 다시 시도하려 한다면, 늦은 봄에 등반한다는 목표로 겨울 내내 훈련에 매진해야 할 터였다. 나는 어떻게 훈련해야 하는지는 잘 알고 있었다.

나는 11월의 실패 원인을 전반적인 준비 부족으로 보고, 그중 대부분을 발목 부상으로 인해 필요한 만큼 훈련 등반을 충분히 하지 못한 탓이라고 판단했다. 그러나 나는 많은 것을 배웠기 때문에 그 시즌이 완전한 실패라고 생각하지는 않았다. 해가 짧은 늦가을에는 어둠과 추위 속에서 등반해야 하지만, 해가 긴 봄에는 더 따뜻하면서도 서늘한 환경에서 등반할 수 있다.

크리스마스 연휴 때 노스페이스와 케냐로 떠난 짧은 원정등반에서 우리는 600미터 벽 몇 군데를 등반하고, 새로운 루트도 몇 개 개척했다. 나는 라스베이거스로 돌아오자마자 최상의 몸을 만들기 위해 나 자신을 채찍질했다. 나는 집에 도착하자마자 강도 높은 행보드 훈련을 시작했고, 즉시 팔꿈치에서 생전 처음 경험하는 통증이 느껴졌다. 나는 휴식과 재정비가 필요하다는 것을 느꼈다. 발목은 여전히 불편했고, 케냐에서 3주간 쉬지 않고 모험을 한 탓에 몸도 파김치가 되어 있었다. 머리는 요세미티를 위해 열심히 훈련하라고 다그치지만, 몸은 휴식을 호소하고 있었다.

나는 그다음 주에 사니를 비롯한 그녀의 가족들과 쿠키를 먹고 평범한 루트를 함께 등반하며 보냈다. 나는 쿠키를 정말 많이 먹었다. 열흘 정도를 나는 훈련과 식단조절을 완전히 무시하고 보냈다. 훈련을 하면 할수록 팔꿈치 통증이 점점 더 심해질 것이므로, 나는 등반을 하면서 가장 어려운 일 중 하나를 해야만 했다. 그것은 몸에서 나는 소리에 귀를 기울이는 것이었다.

때마침 도시에 있는 훌륭한 물리치료사를 소개받았다. 다가오는 봄에 작은 스탠스에 목숨을 걸려면, 발목을 완치할 필요가 있었다. 나는 유명한 프로 운동선수를 많이 치료한 경험이 있는 물리치료사 스코트 펜시비Scott Pensivy를 만났다. 그의 사무실 벽에는 사인이 된 운동복과 공이 줄지어 장식되어 있었다. 그곳은 개인이 훈련하는 방을 개방해 스포츠 훈련

시설과 공간을 함께 쓰고 있었다. 따라서 나는 발목의 힘과 움직임을 향상시키기 위한 운동을 하면서, 크고 건장한 구기 종목 선수들이 훈련하는 모습을 지켜볼 수 있었다. 운동선수가 갖추어야 할 재능이 전혀 없는 사람으로서, 다른 운동선수들이 훈련하는 방법을 지켜보자니 좋은 자극이 되었다. 그러나 솔직히 말하면, 나의 훈련이 대부분 산에서 이루어진다는 점을 나는 다행으로 생각했다.

물리치료는 내가 내 몸과 건강에 대해 진지하게 생각하는 데 큰 도움이 되었다. 비슷한 시기에 나는 명성이 자자한 딥티슈 마사지사 팻 티브스Pat Teves도 만났다. 나는 팻에게 정기적으로 마사지를 받으면 회복도 빠르고, 특히 장기적으로 봤을 때 등반을 더 오래할 수 있다는 사실을 알게 되었다.

나는 가능하면 등반을 많이 하고, 만약 몸의 어디 한군데가 아프면 약간 쉬어주는 식의 얼간이 같은 관점으로 이제껏 살아왔다. 제대로 된 보험이나 건강관리의 혜택을 받아본 적이 한 번도 없는 사람으로서 당연히 마사지를 받아본 적도 없었다. 그러나 나는 나의 희망사항도 환경도 달라졌다는 것을 깨달았다. 나는 더 이상 고물 밴을 몰고 돌아다니는 더트백dirtbag 클라이머가 아니었다. 이제 프로 운동선수가 된 나는 수준 높은 등반을 위해 후원사로부터 넉넉한 돈을 받고 있었다. 좀 쑥스럽기도 하지만, 어쨌든 이것이 내 삶의 현주소이다. 나는 나 자신을 좀 더 잘 돌보면서, 진정한 프로처럼 행동해야 할 필요가 있었다.

사니와 그녀의 부모님과 함께 쉬운 등반을 거의 2주 동안이나 하고 나서, 나는 다시 진지한 스포츠클라이밍의 세계로 돌아와 어려운 루트들에 열중하기 시작했다. 팔꿈치가 찌릿찌릿한 느낌은 있었지만 그렇게 나쁘지는 않았다. 마사지와 스트레칭이 통증을 견딜 만하게 해주어 그런데로 등반할 수 있었다. 다시 실질적인 등반을 하자 의욕이 솟아났다. 나는 매일같이 코어운동과 스트레칭을 하기 시작했다.

나는 아침에 개인 훈련을 하고 나서 도시를 빠져나가 자연암장에서 친구들과 함께 스포츠클라이밍을 하는 등 훈련과정을 기분 좋게 소화했다. 하루 종일 등반하고 잠들기 전에 추가로 코어운동과 스트레칭을 했다. 그리하여 내 몸을 녹초가 될 때까지 만드는 날이 하루 이틀이 지나 몇 주가 되었다.

발목이 좋아지면서, 나는 훈련을 하지 않는 날에는 사니와 함께 거리를 늘려가며 트레킹을 했다. 다가오는 시즌에 벽 등반을 하려면 만만찮은 트레킹을 해야 한다는 것을 나는 알고 있었다. 몇 달 동안 트레킹을 하지 못한 나는 몸을 원래의 상태로 되돌리고 싶었다. 집 주변을 걷는 짧은 산책으로 시작한 것이 레드록캐니언Red Rock Canyon 트레킹이 되었고, 결국은 누나 스테이시아와 사니와 함께 시온국립공원 56킬로미터 트레킹으로 정점을 찍었다. 그러나 울트라마라톤을 할 생각이 아니라면 등반을 위해서는 더 이상의 트레킹이 필요치 않았다.

해가 길어지며 온도가 올라가자, 나는 레드록캐니언에서 좀 더 긴 멀티피치를 등반했다. 그런 등반은 여전히 스포츠클라이밍에 불과했지만, 일주일에 한 번 정도는 레드록에서 가장 어려우면서도 긴 루트, 예를 들면 레인보우 컨트리Rainbow Country(열두 피치, 5.12d), 포트리스 오브 재너두 Portress of Xanadu(다섯 피치, 5.13d), 에메랄드 시티Emerald City(열두 피치, 5.12d) 등을 등반하는 모험을 감행했다. 어떤 루트들은 내가 2010년 프리솔로로 등반했던 오리지널 루트(열두 피치, 5.12b)가 있는 레인보우 월까지 올라가야 있었다.

레인보우 월은 레드록에서 가장 어려운 드리피Dreefee(열두 피치, 5.13d)가 있는 곳이기도 한데, 나의 친구들은 그곳에 로프를 설치해 내가 미니 트랙션을 이용해 솔로등반을 끝내면 재빨리 다음 루트에서 연습할 수 있도록 해주었다. 따라서 나는 산속 깊숙이 먼 거리를 걸어 올라가고 어려운 루트에서 훈련함으로써 요세미티를 위한 준비를 완벽하게 할 수 있었다. 그런 루트들에는 5.7도 있고 5.12a도 있었으며, 5.13이 다섯 피치나 연속적으로 이어지는 곳도 있고, 5.13d의 아주 아슬아슬한 페이스 등반으로 끝나는 곳도 있었다. 사암에서의 그런 등반은 극도로 기술적이고 발을 잘 써야 하는 스타일이어서 요세미티의 화강암에는 안성맞춤이었다.

하지만 레인보우 월에서의 훈련은 시작이 수월하지 않았다. 2월 25일, 나는 친구 브래드 고브라이트와 등반하고 있었다. 아주 강인한 브래드는 등반을 빠르게 하는 클라이머이다. 우리는 레인보우 컨트리를 대부분 동시 등반으로 한 다음 드리피를 연습할 계획이었다. 문제는 우리가 밴을 나설 때의 온도가 영상 1도였는데, 그곳은 벽에서 600미터 아래였다는 것이다. 벽까지 올라가는 길은 온통 얼음이 뒤덮여 있었고, 벽은 냉동고처럼 차갑게 느껴졌다. 우리는 손가락의 감각이 없어지는 것이 싫어서, 둘 다 나가떨어지기 전에 레인보우 컨트리의 5.12d 크럭스를 먼저 끝냈다. 하강을 한 우리는 그곳까지 간 김에 드리피를 미니 트랙션으로 빨리 끝내기로 했다.

나는 그 루트가 처음이었고, 브래드는 그 시즌의 첫 등반이었다. 루트에 고정된 로프는 바닥 20미터 위에서 끝났지만, 그 사이는 5.5의 쉬운 슬랩이어서 우리는 별 생각 없이 등반을 시작했다. 우리는 로프가 있는 곳까지 그냥 빠르게 올라가 그곳에서부터 등반을 시작했다. 우리 둘 다 손가락에 감각이 없어 그 위쪽에서는 꽤나 고전했다. 해가 질 무렵 나는 하강을 한 다음 내려갈 준비를 했다. 브래드는 내 바로 위에서 등반을 조금 더 한 뒤 나를 따라왔다. 우리는 배낭을 싸면서 루트에 대해 잡담을 나누었다. 나는 등반이 불안했다고 불평했다. 그럴 듯한 홀드가 전혀 없었기 때문이다.

"맞아." 브래드가 동의했다. "언제든 추락할 것 같았으니까."

그 말이 떨어지기가 무섭게, 둔탁한 어떤 것이 바위에서 미끄러져 떨어지는 소름끼치는 소리가 들렸다. 내가 몸을 돌리자, 브래드가 나무가 있는 작은 바위 턱에 부딪쳐 튕겨나가더니, 10여 미터 아래로 계속 굴러 떨어지고 있었다. 바위의 경사가 낮아 엄청나게 빠른 속도로 추락하지는 않았지만 바위의 표면이 너무 미끄러웠다. 나는 그가 끝까지 떨어지는 모습을 그저 멍하니 바라볼 수밖에 없었다.

나는 허겁지겁 브래드에게 다가갔다. 그는 겉으로는 괜찮아 보였지만 오른발을 디딜 수가 없었다. 전에 발목을 다친 적이 있는 그는 이번에는 발이 부러진 것이라고 확신했다. 레인보우 월은 협곡에서 가장 깊고도 높은 곳에 있어, 어프로치가 상당히 까다롭다. 이곳까지 올라오는 데 2시간이 걸렸는데, 1시간이 지나면 어두워질 것 같았다. 물론 우리는 편안한 낮 시간 동안의 등반을 계획했기 때문에 헤드램프도 가져오지 않았다. 이제 어떻게 해야 하나?

내려가는 길이 시작되는 곳은 너무나 가팔라 내가 그를 데리고 내려가기에는 아무래도 무리였다. 그는 내가 탈출 방법을 고민하면서 몇 군데에 전화를 거는 사이에 비탈길 아래로 기어내려가기 시작했다. 나는 구조 요청도 생각해보았지만, 그렇게 되면 헬기가 출동할 것 같다는 생각이 들었다. 진정한 더트백 클라이머로서 보험이 없는 것이 뻔한 브래드는 관계 당국이 개입하는 것을 피하고 싶어 했다. 우리에게 정말 필요한 것은 힘이 센 친구가 물과 음식과 헤드램프를 가지고 우리를 데리러 오는 것이었다.

나는 라스베이거스 근처의 아는 사람들에게 도움을 요청했다. 그러나 어두워지면 암장으로 들어갈 수 있는 일방통행 도로가 폐쇄된다는 것이 문제였다. 따라서 이미 공원 내에 머물고 있는 사람이 아니라면 도움을 요청하기가 어려웠다. 브래드가 얼음이 덮인 바위 비탈길을 힘겹게 내려가는 것을 돕고, 또 쉬운 길을 찾기도 하면서 나는 전화를 계속했다. 그러던 중 여자 친구와 저녁을 먹고 있던 조나단 시그리스트Jonathan Siegrist와 연락이 닿았다. 나는 그에게 저녁식사를 마친 후 공원에서 빠져나가는 길로 들어와 사막에서 만날 수 있는지 물어보았다. 그가 우리와 만날 때쯤이면 우리도 어려운 하산 길에서 벗어나 상대적으로 평편한 곳에 도착할 것이고, 그렇게 되면 우리가 브래드를 데리고 갈 수 있을 것으로 나는 판단했다.

해가 지면서 우리는 녹초가 되었다. 브래드는 발이 땅에 닿지 않도록 조심하면서 가파르거나 어려운 구간은 모두 기거나 한 발로 깡충깡충 뛰면서 내려갔고, 나는 가능한 곳에서는 그를 업었다. 우리는 내려가는 길을 천천히 찾으면서 휴대폰을 손전등으로 사용했다. 그리고 마지막으로 가지고 있던 음식과 물을 먹었다. 브래드는 아드레날린이 솟구치는 것 같았다. 이런 기술적인 4급의 지형을 한 발로 깡충깡충 뛰면서 내려가는 사람을 본 것은 그가 처음이었다. 그는 솔로등반을 많이 했는데, 내 생각에는 그의 침착함과 대담함이 우리가 바위 비탈길을 내려가는 데 도움이 많이 된 것 같았다. 바위 비탈길을 벗어나면서, 나는 길을 미리 찾고 나서 배낭을 두 개 다 메고 간 다음 배낭을 내려놓고 다시 돌아와 가능한 한 멀리까지 브래드를 업었다. 우리는 협곡을 벗어나기도 전에 몹시 지쳤다. 절반쯤 내려갔을 때 나의 대퇴근은 벌써 타오르는 듯했다. 그때 협곡 아래쪽에서 주차장으로 가는 길을 찾는 다른 팀의 헤드램프 불빛이 보였다. 비록 잠시 동안이었지만, 그들과 가까워지자 우리는 새로운 힘이 솟았다. 브래드를 업고 가는 동안 나는 그들을 따라잡고 싶은 마음이 간절했다. 하지만 결국 우리는 그들을 따라잡지 못했다. 우리의 훈련이 부족했던 것일까?

우리가 부탁한 대로, 조나단과 그의 여자 친구 샤이나Shaina가 먹을 것과 마실 것을 가지고 협곡 입구에서 우리를 맞아주었다. 이제 샤이나가 배낭을 메고, 조나단과 내가 브래드를 번갈아 업었다. 우리는 천천히 1시간 반을 더 걸어가서 차가 있는 곳에 도착했다. 브래드는 막판에 우리의 등에 매달리다시피 하면서 부러진 발을 떠받치느라 너무나 힘이 든 나머지, 헉헉거리는 숨소리가 마치 힘든 스포츠클라이밍을 하고 있는 듯한 모습을 연상시켰다. 우리가 브래드를 업고 파인 크릭 주차장의 마지막 언덕을 넘어갈 때 그는 분명 5.14를 끝낸 기분이었을 것이다.

우리는 모두 주차장으로 돌아왔다. 집까지 혼자 운전해 갈 수 있다고 우긴 브래드는 주차장을 한 바퀴 빠르게 돌아 확인을 해보고 집으로 갔다. 몹시 지친 나는 정신이 멍한 채 밴에 혼자 남았다. 우리는 영하 1도의 추운 날씨 속에서 12시간을 보냈다. 그것은 내가 그때까지 한 가장 힘든 등반 중 하나였다. 결국 나는 70킬로그램의 짐을 지고 산에서 내려온 셈이었으니까. 나는 그것을 발목이 좋아지고 있다는 긍정적인 징후로 받아들였다. 돌투성이의 가파른 지형을 무거운 짐을 지고 트레킹 하는 것은 결코 만만찮은 시험이다. 녹초가 된 나는 코어운동을 건너뛰기로 했다.

그러나 나는 브래드가 속수무책으로 미끄러져 떨어지는 장면과 비명을 떨쳐버릴 수 없었다. 슬랩에서 추락하면 어떻게 될지 이성적으로는 항상 알고 있었지만, 실제로 보고 들으니 그 장면이 훨씬 더 적나라하고 생생하게 다가왔다. 프리블라스트의 슬랩에서라면? 다행스럽게도 나는 로프에 연결된 상태로 갑자기 추락했지만, 부상을 입은 채 시즌을 온전히 보내야 했다. 로프 없이 추락한다는 것은 바닥까지 길고 끔찍하게 미끄러진다는 것을 의미한다. 결국 나는 죽을 것이고, 그 긴 추락 시간은 내 운명에 대해 내가 할 수 있는 것이 아무것도 없다는 사실을 인식하기에 충분할 것이다.

나는 브래드의 발이 완치될 때까지 시간이 얼마나 오래 걸릴지 알기 때문에 그에게 안쓰러운 마음이 들었다. 나는 여전히 발목이 좋지 않았지만, 이제 그렇게 심각한 문제는 아니었다. 나와 지금의 그의 부상은 우리의 몸이 얼마나 약한지, 바위가 얼마나 무정한지를 극명하게 일깨워주었다.

```
|
```

라스베이거스에서 함께 있었던 어느 때부터 사니와 나는 집을 알아보기 시작했다. 구체적으로 대화를 나누지는 않았지만 그녀는 한가한 시간에 인터넷으로 정보를 검색했다. 우리는 함께 도시의 곳곳을 찾아다녔다. 나는 한곳에 눌러앉아 살아본 적이 없었다. 그러나 이제는 거주지로 삼을 집이 있어야 한다는 생각이 들었다. 나는 집이 갖는 매력 중 하나를 다양한 장소에 거주지를 가지고 있는 프로 클라이머 친구들로부터 찾을 수 있었다. 내가 아는 사람 중 나이가 들어서도 잘 살고 있는 사람은 모두 부동

산 임대나 그 비슷한 사업을 하고 있었다. 프로 운동선수는 장래가 불투명해서 미래를 계획하는 데 신중을 기하는 것 같았다. 라스베이거스는 집값도 비싸지 않을뿐더러, 공항을 이용하기에도 편리하고 2시간 거리 이내에 내가 등반해보지 않은 5.14급 루트들이 널려 있었다. 평생을 다 바칠 가치가 있는 어려운 루트들과 집의 잠재적인 편리함까지 있다니! 우리만의 샤워 공간, 걸어 다닐 수 있는 방과 냉장고…. 이기적으로 보일지도 모르는 이런 것들이 정말 좋을 것 같았다. 아니면, 내가 나이가 들어 물러진 것일까? 하지만 나도 나만의 공간을 가질 필요가 있었다.

둘 다 좋아하는 공간을 찾은 우리는 두말없이 계약했다. 큰 실랑이나 어려움도 없었다. 그리하여 몇 주 뒤에 우리는 집을 소유하게 되었다. 물론 집에 들여놓을 살림살이가 있는 것은 아니었다. 처음 한 달 정도 우리는 도로변에 밴을 세워놓고 그곳에서 잠을 잤다. 내가 계약을 마무리할 때 사니는 여행을 떠나고 없었다. 나는 우선 와이파이를 설치했다. 가구도 가전제품도 없어 나는 텅 빈 집에서 인터넷만 했다. 그러다 도로변에서도 와이파이가 잘 터진다는 것을 알고 계속 밴에 머물렀다. 하지만 내 집 앞이라 나에게 주차 시비를 거는 사람은 아무도 없었다!

나는 변함없이 등반과 훈련 스케줄을 따랐지만, 쉬는 날에는 새집에서 시간을 보냈다. 수도와 가스와 전기를 신청하고, 저렴한 가구를 찾고, 주소를 이전하고, 거주자 정보를 변경했다. 어떤 면에서 보면, 이런 과정들은 내가 꼭 해보고 싶은 일들이기도 했다. 새집에 안주하기 위해 내가 할 수 있는 일은 거의 없었다. 실내장식을 하고 가구를 고르는 등 거의 모든 일은 사니의 몫이었다. 정말 쓸모가 없어진 나는 나보다 더 잘 아는 여자 친구가 하는 일을 구경이나 할 수밖에 없었다. 그녀는 크레이그스리스트Craigslist(미국 최대의 중고나라 사이트)에서 가전제품들을 1,000달러도 안 되게 구입하는 등 실력을 마음껏 뽐냈다.

집은 정상적인 사람의 생활에 한 발 가까워졌다는 것을 의미했다. 친구들은 결혼도 하고 아이도 가지게 될 거라고 농담을 건넸다. 하지만 가구도 없는 집의 도로변에서 잠자는 생활은 결코 정상적이지 않았다. 따라서 그런 생활은 조금 더 기다려야 할 것 같았다.

겨울에 콘래드 앵커가 전화해 4월 중순에 요세미티에서 함께 등반할 수 있는지 물었다. 나는 기꺼이 승낙했고, 그와 다시 로프를 묶게 되어 무척 반가웠다. 내가 벽 등반을 배울 때 엘캡에서 주요 프리등반 루트 두 개를 함께 등반한 이래 우리는 요세미티에서 어울려본 적이 없었다. 그것도 어느덧 8년 전 일이었고, 그 사이에 우리 둘의 삶에는 많은 변화가 있었다.

콘래드는 엘캡의 살라테 월을 하루 만에 가볍고 재미있게 등반할 생각에 몹시 흥분했다. 5개월 전 그는 네팔에서 미등봉 루나그 리Lunag Ri를 등반하던 중 심장마비 증세를 느껴 베이스캠프로 급히 내려온 다음 헬기로 그곳을 빠져나왔다. 나는 그의 거벽등반 도전이 걱정되었지만, 콘래드의 부인 제니 로우 앵커Jenni Lowe-Anker는 우리가 적당한 속도를 유지하고 너무 춥거나 지치지만 않는다면 괜찮을 것이라고 나를 안심시켰다.

나는 요세미티의 시즌을 시작하는 공식적인 날짜가 있어 기뻤다. 그해 겨울은 캘리포니아에 몇 년 만에 처음으로 눈이 아주 많이 왔다. 시에라의 적설량은 평균의 두 배였는데, 그전 3년간 눈이 없어서 그랬는지 상당히 많게 느껴졌다. 그런 날씨는 캘리포니아의 나무와 호수에는 좋은 일이었지만 요세미티의 암벽에는 그렇게 좋은 일은 아니었다. 계곡의 꼭대기 가장자리에서 녹은 눈이 물줄기를 이루어 모든 절벽을 타고 흘러내려 사방이 축축했다.

루트의 상태가 너무 안 좋아서, 2017년은 때가 아니라고 미루는 편이 나에게는 더 좋았을지 모른다. 하지만 내가 해야 할 준비와 연습이 산더미 같았는데, 그것들 중 대부분은 루트의 상태와 관계없이 할 수 있는 일이었다. 실제로는 프리솔로 등반을 할 때만 바위가 말라 있어도 되지만, 그러려면 6월이나 되어야 할 것 같았다. 따라서 그때까지 나에게는 충분한 시간이 주어진 셈이었다. 계곡에 일찍 들어가 연습하면 그만큼 좋을 터였다.

콘래드와의 등반이 좋은 점은 그가 엘캡 프리솔로 등반에 대한 나의 꿈과 영상 작업을 둘러싼 전반적인 사항을 이미 알고 있다는 것이었다. 그는 지미와 차이와 함께 「메루」라는 영상을 작업한 경험도 있었다. 그는 카메라 앞에서 하는 등반이 어떤 것인지 잘 알고 있었다. 이것은 별것 아닌 것처럼 들릴지 모르지만, 카메라 앞에 서본 경험이 없는 클라이머라면 인터뷰를 하거나, 카메라가 자리 잡기까지 기다리거나, 마이크를 사용하는 것 등이 어려울 수 있다.

4월에 요세미티에 들어가서 보니, 루트의 여덟 군데 정도에 대해 나는 여전히 확신을 가지지 못하고 있었다. 그전 가을에 프리솔로 등반을 거의 성공할 뻔하기도 했지만, 그때는 모든 것이 성급하다는 느낌이 들었었다. 나는 등반에 대해 완벽한 자신감을 가질 수 없었고, 그것은 내가 등반을 포기한 이유 중 하나가 되었다.

첫날 콘래드와 나는 프리블라스트(처음 열 피치)의 중간에 있는 슬랩을 등반했는데, 계곡으로 다시 돌아왔다는 느낌이 좋았다. 그곳은 그전 가을 내가 계곡에 들어온 지 2시간 만에 발목을 삔 곳이었다. 이번에 나는 더욱

주의를 기울였고, 우리 둘 다 조심스럽게 올라갔다. 프리블라스트를 끝내는 데 2시간 반밖에 걸리지 않아, 우리는 오후에 손가락 힘을 유지하기 위해 볼더링을 할 시간이 충분했다.

다음 날 우리는 고정로프를 이용해 하트 레지까지 주마링으로 올라간 다음, 그곳에서부터 본격적인 등반을 시작했다. 나는 그다음 여섯 피치 정도를 프리등반으로 올라갔고, 그 사이에 콘래드와 마이키 섀퍼가 동시등반과 주마링으로 뒤따라 올라왔다. 촬영을 위해 우리와 동행한 마이키는 우리가 벽에 매달려 있는 동안 주고받는 자질구레한 농담까지도 모두 영상에 담았다. 그날 내가 하기로 한 작업은 몬스터 오프위드Monster Offwidth로 연결되는 크랙을 청소하는 것이었다. 나는 그곳을 그전 가을에 등반했는데, 크랙에 덤불과 돌이 가득 차 있었다. 그곳을 우회해서 등반하는 방법도 있기는 했지만, 그곳은 아찔한 데다 혹시 돌을 떨어뜨리기라도 한다면 아래에 있는 사람에게는 치명적일 것이기 때문에 더 위험한 곳이었다. 따라서 주변이나 루트에 사람들이 전혀 없는 시즌 초에 실행하기에는 완벽한 작업이었다.

우리가 모두 크랙에 올라간 다음 나는 하강을 해서 배낭에 돌을 주워 담았다. 시간이 꽤 걸린 후에야 돌과 흙이 제거된 크랙은 등반하기에 훨씬 더 좋은 상태로 변했다. 이제는 그곳이 더 이상 지뢰밭 같은 느낌이 들지 않았다. 물론 나는 돌이 가득 찬 배낭을 짊어지고 살라테 월을 다시 하강해야 했는데, 조금 우스꽝스럽다는 느낌이 들었다. 다행히 나는 그 돌들을 200여 미터 아래에 있는 할로우 플레이크 레지Hollow Flake Ledge에 버릴 수 있었다. 우리는 아침에 올라온 하트 레지로 계속 후퇴해, 엘캡의 한가운데에서 벌인 작은 작업을 끝낼 수 있었다. 나는 다시 손가락 훈련을 하기 위해 오후에 마이키와 함께 볼더링을 하러 갔다.

콘래드와 나는 이틀 만에 살라테 월의 첫 스무 피치를 등반했다. 우리는 하루 휴식을 취하고 나서 그다음 날 루트 전체를 빠르게 치고 올라가기로 했다. 그러나 일기예보는 산발적으로 봄 폭풍이 다가오고 있다는 소식을 전해주었다. 우리는 비로 인해 등반을 방해받고 싶지는 않았다.

나는 쉬는 동안 볼더링을 했고, 프리블라스트를 위해 슬랩을 더 집중적으로 연습했다. 그리고 그런 기회를 이용해 새로 사서 발에 꽉 조이는 TC-프로 암벽화를 길들였다. 하지만 적어도 슬랩 등반 연습 덕에 손가락은 까지지 않았다. 연습을 할 때는 잡을 것이 없어 손가락을 쓸 일이 전혀 없었다. 나는 정교한 발동작 연습에 집중했다. 이것은 이번 시즌에 내가 계속 안고 가야 할 숙제였다. 나는 발동작에 자신감을 가져야만 했다.

다음 날 아침 동이 트자마자 콘래드와 나는 살라테 월을 힘차게 올라갔는데, 우리는 곧 중요한 문제를 발견했다. 이른 아침이어서 루트선상에 흐르는 물의 양이 상당했던 것이다. 엘캡에서 살라테 월이 있는 쪽은 오전 11시까지 그늘이 지기 때문에 열기를 피해 시원한 상태를 유지하기에는 완벽하다. 하지만 이 말은 물줄기를 말릴 햇볕이 없다는 의미이기도 하다. 우리의 이전 등반은 오전 중반부터 오후까지여서 햇볕이 벽을 비추고 있었다. 우리는 경험이 없어서 벽이 그렇게까지 심각하게 젖어 있는지 알지 못했다. 이제야 우리는 새벽 5시 반이면 사방이 젖어 있다는 것을 깨달았다. 어떤 물줄기는 벽에서 100여 미터도 넘게 흘러내리고 있었다. 루트 전체에 물이 흐르고 있었다. 우리의 목표가 좋은 날씨 속에 벽을 올라가는 것이었기 때문에 — 비록 내가 프리등반을 목표로 하지는 않았지만 — 프리등반이 가능할지도 확신할 수 없었다. 홀드란 홀드는 모두 젖어 있어 미끄럽기 짝이 없었다. 그때가 4월 23일이어서, 한 달 안에 물기가 싹 마른다는 보장도 없었다.

나는 방수 다운재킷을 입고 있었는데, 피치를 올라가면 올라갈수록 온통 다 젖었다. 심지어 나는 내가 콘래드를 완전히 젖은 벽에 데리고 가서 심장마비에 걸릴 때까지 등반하게 함으로써 결국 그를 죽게 만드는 것은 아닌지 걱정스럽기까지 했다. 하지만 상단 부근의 헤드월은 경사가 극도로 심해 완전히 말라 있었다. 콘래드는 그 루트 중 장관을 이루면서도 어렵기 짝이 없는 곳을 선등했다. 그때 촬영 팀은 그 장면을 잡기 위해 그 위에 있었다. 그는 60미터 오버행 크랙을 등반하면서 계속 소리쳤다. "난 다시 도전하고 있어. 링 위로 다시 돌아왔다고!"

헤드월의 거의 마지막 동작에서 확보물이 하나 빠져 콘래드는 허공으로 6미터나 떨어졌다. 그러나 그는 그것조차도 즐거워했다. 그는 곧바로 다시 달라붙어 그 피치를 끝냈다. 그는 아찔한 고도감 따위는 아랑곳하지도 않았다. 그 순간, 나는 나도 훗날 저럴 수 있을까 하며 쉰네 살에도 대단한 열정을 가진 그가 부러웠다. 그의 열정을 반만이라도 따라갈 수 있다면 얼마나 좋을까!

5월 초, 엘캡의 프리솔로 등반 계획에 상당한 진척이 있었지만 상황이 녹록치 않았다. 폭풍이 몰아칠 경우 계획을 일주일 정도 늦추면 되지만, 벽이 언제 마를지는 전혀 감을 잡을 수 없었기 때문이다.

그때 소니 트로터Sonnie Trotter가 엘캡의 오른쪽에 있는 프리등반 변형루트를 연습하기 위해 나타났다. 프리라이더는 한동안 등반할 수 있는 상태가 아니었기 때문에 나는 자진해서 그의 연습에 동참했다. 나는 경사가 더 심하고 말라 있는 엘캡의 다른 루트를 등반함으로써 컨디션을 더 오랫동안 유지하는 편이 낫다고 판단했다. 이론적으로는 그럴듯했지만, 나의 오랜 꿈이었던 엘캡의 프리솔로 등반에 정신이 팔려 있는 마당에 다른 프로젝트를 연습한다는 것은 결코 쉬운 일이 아니었다.

하지만 소니와 함께한 일주일은 신선한 공기를 마시는 것과 다름없었다. 나보다 더 강한 파트너와 함께하는 볼더링은 나에게 유익했다. 나는 더 열심히 훈련하고 더 힘든 등반도 많이 해야 한다는 사실을 깨달았다. 며칠 동안 우리는 엘캡의 측면에 매달려 홀드와 루트의 연결선을 찾았다. 우리는 저녁과 쉬는 날에는 볼더링을 했다. 그리고 나는 여기에 더해 핑거보드 훈련을 했다.

사흘간의 힘겨운 등반 끝에 우리는 엘캡의 중간에서 새로운 루트를 발견해, 필요한 곳에 볼트를 박았다. 우리는 그 루트가 그럴듯하다고 생각했지만, 불행하게도 소니의 일주일 휴가가 끝나가고 있었다. 그는 이제 임신한 아내와 아들에게 돌아가야 했다. 우리는 다음 시즌의 가을에 이 새로운 루트를 처음부터 끝까지 등반하기로 계획을 세웠다.

그때는 미처 알지 못했지만, 그와 어울린 시간은 프리라이더에서의 내 작업에 상당한 영향을 주었다. 그전까지 나는 '프리라이더 프리솔로 등반'은 내가 로프를 이용해 수없이 등반한 바로 그 루트에서만 해야 한다고 생각했었다. 소니가 계곡을 떠난 후, 내가 프리솔로 등반을 하고자 하는 루트가 꼭 프리라이더일 필요는 없다는 사실을 깨달았다. 엘캡 그 자체라면 되지 않을까? 내가 안전하고 편안하다고 느끼는 곳이라면 변형루트나 루트를 돌아가도 상관없지 않을까? 나는 기존의 루트 양쪽에서 더 큰 가능성을 찾기 시작했다. 소니가 떠나고 나서 6일 후에 나는 첫 번째 중요한 변형루트를 찾았다.

5월에 나는 엑세스펀드의 로비 활동을 위해, '클라임 더 힐Climb the

Hill'이라는 행사가 열리는 워싱턴 DC로 날아가야 했다. 나는 정부가 하는 일을 직접 볼 수도 있고, 공유지 지지에 대해 목소리를 낼 수도 있다는 사실에 사뭇 들떠 있었다. 하지만 나는 비록 잠시 동안이기는 해도 엘캡을 떠나는 것이 마음에 걸렸다. 나는 차를 몰아 공항으로 빠져나가기 전인 아침 일찍 하트 레지까지 올라가 그 위쪽을 로프솔로로 등반하는 것으로 나 자신과 타협을 보았다. 나는 로프에 45분간이나 매달려 이리저리 조사한 끝에 그 피치의 크럭스를 돌아 등반할 수 있다는 사실을 알게 되었다.

보통 그곳은 가슴 정도 위치의 볼트에 카라비너를 걸고 올라가는 어렵고 불안정한 슬랩 등반 동작(5.11c)이 있다. 볼트가 있기 때문에 로프를 써서 등반하면 무척 안전하지만, 로프가 없다면 이야기가 달라진다. 하지만 기존 루트의 6미터 아래에서 루트를 벗어나, 오른쪽의 작은 루프를 넘어 위쪽으로 되돌아오는 어려운 동작을 중심으로 해서 큰 원을 그리며 등반하면 그곳을 돌파할 수 있을 것 같았다. 확보물을 설치할 곳이 전혀 없는 반반한 벽에 작은 홀드만 있기 때문에 선등으로 올라가는 것은 말도 안 되는 일이었다. 그러나 나는 어쨌든 로프 없이 등반하기 때문에 더 쉬운 곳을 찾는 편이 차라리 나을 것 같았다. 나는 단 한 동작이라도 불안정한 5.11c 등반보다는 안전한 5.10+ 등반을 더 좋아한다.

오랜 시간 끝에 전혀 새롭지만 훨씬 더 나은 루트를 찾아냈다는 들뜬 마음으로 하강을 마친 나는 차를 몰고 프레스노공항Fresno Airport으로 향했다. 이제 곧 벽으로 다시 돌아가 가능성이 있는 루트를 계속 찾아나간다는 생각에 나는 좀이 쑤셨다. 물론 모든 크럭스에서 더 좋은 돌파구를 찾을 수 있으리라는 기대는 비현실적이었다. 솔직히 말하면, 내 마음 한편에는 그 벽이 너무 쉽지 않기를 바라는 마음도 있었다. 하지만 몇 군데에는 내가 정말 피하고 싶은 동작들이 있었다.

워싱턴 DC에서 집으로 돌아오자마자 나는 엘캡으로 달려가 그다음 며칠 동안 로프에 매달려 벽을 조사했다. 그때 나의 오랜 친구인 제임스 루카스James Lucas는 내가 프리라이더 전체를 하루 만에 프리로 등반하는 것을 도와주겠다고 제안했다. 몇 년 동안 그는 프리라이더를 하루 만에 등반하기 위해 노력해왔는데, 한번은 내가 그를 도와준 적도 있었다. 이제 그는 나와 벽이라는 오랜 친구를 다시 만나 하루 종일 주마링과 씨름하려 했다.

나는 루트 전체를 숏픽싱 방식, 즉 내가 로프의 중간을 앵커에 묶어놓고 솔로등반을 하면 제임스가 주마로 뒤따라오는 방식으로 등반했다. 물론 이것은 무서운 스타일이기는 하지만 상당히 빠르고 효율적이며, 프리 솔로 등반보다는 훨씬 더 안전하다. 이 등반은 나에게 좋은 연습이 되었다. 우리는 등반을 하면서 루트에 관한 정보를 주고받았는데, 할로우 플레이크가 가까워졌을 때 나는 그 플레이크로 접근하기 위해 해야만 하는 약간의 클라이밍 다운이 정말 마음에 안 든다고 불평했다.

"왼쪽에 있는 바위조각을 이용하면 어때?"라고 제임스가 물었다.

"무슨 바위조각?" 나는 깜짝 놀랐다. "다른 곳을 말하고 있는 거 아냐?" 나는 바로 며칠 전에 할로우 플레이크로 로프 하강을 해서 변형루트가 가능한 곳을 찾아보았지만, 허탕을 치고 말았었다. 따라서 나는 불안정하기 짝이 없는 클라이밍 다운 동작을 연습하는 데 시간을 들이려 하고 있었다.

"왼쪽에 바위조각이 있는데, 그곳이 더 쉬울 거야."라고 제임스가 말했다.

나는 그의 말을 믿을 수 없었다. 그러나 내가 클라이밍 다운을 해서 가장 아슬아슬한 곳에 도달하자 그곳의 왼쪽에는 실제로 신발을 담는 작은 상자 크기 정도의 바위조각이 작은 바위 밑에 끼워져 있었고, 심지어 초크자국까지 있었다. 어찌된 영문인지 살라테 월과 프리라이더를 몇 년 동안 등반하고 그 구간을 몇 번이나 연습했어도, 나는 그 작은 바위조각을 결코 본 적이 없었다.

그 일은 항상 겸손하게 도움을 요청해야 한다는 사실을 다시 한 번 내게 일깨워주었다. 그러고 보니 나의 친구들은 하나같이 그 루트에 대해 무언가를 가르쳐주고, 무언가를 일깨워주었다. 이제 나는 나의 프로젝트를 놓고 허심탄회하게 의견이나 조언을 구할 수 있게 된 점을 감사하게 생각했다. 엘캡을 프리솔로로 등반해보고 싶다는 꿈을 혼자만 간직한다는 것은 또한 스스로의 정보에만 의존해야 한다는 뜻이기도 했다. 그렇다면 친구들로부터 조언을 구할 수 없을뿐더러, 함께 연습할 사람을 구할 수도 없을 터였다.

나는 프리라이더에 상당한 자신감을 갖기 시작했지만, 실제적인 프리솔로 등반은 연습을 많이 하지 않았다. 내가 엘캡에서의 동작에 얼마나 자신감을 느끼든, 나는 로프 없이 바위를 부드럽게 지나가는 느낌으로 돌아가야 했다. 그로부터 이틀 뒤, 나는 한스 플로린이 이전에 제안한 것을 해보기로 했다. 즉 캐시드럴 록의 세 봉우리와 두 침봉(낮은 곳과 높은 곳)을 하나로 연결해 등반하는 것이다. 등반 길이를 수직의 높이로 따진다면 아마 1,500미터에 가까울 것이다. 경험을 쌓기 위해 나는 5개의 바위 중 나에게 낯선 4개를 선택했다. 촬영 팀도 없어서 나는 등반에만 온전히 집중할 수 있었다. 그러자 다시 프리솔로의 세계로 돌아왔다는 느낌이 오롯이 살아났다.

다시 사흘 후, 나는 딘 포터가 프리라이더 상단에 개척한 변형루트

'이지 라이더Easy Rider'를 프리솔로로 등반함으로써 솔로등반으로의 전환 — 엘캡을 로프로 연습한 것과는 반대로 — 을 유지해나가기로 했다. 이번에는 등반을 기록하기 위해 촬영 팀도 함께했다. 상대적으로 쉬운(5.11) 상단 다섯 피치라 하더라도, 어쨌든 나는 엘캡을 다시 프리솔로로 등반했다. 모두 1시간밖에 걸리지 않았지만 그것은 좋은 예고편이 됐다. 그리고 가장 중요했던 것은 그 등반이 상단 다섯 피치의 불확실한 부분을 없애줌으로써 루트를 짧게 느끼도록 만들어주었다는 점이었다. 이제 프리라이더는 그 다섯 피치 아래에서 끝난다는 느낌이 들었다.

이틀 후인 5월 26일, 토미 콜드웰이 며칠간 나와 함께 등반하기 위해 계곡에 들렀다. 그는 자신의 책『더 푸시』의 사인회 행사에 쫓아다니는 중이었기 때문에 시간이 거의 없었지만, 전몰장병 추모일을 이용해 주말 등반을 하러 살짝 빠져나왔다.

그가 금요일 오후에 도착해, 우리는 하이어 캐시드럴 스파이어Higher Cathedral Spire에서 우리 둘 다 등반해본 적이 없는 루트를 무작위로 골라 등반에 나서기로 했다. 우리는 끔찍한 루트를 골랐지만, 나는 그와 로프를 다시 묶고 다음 날 있을 엘캡 등반을 준비한다고 생각하니 기뻤다. 그날 저녁 등반 전략을 상의한 우리는 다음 날 아침 일찍 출발하기 위해 짐을 미리 쌌다.

토미와 프리라이더를 동시등반 하는 것은 실제로 로프를 사용하지 않는 솔로등반의 형태와 가장 가까울 터였다. 속도와 느낌에 있어서 토미와 로프를 함께 묶는 것은 프리솔로 등반과 언제나 가장 가깝다. 물론 똑같다고 말할 수는 없다. 그러나 가장 가까운 것만은 사실이다. 그와의 등반은 마지막 리허설이 될 것이다. 그리고 소요시간과 전체적인 피로상태를 짐작할 수 있는 가장 좋은 기회였다.

토미는 몇 주간의 언론행사와 사인회를 마친 상태여서 최고의 컨디션은 아니었다. 그러나 행사의 횟수나 강도와 상관없이, 그는 여전히 엘캡을 어느 누구보다도 더 많이 프리로 등반한 바로 그 토미 콜드웰이었다. 더욱이 그가 한 루트들은 너무나 어려워 아직까지 재등되지 않은 것들도 있었다.

우리는 내가 혼자서 나설 때와 마찬가지로 새벽 5시 30분쯤 동이 트자마자 출발했다. 이제는 내가 루트를 훨씬 더 잘 안다는 이유와 토미는 아름다운 경치를 즐기는 것만으로도 충분히 행복하다는 이유로 내가 선등으로 나섰다. 그는 즐겁게 등반하는 것 외에 별다른 욕심이 없었다. 등반은 너무나 즐거웠다! 나는 하트 레지까지 300미터가 넘는 거리를 한 번에 올라가서 '첫 피치'를 끊었다.

우리는 하트 레지에서 잠시 쉬었다. 보통 때 같으면 안전벨트에 장비가 주렁주렁 달린 그가 선등으로 나섰겠지만, 그는 간절히 원하는 나에게 선등을 양보했다. 나는 장비를 넘겨받아 몬스터 피치를 지나 '볼더 프로블럼'까지 계속 앞장섰다. 트리플 프리등반의 한 구간으로, 2012년 우리가 프리라이더를 등반했을 때는 6시간 45분 동안 야간등반을 했었다. 그러나 이제 우리는 피치를 길게 끊어 훨씬 더 빠른 속도로 등반했다.

내가 "우리는 '볼더 프로블럼'을 동시등반으로 넘어섰다."라고 말하면, 일단 그것이 어떤 가치가 있는지 머릿속으로 그려볼 필요가 있다. 이 말은 내가 그 루트의 가장 어려운 구간을 선등으로 올라가고 있을 때 토미는 대략 45미터 아래의 로프 끝 어딘가에서 느슨한 로프를 확보장비로 조절해가면서 자신의 속도에 따라 등반하고 있었다는 뜻이다. 또한 내가 그 루트의 가장 작은 홀드를 손가락 끝으로 아슬아슬하게 잡고 올라가는 순간 로프가 얼마나 늘어져 있는지 나는 전혀 알 수 없었다는 뜻이기도 하다. 추락은 토미가 있는 장소와 그가 그 순간 하고 있는 동작에 따라 재앙이 될 수도 있고, 아니면 아무 것도 아닌 것이 될 수도 있다. 나는 어떤 상황인지 알지 못했다. 물론 어떻든 상관이 없었다. 나는 그냥 올라갔다.

'볼더 프로블럼' 위에서 토미와 만났을 때 우리가 한 말은 "와우!"였다. 우리는 짧은 시간에 정말 긴 거리를 등반했다. 토미는 나에게 장비를 건네주며 정상까지 이끌어달라고 말했다. 그는 엘캡의 처음 스물세 피치를 두 개로 끊어 톱로핑으로 등반했는데, 이런 등반은 처음이었다. 그는 정확히 자신이 바라던 대로 주변의 풍경을 즐기면서 등반하고 있었다.

나는 다시 출발했는데, 이번에는 정상까지 곧장 가리라 마음먹었다. 프리라이더의 마지막 열두 피치는 코너를 몇 군데 돌아야 해서 로프의 끌림 현상이 상당히 심했다. 경사가 센 상단 부분을 등반할 때는 마치 10킬로그램짜리 무게추가 아래로 잡아당기는 듯한 느낌이 들었다. 하지만 나는 언제나 도전을 즐긴다. 그것은 쇳덩어리를 매달고 훈련하는 것이나 다름없었지만, 나는 전혀 개의치 않았다. 촬영 팀이 우리가 지나가는 모습을 찍을 때도 우리는 결코 멈추지 않았다.

언제부터인가, 나는 로프가 아래로 잡아당기는 무게가 가중되면서 멈추지 않는 등반이 결국은 나로 하여금 펌핑이 오게 만든다는 생각을 떨쳐버릴 수 없었다. 보통 토미는 아래의 보이지 않는 곳에 있어 나는 그냥 그가 즐거운 시간을 보내고 있다고 생각했지만, 나중에 알고 보니 그는 많은 구간을 마치 프리솔로로 하는 것처럼 등반했다고 한다. 그는 며칠 뒤 『아웃사이드』 웹사이트에 다음과 같은 글을 올렸다.

전몰장병 추모일을 이용해 나는 지난 주말 요세미티로 달려가서 로프를 이용해 프리라이더를 연습 등반했다. 벽의 높은 곳에서 헐떡이며 땀에 젖어, 발을 디디면 으드득거리는 소리가 나는 작은 플레이크 위에 암벽화를 문질러 디디며 나는 900미터 아래의 바닥을 내려다보았고, 알렉스의 마음 상태를 투영해 로프가 없을 때 어떤 느낌일지 상상해보려 했다. 솔직히 말하면, 알렉스가 곧 프리솔로 등반의 역사에 가장 중요한 획을 그을 것이라는 사실을 믿어 의심치 않지만, 나는 그것이 어떤 느낌일지 상상조차 할 수 없었다.

흥미롭게도 토미는 프리솔로 등반의 가능성에 대해 생각하고 있었지만, 나는 그렇지 않았다. 만약 내가 로프 없이 엘캡을 올라가는 날이 온다면, 나는 완전히 다른 정신상태일 것이다. 그리고 이렇게 펌핑이 오지도 않을 것이고, 로프가 끌리는 현상도, 장비에 신경 쓸 일도 없을 것이다. 그것은 훨씬 더 멋진 경험이 될 것이다.

우리는 등반을 시작한 지 5시간 반 만에 정상에 도착했다. 우리의 등반 시간은 그 루트를 등반한 이래 가장 빠른 시간이었고, 이전의 기록과도 큰 차이가 났다. 나는 기분이 몹시 좋았다. 나는 프리솔로 등반에 점점 더 가까워지고 있었다.

프리솔로 등반이 임박하자, 사니는 내가 혼자서 생각을 정리할 시간이 필요하다는 것을 눈치 챘다. 꼭 그렇게 할 필요까지는 없었지만, 그녀는 짐을 싸서 라스베이거스에 있는 집으로 돌아갔다. 뒤늦게 내 곁을 떠나는 것이 그녀에게는 결코 쉽지 않았을 것이다. 하지만 그녀는 나의 정신적 안정을 위해 그렇게 하는 것이 도움이 된다고 판단했다.

촬영 팀 역시 내가 무엇을 필요로 하는지 잘 알고 있었다. 그전 가을 촬영 때 조금 부산을 떨며 이따금씩 스트레스를 받기도 했는데, 우리는 그때 중요한 교훈을 배웠다. 이번 봄 시즌에는 팀원들이 눈에 잘 띄지 않아서 그들이 무슨 일을 하는지 나도 모를 정도로 그들은 매우 절제되어 있었다. 그들 중 내 눈에 자주 띈 사람은 지미와 클레어 폽킨Clair Popkin으로, 그들은 나를 아주 편하게 대해주었다.

내가 엘캡 프리솔로 등반에 나서기 전날 빈둥거리고 있을 때 그들은 한가하게 다음 날 어디를 등반할지 이야기하고 있었다.

"미들 캐시드럴Middle Cathedral의 동쪽 버트레스 어때요?" 클레어는 반나절 정도의 등반으로 지미에게 이렇게 제안했다.

"에이, 내가 등반하게 되면 촬영을 준비해야 하지 않아요?"라고 내가 말했다. 다음 날 프리솔로 등반에 나서고 싶다고 떠벌리지는 않았지만, 나는 그들이 나의 실제 등반을 놓치는 것 역시 원하지 않았다.

"마음대로 해."라고 지미가 대답했다. "난 정말 등반하러 가고 싶은데, 만약 네가 프리솔로에 나선다면, 우린 당연히 촬영에 나서야겠지."

나는 촬영 팀이 엘캡의 정상으로 걸어 올라가 로프를 설치하고 카메라를 준비시켜 놓은 것을 미처 알지 못했다. 이런! 차이는 벌써 뉴욕에서 요세미티로 비행기를 타고 오고 있었다. 하지만 내가 중압감이나 스트레스를 더 받아서는 안 된다는 사실을 이해한 그들은 촬영의 세부적인 계획을 자신들끼리만 공유했다. 다행히 준비과정을 전혀 알지 못한 나는 완전히 등반에만 집중할 수 있었다.

나는 새벽 3시 반에 눈을 떴다. 예상보다 1시간이 빨랐지만 느낌이 좋았다. 휴대폰으로 시간을 확인했을 때 나는 몸에 에너지가 넘쳐흘러서 다시 눈을 붙이지 못할까 봐 잠시 걱정했다. 하지만 다시 눈을 뜨고 보니, 알람이 울리기 전인 새벽 4시 반보다 몇 분 이른 시간이었다.

2017년 6월 3일, 나는 계곡 한가운데에 있는 친구네 집 바깥에 주차된 밴에 혼자 있었다. 나는 자리에서 일어나, 한 달 내내 입었던 똑같은 옷을 입었다. 끝이 잘린 바지, 빨간색 티셔츠, 빨간색의 얇은 후드 티셔츠. 이 옷들은 이제 내 유니폼이나 다름없었다. 나는 아침식사를 위해 전날 밤 뮤즐리를 섞어놓았는데, 큰 프로젝트를 실행하기 전에는 매번 이렇게 미리 준비한다. 따라서 나는 헴프 우유를 붓고 먹기만 하면 되었다. 배낭도 미리 꾸려놓기는 했지만 사실 가져갈 장비도 별로 없었다. 잠에서 깬 지 12분 만에 나는 엘캡을 향해 차를 몰았다. 화장실에 들르기 위해 요세미티 로지Yosemite Lodge에서 잠시 멈추었다. 나는 새벽같이 출발해야 하기 때문에 등반을 앞두면 보통 한 달 전부터 화장실에 가는 습관을 새벽 5시로 바꾼다. 화장실에 앉아 휴대폰으로 날씨를 확인했다. 로지의 홀 안으로 들어갈 때 상당히 따뜻하게 느껴졌는데, 그날은 최저기온이 그전 일주일 동안보다 6도나 높아져 있었다. 전날 밤의 흐린 구름이 따뜻한 기운을 가두어놓은 것이 틀림없었다. 후덥지근하고 따뜻한 날씨 때문에 나는 더 좋은 날에 등반할까도 잠시 고민했다. 완벽한 조건이 아니었다. 그러나 결국 나는 크게 신경 쓰지 않았다. 이제는 도전에 나서야 할 시간이었다.

나는 사람들과 마주치는 것을 피하기 위해 엘캡 초원이 아니라, 엘캡 밑의 동쪽 끝에 있는 주차장으로 차를 몰았다. 나는 촬영 팀 중 누가 근처에 있는지 알지 못했고, 솔직히 알고 싶지도 않았다. 보통 때보다 조금 일찍 도착한 나는 잠시 동안 출발지점으로 올라가는 길을 찾지 못했다. 여명과 함께 거대한 엘캡이 희미하게 모습을 드러냈지만, 아래쪽 길은 여전히 컴컴했다. 나는 간간이 벽을 쳐다보면서 길을 따라 빠른 걸음으로 올라갔다. 그때의 벽은 높이와 넓이에서 모두 다른 때보다 훨씬 더 거대해 보였다. 나는 동쪽 끝 주차장에서 출발했기 때문에 프리라이더의 출발지점으로 가기 위해서는 벽의 거의 전체를 옆으로 따라가야 했다. 그러자 엘캡의 규모가 정말 크다는 것이 피부로 느껴졌다.

곧 나는 프리라이더의 출발지점을 알리는 작은 테라스에 도착했다. 이제 본격적인 등반을 시작해야 했지만, 벽에서의 전 과정을 촬영하기로 한 클레어가 보이지 않아 나는 그가 어둠 속에서 길을 잃은 것은 아닌지 의구심이 들었다. 그를 기다려야 하나? 하지만 그때 작은 벽의 틈바구니에 박혀 나를 촬영하고 있는 그가 눈에 띄었다. 내가 무슨 말을 했는지는 정확히 기억나지 않지만, 나는 그와 몇 마디 인사를 주고받았다. 나는 암벽화 끈을 조이고 손가락에 초크를 묻혔다. 클레어는 트레킹화와 행동식과 물이 든 내 배낭을 받아들었는데, 그는 나의 하산을 돕기 위해 이 배낭을 정상에 가져다 놓을 예정이었다. 나는 휴대폰으로 내가 좋아하는 록음악을 무작위로 재생시켰다. 동이 틀 무렵의 정적으로 사방은 무척 고요했다. 나는 초크를 한 번 더 묻힌 다음 타이머를 눌렀다.

루트의 처음 10미터는 5.7의 필라여서, 등반이 쉽다고 느끼기에 안성맞춤이었다. 내가 그 위쪽 5.10의 가는 크랙에서 손가락을 집어넣는 처음 몇 동작을 하고 있는데, 장비를 착용하고 걸을 때 나는 특유의 쨍그랑거리는 소리가 숲에서 들려왔다. 나는 다른 사람이 나를 지켜보는 것을 정말 원하지 않았다. 그렇게 되면 나도 모르는 사이에 그들을 의식하게 되기 때문이다. 내가 잠시 동안 아래를 내려다보니, 3명의 클라이머가 프리블라스트를 향해 걸어 올라오고 있었다. 그때 나를 얼핏 본 그들도 걸음을 멈추었다. 나는 크랙을 계속 올라가서 내 위에 보이는 5.11b의 첫 번째 루프로 등반을 이어갔다.

　나중에 클레어에게 들은 바로는, 프리블라스트의 출발지점으로 걸어 올라오던 그들은 "와! 정말 프리솔로를 하고 있네."라는 말을 이구동성으로 내뱉고 내가 보이지 않을 때까지 기다려주었다고 한다. 나중에 알게 되었지만, 그들은 로프를 이용해 엘캡을 며칠 동안 프리등반으로 오르려한 열성적인 클라이머들이었다. 아마 그들 역시 나와 마찬가지로 바위에서 나를 만났다면 불편하게 느꼈을 것이다.

　날씨가 덥고 습해 루트의 첫 피치는 마치 숲속에 있는 듯한 느낌이 들었다. 나는 땀이 약간 났지만, 대신 손가락과 발가락은 감각을 잃지 않았다.

　내 위쪽에 있는 5.11b의 루프가 진정한 등반의 시작이었다. 나는 조그만 바위 턱에 댄 발을 믿고 손가락으로 힘껏 잡아당겼다. 그곳은 모험을 강행해야 할 첫 번째 구간이었다. 나는 5.10b의 크랙을 자신 있게 등반할 수 있었다. 발이 미끄러지거나 홀드가 부서져도 나에게는 전혀 문제가 되지 않을 정도였다. 완전한 모험을 감행해야 하는 진정한 프리솔로 등반과 안전한 느낌이 들도록 (필요하다면) 힘을 더 쓸 수도 있는 쉬운 프리솔로 등반 사이에는 정신적으로 느끼는 차이가 대단히 크다. 진정한 프리솔로 등반은 로프를 사용할 때와 똑같이 움직여야 한다. 그것이 유일한 방법이다. 그러나 쉬운 곳에서는 더 안전하게 하기 위해 변칙적인 기술을 사용할 수도 있다. 나는 홀드를 더 세게 잡아당기거나 아주 작은 스탠스를 피하는 등 더 안전하다고 느끼면 어떤 동작이든 한다.

　오른발에 체중을 온전히 싣는 것이 5.11b 루프에서의 첫 번째 동작이다. 만약 미끄러진다면 나는 죽음을 피할 수 없을 것이다. 하지만 다행스럽게도 그 정도면 엘캡에서는 아주 좋은 바위 턱이다. 그런 동작은 완전한 집중을 요구하면서도 지나치게 어렵지 않아, 정신적인 무장을 적당히 하게 만드는 좋은 방법이다. 나는 오른발에 체중을 싣고 나서 발끝으로 작은 바위 턱들을 디디며, 루프의 아래쪽에 손가락을 집어넣고 살금살금 기어 올라갔다. 홀드는 작고 불안했지만, 나는 여섯 번의 동작으로 그곳을 넘어갔다. 내가 바닥에서 60미터 위에 있다는 것만 빼면, 그것은 기본적으로 아침에 워밍업으로 하는 짧은 볼더링 같은 것이었다.

루프를 돌파하고 나서, 나는 프리블라스트의 슬랩까지 거의 75미터를 비교적 쉽게 올라갔다. 물론 코너에 있는 가는 크랙은 꽤 불안하게 느껴지기도 했다. 그러나 아래쪽 루프에 비하면 스탠스가 커서, 발에 딱 맞고 길이 잘 든 내 암벽화는 그런 곳을 디딜 때 착착 달라붙는다는 느낌이 들 정도로 정교하게 느껴졌다. 나는 코너를 여유 있게 올라가 슬랩 피치가 시작되는 홈통에 도달했다. 나는 늦추거나 망설이지 않고, 일정하고 신중한 속도로 올라갔다. 이미 몇 달을 연습한 터라, 나는 손과 발의 모든 동작을 알고 있었다. 나는 거의 기계적으로 움직였다. 발의 체중을 앞뒤로 옮기면서 로프를 사용할 때와 똑같은 동작을 하고, 엉덩이를 바위에서 떨어뜨리면서도 위로 들어 올리는 자세를 취해 체중이 발에 온전히 실리도록 하려고 노력했다. 그러면서도 홀드는 너무 세게 잡지 않았다. 사실, 홀드는 균형을 잡는 것으로만 이용했을 뿐 크게 신경 쓰지도 않았다. 프리블라스트 전체를 통틀어 발이 미끄러지거나 추락하게 될 경우 잡고 버틸 수 있는 홀드는 단 한 개도 없다. 그곳에 있는 홀드는 홀드가 아니라, 발에 실린 체중의 균형을 잡는 용도로만 이용할 수 있을 뿐이다. 슬랩 등반은 전적으로 발동작에 달려 있다. 나는 발을 정교하게 딛고 균형이 깨지지 않도록 노력했다.

그런 순간에 만약 고민이 되어 멈춘다면, 나는 아마도 그 루트에서 가장 안전하지 못한 곳에 있다는 사실에 불안해하거나 걱정했을 것이다. 따라서 나는 동작을 멈추지 않았다. 그런 고민은 그 루트에서 연습한 지난 6주 동안에 이미 다한 것이나 다름없었다. 나는 완벽하게 준비되었고, 어떻게 해야 할지 정확하게 알고 있었다. 이제는 고민할 시간이 아니라 모험을 감행할 시간이었다.

달리 뾰족한 표현을 찾을 수 없는데, 슬랩은 어느 정도의 가속도가 필요하다고 나는 늘 느꼈다. 슬랩의 프리솔로 등반은 스키나 산악자전거를 타는 것과 비슷하다. 일단 출발하면 쉬지 않고 가야 한다. 동작을 멈추거나 자세를 고민해서는 안 된다. 잠시만 머뭇거려도 재앙이 일어날 수 있다. 프리블라스트를 프리솔로로 등반하기 위해서는 위로 계속 움직여야 한다. 그곳에는 마음을 추스를 좋은 스탠스나 장소가 없다. 60미터의 반반한 바위인 그곳은 공원 내에서 가장 미끄러운 화강암이다. 슬랩의 중간에서 머뭇거리면 모든 것이 끝장이다. 그전 가을 나는 그랬었다. 망설이다 겁을 집어먹은 나는 반칙을 하고 결국 등반을 포기하고 말았다.

슬랩의 첫 번째 크럭스는 내가 그전 가을에 포기했던 오른쪽으로의 트래버스였다. 그러나 이번에는 완벽하다는 느낌이 들었다. 발목이 좋아져 나는 발을 믿었다. 그리고 마지막 순간에 내 앞에 있는 볼트의 행거를 오른쪽 손가락으로 살짝 눌렀다. 그것은 내가 9년 전 하프돔을 프리솔로로 등반했을 때나 피터 크로프트가 로스트럼을 최초로 프리솔로로 등반한 30년 전의 동작을 연상케 하는 요령이었다. 나는 로프를 이용해 손을 쓰지 않는 등반을 여러 번 연습했었기 때문에 꼭 그렇게 해야 한다면 손을 쓰지 않고도 등반할 수 있었다. 어쨌든 홀드에 손을 대기만 해도 심리적으로는 큰 도움이 된다는 것을 나는 알고 있었다. 볼트 행거를 손가락으로 누름으로써(OK 사인 모양으로 살짝 누르는 모습을 상상해보라!) 나는 전혀 '반칙'을 하지 않으면서도 평온한 마음을 유지했다. 나는 볼트를 당기지 않았다. 다만 만약을 위해 손가락을 그 옆에 댄 것뿐이다.

어쨌든 큰 문제가 될 만한 것은 아니었다. 나는 오른발을 디디고 왼발을 그 옆에 대고 나서, 다시 오른발을 내 허리 위치에 있는 조그만 스탠스에 올린 다음 오른쪽으로 쭉 일어섰다. 그런 다음 트래버스의 끝을 알리는 양호한 홀드를 잡아챘다. 나는 마침내 그곳을 통과했다! 하지만 두 동작만 더 하고 나면 미끄러운 볼더링 문제가 다시 나타나기 때문에 이미 지난 등반에 대해서는 지나치게 생각하지 않았다. 슬랩을 모두 통과할 때까지 나는 내 자세를 생각하기 위해 멈출 수 없었다.

다음 볼더링 문제는 미끄러운 검정 바위에서 작은 바위 턱들을 이용하는 것이었다. 나는 지난 10년 동안 똑같은 동작을 반복해 한 번도 미끄러지지 않았지만, 늘 미끄러질 것 같다는 생각이 들었었다. 그러나 이제 그런 생각은 머릿속에서 지워버렸다. 나는 내가 해야만 한다고 생각하는 동작을 그대로 따라 했다. 왼손으로는 작고 날카로운 홀드를 잡고 오른손으로는 반반한 바위의 표면을 밀면서, 오른발로 작은 바위 턱을 딛고 왼발을 허리까지 올려 살짝 비벼 디디며 일어섰다. 그런 다음 다시 왼손을 손가락 세 개로 잡을 수 있는 작은 바위 턱에 뻗어 올리고, 오른손으로 흘러내리는 듯한 홀드를 밀면서 오른발을 앞서 오른손을 댔던 곳에 올린 다음 위로 일어섰다. 나는 다시 그곳을 통과했다. 아주 간단했다. 결국 문제는 비벼서 딛는 왼발을 믿고 올라설 수 있느냐는 것이었다. 물론 말처럼 쉽지는 않다.

그다음 15미터는 잡고 디딜 곳이 많아, 상대적으로 쉴 수 있는 시간이 많았다. 나는 프리블라스트의 기존 루트를 오른쪽으로 벗어나, 더 쉬워 보이는 버트레스 형태 같은 바위 구조를 따라갔다. 어느 곳에선가 위를 올려다보니, 트라이앵글 레지Triangle Ledge 아래에 검은 카메라가 있었다. 그렇다면 이제 슬랩 구간이 끝나가고 있다는 말이었다. 나는 그런 상황을 염두에 두지 않고 다시 쳐다보지도 않았다. 나는 프리블라스트의 크럭스인 두 번째 슬랩으로 진입하기 위해 왼쪽으로 돌아나갈 때까지 버트레스를 천천히 올라갔다. 이 변형루트를 몇 주 전에야 찾아낸 나는 모든 홀드에 표시를 해두었고 여러 번 연습 — 10년 전이 아니라 바로 몇 주 전에 — 도 했지만, 슬랩의 다른 곳들처럼 머릿속에 잘 들어오지 않았다. 그런데 심지어는 지금도 그 홀드들은 기억이 잘 나지 않는다. 나는 보통 때라면 홀드로 이용했을 곳을 발로 디뎠다. 그러자 발을 내리고 그 홀드들을 다시 손으로 잡는 동작이 어려웠다. 나는 기존 루트로 돌아가는 방법을 대여섯 가지 시도했는데, 결국은 가장 단순한 방법을 선택했다. 그러나 로프도 없이 그런 동작을 하자니 상당히 무서웠다. 나는 발을 먼저 내릴 때 그 위치를 정확히 볼 수 없어서 내려가는 동작이 어렵다는 것을 알게 되었다. 발을 내려딛는 곳을 정확히 알지 못하면, 자꾸만 의구심이 생기게 마련이다.

발을 내리는 것이 슬랩에서 내가 무서워한 유일한 동작이었다. 내가 작은 홀드를 너무 세게 잡는 바람에 몸이 조금 경직됐다. 그러나 이것은 겨우 두 동작뿐이었다. 나는 왼발을 내리고 오른발을 내려 그 옆에 위치한 다음, 왼쪽으로 손을 뻗어 기존 루트에 있는 홀드를 잡았다. 몸이 약간 떨리고 뻣뻣했지만, 나는 어쨌든 그 동작을 해냈다. 나는 왼쪽에 있는 홀드를 잡고 나서 왼쪽의 양호한 바위 턱을 디뎌서 본래 프리블라스트 슬랩 루트의 마지막 여덟 동작을 끝냈다.

그리하여 나는 루트의 가장 무서운 구간을 통과했다. 등반을 시작한 지 겨우 30분 정도밖에 지나지 않았지만, 그곳은 전 루트를 통틀어 나의 프리솔로 등반 중 가장 커다란 장애물을 넘어섰다는 느낌이 들 정도로 어려운 곳이었다.

1

나는 암벽화 끈을 조금 느슨하게 하기 위해 레지 위에서 잠시 멈춘 다음 5.9의 코너를 올라갔다. 위쪽의 하프 달러Half Dollar까지 쉽게 올라갈 수 있는 그곳은 충전 피치나 다름없었다. 하프 달러는 밖으로 벌어진 어설픈 침니로, 로프를 묶고 등반하기에는 꼴사나운 곳이다. 난이도가 5.10b밖에 되지 않지만, 아주 미끄럽기도 하거니와 몸을 안으로 집어넣기도 어렵다. 로프가 없는 것이 큰 장점으로 느껴지기는 처음이었다. 안전벨트에 맨 로프가 없으니 몸을 안쪽으로 집어넣기가 훨씬 더 수월했다. 내가 몸을 더 안쪽으로 끼워 넣자, V자를 뒤집어놓은 듯한 모양이 로프를 사용할 때와 달리 더 쉽고 안전하게 느껴졌다. 그 위의 5.7 피치 두 곳 역시 재미있었다. 만약 그 아래의 침니를 파트너와 함께 동시등반 한다면, 그곳은 오히려 등반이 귀찮다고 느껴질 것이다. 동시등반은 피치마다 확보를 보는 전통적인 등반보다 훨씬 더 빠르지만, 여전히 아래에서 등반하는 파트너의 속도에 제한받게 된다. 이번만큼은 나를 밑으로 잡아끄는 7킬로그램의 로프도 없고, 속도를 맞추어야 할 파트너도 없었다.

맘모스 레지Mammoth Ledge 몇 미터 아래에서 누군가가 "알렉스!" 하고 외치는 소리가 들렸다. 나는 깜짝 놀랐지만 "왜?" 하고 대답했다. 레지 위로 올라간 나는 3명으로 이루어진 인공등반 팀이 벽에서 전날 밤을 보냈고, 그중 한 명이 우연히도 나와 이름이 같다는 사실을 알았다. 그들은 침구를 정리하고 배낭을 끌어올릴 준비를 하면서 막 출발하려 하고 있었다. 나는 레지를 재빨리 지나면서 그들과 몇 마디 말을 주고받았을 뿐, 멈추거나 더 이상의 말을 하지 않았다. 그들은 내가 지나가도 무덤덤했는데, 나도 그들과 눈을 마주치치 않았다. 나는 여전히 600미터를 더 올라가야 해서 친목을 다질 기분이 아니었다.

이제 맘모스 레지 반대편으로 넘어가자, 45미터 아래의 하트 레지 위에 설치된 포타레지에 납작 엎드려 있는 3명의 다른 팀이 보였다. 그런데 그들 위의 렁 레지Lung Ledge에 또 다른 팀이 두 명 있었다. 이틀 전에 하강할 때는 루트의 위쪽에 아무도 없었는데 이렇게 많은 사람들이 붙어 있다니! 나는 등반할 때 혼자인 편이 훨씬 더 낫지만, 최소한 모두가 하단에서 여전히 잠들어 있다는 사실은 그래도 천만다행이었다. 나는 음악을 줄이고 소리를 크게 내지 않으려 노력하며 하트 레지를 향해 45미터를 클라이밍 다운으로 내려갔다. 나는 레지에 있는 사람들을 깨우고 싶지 않았다. 그날 아침 카메라맨이 올려다 놓은 음식과 물이 하트 레지의 앵커에 매달려 있었다. 나는 이미 몸에 열이 난 터라 가벼운 후드 티셔츠를 두고 가기로 결정했다. 오랜 시간 동안 멈출 일이 없기 때문에 추워지는 않을 테니까. 오히려 땀을 몹시 흘린 나는 물을 더 많이 가지고 왔어야 하는 것은 아닌지 걱정이 되었다. 하지만 이제는 어쩔 도리가 없었다. 나는 매달려 있는 1리터짜리 물통을 비우고 작은 에너지 바를 먹은 다음 암벽화 끈을 다시 묶었다. 엄밀히 말하면, 나는 하트 레지 위의 피치를 프리솔로로 하려는 생각으로 연습해본 적이 없었다. 기존 루트로 등반하려면 유리처럼 미끄러운 스탠스를 딛고 일어서는 동작을 한 번 해야 한다. 그 동작에서 추락한 적은 없지만 늘 불안하기 짝이 없었다. 몇 주 전 나는 그곳을 돌아가는 짧은 변형루트를 찾아냈지만, 톱로핑으로 몇 번 해보고 토미와 등반할 때 로프에 매달려 확인해본 것이 전부였을 뿐 그곳을 선등으로 시도해보지는 않았다. 따라서 이번 프리솔로가 제대로 된 첫 등반이었다! 동작이 익숙하지 않았기 때문에 나는 사람들이 쳐다보는 것이 특히나 마음에 걸렸다. 그러나 다행히도 하트 레지의 3명은 여전히 잠들어 있었다.

　나는 변형루트가 오른쪽으로 이어지는 작은 루프까지 무난히 올라가서 루프 아래의 슬랩을 조심스럽게 건너갔다. 그리고 아주 작긴 하지만 놀랍도록 양호한 스탠스를 이용해 루프 끝의 바위를 잡고 올라선 다음 다시 왼쪽으로 살금살금 돌아왔다. 맨질맨질한 흰색 화강암과는 판이하게 대조되는 검은색 섬록암 돌기를 이용한 전형적인 페이스 등반이었다. 나는 발을 올려 왼쪽으로 멀리 뻗어 디딘 다음 기존 루트로 다시 돌아왔다. 문제 하나를 더 해결해냈다! 이성적으로는 그 변형루트가 상당히 쉬웠다. 왜냐하면 로프를 이용해 이미 여러 번 연습해보았기 때문이다. 그러나 프리솔로로 해낸 것은 이번이 처음이었다. 이제 렁 레지를 따라 올라가며, 나는 그곳이 사실은 아주 쉽다는 것을 확실히 알게 되었다.

　렁 레지에 있는 클라이머들은 잠에서 깨어나긴 했지만 여전히 자리에 누워 있었다. 나는 '안녕' 정도의 인사는 했지만 걸음을 멈추지는 않았다. 올라가야 할 길이 아주 많이 남아 속도를 줄이고 싶지 않았기 때문이다. 렁 레지 위의 쉬운 등반은 작은 홀드를 이용한 짧은 트래버스와 코너를 통한 45미터의 클라이밍 다운으로 이어졌다. 며칠 전 나는 클라이밍 다운을 쉽게 해주는 결정적인 스탠스를 하나 찾아냈지만, 그곳은 결코 만만치 않았다. 보통의 클라이밍 다운은 위로 잡아당기는 듯한 로프의 도움을 어느 정도 받는다. 따라서 로프 없이 등반하는 것은 조금 더 까다롭다. 더구나 나는 보통의 레이백 자세 대신 코너에 손을 끼워 넣는 방식을 선택했기 때문에 안전을 대가로 훨씬 더 심한 펌핑을 받아들여야 했다. 혹시 프리솔로 등반이 끝나기도 전에 지쳐버리는 것은 아닌지 걱정이 든 것은 그때가 처음이었다. 그전까지는 주로 발에 의지하는 등반이어서 나는 펌핑을 전혀 느끼지 않았다.

나는 그 피치를 전부 클라이밍 다운으로 내려선 다음, 왼쪽으로 5미터 정도 떨어져 있는 좋은 레지로 트래버스 해서 할로우 플레이크 아래쪽에 도착했다. 이름 그대로 그곳은 엘캡에서 떨어져 나온 커다란 바위조각이 안쪽 공간에 공명을 일으키는 플레이크이다. 그곳은 몸 전체를 바위 사이에 끼워 넣고 꿈틀거리면서 올라가야 하기 때문에 고된 육체적 노동이 필요한 곳이다. 하지만 바위 사이에 몸이 끼어 안전하다고 느껴지기는 한다. 물론 안전하다고 느끼는 자세는 위로 올라가는 것을 종종 어렵게 만들기도 한다.

할로우 플레이크 레지 이후는 루트가 더 이상 왼쪽으로 향하지 않고 정상까지 곧장 위로 이어진다. 나는 잠시 암벽화를 벗고 앞으로 올라갈 부분을 쳐다보았다. 그곳까지 1시간 반이 걸렸는데, 해는 이제야 반대쪽 능선 위로 모습을 드러내기 시작했다. 내 위쪽은 아직 어두운 그늘 속에 있어서, 나는 루트의 나머지 부분도 좋은 상태일 것으로 판단했다. 나는 레지 끝에 서서 소변을 보고 암벽화 끈을 다시 묶은 다음, 100여 미터를 편안하게 등반할 준비를 했다.

할로우 플레이크와 몬스터 오프위드Moster Off-width 사이의 5.10 크랙들은 언제나 재미있으면서도 쉽다. 상당히 안전한 그곳은 루트 전체에서 마음을 편안히 하고 자동주행 모드로 꾸준히 올라갈 수 있는 아주 드문 구간 중 하나이다. 물론 이 말은 등반이 빨리 끝난다는 의미이기도 하다. 10~15분 후, 나는 왼쪽으로 트래버스 해서 몬스터로 진입할 수 있는 곳에 도착했다.

보통 살라테 월은 이어Ear라고 불리는 곳을 지나 위로 곧바로 올라간

다. 마치 귀처럼 생긴 이어는 엘캡에서 돌출되어 나온 거대한 바위조각으로, 그 위쪽은 아주 어렵고 가는 코너이다. 프리라이더는 이어를 지난 다음 이 가는 코너를 피해 왼쪽으로 클라이밍 다운하는데, 그러면 몬스터라 불리는 고약한 크랙이 나온다. 살라테 월의 가는 코너는 물론이고, 왼쪽으로의 클라이밍 다운도 프리솔로로 등반하기에는 너무나 어렵다. 따라서 나는 이어 아래쪽에서 몬스터가 시작되는 곳으로 트래버스 하기로 했다. 이곳은 신체적으로는 훨씬 더 쉽지만, 조금 더 복잡해서 특별히 인기 있는 변형구간은 아니다. 나는 이미 시즌 초에 로프 하강을 하면서 느슨한 돌들을 많이 제거하고 흙을 청소했다. 따라서 이 변형구간은 이제 훨씬 더 안전하게 되었다.

악명이 높은 몬스터는 무서운 피치이다. 난이도는 5.11a밖에 되지 않지만, 그곳은 클라이머들로 하여금 눈물을 흘리게 만들고, 많은 프리등반 시도를 좌절시킨 곳이다. 나의 좋은 친구이자 5.14급 클라이머인 크리스 바이드너는 한때 그 피치를 톱로핑으로 2시간 동안 연습한 적이 있었다. 정상에 모습을 드러냈을 때 그는 완전히 녹초가 된 채 피와 땀으로 얼룩져 있었다. 그는 그 루트를 끝내는 것에 더 이상 관심을 보이지 않았고, 오직 살아서 내려가기만을 바랐다.

그 크랙은 오히려 넓어서 더 어렵다. 손이나 주먹, 심지어는 두 손을 함께 집어넣어도 될 만큼 넓지만, 그렇다고 몸을 안으로 집어넣을 수 있는 정도는 아니다. 폭이 대략 30센티 정도이지만, 전체 45미터를 등반하는 동안 변동이 심해서 끊임없이 불안하다. 여러 군데의 작은 루프를 포함한 다양한 바위의 형태가 등반 스타일을 바꾸도록 하기 때문에 일관되게 하나의 자세로 올라갈 수도 없다. 실제로 몬스터에서의 최종 결과는 완전히 지쳐버리는 것이다. 그곳에서는 뼛속까지 깊은 통증을 느끼게 된다. 사실 나에게는 몬스터를 등반할 때 그것이 가장 나쁜 점이다. 그곳은 전혀 다른 방법으로 관절을 아프게 만든다.

나는 몬스터를 등반하기 위해 겨울 내내 반대쪽 근육과 코어운동을 했다. 정상에 도착했을 때 상처가 있거나 녹초가 되는 대신 생기 넘치고 싶었기 때문이다. 프리라이더의 어려운 곳은 그 위쪽이어서 내가 그곳에 도착했을 때 힘이 빠져 있지 않는 것이 중요했다. 더구나 가장 어려운 '볼더 프로블럼'은 손과 발 사이의 장력을 많이 필요로 하는 곳이었다. 기본적으로 나는 몬스터를 끝냈을 때도 강력한 힘의 여유를 유지할 필요가 있었다.

크랙은 손가락 크기에서 주먹이 들어갈 정도로 점차 넓어졌다. 주먹이 들어갈 정도로 넓어졌을 때 앞으로 길게 기어 올라갈 구간을 위해 자세를 바꾸었다. 사실 몬스터의 프리솔로 등반은 안전벨트가 없어 크랙 속으로 엉덩이가 약간 들어가기 때문에 신체적으로는 더 쉽다. 따라서 더 안전하다는 느낌이 들뿐더러, 원하기만 하면 언제든 엉덩이에 힘을 주고 몸의 다른 부위는 휴식을 취할 수도 있다. 나는 꾸준히 조금씩 올라갔다. 이런 경우에는 크랙이 얼마나 남았는지 위를 올려다보지 않고 느리더라도 꾸준히 올라가는 편이 더 낫다. 나는 거친 숨을 내쉬고 있었지만, 너무 빠르거나 무리하지 않도록 노력했다. 그러자 나도 모르는 사이에 크랙의 끝을 알리는 경사진 램프가 나타났다. 나는 그렇게 힘이 빠지지도 않았다. 그리고 나는 여태껏 중 몬스터를 가장 빨리 올랐는데, 그 기록에 힘이 솟았다.

나는 알코브Alcove로 나왔다. 그곳은 벽 안쪽에 숨어 있는 크고 어수선한 레지로, 전에 내가 비박을 한 곳이기도 했다. 크리스 바이드너와 나는 몇 년 전에 알코브에서 비바람을 맞으며 비박색에서 하룻밤을 버틴 다음 폭풍우를 헤쳐나간 적이 있었다. 하지만 나는 세 피치만 더 올라가면 '볼더 프로블럼' 아래에 음식과 물이 준비되어 있다는 사실을 알고 있었기 때문에 그곳에서는 쉬지 않았다.

크럭스 아래의 경사진 레지에 앉아 잠시 휴식을 취했다. 여전히 힘이 넘친 나는 다소 조바심이 나기는 했지만, 그래도 휴식을 취하는 것이 나을 것 같았기 때문이다. 2분 정도 가만히 앉아 있다 다시 출발 준비를 했다. 레지에서 나는 몸을 약간 구부려 소변을 봄으로써 위쪽 카메라에 잡히지 않도록 했다. 나는 한 줄 한 줄 순서에 따라 암벽화 끈을 단단히 묶었다. 그런 다음에는 음악소리를 낮추고 초크를 손가락에 묻혔다. 내 위쪽에 열 번의 동작이 나를 기다리고 있었다. 모든 등반이 그다음 열 번의 동작으로 귀결되고, 나의 등반 인생도 그 열 번의 동작으로 정제될 터였다.

레지를 출발하는 곳에 올라서서 초크를 다시 묻혔다. 왼손으로 '볼더 프로블럼'의 시작을 알리는 벙어리 크랙을 더듬은 다음, 오른손으로 위쪽의 반질반질한 벽에 있는 물결 모양의 작은 홀드를 잡았다. 나는 마치 손가락 관절을 절단 내기라도 할 것처럼 양손에 힘을 세게 주었다. 자, 게임이 시작되었다!

나는 몸을 팽팽하게 긴장시켜야만 발이 제자리에 붙어 있을 아주 작은 스탠스에 왼발을 올렸다. 그런 다음 오른발을 그 바로 옆의 좋지 않은 스탠스에 디디고 나서, 왼발을 왼손 아래의 작은 톱니 같은 스탠스로 간신히 옮겼다. 나는 왼손과 왼발의 짝힘을 이용해 오른손을 왼쪽에 있는 벙어리 크랙의 높은 곳에 집어넣고, 엄지손가락으로 크랙의 반대편 벽을 밀었다. 그리고 다시 오른팔과 왼발의 짝힘을 이용해 왼손을 들어 올린 다음 위쪽 바위 밑에 손가락을 집어넣고 잡아당겼다. 이때 오른발이 작지만 뭉툭한 스탠스 위에 있어서 나는 체중을 전부 그쪽으로 쏠리게 할 수 있었다. 그렇게 처음 세 동작을 하고 나자 힘을 조금 뺄 수 있었다. 나는 오른손으로 미세하지만 좋은 홀드를 잡았는데, 이것은 단지 자세를 잡기 위한 것이었다. 체중이 전부 오른발에 실려 있었고, 그 발이 디딘 스탠스의 너비가 겨우 3센티미터 정도밖에 되지 않았지만, 나는 손을 쓰지 않고서도 서 있을 수 있었다.

양손에 초크를 묻히고 호흡을 가다듬었다. 나는 자세나 기분 따위는 전혀 생각하지 않고 기계적으로 움직였다. 왼손으로는 미세한 홀드를 또 다시 옆으로 잡아당겼다. 그리고 왼발은 약간 옆으로 기울어진 크랙에 집어넣었다. 이제 오른발을 허리까지 높이 올린 다음 둥글게 파인 아주 작은 홀드에 발가락으로 밀착시켰다. 그러자 왼손과 오른발 사이의 장력 덕분에 안정감이 들었다. 나는 오른손을 위로 올려 아주 작지만 밑으로 잡아당길 수 있는 홀드를 잡았다. 그리고 왼손바닥으로 아래쪽 벽을 밀면서 왼발을 높이 들어 올려 선반 모양의 흘러내리는 스탠스를 디뎠다. 발을 옮기자마자 나는 그 발에 체중을 싣고 재빨리 일어서서, 왼손 엄지손가락으로 '손가락 잡아당기기' 자세를 취하며 일어섰다. 뒤집힌 물결 모양의 그 홀드는 3센티미터 길이에 몇 밀리미터의 너비이다. 그것은 너무나 작아서 발에 체중이 거의 다 실리지 않으면, 홀드로 사용하는 것조차 불가능하다. 나는 뒤따라 감싸주는 검지와 중지가 더 좋은 곳을 잡을 수 있도록 엄지손가락을 경사진 곳에 두는 요령으로 손가락들이 완벽하게 자리 잡도록 만들었다. 그리고 오른발을 조심스럽게 올려 왼발 옆에 붙인 다음, 왼발을 왼쪽 멀리에 있는 미끄러운 검은색 돌기를 향해 내딛었다.

이제 루트 전체가 그다음 네 번의 동작, 즉 가장 어려운 동작에 달려 있었다. 나는 오른손을 왼손 옆에 놓고, 왼손 검지와 중지를 홀드에서 떼어 오른발 엄지발가락과 왼손 엄지손가락 사이의 장력으로만 버텼다. 그런 다음 오른손 엄지손가락으로 물결 모양의 홀드 중 검지와 중지가 잡고 있던 곳을 밀어주면서, 왼손으로 왼쪽의 경사진 덩어리 홀드를 재빨리 낚아챘다. 나는 그 홀드를 쥐어짜듯 힘껏 잡고, 오른손을 다시 최초의 아래로 잡아당기는 미세한 홀드로 옮겼다. 나는 두 홀드 사이에 꽉 차게 걸리는 아이언크로스 동작을 취했다. 그리고 오른발을 경사진 접시 모양의 스탠스에 놓고 엉덩이를 돌려 왼발을 작은 구멍에 넣은 다음, 오른손에 초크를 묻히고 덩어리 홀드 위쪽으로 옮겼다. 나는 무의식중에 발차기 자세를 취했다. 왼발로 벽을 차면서 그 반작용을 이용해 버티기에 완벽한 자리의 작지만 아주 중요한 스탠스에 발을 옮겼다. 나는 왼손의 위치를 절묘하게 바꾸어, 두 손이 함께 덩어리 홀드를 쥐어짜듯 잡아당길 때 보다 안전한 느낌이 들도록 만들었다.

마치 자동주행이라도 하듯 나는 왼발을 1미터 정도 멀리 직각으로 뻗었다. 그러자 발이 멀리 코너의 벽에 놓여야 할 자리에 정확히 위치했다. 필사적으로 시도해도 실패하기 일쑤였던 발차기가 이제는 스탠스를 쉽게 디디는 동작처럼 느껴졌다. 발은 벽에 찰싹 달라붙었다. 몇 달간의 스트레칭이 결실을 맺어, 나는 발 옆의 크랙에 큰 어려움 없이 왼손을 집어넣었다. 내가 오른손바닥을 아래로 밀어주는 동작으로 바꾸자, 왼발과 오른손바닥 사이에 균형이 잡히며 안정감이 느껴졌다. 이제 왼손을 위쪽의 양호한 바위 턱에 뻗자 모든 것이 끝났다. 그리하여 나는 '볼더 프로블럼' 구간을 통과했다!

희열이 물밀 듯 밀려왔다. 아니, 어쩌면 그냥 안도감일지도 모를 일이었다. 나는 갑자기 양쪽에 설치된 카메라를 비롯해 주위를 의식하기 시작했다. 나는 내 앞의 카메라에 "오, 예!" 비슷한 말을 했던 것 같다. 그때 살짝 웃음이 나왔다. 나는 위쪽에 있는 희미한 레지를 향해 마지막 쉬운 동작으로 시원스럽게 올라갔다. 그 레지 위에 잠시 서서 가쁜 숨을 몰아쉬었지만, 기쁨은 어찌하지 못했다. 700미터 아래의 엘캡 초원 어디에선가 마이키가 망원경으로 나를 지켜보고 있겠지? 나는 그들이 지켜보고 있으리라 생각하고 주먹을 머리 위로 들어 올려 흔들었다. 그러자 이번만은 관객이 있다는 점이 반가웠다. 나는 마치 영웅이나 된 듯한 기분이 들었다. 내 위쪽에는 난이도가 5.12a까지 올라가는 열 피치가 여전히 남아 있었지만, 나는 마지막 장애물을 넘어섰다는 느낌이 들었다. 이제는 결승선까지 그냥 꾸준히 올라가기만 하면 끝이 날 터였다.

　나는 남아 있는 쉬운 등반을 위해 암벽화 끈을 풀어 발가락을 쉬게 해주었다. 더 수어The Sewer는 비교적 말라 있어, 계절이 서서히 변하고 있다는 사실을 명확히 알 수 있었다. 하지만 루트의 상태는 나에게 그렇게 중요하지 않았다. 나는 젖어 있는 침니를 손쉽게 올라갔다. 그리고 사람들이 캠핑을 할 때 보통 쓰는 피크닉 테이블 크기의 경사진 레지인 더 블록The Block에 도착했다. 나는 멈추지 않았다. 그 위쪽 피치는 깨끗하게 찢어진 크랙으로 연결되는 양호한 플레이크 위에서 하는 즐거운 등반이어서 내가 가장 좋아하는 곳이기도 했다.

　내가 그 플레이크 위를 트래버스 할 때 위쪽에 있는 엔듀로 코너 Enduro Corner가 시야에 들어왔다. 그리고 내 친구 샘 크로슬리Sam Crossley 도 헤드월의 오버행 끝에 매달려 코너를 곧장 내려다보고 있었다. 그곳에는 왼쪽의 허공에 매달린 지미 친도 있었다. 그들은 가깝기도 했고 멀기도 했다. 거리는 불과 몇 십 미터밖에 되지 않아도 그들과 나는 완전히 다른 세상에 있었다. 나는 그들을 전혀 의식하지 않았지만, 그들은 나의 모든 것을 촬영하고 있었다. 나는 그다음 60미터를 등반하기 위해 암벽화 끈을 조이려고 코너 아래의 수 르 투와Sous le Toit(살라테 월의 헤드월 밑에 있어서 '지붕 아래'라는 뜻임) 레지에서 잠시 멈추었다. 그곳 앵커에는 배낭이 몇 개 매달려 있었는데, 그 안에는 아래쪽 카메라들을 제어하는 장치가 들어 있었다. 나는 그 안에 물이 있는지 물어보았지만 지미는 없다고 대답했다. 나는 별 수 없이 라운드 테이블Round Table까지 참아야만 했다. 다른 이유 때문이라기보다는 꼭 그렇게 해야 할 것 같아서 나는 잠시 쉬었다. 하지만 나는 책임감 있게 속도를 유지하고 싶었다.

코너는 이 루트에서 정말 어려운 마지막 구간으로, 5.11+로 시작해 중간에 쉴 곳도 없이 5.12b 코너로 이어지고, 다시 5.12a 페이스 트래버스로 연결된다. 나는 펌핑이 한순간에 오지 않도록 일정하고 신중한 속도를 유지하려 노력했다. 물론 그 지점에 이르자 최소한 죽지는 않겠다는 느낌이 들었기 때문에 그것이 대단히 중요한 문제는 아니었다. 하지만 나는 여전히 신중하게 등반하고 싶었다. 코너의 처음 절반은 나의 최대 강점인 재밍이 대부분이었다. 그러자 안전하면서도 즐겁다는 생각이 들었다. 앵커가 있는 곳에서 나는 한 발을 코너의 벽에 대고 등을 반대쪽 벽에 붙여 몸의 균형을 잡고 잠시 쉬었다. 그런 다음 호흡을 가다듬고 나서 두 번째 피치를 출발했다. 그곳은 보통 레이백 자세로 올라가지만, 나는 이 기술을 구사할 때마다 상당한 불안감을 느끼곤 했다. 따라서 나는 침니 자세, 즉 왼발로 안쪽의 희미한 홈통을 밀면서 오른발로는 반대쪽 벽을 미는 자세로 올라갔다. 이 자세는 우아하지는 않지만 나에게는 훨씬 더 중요한 안전하다는 느낌이 들었다. 그곳은 아래쪽의 몬스터 오프위드처럼 힘이 많이 들기는 했어도 등반은 꽤나 안전했다. 그리고 작은 손가락 홀드를 잡을 때와 달리 큰 근육들을 이용해 벽을 미는 동작을 해야 해서 가끔은 기분이 좋기도 했다. 지미와 샘이 나의 위와 아래에서 계속 촬영하고 있다는 것을 알고 있었지만, 나는 코너 쪽만 보고 있었기 때문에 그들이 눈에 들어오지 않아 그들의 존재를 의식하지 않을 수 있었다. 나에게는 거친 화강암과 초크가 묻은 손이 내 세상의 전부였다.

위쪽 코너는 크럭스에서 손가락으로 홀드를 쥐어 잡는 동작을 한 후, 손가락 두 개가 들어갈 정도로 피톤 자국이 난 크랙을 레이백 자세로 올라가야 했다. 나는 필요한 동작을 그대로 따라했다. 왼손을 올려 크랙을 잡은 다음 오른발을 올려 코너에 집어넣고, 왼발을 올려 벽의 더 높은 곳에 대고 오른손으로 크랙 안에서 간간이 나타나는 작은 홀드를 잡고, 몸을 더 끌어 올린 다음 다시 오른손을 올려 크랙 안에 손가락을 단단히 집어넣었다. 나는 모든 동작을 기계적으로, 그리고 연습한 대로 했다. 앵커까지 연결되는 마지막 재밍은 그때까지 중 가장 쉬웠는데, 뒤에 달고 가는 로프도 없을뿐더러 그날 아주 일찍 그곳까지 올라갔기 때문일 것이다.

앵커에서 나는 스테밍 비슷한 자세, 즉 다리를 코너 양쪽으로 벌린 다음 손으로 작은 뿔 모양의 양호한 홀드를 번갈아 잡으며 휴식을 취했다. 지미가 나에게 무슨 말을 했는데 귀에 들어오지 않았다. 그때 그는 정상에서 자리 잡기 위해 고정로프를 타고 위로 올라가기 시작했던 것 같다. 그러나 나는 주위에 신경 쓰지 않았다. 나는 호흡을 가다듬고 나서 독특한 프리라이더 트래버스를 시작했다.

프리라이더가 살라테 월과 결정적으로 다른 점은 프리라이더가 살라테 월의 헤드월 밑에서 왼쪽으로 돌아, 살라테 월을 세상에서 가장 상징적인 루트 중 하나로 만든 60미터의 오버행 크랙 등반을 피한다는 것이다. 따라서 프리라이더로 돌면, 5.13c의 헤드월을 격하게 등반하는 대신 최고 5.12a에 이르는 네 피치를 등반하는 얄미운 방법으로 헤드월을 피할 수 있다.

프리라이더로의 트래버스는 분명한 홀드 사이의 명확한 동작 때문에 언제나 스포츠클라이밍 같은 느낌이 든다. 따라서 모든 것이 똑같아 보이는 크랙보다는 동작을 기억하기가 훨씬 더 쉽다. 그리고 홀드가 대부분 잡아당기는 형태인 데다 상태도 좋아 상당히 안전하다는 느낌도 든다. 나는 트래버스로 진입한 다음 일곱 동작을 통해 왼쪽 위 코너 끝에 있는 커다란 구멍에 도착했다. 내가 왼쪽으로 돌자 엘캡의 남서벽 전체가 발아래에 펼쳐졌다. 이어 구멍에 매달리자 발아래에 펼쳐진 760미터의 벽이 아찔한 고도감을 연출했지만, 매우 안전하다는 느낌이 들었다. 상태가 좋은 그 구멍에서 나는 힘이 넘쳤다. 체인 렘프가 위에 매달려 코너의 이쪽 장면을 찍고 있었다. 나는 그를 전혀 의식하지 않았는데, 우리 둘 다 아무 말도 하지 않았다. 커다란 구멍들을 올라가자 코너에 있는 희미한 스탠스가 나타났다. 나는 호흡을 가다듬고 초크를 묻힌 다음, 마지막 일곱 동작을 통해 라운드 테이블에 도착했다. 나는 정말 기뻤고 황홀하기까지 했다. 심지어는 격한 감정까지도 흘러넘쳤다! 나는 체인이 내 옆에서 주마링으로 따라 올라와 라운드 테이블에서 물을 건네줄 때까지 그에게 계속 주절거렸다. 우리는 하이파이브를 했다. 나는 그를 꼭 껴안아주고 싶어 했다. 여전히 150미터가 남아 있었지만, 그것은 식은 죽 먹기나 다름없었다. 따라서 나의 프리솔로 등반은 끝난 것이나 다름없었다. 그래도 나는 잠시 암벽화를 벗고 에너지 바를 먹었다.

나는 시간을 확인했다. 그곳까지 걸린 시간이 겨우 3시간 반이었다. 충격적이었다! 만약 내가 서두른다면 4시간 안에 도착할 수 있을 것 같았다. 사실 나는 5시간 정도 걸릴 것으로 예상했다. 4시간이라니! 정말 놀라운 기록이었다. 나는 음악소리를 높이고 암벽화 끈을 묶었다. 이제는 다시 내 등반의 세계로 돌아갈 시간이었다.

이지 라이더를 몇 주 전에 프리솔로로 등반한 덕분에 모든 것들이 마치 오랜 친구를 다시 만나는 것 같았다. 이전과 다른 점이라면, 위밍업도 제대로 안 된 상태에서 심리적인 장애물을 몇 개 넘어왔다는 사실이다. 나의 컨디션은 최고조에 달해 있었다. 나는 마치 멈출 수 없는 폭주기관차 같았다. 나는 라운드 테이블 위쪽의 코너 크랙을 스테밍 자세를 취하거나 쉬지 않고 계속 재밍을 해서 몇 분 만에 올라갔다. 내가 좋은 재밍을 통해 큰 동작을 이어가자 마치 수영이라도 하는 듯한 느낌이 들었다. 바위와 나는 일심동체였다. 지미가 헉헉거리며 주마링으로 올라가는 소리가 옆에서 들리기는 했지만, 나를 촬영하는 사람은 아무도 없었다. 나는 그에게 내가 어디 있는지 알 수 있도록 간간이 휘파람 소리를 내어 신호했다. 그가 나의 소리를 들었는지는 알 수 없었지만, 둘이 바위벽에 붙어 경주하고 있다고 생각하니 재미있었다.

당대의 뛰어난 클라이머이자 요세미티 수색구조대원이었던 스코티 버크Scotty Burke의 이름을 딴 '스코티 버크 오프위드'를 등반하면서 나는 이렇게 생각했다. '이 피치가 등반된 이래 최고의 기록이 되겠는데!' 나는 너무 빠르고 쉽게 움직이고 있어서, 마치 다른 루트를 올라가고 있는 듯한 기분이 들었다. 하지만 그 순간 나는 이렇게도 생각했다. '겸손하고 집중해야 해.' 나는 대충 등반하다가 추락하고 싶지는 않았다.

어쨌든 나의 프리솔로 등반은 몇 분 후에 끝난다. 나는 지미와 촬영팀의 장비담당인 조시 허캐비Josh Huckabee를 그 위쪽 레지에서 만나 하이파이브를 나누었다. 지미는 온힘을 다해 주마링으로 올라갔는데, 나는 그에게 더 빨리 가라고 채근조로 농담했다. 나는 조시와 이야기를 나누면서 그가 약간 먼저 출발할 수 있도록 해주었지만, 나 역시 더 이상 기다릴 수가 없었다. 나는 나의 프리솔로 등반을 끝내고 싶었다.

그 위쪽의 손가락 크랙은 하찮게 느껴질 정도로 쉬웠다. 수직 크랙에서의 안전한 재밍은 기쁨 그 자체였다. 그리고 나는 여전히 햇볕이 닿지 않는 곳에 있었다. 등반이 너무나 빨리 끝나 루트가 끝나가는 지점에서 따가운 햇볕을 피하다니, 처음 있는 일이었다. 그것은 뜻밖의 즐거움이었다. 그 위의 5.10d 볼더링 문제는 마치 나를 정상에서 조금 더 떼어놓으려는 듯한 형식적인 존재처럼 느껴졌다. 나는 그 위쪽 레지에서 로프를 갈아타는 지미를 다시 따라잡았다. 그는 긴 거리를 올라온 탓에 가쁜 숨을 몰아쉬고 있었다. 나는 그에게 15초 정도 먼저 출발할 수 있게 해주었지만, 나도 더 이상 참을 수 없었다. 이제 남은 것이라고는 30미터 정도의 5.6뿐이었고, 그다음은 정상까지 그냥 걸어가면 되었다. 나는 뛰다시피 올라갔고, 잠시 후 정상에 섰다. 내가 드디어 엘캡을 프리솔로로 등반한 것이다!

클레어 폽킨이 그곳에서 영상카메라를 들고 나를 맞이했다. 막 정상에 도착한 지미도 사진을 찍기 시작했다. 우리가 무슨 말을 주고받았는지는 기억이 잘 나지 않는다. 우리는 서로를 끌어안았고, 사진도 찍었다. 그렇게 활짝 웃어본 것은 아주 오랜만이었다. 행복하고 감사한 마음이 온몸을 휘감았다. 정말 많은 사람들이 나의 프리솔로 등반을 도와주었다. 나는 그들 모두를 정상에서 껴안아주고 싶다는 생각이 들었다. 아침햇살을 즐기기 위해 나는 티셔츠를 벗었다. 그런 다음 암벽화와 초크백을 벗어던지고 정상에 서서 아침햇살을 만끽했다. 지미는 내 주위를 돌며 사진을 찍었다. 하지만 나는 전혀 눈치 채지 못했다. 내 마음은 파란 하늘로 드높이 날아가고 있었다.

나는 고정로프에 있는 촬영 팀의 나머지 사람들도 함께 모여 기쁨을 나누고 싶었다. 그들은 이 등반을 준비하는 과정에서 꼭 필요한 존재였으며, 지난 2년간 나에게 너무나 많은 것을 베풀어준 사람들이었다. 이것은 나뿐만이 아니라 그들의 등반이기도 했다. 나는 나의 심리적인 안정을 위해 일부러 자리를 비켜준 사니에게도 고마움을 느꼈지만, 지금 이 순간 내 곁에 그녀가 있으면 얼마나 좋을까 하는 아쉬움을 떨칠 수 없었다. 이것은 믿을 수 없을 정도로 긴 여정이었다. 나는 내가 이 길을 달려오도록 도와준 친구들과 파트너들에게 진심으로 감사하다는 말을 해주고 싶었다. 정상에서 1시간 동안 기쁨을 만끽한 후, 나는 배낭을 싸서 계곡으로 달려 내려갔다. 여전히 이른 시간이어서 긴 하루가 나를 기다리고 있었다.

감사의 말씀

알렉스 호놀드

가장 고마워해야 할 사람은 데이비드 로버츠David Roberts이다. 그가 없었다면 이 책은 세상의 빛을 보지 못했을 것이다. 그는 나의 등반 여행을 독자들이 읽을 수 있는 문장으로 표현해내기 위해 최대한의 능력을 발휘했다. 다른 사람이라면 나는 이 작업을 믿고 맡길 수 없었을 것이다. 모든 과정에서 나를 도와준 그에게 깊은 감사를 드린다.

누나인 스테이시아 호놀드Stasia Honnold 역시 편집 과정에서 큰 도움을 주었다. 나를 잘 알고 언제나 도와줄 준비가 되어 있는 누나를 둔 것은 대단한 행운이다. 그리고 가장 중요한 점은 누나가 언제나 더 나은 삶을 살도록 나에게 영감을 불어넣어준다는 것이다.

이 책에 나오는 등반과 여행은 가족들의 응원이 없었다면 불가능했을 것이다. 나는 남들과 다른 길을 가고자 하는 나의 결정을 의심하지 않고 격려해준 모든 분들에게 감사한다.

내가 전 세계를 돌아다니며 극한의 등반으로 나 자신을 밀어붙일 수 있도록 기회를 제공한 나의 후원사 — 노스페이스The North Face, 골 제로 Goal Zero, 블랙다이아몬드Black Diamond, 라 스포르티바La Sportiva 그리고 맥심 로프스Maxim Ropes — 에도 감사를 표한다. 이들의 후원이 없었더라면 나는 밴에서 기거하는 한낱 더트백dirtbag 클라이머climber였을지 모른다.

아, 잠깐만!

내 등반을 너무나 멋지게 기록해준 센더 필름스Sender Films와 빅 업 프로덕션스Big Up Productions의 스태프 역시 감사를 받아 마땅하다. 그들의 스토리텔링이 없었다면 나는 같은 길을 가지 않았을지도 모른다.

그리고 물론, 내 오랜 등반 파트너들에게도 고마움을 표한다. 나는 지난 수년 동안 아주 많은 사람들과 함께 등반하면서 각자에게서 다른 점을 배웠기 때문에 누구 한 명을 꼽기는 쉽지 않다. 그러나 몇몇 사람들은 내 등반에서 중요한 역할을 했다.

- 조시 맥코이Josh McCoy는 나에게 전통적인 등반을 가르쳐주었다. 그는 시간이 나면 여전히 나와 함께 모험에 나선다.
- 크리스 바이드너Chris Weidner는 대단한 등반 여행을 여러 차례 함께했고, 언제나 내게 머무를 공간을 제공해주었다.
- 시다 라이트Cedar Wright와 토미 콜드웰Tommy Caldwell은 내 인생에서 가장 큰 등반을 함께했고, 언제나 좋은 친구들이다.

그리고 마지막으로, 내 인생의 이 모든 일을 가능하게 해준 산악계 전체에 감사를 표하고 싶다. 내가 이렇게 커다란 집단의 일원이 된 것은 대단한 행운이다.

감사의 말씀

데이비드 로버츠

나는 이 책에 기여한 많은 사람들에게 감사를 표하고 싶다. 'W. W. 노턴 & 컴퍼니Norton & Company'의 편집자인 스탈링 로렌스Starling Lawrence는 이 책의 잠재적 호소력을 한눈에 알아보았을 뿐만 아니라, 제안에서부터 시작해 항상 보여주는 박학다식하고 풍자적인 비판으로 최종 텍스트에 이르기까지 많은 장애물을 기술적으로 넘어갈 수 있도록 이끌어주었다. 이것은 알렉스의 첫 번째 책이지만, 나에게는 스탈링과 함께하는 세 번째 작품이다. 나는 우리의 팀워크가 너무나 만족스러웠고, 편집자로서 그의 지혜에 대한 확신은 더욱 강고해졌다. 그의 조수인 라이언 해링턴Ryan Harrington은 이 책이 탄생하는 데 깊이 관여했고, 대부분의 책이 부딪치게 되는 보다 잠재적인 문제들을 수정하는 데 비상한 노력을 기울였다. 라이언! 당신의 차분하고 순발력 있는 작업에 감사해. 우리의 교열 담당 캐슬린 브란데스Kathleen Brandes는 이 책의 문장에서 오탈자와 불필요한 중복, 모순을 잡아내는 일을 주의 깊고도 총명하게 해냈다.

말로는 표현할 수 없는 알렉스의 천재성을 포착해 이 책에 실리도록 멋진 사진을 완성한 여러 명의 사진가에게도 감사를 표한다. 그들은 지미 친, 벤 문Ben Moon, 앤드류 버Andrew Burr, 샌더 필름스의 피터 모티머와 닉 로젠, 레넌 오즈터크, 토미 콜드웰, 시다 라이트, 롤란도 가리보티 그리고 알렉스의 어머니 데어드레 윌로우닉이다.

나의 관점으로 쓴 부분은 다른 사람들의 중요한 의견을 반영했다. 나는 알렉스의 행동에 대한 통찰력을 보여준 크리스 바이드너, 토미 콜드웰, 시다 라이트, 레넌 오즈터크, 알렉스 로더, 피터 모티머, 마크 시노트, 지미 친, 프레디 윌킨슨과 스테이시 피어슨에게 경의를 표한다.

저작권 대리인인 스튜어트 크리셰브스키Stuart Krichevsky는 판단과 협상, 중재에 놀라운 능력을 발휘해서 이 책을 훨씬 더 좋게 만들어주었다. 스튜어트와 같이 바쁜 전문가의 삶에서 한 개인의 프로젝트에 이렇게 큰 관심과 애정을 쏟는 일은 거의 사치에 가깝다. 이 책은 내가 스튜어트와 함께 작업한 열네 번째 책이어서 내가 매너리즘에 빠졌을지 모르지만, 나는 내 인맥에 이렇게 든든하고 적극적인 매니저이며 핀치히터인 사람과 함께 작업한 것에 감사한 마음을 가지고 나 자신을 자주 되돌아본다. 스튜어트의 언제나 다정하며 열정이 넘치는 동료 샤나 코헨Shana Cohen과 로스 해리스Ross Harris에게도 같은 감사를 표한다.

몇몇 친구들은 이 책의 원고를 읽고 소중한 의견을 제시해주었다. 그런 점에서 나는 빌 브리그스Bill Briggs, 에드 워드Ed Ward, 몰리 번바움Molly Birnbaum, 맷 헤일Matt Hale(사진 선택과 수집에 큰 도움을 줌)에게 진심으로 감사를 표한다.

마지막으로, 나는 알렉스 호놀드에게 무한한 감사를 전하고 싶다. 나는 그에게 큰 빚을 졌다. 2010년 내가 스미스 록Smith Rock에서 『아웃사이드Outside』 잡지의 취재를 위해 그와 처음 어울렸을 때 나는 이내 알렉스의 성급함과 강박적인 집중력에 깜짝 놀랐었다. 그러면서도 그의 위트와 지능과 연민에 매력을 느꼈었다. 전문 작가로서, 글의 대상이 이룬 성과를 맹목적으로 찬양하는 일은 그다지 좋은 일이 아니다. 왜냐하면 결국 작가의 역할이란 대상의 모습에서 어느 정도는 허점을 찾아내야 하기 때문이다. 하지만 나는 알렉스의 등반에 마음을 홀딱 빼앗기고 말았다.

함께 어울린 첫 주부터 우리의 우정이 싹텄다. 나이 차이와 나의 등반 전성기가 한참 전에 끝났다는 점을 감안하면, 알렉스의 등반이 바람막이를 통해 앞을 내다보며 환하게 빛나고 있다는 사실은 가끔 나를 난처하게 만들었다. 하지만 우리는 티격태격하는 동료애로 일을 진행했고, 이것은 우리의 공동 작업에 큰 도움을 주었다.

알렉스는 작가적인 기질이 다분해서, 내가 2014년 이른 봄에 이야기한 것처럼 이 책을 혼자 쓸 수도 있었다. 하지만 글쓰기는 느리고 고통스러운 작업이라고 그가 고백했다. 게다가 글쓰기는 등반할 수 있는 시간까지 빼앗아간다. 나는 그가 이 책의 공동 작업에 동의했을 때 진심으로 으쓱한 기분이 들었다. 이 책의 미덕이 무엇이든, 그것은 곧 알렉스의 특성 — 클라이머로서뿐만 아니라 한 사람의 인간으로서 — 에서 비롯된 것이다.

옮긴이의 글

유튜브에서 영상을 보던 중 로프 없이 거벽을 오르는 한 청년의 모습을 본 적이 있다. 그 모습을 보며 로프가 어디 있는지를 한참 찾았었다. 무슨 설명이 더 필요하랴! 아무런 보호장비 없이 벽을 마주하고 온몸으로 등반을 만끽하는 모습은 영상을 보는 것만으로도 손에 땀을 쥐게 한다. 이런 등반 스타일을 프리솔로라고 하고, 그 청년의 이름이 알렉스 호놀드라는 사실은 후에 알게 되었다.

알렉스 호놀드는 서른세 살로 지금 이 시대를 함께 살아가고 있는 클라이머이다. 하루재클럽의 책들이 대부분 과거의 위대한 산악인들의 이야기를 들려주는 반면, 미디어와 영상에 자주 등장하는 알렉스 호놀드의 이야기는 현재진행형이다.

책에도 언급된 바와 같이, 사실 등반은 다양한 분야로 세분화되어 있어서, 한 사람을 최고의 클라이머라고 치켜세우는 것은 맞지 않다. 한 시대에는 여러 명의 산악인들이 다양한 분야에서 이름을 알린다. 현재를 기준으로 볼 때 고난이도 등반이나 알파인 등반과 같은 다양한 분야에는 동시대에 이름을 알리는 다수의 인물이 존재한다. 이처럼, 등반의 다른 분야에서는 다양한 인물이 각자의 성취를 위해 노력하지만, 프리솔로라는 특정 분야에서만큼은 지금의 알렉스 호놀드를 제외하면 다른 사람을 떠올리기 힘들 정도로 그는 독보적인 존재이다.

프리솔로를 객기로 치부하는 사람들을 주변에서 많이 보았다. 실제 등반하는 모습을 떠올려보면 그렇게 생각하는 것도 무리는 아니겠지만, 이 책을 읽어 내려가다 보면 단 한순간의 실수가 죽음으로 직결되는 등반을 위해 그가 얼마나 치열하고 철저하게 준비하는가를 알 수 있다. 그의 등반은 광기가 아닌 몰입이다. 오랜 시간 동안 몰입을 유지하지 못하면 프리솔로는 이루어질 수 없다.

사실 이 책에는 그가 유지하는 평온한 마음만큼이나 덤덤한 말투로 기록되어 있지만, 그가 이룩한 업적은 암벽등반을 조금이라도 이해하는 사람이라면 누구나 다 깜짝 놀랄 만큼 대단한 기록이다. 그리고 어떤 면에서는 실제로 가능한 것인지 상상조차 가지 않는다. 다만 그가 해냈기 때문에 인간의 힘으로 가능하다고 짐작만 할 뿐이다.

이 책에 담지 못한 내용도 있다. 2014년 그는 29번째 생일을 맞이해 자축하는 의미로 하루에 스물아홉 피치가 아닌 이백아흔 피치를 프리솔로로 등반했다. 6장을 보면 요세미티의 노즈에서 2시간 장벽을 깨보고 싶다고 언급한 내용이 있는데, 그는 2018년 6월 6일 마침내 토미 콜드웰과 노즈를 1시간 58분 7초 만에 오르며, 2시간의 장벽을 최초로 깨는 새로운 속도기록을 세웠다.

또한, 그는 프로 클라이머로서 등반으로 생계를 유지할 수 있음에 감사하는 겸손함을 보이면서, 자신이 받은 혜택을 사회에 환원할 수 있는 방법을 고민하고, 보르네오와 차드에서의 깨달음을 바탕으로 환경과 저소득층에 관한 고민을 실천으로 옮기기 위한 호놀드재단을 설립했다. 이를 통한 사회 공헌과 탄소 발자국에 대해서도 고민하는 그는 이제 등반만 하는 더트백dirtbag 클라이머가 아니라 한 사람의 성숙한 사회인이 되었다.

이처럼 그의 등반은 현재진행형이다. 따라서 이 책을 덮을 때쯤이면 독자들은 앞으로 얼마나 더 놀라운 기록이 나올지 기대할 것이며, 아직 알렉스를 모르는 사람이라면 자연스럽게 그의 등반 기록을 더 찾아보게 될 것이다.

십여 년 전에 커다란 캐나다 아웃도어 용품점에서 여러 최신 장비에 정신이 팔려 구경하던 중 장비 사이의 커다란 책장에 꽂혀 있는 많은 등산 관련 책들을 보며 내심 부러운 마음을 금할 수 없었던 기억이 아직까지도 생생하다. 우리나라도 이런 문화가 자리 잡기를 오랫동안 희망해 오던 중 알게 된 하루재클럽은 해외 등산 관련 책들을 소개하는 데 큰 공헌을 하고 있다는 생각이 든다.

기록문화의 중심에서 현재를 통해 과거를 미래로 전달하는 일을 업으로 삼는 사람으로, 과거와 미래가 아닌 서로 다른 언어를 가진 공간의 수평적 연결 작업은 더없는 즐거움이었다. 매일 늦은 시간까지 눈을 비벼가며 번역에 몰두했지만 행복한 시간이었다. 번역을 해나갈수록 알렉스의 업적보다는 그의 인간적인 매력과 끝없는 열정에 더 매료되었다. 이 책이 나에게 준 즐거움을 독자들도 공감할 수 있었으면 좋겠다.

이렇게 평소 좋아하고 존경하는 인물의 책을 번역할 수 있는 기회를 준 변기태 대표에게 감사드리며, 마음만 앞서 방향을 잡지 못하고 표류하는 나의 번역의 길잡이가 되어준 김동수 선배에게도 감사드린다. 가족에게 감사하며, 언제나 밤늦게까지 불을 밝히고 잠 못 이루던 나를 격려해주고 응원해준 사랑하는 아내 안은주에게 깊은 감사의 마음을 전한다.

끝으로 이 책은 알렉스 호놀드Alex Honnold와 데이비드 로버츠David Roberts가 함께 쓴 「얼론 온 더 월Alone on the Wall」의 2018년도 확장판을 번역했다.

2019년 2월 전주 한옥마을에서

찾아보기

900미터의 거벽 엘 캐피탄을 장비 없이 홀로 오른
암벽등반가 알렉스 호놀드의 등반과 삶

프리솔로 FREE SOLO

초판 1쇄 2019년 6월 28일

지은이   알렉스 호놀드Alex Honnold & 데이비드 로버츠David Roberts
옮긴이   조승빈

펴낸이   변기태
펴낸곳   하루재 클럽
주소   (우) 06524 서울특별시 서초구 나루터로 15길 6(잠원동) 신사 제2빌딩 702호
전화   02-521-0067
팩스   02-565-3586
이메일   haroojaeclub@naver.com
출판등록 제2011-000120호(2011년 4월 11일)

윤문   김동수
편집   유난영
디자인 장선숙

ISBN   979-11-962490-8-3 03900

＊ 책값은 뒤표지에 있습니다.